CAUSERIES
DU LUNDI

PARIS. — IMPRIMERIE E. CAPIOMONT ET V. RENAULT

6, RUE DES POITEVINS, 6

CAUSERIES
DU LUNDI

PAR

C.-A. SAINTE-BEUVE

DE L'ACADÉMIE FRANÇAISE

TROISIÈME ÉDITION

TOME DIXIÈME

PARIS

GARNIER FRÈRES, LIBRAIRES-ÉDITEURS

6, RUE DES SAINTS-PÈRES, 6

CAUSERIES DU LUNDI

Lundi, 20 mars 1854.

ŒUVRES
DE
FRANÇOIS ARAGO

Tome I, 1854 (1).

Le premier volume des Œuvres de M. Arago vient de paraître : il contient, après une Introduction de M. de Humboldt, une centaine de pages intitulées *Histoire de ma Jeunesse*, qui sont des Mémoires assez détaillés jusqu'à l'âge de vingt-cinq ans, et une suite de Notices biographiques que l'auteur eut à prononcer comme Secrétaire perpétuel de l'Académie des sciences : la série de ces Notices ne remplira pas moins de trois volumes. Parler de M. Arago est une difficulté pour tout le monde peut-être d'ici à quelques années encore, surtout si l'on avait la prétention de le juger à la fois comme savant, comme professeur et comme homme

(1) Gide et Baudry, 5, rue Bonaparte.

public, en s'attachant à démêler en lui avec précision les diverses capacités dont il était pourvu et les influences générales qu'il a exercées ou subies. Pour moi, qui n'ai pas même l'honneur de comprendre et de lire dans leur langue les Mémoires de haute science où il s'est montré inventeur, ces considérations sur les profondes et fines parties de l'optique et du magnétisme où il a gravé son nom; qui n'ai eu que le plaisir de l'entendre quelquefois, soit dans ses Cours à l'usage des profanes, soit dans les séances publiques de l'Académie, je ne puis ici que m'approcher respectueusement de lui par un aspect ouvert à tous; je ne puis que l'aborder, si ce n'est point abuser du mot, par son côté *littéraire*.

Mais, même en faisant ainsi et en usant à son égard de ce droit de libre et sincère examen qu'il a en tout temps si résolûment pratiqué, il est un point dominant que je n'oublierai pas. Pascal a distingué trois ordres divers, et, dans chaque ordre, des princes : il y a, selon lui, l'ordre de la politique et des conquêtes, des grandeurs et des puissances terrestres; il y a celui de l'intelligence pure et de l'esprit; il y a enfin l'ordre de la beauté morale et de la charité. Or, dans l'ordre de l'esprit, il met en tête Archimède. Que Pascal en cela obéît à ses habitudes et à ses inclinations de génie, et qu'il se souvînt qu'il était lui-même géomètre, je ne le crois pas : il ne faisait qu'assigner les rangs selon ce qu'il estimait être la capacité la plus forte et la plus élevée. Sans entrer dans aucune discussion sur la prééminence des talents et sur la préséance des genres, il m'a toujours paru en effet que le premier rang dans l'ordre de l'intelligence pure était dû à ces hommes qu'on appelle Archimède, ou Newton, ou Lagrange. Les comprendre et les lire est déjà une grande et noble chose, et l'acte le plus accompli de l'entendement. Honneur donc et respect à ceux qui, à certains jours, ont prouvé qu'à quelques égards et à quelque degré ils étaient, eux aussi, de cette austère et souveraine famille d'inventeurs! Même lorsque, venus ensuite dans nos régions et sur notre terrain, nous les voyons en faute et manquant à certaines conditions de convenance ou de forme qui sautent aux yeux, et que d'autres, de bien moindres, observeraient mieux qu'eux peut-être, souvenons-nous du sommet où ils sont précédemment montés.

J'aime ce titre donné à des fragments de Mémoires : *Histoire de ma Jeunesse;* il me semble que ce n'est guère qu'ainsi et dans cette mesure que chacun devrait écrire les siens. Quand on vieillit, sur quel âge de la vie peut-on se reporter avec plaisir, sinon sur sa jeunesse? et je dirai, sur quel autre âge pourrait-on revenir pour y intéresser les autres et pour les en entretenir avec fidélité entière et sincérité? L'âge mûr est âpre, aride, occupé; les rivalités et les ambitions, les passions sèches nous envahissent; les haines nous troublent; les injustices laissent des traces qui creusent et qu'on s'exagère : mais la jeunesse a échappé à tout cela; ses douleurs même et ses infortunes ont revêtu je ne sais quel charme. Ici l'embellissement qu'on met à les raconter n'est pas un mensonge; la couleur qu'on y voudrait ajouter après coup ne sera jamais qu'un pâle reflet de cette lumière heureuse et première qui nous éclairait.

François Arago, né le 26 février 1786 dans la commune d'Estagel en Roussillon, d'une famille où le type méridional est expressivement marqué, suivit dans ses premières années le collége de la ville de Perpignan, où son père avait la place de trésorier de la monnaie. Il raconte comment son attention fut de bonne heure détournée des études classiques, auxquelles il commençait à s'adonner, par la vue d'un très-jeune officier sortant de l'École polytechnique et dont l'épaulette le frappa. « Qu'est-ce que l'École polytechnique? » demanda-t-il. — « C'est, lui répondit-on, une École où l'on entre par examen. » Et il se mit dès l'instant à vouloir se préparer à cet examen et à travailler en conséquence, s'éclairant des conseils d'un M. Raynal, savant modeste du pays, et se formant directement par la lecture des grands livres de mathématiques qu'il trouva le moyen d'acquérir. Il fut reçu élève à l'École polytechnique en 1803, à dix-sept ans. Arago se destinait alors à l'artillerie. L'organisation des services étant moins précise et moins rigoureuse qu'elle ne l'a été depuis, il put être considéré à un moment comme détaché de l'École et fut nommé secrétaire de l'Observatoire, où il se trouva le collaborateur de M. Biot, son aîné de douze ans. L'astronome Méchain, qui, après avoir observé, de concert avec Delambre, l'arc terrestre compris entre Dunkerque et Barcelone, s'était chargé de la prolongation de la méridienne en Espagne et qui voulait la pousser jusqu'aux îles Baléares, venait de mourir à la peine et laissait un grand travail interrompu : M. Biot et M. Arago conçurent l'idée de le poursuivre et de le mener à fin. Laplace appuya ce projet; le Bureau des Longitudes les en chargea; l'Empereur ordonna l'expédition et accorda les fonds nécessaires; le Gouvernement espagnol adjoignit aux deux savants français deux commissaires, MM. Chaix et Rodriguez. Arago, à l'âge de vingt ans, eut la joie de se sentir chargé d'une de ces missions qui honorent toute une vie de savant.

Les difficultés d'exécution étaient grandes; M. Biot, dans l'Introduction au *Recueil d'Observations géodésiques, astronomiques et physiques*, publié en 1821, en a donné quelque idée. Il s'agissait avant tout de lier l'île d'Iviça à la côte d'Espagne par un triangle dont le sommet fût dans l'île et la base sur le continent, et, pour cela, il fallait établir à Iviça des signaux qui fussent visibles des sommets choisis sur la côte. Des mois se passèrent dans l'incertitude et l'anxiété. Arago confiné sur son plateau, le *Desierto de las Palmas*, se dévorait à attendre, à regarder chaque nuit sans rien voir. M. Biot, qui avait passé dans l'île d'Iviça et y avait établi M. Rodriguez sur sa station élevée, dans sa cabane montée tout exprès et avec ses miroirs et réverbères, revint trouver son compatriote; mais d'abord les signaux désirés ne s'apercevaient pas mieux qu'auparavant. Et ici la différence de nature chez les deux observateurs se déclare dans leur récit même. M. Biot, esprit plus fin, plus littéraire jusqu'au milieu de la science, raconte en ces termes les impressions qu'il ressentait durant ces mois de veilles, d'observation inquiète et d'attente :

« Combien de fois, assis au pied de notre cabane, les yeux fixés sur la mer, n'avons-nous pas réfléchi sur notre situation et rassemblé les chances qui pouvaient nous être favorables ou contraires! Combien de fois, en voyant les nuages s'élever du fond des vallées et monter en rampant sur le flanc des rochers jusqu'à la cime où nous étions, n'avons-nous pas recherché dans leurs oscillations les présages heureux ou malheureux d'un ciel couvert ou serein! On a dit avec vérité que l'aspect des lieux prend une couleur agréable ou sombre, selon les sentiments dont l'âme est agitée : nous l'éprouvions bien fortement alors. De la porte de notre cabane, nous avions une des plus belles vues du monde : à notre gauche, mais fort au-dessous de nous, le cap Oropeza élevait dans les airs ses aiguilles qui servent de signaux aux navigateurs; derrière nous, en se prolongeant dans l'ouest, s'étendaient les chaînes de montagnes noirâtres qui, comme un rideau, abritent le royaume de Valence du côté nord et conservent à cet heureux climat la douce température dont il jouit. Sur notre droite, etc., etc...; mais ces beautés, que notre imagination nous retrace aujourd'hui avec tant de charmes, n'avaient alors pour nous aucun attrait. Tout remplis de la seule idée qui nous occupait, nous ne songions, nous ne pouvions songer qu'à nos travaux et aux invincibles obstacles qui, nous arrêtant au commencement de notre entreprise, nous ôtaient les moyens et jusqu'à l'espoir de la terminer. Tantôt nous pensions que les miroirs avaient été mal dirigés, ou que quelque coup de vent avait emporté la cabane et l'avait jetée dans la mer; car nous avions déjà perdu plusieurs tentes par de semblables accidents, et nous n'avions pu en préserver notre pauvre cabane qu'en passant par-dessus des câbles et la liant au rocher. Quelquefois l'approche d'une belle nuit nous remplissait d'espoir ; mais cet espoir était toujours trompé. »

Enfin, à force de constance et d'adresse, la lunette mieux dirigée un soir, et par un ciel parfaitement serein, vers le sommet au loin soupçonné, laissa bientôt voir de nuit le point lumineux et presque imperceptible qu'on avait vainement cherché jusque-là dans un champ trop indéfini. Dès lors il ne restait plus que de grandes fatigues à supporter, mais l'opération était sûre. Arago s'y livra avec tout le zèle de son âge et l'ardeur de sa constitution. Durant quelques jours de maladie de son collègue, il continua ses opérations seul et sans relâche, avec un redoublement d'exactitude et d'ardeur : « Souvent, dit M. Biot lui rendant pleine justice, souvent la tempête emportait nos tentes, déplaçait nos stations : M. Arago, avec une constance infatigable, allait aussitôt les rétablir et replaçait les signaux, ne se donnant pour cela de repos ni jour ni nuit. » Et Arago de son côté repassant sur ses souvenirs : « Au moment où j'écris ces lignes, dit-il, vieux et infirme, avec des jambes qui peuvent à peine me soutenir, ma pensée se reporte involontairement sur cette époque de ma vie où, jeune et vigoureux, je résistais aux plus grandes fatigues et marchais jour et nuit dans les contrées montagneuses qui séparent les royaumes de Valence et de Catalogne du royaume d'Aragon, pour aller rétablir nos signaux géodésiques que les ouragans avaient renversés. »

Des histoires de moines, de brigands, animent cette partie du récit de M. Arago durant son séjour dans le royaume de Valence. S'étant séparé de M. Biot qui rentrait en France, et s'étant rendu à l'île de Mayorque pour y terminer l'opération entreprise, il y subit bientôt le contre-coup de l'effet produit par l'entrée de l'armée française en Espagne. On le considéra comme un espion qui, du haut de sa station nocturne, faisait des signaux à l'ennemi; il fut, un jour, si bien poursuivi et traqué, que, pour sa propre sûreté, il courut à toutes jambes se mettre en prison. Il dut à quelques amis de pouvoir s'évader dans une frêle embarcation et fut transporté à Alger. De là, par l'intervention du consul de France, il fut embarqué sur un bâtiment de la Régence, qui faisait voile pour Marseille. Déjà il était dans le golfe de Lyon et près du port, quand le navire barbaresque fut rencontré par un corsaire espagnol, qui le força de se rendre et qui le conduisit à Rosas en Catalogne. M. Arago, suspect pour avoir été trouvé en compagnie de mécréants, passa quelque temps dans la prison de la forteresse de Rosas et sur les pontons de Palamos. De là, délivré de nouveau, et au moment encore une fois de rentrer à Marseille, il est rejeté par un coup de vent en Afrique, à Bougie; il revoit Alger et y séjourne plus longtemps qu'il n'avait fait d'abord. Toute cette odyssée enfin se termine le 2 juillet 1809; il débarquait au lazaret de Marseille.

Cette partie tout aventureuse de la narration se couronne par un trait imprévu et délicat, tel que sa plume n'en aura pas toujours : il s'agit simplement de la mort d'une gazelle, compagne de la traversée et délassement de la quarantaine; elle appartenait au principal passager, M. Dubois-Thainville, consul de France à Alger :

« Pour tromper les ennuis d'une sévère quarantaine, dit M. Arago, la petite colonie algérienne avait l'habitude de se rendre dans un enclos voisin du lazaret, où était renfermée une très-belle gazelle appartenant à M. Dubois-Thainville ; elle bondissait là en toute liberté avec une grâce qui excitait notre admiration. L'un de nous essaya d'arrêter dans sa course l'élégant animal; il le saisit malheureusement par la jambe et la lui cassa. Nous accourûmes tous, mais seulement, hélas! pour assister à une scène qui excita chez nous une profonde émotion.

« La gazelle, couchée sur le flanc, levait tristement la tête; ses beaux yeux (des yeux de gazelle!) répandaient des torrents de larmes; aucun cri plaintif ne s'échappait de sa bouche; elle fit sur nous cet effet que produit toujours une personne qui, frappée subitement d'un irréparable malheur, se résigne et ne manifeste ses profondes angoisses que par des pleurs silencieux. »

Le retour d'Arago en France fit bruit dans le monde savant; le jeune astronome devait à ses premiers travaux, rehaussés de cette suite de persécutions et d'aventures, une réputation précoce. La première lettre qu'il reçut de Paris était d'un homme déjà célèbre lui-même par ses voyages, par des fatigues de tout genre et des périls encourus pour la science : M. de Humboldt, sur ce qu'il avait entendu dire de son mérite et de ses malheurs, lui offrait son amitié. Par cette lettre d'avances et de bienvenue qui allait prendre le nouvel arrivé au port, le premier il semblait convier Arago à cette renommée scientifique universelle dont lui-même il n'a pas cessé d'être la personnification la plus illustre et par moments le maître des cérémonies un peu empressé, dont ils parurent quelquefois ensemble les deux consuls perpétuels, et qui a bien ses douceurs, mais aussi ses écueils.

L'astronome Lalande venait de mourir : l'Académie des sciences élut Arago pour le remplacer, le 18 septembre 1809, à la majorité de quarante-sept voix sur cinquante-deux. Arago n'avait guère que vingt-trois ans.

Ici se termine à peu près le récit d'Arago; les dix ou douze pages qui suivent sont peu intéressantes; il s'y donne le plaisir trop facile de lancer un dernier trait contre quelques-uns de ses confrères encore vivants. Je regrette que les deux ou trois anecdotes relatives à l'illustre Laplace soient toutes désobligeantes. C'est par leurs grands côtés qu'il convient de prendre les grands hommes, et les petitesses qu'il est permis de noter en eux ne doivent venir que dans la perspective de l'ensemble. Il faut se garder à leur égard de l'anecdote grossissante.

Professeur dès 1809 à l'École polytechnique, membre jeune, ardent, influent, de l'Académie des sciences dont Laplace l'avait surnommé le *grand électeur*, Arago, sauf les distractions passionnées inévitables à sa nature, suivit durant vingt ans la carrière scientifique pure et simple. Ses travaux, ses découvertes dans l'optique, dans le magnétisme, datent de ces années. Plein d'idées, capable d'invention, doué d'une promptitude ingénieuse et fine, tira-t-il de sa belle et puissante intelligence et de cette organisation si riche en semences fécondes tout le parti qu'il aurait pu? Doué aussi de qualités extérieures imposantes, d'une grande force communicative, de moyens d'action et d'autorité sur les autres, ne se laissa-t-il pas entraîner de ce côté beaucoup plus qu'il n'aurait fallu? Il n'était pas de ces savants qui s'isolent et se contentent de cultiver durant la sérénité des nuits la muse austère et silencieuse de Newton ou de Pythagore : nature méridionale fortement accusée, il avait besoin d'agir immédiatement sur le public, de le servir et d'en être entouré, d'en recevoir un contre-coup d'applaudissement et de louange en retour des utiles et faciles enseignements qu'il était toujours prêt à lui prodiguer. Il avait besoin, même dans l'ordre intellectuel, d'une grande dépense physique. « *Vivent les malingres!* » dit quelque part Voltaire, voulant faire valoir les avantages d'une chétive santé dans l'exercice des choses de l'esprit. Cela n'est sans doute pas moins vrai pour les savants livrés à ces études lentes et profondes, et qui n'ont que faire des passions d'alentour.

Une expression naturelle de regret se mêle dans la

parole d'Arago au sentiment d'orgueil que lui inspire la vérité inaltérable, mais peu accessible, des sciences : « Les sciences exactes, a-t-il dit dans sa Notice sur Thomas Young, ont sur les ouvrages d'art ou d'imagination un avantage qui a été souvent signalé : les vérités dont elles se composent traversent les siècles sans avoir rien à souffrir ni des caprices de la mode ni des dépravations du goût. Mais aussi, dès qu'on s'élève dans certaines régions, sur combien de juges est-il permis de compter? Lorsque Richelieu déchaîna contre le grand Corneille une *tourbe* de ces hommes que le mérite d'autrui rend *furieux*, les Parisiens sifflèrent à outrance les *séides* du Cardinal despote (Dans tout ceci l'expression est bien violente), et applaudirent le poëte. Ce dédommagement est refusé au géomètre, à l'astronome, au physicien, qui cultivent les sommités de la science : leurs appréciateurs compétents, dans toute l'étendue de l'Europe, ne s'élèvent jamais au nombre de huit à dix. »

Si je m'en rapporte aux meilleurs témoignages, M. Arago a été, dans quelques-uns de ses premiers travaux élevés, l'un de ceux qui purent réclamer sans crainte le suffrage de ces huit ou dix juges, et il l'a obtenu : mais ce suffrage lent, froid et grave, émané des seuls êtres pensants, ne pouvait lui suffire dans l'habitude, et les qualités de l'*expositeur* habile, puissant, infatigable, toujours écouté et souvent applaudi, se substituèrent insensiblement en lui à celles de l'inventeur, de celui qui gravit seul les sommets encore inexplorés. Il aima jusqu'à la fin la gloire, mais la gloire plutôt étendue que grande.

Cette nouvelle espèce de direction donnée à sa carrière, et que je n'ai ni le droit ni la pensée d'appeler une dispersion, devint pour lui un devoir selon ses goûts lorsqu'il eut été nommé Secrétaire perpétuel de l'Académie des sciences en remplacement de Fourier, le 16 juin 1830. Il en résulta, indépendamment des comptes rendus hebdomadaires de vive voix auxquels il excellait, une série de Notices et de Biographies qu'il nous est donné jusqu'à un certain point de juger.

La difficulté de composer ces Notices, lorsqu'on est Secrétaire perpétuel pour les sciences mathématiques, est très-grande et presque insurmontable, si l'on veut unir toutes les nécessités et les convenances, y compris les convenances oratoires : ou bien l'on néglige et l'on sacrifie en partie l'exposition des travaux de l'homme dont on parle ; ou bien, si l'on entre dans le détail de cet exposé, on devient nécessairement inintelligible pour la foule du public, même instruit et lettré, qui assiste à une séance publique de l'Institut. Il y a des chapitres, et souvent les plus essentiels, qu'à une lecture publique il faudrait supprimer tout entiers. Lorsqu'il s'agit d'un savant qui s'est distingué dans les sciences physiologiques ou naturelles, la difficulté est grande, mais elle est plus de nature à être vaincue; il y a toujours moyen pour le talent ingénieux et habile (nous en avons des preuves) de trouver des expressions qui traduisent le genre de mérite du mort et donnent à tous quelque idée de ses travaux. Ce genre de traduction dans la langue usuelle n'est que très-rarement possible en ce qui est des travaux de haute physique, et elle est tout à fait impraticable pour ce qui tient aux mathématiques. Fontenelle, qu'on cite toujours comme le premier maître dans le genre de l'Éloge appliqué aux savants, n'eut pas à triompher de cette difficulté ; il se contentait d'indiquer d'un mot les points et les sujets de science, il ne les traitait pas. Son objet principal et même unique était de faire connaître le caractère, la physionomie et les mœurs des savants qu'il présentait au monde dans ses gracieuses et discrêtes Notices. Condorcet le premier sentit qu'il était temps d'exposer les vrais titres des hommes éminents dont l'Académie des sciences s'était honorée; mais, malgré le mérite de quelques-uns de ses Éloges, il ne sut point offrir de parfaits modèles de ce genre nouveau. Depuis que l'ordre des sciences naturelles est séparé de celui des sciences mathématiques, Cuvier a donné, bien qu'un peu brièvement, d'excellents exemples; M. Flourens, que je louerais mieux si je n'avais l'honneur d'être son confrère, s'applique, et chaque fois avec un succès nouveau, à étendre et à enrichir cette forme où il est maître. M. Arago, succédant à l'élégant Fourier, lequel avait succédé lui-même à l'estimable Delambre, chercha plutôt à se rattacher à la forme développée de Condorcet. Tenons-lui compte des difficultés d'une tâche dont il s'est acquitté si longtemps avec honneur.

Ce n'est point sur les dernières Biographies académiques composées par M. Arago qu'il convient de le juger. J'assistais, le lundi 20 décembre 1852, à la séance de l'Institut dans laquelle on lut la Biographie de Gay-Lussac, la dernière qu'ait écrite ou dictée M. Arago. Aujourd'hui que l'auteur n'est plus, rien n'empêche de dire quelle fut l'impression universelle, ou plutôt il suffit de l'indiquer et de la rappeler à tous les témoins qui l'éprouvèrent si péniblement. L'incohérence et la disproportion des parties avaient dépassé toutes les mesures. Prenons M. Arago dans son bon temps et dans sa meilleure manière. La Notice sur Fresnel, qui ouvre la série des Biographies dans le premier volume, celles qui suivent, sur Fourier, sur le docteur Young, sur Watt, sont pleines de qualités substantielles et procurent de l'instruction. La Notice sur Carnot ouvre une seconde série en quelque sorte, celle des Notices semi-politiques, telles que les Biographies de Bailly, de

Monge, de Condorcet, dans lesquelles l'auteur abonde dans son sens et ne se refuse plus aucune digression ni aucune controverse. Lorsqu'il lisait dans les séances publiques de l'Institut ces Éloges ou plutôt des portions de ces énormes assemblages biographiques (car lire le tout eût été impossible), l'auditoire était souvent fatigué, impatienté ; pourtant on écoutait toujours : il y avait dans la manière de M. Arago, même lorsqu'elle choquait, une force qui vous tenait sur place et attentifs.

En parlant de Fresnel, cet homme d'un vrai génie mort jeune après avoir fait des découvertes délicates et rares, et avec lequel il avait été uni par l'analogie des travaux comme par le cœur, M. Arago nous expose la manière dont il conçoit l'Éloge historique, à commencer par celui-là : Ce n'est qu'une sorte de mémoire scientifique, disait-il, qu'il se propose de faire, « et dans lequel, à l'occasion des travaux de son confrère, il va examiner les progrès que plusieurs des branches les plus importantes de l'optique ont faits de nos jours. » Négligeant l'art des transitions, il divise en chapitres et avec des titres distincts la suite des matières qu'il se propose de parcourir, la biographie d'abord, puis les mémoires et travaux. Dans l'exposé qu'il en fait, on assiste à une espèce de leçon dans laquelle, pour plus de clarté, il serait bon quelquefois qu'il y eût un tableau et des figures. Ainsi dans la Biographie de James Watt, l'immortel *perfectionneur* et l'applicateur véritable de la machine à vapeur, celui qui, le premier, lui a donné l'organisation et la *vie*, on aurait besoin de figures pour tout comprendre. Lorsqu'une digression, une discussion plus ou moins naturelle se présente, au lieu de l'amener avec adresse, de la fondre dans le sujet, M. Arago l'introduit carrément et la pousse à bout sans réserve. Au milieu des exposés les plus scientifiques et les plus désintéressés, s'il s'offre de côté quelque allusion possible à des circonstances politiques, à des émotions bruyantes et passagères, et qui seront demain oubliées, il ne dédaigne pas de faire une sortie et de la marquer avec vigueur. Sur tous ces points, il faut en prendre son parti avec lui : il a la clarté, la force, la droiture du développement scientifique, il n'a pas le goût littéraire proprement dit. Les choses spirituelles qu'il rencontre sont rachetées par d'autres qui ne le sont pas. Pour l'anecdote, elle est très-mêlée chez lui : il y en a de vives et de remuantes, il y en a de communes; il ne choisit pas. Quand il touche à des coins de littérature, il ne retrouve pas cette propriété de langage qu'il a dans les exposés de science. Dans sa Biographie de Monge, il appliquera quelque part, et sans croire faire une injure, la qualification de *brutale* à une parole de Fontenelle qui n'est que noble et digne, comme si ce mot de *brutal* ne criait pas et ne jurait pas avec tout ce qui est sorti de la bouche et de la plume de ce sage discret. Voilà les caractères et les défauts que je pourrais appuyer et démontrer par maint exemple : mais, à côté de cela, on sent l'homme compétent et supérieur quand il parle du fond des sujets; on s'efforce de le comprendre et de le suivre, et on y parvient avec quelque application. On apprécie, grâce à lui, la portée de l'homme dont il vous entretient; il vous fait mesurer avec poids la force de sa trempe; il le classe en général à son vrai rang (si ce n'est qu'un savant, non un politique); il discute ses titres avec une passion sérieuse et une impartialité définitive (toujours si ce n'est qu'un savant). Dans la Biographie de Thomas Young, une des meilleures qu'il ait écrites, il arrive à une conclusion des plus judicieuses et des plus fines, lorsque, pour refuser à l'illustre docteur la gloire d'avoir découvert la vraie théorie des hiéroglyphes égyptiens et la maintenir à Champollion, il s'appuie de l'exemple de ce même Young et lui maintient contre Hooke l'honneur d'avoir découvert ce qu'on appelle en optique les *interférences*, se servant d'un raisonnement analogue dans les deux cas pour le couronner à la fois et pour le réduire.

Une des Biographies que M. Arago a composées avec le plus de goût et de succès est celle du célèbre Écossais James Watt, ce héros de l'industrie, cet Hercule ingénieux du monde moderne; il se complaît, après une enquête complète et consciencieuse qu'il est allé faire sur les lieux, à nous exposer ses procédés d'invention en tout genre, ses titres à la reconnaissance des hommes. Watt, le grand mécanicien, mort en 1819, à quatre-vingt-trois ans, était un esprit des plus ouverts et des plus compréhensifs, des plus richement meublés. Ceux qui l'ont connu et cultivé dans les dernières années de sa vie, les Walter Scott, les Jeffrey, le trouvaient encore plus étonnant et plus admirable de près dans sa personne que dans ses œuvres : « Jeffrey, dans une éloquente Notice, a dit M. Arago, caractérisa heureusement l'intelligence à la fois forte et subtile de son ami, quand il la compara à la trompe, si merveilleusement organisée, dont l'éléphant se sert avec une égale facilité pour saisir une paille et pour déraciner un chêne. » Cela n'est pas tout à fait exact : Jeffrey n'a pas dit une telle chose; c'est en parlant de la *machine à vapeur* et de ses merveilleux effets, et non de l'*intelligence* de Watt, qu'il a dit : « La trompe d'un éléphant qui peut ramasser une épingle ou déraciner un chêne n'est rien en comparaison. » Parlant de l'esprit de Watt, Jeffrey le peint plus délicatement : « Il avait, dit-il, une promptitude infinie à tout saisir, une mémoire prodigieuse et une faculté méthodique et rectifiante pour tirer, comme par une chimie naturelle, quelque chose de précieux de tout ce qui s'offrait à lui, soit dans la conversation, soit dans la lecture. Tout sujet d'entretien lui était bon; il acceptait volontiers celui qu'on mettait sur le tapis, et il étonnait les indifférents par les trésors qu'il tirait à l'instant de la mine qu'ils lui avaient offerte sans y songer. Son esprit était comme une bibliothèque encyclopédique bien ordonnée, qu'il suffisait d'ouvrir, à la lettre qu'on voulait, pour en faire sortir des richesses. » Et avec cela une veine d'humeur douce et gaie, en causant, qui imprimait un mouvement agréable et comme un courant à ce lac immense. Il me semble, à lire ces éloges qu'ont donnés au grand mécanicien Watt les meilleurs critiques littéraires de son pays, qu'il y avait là occasion tout naturellement de montrer par cet exemple qu'aucune incompatibilité absolue n'existe entre les dons du génie industriel et les qualités de culture classique excellente. M. Arago a mieux aimé poser en toute rencontre l'antagonisme et se porter d'un seul côté. Après avoir énuméré les honneurs généreux, les hommages de tout genre et les statues décernés par l'Angleterre au génie de Watt, M. Arago, introduisant une idée française au milieu de la société de nos voisins, s'étonne après cela que Watt n'ait pas été nommé en son temps pair d'Angleterre : « La pairie est en Angleterre, dit-il, la première des récompenses. Vous devez naturellement supposer que Watt a été nommé pair. — On n'y a pas même pensé. — S'il faut parler net, tant pis pour la pairie que le nom de Watt eût honorée ! » Et il prononce là-dessus le mot de *caste*, il s'élève contre cette prétention de *parquer* les hommes. Il me semble que lorsqu'on vient de lire chez M. Arago même la suite d'éloges et de témoignages décernés par toutes les classes et par tous les rangs de la société en l'honneur de Watt, on ne désire plus rien pour lui, et ce regret à la française, cet étonnement exprimé par le savant que la politique n'a pas trouvé insensible, amène un sourire.

C'est dans cette Biographie de Watt que M. Arago s'attache à revendiquer pour l'illustre ingénieur et mécanicien une découverte que l'Angleterre et le monde savant attribuent généralement à Cavendish, celle de la décomposition de l'eau. Cette opinion de M. Arago excita bien des controverses à l'étranger. Le célèbre physicien de Genève, M. de La Rive, raconte dans un intéressant article sur Arago, qu'étant allé le voir un jour à l'Observatoire, en 1846, il le trouva occupé à lire un article d'une Revue anglaise, où il était assez maltraité. Je laisse parler M. de La Rive :

— « Eh bien, me dit-il dès que je fus entré, je suis sûr que vous avez déjà lu cet article à Genève et que vous me donnez tort? » — « Mais, dis-je, il est effectivement assez difficile d'ôter à Cavendish une gloire que, depuis plus de cinquante ans, les savants de tous les pays s'accordent à lui reconnaître. » — « Allons, répondit-il, je vois que vous êtes un aristocrate, et que Cavendish le lord aura raison devant vous contre Watt le mécanicien. » — « Ne serait-ce point, ajoutai-je à mon tour en riant, que, devant un démocrate comme vous, le grand seigneur doit nécessairement céder à l'enfant du peuple? »
— Il sourit et passa à autre chose.

« Cette obstination à donner à Watt la découverte de la décomposition de l'eau, ajoute ingénieusement M. de La Rive, tenait à un remords de conscience ; il voulait le dédommager de lui avoir enlevé l'invention de la machine à vapeur pour la donner à Papin. »

Je ne veux pas abuser du droit que j'ai de n'aborder les écrits de M. Arago que par un seul point. Je le répète, au milieu des défauts qui sont saillants, il y a dans ses meilleurs Éloges, tels que ceux de Fresnel, de Fourier, de Volta, d'Young, de Watt, des parties d'exposition solide où se marque distinctement l'intelligence supérieure et le maître. Si l'exemple d'Arago nous prouve que des esprits ingénieux et fins en matière de science ne sont souvent que robustes en littérature, il nous montre aussi qu'il y a une puissance réelle à ne parler que de ce qu'on sait à fond, et qu'il entre tout autre chose que le goût dans cette prise qu'on a sur les hommes. Il n'est pas jusqu'aux préoccupations cordiales et passionnées que M. Arago a introduites dans ses jugements des savants, qui n'y donnent une certaine vie, tant qu'elles n'excèdent pas la mesure. Un grand portrait de lui, un portrait en pied, serait à faire, et, si on le traitait de la même manière qu'il a traité les autres, Monge par exemple, et pas plus délicatement, il s'y peindrait tant bien que mal tout entier. Pour moi, qui ne puis que rêver à ces choses, je me figurerais volontiers une double statue d'Arago : l'une de lui jeune, dans la beauté de son ardeur et dans son plus mâle essor, voué à la pure science, à la mesure du globe, à la découverte des espaces célestes et des lois de la lumière, tel qu'il pouvait être à vingt et un ans dans ses veilles sereines sur le plateau du *Desierto de las Palmas*. La seconde statue, qu'il conviendrait peut-être de placer sur un écueil, nous le représenterait après la double carrière fournie, figure visiblement attristée, imposante toujours; de haute stature; la tête inclinée et fléchie, et comme à demi foudroyée; semblant avertir par un geste les savants de ne point donner trop à l'aveugle sur le récif populaire : mais même alors, et de quelque côté qu'on regarde, gravez et faites lire encore sur le piédestal la date mémorable des services rendus.

Lundi, 27 mars 1854.

FÉNELON

SA CORRESPONDANCE SPIRITUELLE.

Lorsque Fénelon, jeune, entendait les prédicateurs les plus célèbres de son temps, et Bourdaloue tout le premier, il n'était point entièrement satisfait; il eût voulu en maint cas une manière de prêcher plus vive, plus courte, plus familière, plus nuancée; il eût voulu qu'on ne pût en rien soupçonner que le discours qu'on écoutait était un discours écrit à l'avance, appris et retenu, mais qu'à de certaines inflexions, à de certaines marques involontaires et même à des négligences, on crût sentir que cela était dit de source et d'abondance de cœur, et que cette éloquence coulait de génie. En un mot, l'esprit si fin et si pénétrant, si athénien et si chrétien tout ensemble, de Fénelon, jugeant le talent des autres, même lorsque ce talent était le plus solide et le mieux établi, y voyait tous les défauts qu'un goût délicat peut seul ressentir, et il les eût voulu éviter.

Quand il parlait pour son compte dans ses missions, dans ses instructions pastorales, dans ses homélies de diocèse, je ne fais nul doute que Fénelon ne fût arrivé à une sorte de perfection, délicieuse pour les gens d'esprit qui l'écoutaient, en même temps que salutaire et persuasive pour tous. La Bruyère, dans son Discours de réception à l'Académie, parlant de Fénelon, qui était le dernier académicien reçu et qui, trois mois avant lui, avait fait un charmant discours, disait : « ... Après ce que vous avez entendu, comment osé-je parler, comment daignez-vous m'entendre? Avouons-le : on sent la force et l'ascendant de ce rare esprit, soit qu'il prêche de génie et sans préparation, soit qu'il prononce un discours étudié et oratoire, soit qu'il explique ses pensées dans la conversation. Toujours maître de l'oreille et du cœur de ceux qui l'écoutent, il ne leur permet pas d'envier ni tant d'élévation, ni tant de facilité, de délicatesse, de politesse; on est assez heureux de l'entendre, de sentir ce qu'il dit, et comme il le dit... » C'était avec son esprit, avec son âme, avec son goût, que Fénelon fut orateur comme il fut tout ce qu'il voulut être, et on ne désirait rien de plus en l'écoutant. Toutefois, et malgré les efforts de l'abbé Maury pour porter au rang des chefs-d'œuvre deux des sermons de Fénelon, ce dernier, en raison même de la multiplicité de ses dons, n'avait pas reçu avant tout celui de la puissance oratoire, de cette organisation manifeste, naturellement montée pour être sonore et retentissante, pour être hautement distributive à distance, et qu'il suffit ensuite de nourrir au dedans de forte doctrine, d'étude et de saines pensées, pour que tout cela tourne en fleuve, en pluie, en tonnerre majestueux, ou en une vaste canalisation fécondante. Quand il parlait comme lorsqu'il écrivait, Fénelon se tenait plus volontiers à mi-côte et sur les collines : « Son style noble et léger, a-t-il dit de Pellisson, ressemblait à la démarche des divinités fabuleuses qui *coulaient* dans les airs sans poser le pied sur la terre. » On peut le dire de lui-même et en supprimant l'image de *fabuleuses;* sa parole avait quelque chose de noble et de léger qui rappelle ces figures angéliques, amies de l'homme, et se tenant toujours à sa portée, qui pourraient s'enlever plus haut, qui ne le veulent pas, et qui aiment mieux, dès qu'il le faut, redescendre. Fénelon, dans ses effusions de parole publique ou particulière, a des instants d'énergie et de grande force (1), mais ce ne sont que des instants; la familiarité, la grâce, l'insinuation, sont sa plus ordinaire habitude et son allure naturelle. Il dit *vite et court*, il recommence plus d'une fois; il glisse, il coule, on dirait qu'il va s'élever, il en donne le sentiment; il semble vous épargner plutôt que lui-même en ne vous saisissant pas, en ne vous ravissant pas. Il touche, il accommode le détail, il y verse un esprit d'onction. En un mot, il a surtout les qualités qui devaient agir de près quand il entretenait quelque âme en peine et tourmentée de scrupules dans le petit entresol de la duchesse de Beauvilliers, ou, comme il le dit, « auprès de la petite cheminée de marbre blanc. »

Fénelon est surtout un parfait et souverain directeur. Je vais tout d'abord au-devant de l'objection. Comme tel, comme arbitre secret des âmes, il a eu ses erreurs, il a dévié, il s'est livré surabondamment à ses goûts et à sa prédilection. Il y a eu dans sa vie un moment critique où ce penchant et cette vocation particulière qu'il se sentait pour la direction intérieure et pour les mystères délicats de la piété l'ont abusé et légèrement

---

(1) Ainsi, dans le Sermon pour la fête de l'Épiphanie, on trouve ce mot souvent cité : « L'homme s'agite, mais Dieu le mène. » Et dans le second point du même Sermon, dans cette seconde partie qui est d'une grande beauté morale, il y a sur la corruption des mœurs et sur la décadence de la foi, de ces traits de vigueur qui sembleraient appartenir à Bossuet : « Les hommes gâtés jusque dans la moelle des os par les ébranlements et les enchantements des plaisirs violents et raffinés ne trouvent plus qu'une douceur fade dans les consolations d'une vie innocente : ils tombent dans les langueurs mortelles de l'ennui dès qu'ils ne sont plus animés par la fureur de quelque passion. Est-ce donc là être chrétien ? etc. »

enivré. En rencontrant chez madame Guyon une âme tendre et subtile, qui renouvelait en apparence ce qu'on a rapporté des ferveurs les plus saintes et les plus favorisées, il s'oublia trop à spéculer avec elle et à rivaliser de curiosité ou d'abandon. Passons l'éponge sur ce moment d'illusion et d'oubli dans lequel nous ne pourrions d'ailleurs faire un seul pas sans obscurité ou sans éblouissement. Ce n'est pas à nous et ce n'est pas ici qu'il convient d'entrer en éclaircissement sur ce qu'on a appelé *les divers degrés d'Oraison:* nous ne pouvons rester qu'au seuil, et c'est beaucoup déjà de nous y tenir. Je ne prendrai donc Fénelon qu'en dehors de cette affaire du Quiétisme, et tout simplement comme un guide approprié, le plus fin, le plus distingué, le plus à souhait, que consultaient quelques âmes inquiètes, quelques amis fidèles.

On a depuis longtemps recueilli sous le titre de *Lettres spirituelles* les lettres de Fénelon qui portent spécialement sur ces points de la vie intérieure, et dans lesquelles il enseigne à faire de vrais progrès « dans l'art d'aimer Dieu. » Ce recueil, si répandu et si estimé qu'il soit, n'est pas celui de Fénelon que je conseillerais aux personnes du monde ni que je préfère. On y a trop exclusivement rassemblé ce qui tient aux choses intérieures, en retranchant des lettres ce qui s'y mêlait d'accidentel, de relatif au monde, aux personnes, ce qui y donnait de la réalité. Je ne saurais mieux comparer l'effet continu de ces lettres ainsi réduites qu'à un festin dans lequel, sous prétexte de retrancher des aliments et des mets toute portion inutile ou grossière, on n'aurait servi que des gelées, des consommés, des sirops et des élixirs : on en est tout aussitôt rassasié. La meilleure manière, selon moi, de lire les *Lettres spirituelles* de Fénelon lorsqu'on veut en faire un lent et juste usage, c'est de les lire dans leur suite et leur diversité, telles qu'on les a recueillies et disposées dans la grande édition en onze volumes de la *Correspondance* (1827). Là on trouve les noms, les dates, les événements, tout ce qui circonstancie et qui fait vivre

Et par exemple, nous connaissons la comtesse de Grammont : elle était née Hamilton, et sœur du piquant et moqueur écrivain ; elle était femme du chevalier, depuis comte de Grammont, si connu par les Mémoires que rédigea pour lui son beau-frère. Amenée jeune en France par ses parents pendant les troubles civils de son pays, elle avait été élevée au monastère de Port-Royal et y avait toujours conservé des attaches. Revenue plus tard en France à titre de comtesse de Grammont, femme de la Cour des plus en vue, hautaine, brillante, galante même, mais respectée et considérée jusque dans ses dissipations, elle garda en vieillissant des restes de beauté, se fit agréer en tout temps de Louis XIV, et au point de donner par moments de l'ombrage à madame de Maintenon. Saint-Simon et madame de Caylus nous apprennent tout cela, et ne nous laissent pas ignorer non plus les variations d'humeur et de caractère qui faisaient d'elle une personne encore plus agréable qu'aimable. Eh bien, la comtesse de Grammont est une des correspondantes spirituelles de Fénelon, non pas précisément une de ses pénitentes ; pourtant il semble être celui qui contribua le plus à la ramener et à la fixer aux idées de religion, et ce ne fut que lorsque Fénelon fut retiré à Cambrai et dans l'exil que la comtesse revint à ses anciens errements de Port-Royal et à se déclarer ouvertement de ce côté : jusque-là, et tant que Fénelon avait été à sa portée, elle se contint dans une voie moyenne.

C'est vers l'âge de quarante-cinq ans que la comtesse de Grammont commença ainsi à changer et à vouloir régler sa vie. Elle avait fort à faire : « Vous avez beaucoup à craindre et du dedans et du dehors, lui écrivait

Fénelon. Au dehors, le monde vous rit, et la partie du monde la plus capable de nourrir l'orgueil donne au vôtre ce qui peut le flatter, par les marques de considération que vous recevez à la Cour. Au dedans, vous avez à surmonter le goût d'une vie délicate, un esprit hautain et dédaigneux, avec une longue habitude de dissipation. Tout cela, mis ensemble, fait comme un torrent qui entraîne malgré les meilleures résolutions. » Et il conseillait comme vrai remède de sauver chaque jour quelques heures pour la prière et pour la lecture. Ne fût-ce qu'une demi-heure le matin, qu'un demi-quart d'heure pris sur les embarras et bien ménagé, tout est bon. De plus, même dans la vie la plus envahie, il y a des instants d'intervalle toujours : « Divers petits temps, ramassés dans la journée, ne laisseront pas de faire tous ensemble quelque chose de considérable. » C'est dans ces instants qu'on se renouvelle, dit-il, devant Dieu et qu'on répare à la hâte *les brèches que le monde a faites.* Le silence surtout lui paraît un grand remède, et le seul dans les instants même qu'on ne peut dérober au monde. Imaginez la sœur d'Hamilton, digne en tout de lui pour l'esprit, pour les grâces moqueuses, pour l'ironie fine, imperceptible, élégante, impitoyable et vengeresse : il faut retrancher tout cela, *laisser aux autres les honneurs de la conversation:* « Vous ne pouvez dompter votre esprit dédaigneux, moqueur et hautain, qu'en le tenant comme enchaîné par le silence... Vous ne sauriez trop rudement jeûner des plaisirs d'une conversation mondaine. Il faut vous rabaisser sans cesse: vous ne vous relèverez toujours que trop. » Il sait bien le point où il touche, et il y revient instamment: conserver le recueillement *même en conversation:* « Vous avez plus besoin qu'un autre de ce contre-poison. » Mais encore faut-il que ce silence qu'on observe et auquel on se condamne ne soit pas un *silence sec et dédai-*

gneux, car l'amour-propre refoulé a bien des détours: « Il faut au contraire que ce soit un silence de déférence à autrui. » Ainsi Fénelon sur tous les tons et avec toutes les adresses essaye d'insinuer la charité pour le prochain à la sœur d'Hamilton (1). Fénelon se méfie aussi avec elle d'un autre écueil : « Vous avez plus de besoin d'être mortifiée, lui dit-il, que de recevoir des lumières. » Ces lumières de religion, il sait bien que la comtesse les a reçues dès l'enfance dans le monastère où elle a été élevée ; elle a plutôt besoin, en revenant du monde à la religion, de ne point passer d'un amour-propre à un autre, de ne point chercher à exceller ni à être merveilleuse dans un autre sens: « Ce que je vous souhaite le plus est la petitesse et la simplicité d'esprit. Je crains pour vous une dévotion *lumineuse*, haute, qui, sous prétexte d'aller au solide en lecture et en pratique, nourrisse en secret je ne sais quoi de grand et de contraire à Jésus-Christ enfant, simple et méprisé des sages du siècle. Il faut être enfant avec lui. Je le prie de tout mon cœur, madame, de vous ôter non-seulement vos défauts, mais encore ce goût de grandeur dans les vertus, et de vous rapetisser par grâce. » Il n'y a rien dans ces lettres de Fénelon à madame de Grammont qui paraisse excéder pour le fond ce que le

---

(1) Il aurait pu également lui dire ce qu'il écrivait à la duchesse douairière de Mortemart (11 octobre 1710), sur cette habileté à voir et à reprendre les défauts de ceux qui nous entourent : « C'est par imperfection qu'on reprend les imparfaits. C'est un amour-propre subtil et pénétrant qui ne pardonne rien à l'amour-propre d'autrui. Plus il est amour-propre, plus il est sévère censeur. Il n'y a rien de si choquant que les travers d'un amour-propre, à un autre amour-propre délicat et hautain. Les passions d'autrui paraissent infiniment ridicules et insupportables à quiconque est livré aux siennes. » Délicat comme était Fénelon, combien il lui aurait été facile d'être malin et satirique! Il sut s'en abstenir par humanité ou s'en guérir par charité.

bon sens délicat du directeur chrétien le plus éclairé peut conseiller et prescrire. Dans l'expression pourtant il se glisse quelques termes trop enfantins comme on en passe à saint François de Sales, mais qui sont déplaisants ici sous une plume châtiée et dans le sérieux du grand siècle : « Il faut vous *apetisser*, vous faire enfant, vous *emmaillotter* et vous *donner de la bouillie;* vous serez encore une *méchante enfant.* » Ce sont là les mièvreries du genre, et le mauvais goût de Fénelon. C'est par ce côté qu'il n'a point repoussé d'instinct et par une aversion première madame Guyon et son jargon, comme l'eût fait Bossuet ou même Du Guet.

Dans le temps que madame de Grammont se réfugiait ainsi avec assez de peine, mais avec sincérité, vers la pensée religieuse, il y avait des exemples à l'entour ou de conversions ou de rechutes, et qui faisaient bruit. M. de Tréville, dont il m'arrive de parler quelquefois et qui était un personnage considérable aux yeux de la société d'alors, venait de retomber dans des habitudes mondaines après quelques années de retraite et d'austérités. Ce pourrait bien être de lui et de son exemple que madame de Grammont était préoccupée en 1686, et Fénelon lui répondait :

« Ce qui me fâche le plus dans ces affaires malheureuses, c'est que le monde, qui n'est que trop accoutumé à juger mal des gens de bien, conclut qu'il n'y en a point sur la terre. Les uns sont ravis de le croire et en triomphent malignement; les autres en sont troublés... On s'étonne de voir un homme qui a fait semblant d'être bon, ou, pour mieux dire, qui, ayant été véritablement converti dans la solitude, est retombé dans ses inclinations et dans ses habitudes, dès qu'il a été exposé au monde. Ne savait-on pas que les hommes sont fragiles, que le monde est contagieux, que les gens faibles ne peuvent se conserver qu'en fuyant les occasions? Qu'y a-t-il donc de nouveau? Voilà bien du bruit pour la chute d'un arbre sans racines, et attaqué de tous les vents ! »

Mais une autre conversion qui occupa le monde

quelques années après et qui tint bon, fut celle de madame de La Sablière, cette amie désabusée de La Fare, cette patronne constante de La Fontaine :

« Ce que vous me mandez de madame de La Sablière, écrivait Fénelon de Versailles (1691), me touche et m'édifie. Je ne l'ai vue qu'une fois, mais il m'en est resté une grande impression.. Elle a bien raison de ne chercher plus rien dans les hommes, ayant trouvé Dieu, et de faire le sacrifice de ses meilleurs amis. Le bon ami est au dedans du cœur. »

Les mortifications de divers genres ne manquèrent point à madame de Grammont en ces années. MM. Hamilton ses frères, qui étaient de l'expédition d'Irlande et du parti de Jacques II, échouèrent en quelque occasion particulière, furent blâmés et encoururent quelque disgrâce à Saint-Germain : elle en fut piquée et outrée dans sa tendresse et dans son orgueil ; elle s'y retrouva tout entière avec « son humeur hautaine, injuste et révoltée. » Fénelon fait tout pour la dompter et pour l'adoucir : « Hélas! Madame, qu'attendiez-vous des hommes? Vous ne les connaissiez donc pas? Ils sont faibles, inconstants, aveugles ; les uns ne veulent pas ce qu'ils peuvent, les autres ne peuvent pas ce qu'ils veulent. La créature est un roseau cassé : si on veut s'appuyer dessus, le roseau plie, ne peut vous soutenir et vous perce la main. » Ce sont les touches énergiques chez Fénelon. L'expression toutefois est-elle aussi ferme et aussi exacte de tout point que l'aurait eue en pareil cas Pascal ou Bossuet? Ce *roseau cassé*, ce roseau résistant et sec, et qui perce la main quand on s'y appuie, est-il bien de la même nature que le roseau qui *plie* et qui, par conséquent, se dérobe? Fénelon n'a-t-il pas associé dans une même image deux roseaux d'espèce différente? Je rougis presque de hasarder ce doute littéraire à l'occasion d'une belle pensée morale.

A cette mortification de famille et d'orgueil, il s'en joignait en ce temps-là une autre pour madame de Grammont, une mortification plus intime et plus secrète, qui tenait à la personne et à la beauté. Elle n'était plus jeune, elle n'était plus belle, elle le disait sans doute, mais elle avait de beaux restes, elle le savait, elle en jouissait encore tout bas comme un vaincu généreux qui sait se faire respecter, même en se retirant. Or voilà qu'une disgrâce désagréable vient la saisir au front; son visage se couvre de rougeurs; des dartres (puisqu'il faut les appeler par leur nom) viennent l'éprouver : « Dieu vous a donné, lui disait Fénelon, une rude croix par le mal que vous souffrez. Il est opiniâtre, il est douloureux; outre les douleurs du mal, vous avez celles des remèdes. Mais la douleur n'est pas ce qui vous fait le plus de peine ; vous êtes courageuse et dure contre vous-même pour souffrir patiemment; mais Dieu vous a prise par un autre endroit plus sensible, qui est votre faible, il attaque votre délicatesse et votre propreté. Vous qui êtes d'un goût si exquis et si dédaigneux, vous êtes réduite à être dégoûtée de vous-même... » Chaque fois qu'il revient sur ce point pénible, Fénelon a soin de montrer combien l'épreuve est bien choisie, combien l'espèce de mal est appropriée à cette fine et fière nature, la plus faite pour en ressentir l'affront. Il ne manque pas d'ajouter que « la lèpre de l'orgueil, de l'amour-propre et de toutes les autres passions de l'esprit, si nous n'étions point aveugles, nous paraîtrait bien plus horrible et plus contagieuse. » Madame de Grammont le croyait sans doute comme lui, mais elle souffrait tout en le croyant.

Pendant qu'il lui écrivait ces lettres de demi-consolation, Fénelon était encore à Versailles, attaché à l'éducation du duc de Bourgogne, et il ne pouvait dérober que des quarts d'heure de son temps. Madame de Grammont s'en plaignait quelquefois et semblait croire que de plus heureux qu'elle occupaient ses soins comme directeur. Il s'en défendait fort : « Ce n'est pas moi, madame, qui suis difficile à voir, c'est vous. Souvenez-vous-en bien, et n'allez plus gronder contre les gens qui me gardent comme une relique. » Fénelon n'entra donc jamais très-avant ni d'une manière parfaitement suivie dans la direction de madame de Grammont ; ses conseils tournent dans un même cercle et ne se renouvellent que par l'agrément d'expression qu'il y met : « Surtout, madame, sauvez votre matin, et défendez-le comme on défend une place assiégée. Faites des sorties vigoureuses sur les importuns ; nettoyez la tranchée, et puis renfermez-vous dans votre donjon... »

Quelques-unes de ces lettres que Fénelon adresse à la comtesse de Grammont vont pourtant plus avant et développent les points importants, et toujours intelligibles, de sa doctrine de piété. Les Stoïciens, Épictète par exemple, posaient en principe que, pour être heureux et sage, il faut se retrancher en soi et dans les seules choses qui dépendent de nous, en coupant court à ce qui est du dehors, aux accidents, et en levant pour ainsi dire à chaque fois le pont-levis, de telle sorte que la communication ne se fasse que par manière d'acquit et sans nous affecter essentiellement. Fénelon, comme tous les vrais chrétiens, trouverait cette façon d'atteindre à la sagesse et au bonheur bien morne et bien insuffisante ; ce n'est point en se réfugiant et en se retranchant dans le *moi* qu'il croit possible de trouver la paix : car en nous, pense-t-il, et dans notre nature sont les racines de tous nos maux ; tant que nous restons renfermés dans nous-mêmes, nous offrons prise sous le souffle du dehors à toutes les impressions sensibles et douloureuses : « Notre humeur nous expose à celle d'autrui ; nos passions s'entrechoquent avec celles de nos voisins ; nos désirs sont autant d'endroits par où nous donnons prise à tous les traits du reste des hommes ; *notre orgueil, qui est incompatible avec l'orgueil du prochain, s'élève comme les flots de la mer irritée..:* tout nous combat, tout nous repousse, tout nous attaque ; nous sommes ouverts de toutes parts par la sensibilité de nos passions et par la jalousie de notre orgueil. » Le remède, à ses yeux, est donc de sortir de soi pour trouver la paix, et de s'élever par le cœur et par la prière, de se plonger et de se perdre autant qu'on le peut dans la pensée de l'Être infini, de l'Être paternel, aimant et bon, et toujours présent ; d'obtenir, s'il est possible, que sa volonté se substitue en nous à la nôtre : « Alors on goûte la vraie paix réservée aux hommes de bonne volonté... ; alors les hommes ne peuvent plus rien sur nous, car ils ne peuvent plus nous prendre par nos désirs ni par nos craintes ; alors nous voulons tout et nous ne voulons rien. C'est être inaccessible à l'ennemi ; c'est devenir invulnérable. » Qu'il y ait eu dans la doctrine des derniers Stoïciens, d'Épictète même et de Marc-Aurèle, un commencement de cette manière de concevoir l'affranchissement de l'esprit, je ne le nierai pas ; mais une telle pensée n'a eu son éclaircissement entier et son accomplissement que dans le Christianisme et dans l'idée de Dieu qu'il est venu révéler au monde. La doctrine de Fénelon, dégagée de quelques subtilités d'expression et de quelques renchérissements particuliers à sa manière de sentir et d'écrire, n'est autre que la doctrine chrétienne dans sa plus spirituelle vivacité.

Qu'on veuille un moment y penser ! L'idée de Dieu, c'est-à-dire d'une cause supérieure et première qui nous domine et nous environne, est une idée toute naturelle et selon la perspective humaine de tous les temps.

Il arrive seulement que cette idée varie dans son mode et dans ses degrés. Aux époques où l'on n'avait pas étudié la nature physique et où les causes secondes et les lois de l'univers étaient peu connues, la toute-puissance suprême semblait plus rapprochée de chacun en ce qu'on la voyait comme directement dans chaque événement inattendu, dans chaque phénomène. Le bon Joinville, en son voyage d'Égypte et de Syrie, nous est une image fidèle de ces époques naïves et ferventes, pour qui le miracle éclatait et renaissait à chaque pas. Depuis que la nature physique est plus connue et que la science en observe et en expose successivement les lois, il serait à craindre que la pensée de Dieu, même auprès de ceux qui ne cessent de l'admettre et de s'incliner devant elle, ne reculât en quelque sorte aux confins de l'univers et ne s'éloignât trop de l'homme, jusqu'à ne plus être à son usage et à sa portée ; il serait à craindre que ce Dieu, tel qu'on a reproché à Bolingbroke de le vouloir établir, Dieu plus puissant que bon, plus souverainement imposant que présent et que juste, Dieu qu'on admet en un mot, mais qu'on n'adore point et qu'on ne prie point, il serait à craindre que ce Dieu-là ne prît place, et seulement pour la forme, dans les esprits, si la pensée chrétienne ne veillait tout à côté, si le Dieu du *Pater* ne cessait d'être présent matin et soir à chaque cœur, et si la prière ne maintenait cette communication invisible et continuelle de notre esprit borné avec l'Esprit qui régit tout. Avant d'ouvrir les écrits spirituels de Fénelon ou ceux de tout autre chrétien, c'est là ce qu'il faut se dire pour ne pas être étonné de certaines expressions vives. Les écrivains dits spirituels et mystiques, à force de sentir cette condition de l'homme souffrant, dénué et orphelin, qui n'a pas cessé d'être dans un rapport intime avec un Dieu aussi tendre et aussi miséricordieux que puissant, ont eu des paroles qui semblent annoncer une exaltation excessive et une certaine ivresse. Fénelon non plus que saint François de Sales n'en est pas exempt.

On est plus disposé à passer cet excès à saint François de Sales, en raison de son siècle, et aussi à la faveur d'une certaine poésie franche qui s'y mêle et qui ne se donne que comme poésie. On comprendra qu'entre ces deux natures si déliées, si fines, si élevées, je n'aie pas à exprimer même une préférence, et je ne puis que parler en général de la diversité de ton et de nuance qui caractérise leur manière. Saint François de Sales a plus d'enthousiasme, et un enthousiasme toujours renaissant; il a la verve lyrique, l'hymne amoureux qui s'élance : Fénelon a plus le don de la causerie, de la conversation légère, le conseil gracieux, délié et rapide (*lenes susurri*). Saint François de Sales court de çà et de là et sort de son sujet, ou du moins voltige alentour; il chante comme un oiseau en sautant de branche en branche; il a l'ébriété de la vigne mystique, et il ne le cache pas. Il voit la nature toute fleurie, toute vivante sous ses plus riants emblèmes ; il rejoint plus directement les objets de sa piété aux images de la nature physique, aux vendanges, au printemps. S'il a l'esprit sérieux, il le dérobe souvent, il a l'enfance de l'imagination ; la langue de son temps y prête, et il en use comme d'un privilége qui lui serait singulier. Son expression prend feu et reluit à chaque pas : « J'ai fait un sermon ce matin tout de flammes...—Voyez-vous, je ris déjà dans le cœur sur l'attente de votre arrivée. — O Dieu ! ma chère fille, elles s'en vont ces années et courent à la file imperceptiblement les unes après les autres, et, en dévidant leur durée, elles dévident notre vie mortelle ; et, se finissant, elles finissent nos jours. Oh! que l'Éternité est incomparablement plus aimable!... » Ces chants-là, ces accents et ces essors sont perpétuels chez lui. Quand il parle de la Fête-Dieu, du Saint-Sacrement ou de la Vierge, chevalier naïf de l'ordre de Dieu, il n'a pas seulement le saint nom gravé sur la poitrine, il porte au bras les rubans et les couleurs. Il est plein d'abus de goût ; il s'amuse, il folâtre, il se joue. On devrait inventer un mot comme *marivauder* pour saint François de Sales, mais un mot sans blâme et sans injure : je dirai de lui qu'il *séraphise*. On le lui passe comme à quelqu'un qui tient d'Amyot, qui est venu avant Bossuet et qui s'est formé avant Malherbe.

Fénelon est racinien de ton ; il a la distinction et le fini des sentiments, il a plus rarement l'image. Elle lui vient pourtant, discrète, courante, familière, et quelquefois trop familière : « Vous pouvez faire de moi, écrit-il au duc de Chaulnes, *comme d'un mouchoir* qu'on prend, qu'on laisse, *qu'on chiffonne :* je ne veux que votre cœur, et je ne veux le trouver qu'en Dieu. » J'aime mieux qu'il dise à madame de Grammont : « Vous êtes une bonne montre, mais dont la corde est courte et qu'il faut remonter souvent. Reprenez les lectures qui vous ont touchée, elles vous toucheront encore, et vous en profiterez mieux que la première fois. » Dans sa Correspondance spirituelle avec madame de Montberon, il se croit ou il se dit quelquefois *sec, irrégulier* ; il entre, au contraire, d'une manière fine et rapide dans les délicatesses de l'amour divin ; il en donne en termes prompts et menus la théorie, comme nous dirions, les préceptes ; il le veut simple, mais d'une simplicité à laquelle on n'arrive pas du premier coup. Comme il a affaire ici à une âme plus scrupuleuse, plus raffinée, il pénètre plus avant qu'avec madame de Grammont. Il insiste sur ce point un peu subtil, que, dans la prière, il faut tâcher de se taire soi-même pour ne laisser parler que l'esprit de Dieu en nous : « Il n'y a plus de vrai silence, dit-il, dès qu'on s'écoute. Après s'être écouté, on se répond, et, dans ce dialogue d'un subtil amour-propre, on fait taire Dieu. La paix est pour vous dans une simplicité très-délicate (1). » C'est dans cette doctrine de silence et de quiétude en priant qu'est le germe de ce qu'on a appelé *Quiétisme* et qui peut devenir une illusion. Je n'en dis pas plus, et je passe vite. En général, on le voit, la *simplicité délicate* de Fénelon n'est pas cette simplicité d'où l'on part, c'est celle à laquelle on revient à force d'esprit, à force d'art et de goût. Je ne veux pas trop le presser dès à présent et le définir, ayant à le montrer encore par de plus sérieux côtés. J'ai parlé d'images : en voici une qui me paraît du plus vif et du plus joli Fénelon. Madame de Grammont était allée à des eaux avec le comte de Grammont qui s'y trouvait bien et qui, dit-on, y rajeunissait : « Versailles, écrit à ce propos Fénelon, ne rajeunit pas de même ; il y faut un visage riant, mais le cœur ne rit guère. Si peu qu'il reste de désirs et de sensibilité d'amour-propre, on a toujours ici de quoi vieillir : on n'a pas ce qu'on veut, on a ce qu'on ne voudrait pas ; on est peiné de ses malheurs, et quelquefois du bonheur d'autri ; on méprise les gens avec lesquels on passe sa vie, et on court après leur estime. On est importuné, et on serait bien fâché de ne l'être pas et de demeurer en solitude. *Il y a une foule de petits soucis voltigeants qui viennent chaque matin à votre réveil, et qui ne vous quittent plus jusqu'au soir;* ils se relayent pour vous

---

(1) Et encore dans une lettre que je recommande aux curieux, adressée à la duchesse douairière de Mortemart (11 octobre 1710) : « Quand nous n'entendons pas cette voix intime et délicate de l'Esprit qui est l'âme de notre âme, c'est une marque que nous ne nous taisons point pour l'écouter. Sa voix n'est point quelque chose d'étrange : Dieu est dans notre âme, comme notre âme dans notre corps. » Et ce qui suit.

agiter. Plus on est à la mode, plus on est à la merci de ces lutins. Voilà ce qu'on appelle la vie du monde... » On a toute la grâce. Les *petits soucis voltigeants* sont de ces images insensibles comme il en naît sous la plume de Fénelon ; mais ce qui suit, ces *relais*, ces *lutins*, me semblent de trop et sentent la gentillesse. Toute part faite à la familiarité de la correspondance, la large manière n'est pas celle-là.

Aujourd'hui, je n'ai pu qu'effleurer le sujet ; ces choses de spiritualité ne sauraient se donner en grande quantité à la fois. Il me reste à montrer Fénelon par ses parties plus fermes et plus fortes, dans sa Correspondance à demi spirituelle, à demi politique, avec le duc de Bourgogne, avec le duc de Chevreuse : c'est **la fin du règne de Louis XIV vue de Cambrai.**

Lundi, 3 vril 1854.

FÉNELON

SA CORRESPONDANCE SPIRITUELLE ET POLITIQUE.

(FIN)

Parmi les lettres de Fénelon qui contiennent un mélange de spiritualité et de politique, il n'en est point de plus intéressantes et de plus instructives que celles qu'il adresse au duc de Chevreuse. C'est par lui principalement que Fénelon, durant les dix-sept ans de son exil de Cambrai, continuait de correspondre avec son élève le duc de Bourgogne.

Le duc de Chevreuse, comme la comtesse de Grammont, était un ancien élève de Port-Royal ; mais, à la différence de la comtesse, il n'en avait rien gardé dans le cœur. Il en eut pourtant toujours quelque chose dans l'esprit, dans le tour raisonneur, appliqué, logique, en même temps que dans le docte, poli et pur langage. C'était pour le duc de Chevreuse enfant qu'Arnauld avait composé par une sorte de gageure la *Logique* dite *de Port-Royal*. Le duc de Chevreuse n'en profita pas tout à fait dans le sens et dans l'esprit qu'il aurait fallu. Une des remarques de cette judicieuse Logique, en effet, c'est que la plupart des erreurs des hommes viennent moins de ce qu'ils raisonnent mal en partant de principes vrais, que de ce qu'ils raisonnent bien en partant de jugements inexacts ou de principes faux. Le duc de Chevreuse, tel qu'on le voit et par Saint-Simon, et dans sa Correspondance avec Fénelon, se montre à nous précisément comme un type de ces hommes qui raisonnent à merveille, qui raisonnent trop bien, qui raisonnent sur tout et à perte de vue : seulement le principe d'où ils partent est faux ou contestable : « On était perdu, dit Saint-Simon, si on ne l'arrêtait dès le commencement, parce qu'aussitôt qu'on lui avait passé deux ou trois propositions qui paraissaient simples et qu'il faisait résulter l'une de l'autre, il menait son homme attant jusqu'au bout. » On sentait bien qu'il n'avait pas raison, mais il raisonnait si serré qu'on ne trouvait plus le joint pour rompre la chaîne. Le duc de Chevreuse, honnête, appliqué, laborieux, traitant chaque question avec méthode, s'épuisant à combiner les faits et à en tirer des inductions, des conséquences infinies, avait quelque chose du doctrinaire et du statisticien tout ensemble; on en connaît encore de ce genre-là : avec beaucoup d'esprit, de mérite, de capacité et de connaissances, il n'arrivait qu'à être un *bon esprit faux*. C'était bien la peine, dira-t-on, de faire la plus simple et la plus sensée des Logiques tout exprès pour quelqu'un, et d'atteindre justement en sa personne à ce résultat.

Fénelon fait tout pour corriger le duc de Chevreuse de cet excès intellectuel, et pour l'en guérir : « Je crains toujours beaucoup, lui écrit-il (août 1699), votre pente excessive à raisonner : elle est un obstacle à ce recueillement et à ce silence où Dieu se communique. Soyons simples, humbles, et sincèrement détachés avec les hommes : soyons recueillis, calmes et point raisonneurs avec Dieu. Les gens que vous avez le plus écoutés autrefois sont infiniment secs, raisonneurs, critiques et opposés à la vraie vie intérieure (1) : si peu que vous les écoutassiez, vous écouteriez aussi un raisonnement sans fin, et une curiosité dangereuse qui vous mettrait insensiblement hors de votre grâce, pour vous rejeter dans le fond de votre naturel. » C'est, en effet, le naturel du duc de Chevreuse qu'il faudrait refaire de fond en comble. Les conseils de Fénelon sont donnés en des termes appropriés et vifs, qui deviennent autant de traits à recueillir pour un portrait fidèle de ce bon duc : « J'ai souvent remarqué que vous êtes toujours pressé de passer d'une occupation à une autre, et que cependant chacune en particulier vous mène trop loin. C'est que vous suivez trop votre esprit d'anatomie et d'exactitude en chaque chose. Vous n'êtes point lent, mais vous êtes long. » Et encore : « Vous êtes trop accoutumé à laisser votre esprit s'appliquer. Il vous reste même une habitude de curiosité insensible. C'est un approfondissement, un arrangement, une suite d'opérations, soit pour remonter aux principes, soit pour tirer les conséquences. » Couper court, en finir, retrancher tout ce qui n'est pas essentiel, éviter un semblant d'*exactitude éblouissante* qui nuit au nécessaire par le superflu, c'est là le conseil qui revient sans cesse et qui ne s'applique pas moins aux choses de ce monde qu'à celles de Dieu. A la comtesse de Grammont, railleuse et piquante, Fénelon conseillait de *jeûner de conversation mondaine;* au duc de Chevreuse, spéculatif et renfermé en lui-même, il conseille de *jeûner de raisonnement :* « Quand vous cesserez de raisonner, vous mourrez à vous-même, car la raison est toute votre vie... Plus vous raisonnerez, plus vous donnerez d'aliment à cette vie philosophique

---

(1) Ce jugement serait bien injuste si on l'appliquait à tous les hommes de Port-Royal, et surtout du premier Port-Royal; il n'est vrai que si l'on a en vue la majorité des Jansénistes du dehors.

Abandonnez-vous donc à la simplicité et à la folie de la Croix. »

Les lettres de Fénelon au duc de Chevreuse finirent par être plutôt de conseil moral et d'affaires intimes que de direction ; mais, au commencement, le caractère de lettres spirituelles y est assez marqué. Le duc de Chevreuse, pour peu qu'on le laisse faire, est tenté de passer sa vie dans son cabinet à lire, à étudier, à se morigéner sans cesse, à s'imposer pour soi ou pour les autres des occupations de tout genre, politiques, théologiques, des occupations dont quelques-unes en elles-mêmes peuvent sembler fructueuses et nourrissantes. Fénelon l'avertit toutefois de prendre garde et de ne pas trop se livrer à sa pente : il croit utile que le bon duc ait quelquefois entretien avec un autre que soi, avec quelqu'un de simple, de pieux, de sincère : « Cette personne, lui dit-il, vous consolerait, vous nourrirait, vous développerait à vos propres yeux et vous dirait vos vérités. » On a beau se persuader qu'on se dit à soi-même ses vérités, on n'y atteint jamais complétement ni par le coin le plus sensible : « Une vérité qu'on nous dit nous fait plus de peine que cent que nous nous dirions à nous-même : on est moins humilié du fond des vérités que flatté de savoir se les dire. » En attendant que le duc de Chevreuse ait trouvé de près ce quelqu'un pour lui rendre ce service, Fénelon le lui rend de loin tant qu'il peut, en lui parlant sans réticence, sans ménagement ; il lui expose d'une manière sensible son grand défaut, ce beau défaut tout curieux, tout intellectuel ; il le lui étend avec ses replis et le lui fait toucher au doigt : « Plus une vie est profonde, délicate, subtile et spécieuse, plus on a de peine à l'éteindre. Elle échappe par sa subtilité ; elle se fait épargner par ses beaux prétextes ; elle est d'autant plus dangereuse qu'elle le paraît moins. Telle est la vie secrète d'un esprit curieux, tourné au raisonnement, qui se possède par méthode philosophique, et qui veut posséder de même tout ce qui l'environne... Qui voudrait à tout moment s'assurer qu'il agit par raison, et non par passion et par humeur, perdrait le temps d'agir, passerait sa vie à anatomiser son cœur, et ne viendrait jamais à bout de ce qu'il chercherait. » Il dénonce et poursuit à outrance « ce goût de sûreté géométrique qui est enraciné en lui par toutes les inclinations de son esprit, par toutes les longues et agréables études de sa vie, par une habitude changée en nature. » Il l'exhorte à mourir « à ses goûts d'esprit, à ses curiosités et à ses recherches philosophiques, à sa sagesse intempérante, à ses arrangements étudiés, à ses méthodes de persuasion pour le prochain; » à ne pas être un affairé d'esprit à tout propos et hors de propos, un *ardélion* de la vie intérieure. Cet apaisement, cette simplification et ces temps de repos qu'il lui prêche, cet état de tranquillité et de quiétude morale auquel il le voudrait insensiblement amener, — ne pas toujours voir Dieu à travers la grille d'un raisonnement étroit et serré, — c'est de la part de Fénelon un conseil du bon sens le plus clairvoyant, le plus net, et qui dans le cas présent, autant que nous en pouvons juger, allait le mieux à son adresse; c'est encore du bon quiétisme.

Dans les lettres qu'il écrit au fils du duc de Chevreuse, au duc de Chaulnes, qui s'appelait d'abord le vidame d'Amiens, Fénelon retrouve à dire une partie des mêmes choses; car il paraît que le fils tenait de son père ce goût de travail renfermé, d'études à l'infini et d'occupations dans le cabinet. Ici Fénelon, parlant à un jeune homme, y mêle un ton d'affection plus gracieux, plus paternel; ces lettres au vidame d'Amiens, lues à leur date à travers les autres, sont d'un effet aimable: l'énergie et quelque ton de sévérité s'y tempèrent aussitôt d'un sentiment de tendresse que l'ami du père reporte sur les enfants. Cette jeunesse sérieuse d'alors, qui n'imitait point les exemples dissolus d'alentour, avait pour inconvénient d'être ou de paraître trop triste, trop appliquée, trop particulière, comme on disait. Le vidame d'Amiens était un peu comme son père et avait du penchant à se perdre dans le détail, à s'ensevelir dans les papiers : « Prenez sobrement les affaires, lui dit sans cesse Fénelon; embrassez-les avec ordre, sans vous noyer dans les détails, et coupant court avec une décision précise et tranchante sur chaque article. » Il le lui redit non moins vivement qu'à son père : « Point d'amusements de curiosité. Coupez court sur chaque affaire. Décidez; passez à une autre; point de vide entre deux. Soyez sociable; faites honneur à la vertu dans le monde. » Et il redouble lui-même de légèreté en écrivant, comme pour lui donner l'exemple avec le précepte : « On a besoin d'être sans cesse la faucille en main, pour retrancher le superflu des paroles et des occupations. » Jamais la piété de Fénelon ne se montre mieux ce qu'elle est que dans ces lettres au vidame d'Amiens, c'est-à-dire une piété douce, commode, simple, exacte, ferme et gaie tout ensemble, une piété qui s'allie avec tous les devoirs et qui se ressouvient du grand seigneur devant les hommes jusque dans la perfection de l'humilité devant Dieu : « Un homme de votre rang ne fait point assez, et il manque à Dieu quand il ne s'occupe que de curiosités, que d'arrangement de papiers, que de détails d'une compagnie, que de règlements pour ses terres. Vous vous devez au roi et à la patrie... Priez, lisez, instruisez-vous. Voyez les hommes; soyez vu d'eux; remplissez votre vocation : la mienne est de vous tourmenter. »

Le duc de Bourgogne tient naturellement une grande place, la plus grande, dans cette Correspondance de Fénelon, en ces années, et c'est le côté aussi qui nous intéresse le plus; c'est comme un jour à demi poétique et romanesque qui nous est ouvert sur l'histoire. Ces jeunes princes, objets de tant de vœux et d'espérances et qui n'ont pas vécu, tous ceux à qui la voix du peuple comme celle du poëte a pu dire : «... S'il t'est donné de vaincre les destins ennemis, tu seras Marcellus; » ces figures inachevées que souvent l'imagination couronne, posent en passant un problème que les esprits les plus sérieux et les moins chimériques peuvent méditer au moins un instant. C'est ce qui a lieu pour le duc de Bourgogne, et l'on ne saurait, en traversant les dernières années de Louis XIV, rencontrer cette figure originale, singulière et assez difficile de l'élève de Fénelon, sans se demander : « Que serait-il arrivé de tout différent dans l'histoire, et quel tour auraient pris les choses de la France s'il avait vécu? »

J'irai tout d'abord au fond, et je dirai : L'idée qu'on prend du duc de Bourgogne quand on a lu Fénelon n'est pas exactement la même que celle qui nous est donnée par la lecture de Saint-Simon. Chose singulière! on prend avec Saint-Simon une idée, une impression du duc de Bourgogne bien plus grande et plus favorable qu'avec Fénelon. Soit que ce dernier dans l'éloignement n'ait point assez connu les qualités tardivement développées et les mérites supérieurs qu'on a loués dans ce jeune prince; soit qu'à titre d'ancien précepteur, il ait été trop disposé à le juger jusqu'au bout comme un enfant; soit qu'à ce titre de maître et de précepteur toujours, il se soit montré plus sévère et plus exigeant envers lui comme un habile et consciencieux artiste l'est pour son propre ouvrage, il est certain que les lettres de Fénelon qui traitent du duc de Bourgogne sont continuellement remplies des censures les plus précises et les plus nettement articulées, excepté les dernières de ces lettres qui se rapportent aux huit derniers mois de la vie du prince. Ce n'est que dans une lettre du 27 juillet 1711 (et le prince mourut le 18 février 1712) que Fénelon, écrivant au duc de Chevreuse, dit pour la première fois : « J'entends dire que M. le Dauphin fait beaucoup mieux. Il a dans sa place et dans son naturel de grands piéges et de grandes ressources. La religion, qui lui attire des critiques, est le seul appui solide pour le soutenir; quand il la prendra par le fond, sans scrupule sur les minuties, elle le comblera de consolation et de gloire. Au nom de Dieu, qu'il ne se laisse gouverner ni par vous, ni par moi, ni par aucune personne du monde.» Dans une lettre du 15 février précédent, Fénelon était encore mécontent et très en méfiance : « Ne vous contentez pas, écrivait-il au duc de Chevreuse, des belles maximes en spéculation et des bons propos de P. P. (*duc de Bourgogne*). Il se paye et s'éblouit lui-même de ces bons propos vagues. On dit qu'il est toujours également facile, faible, rempli de puérilités, trop attaché à la table, trop renfermé. On ajoute qu'il demeure content de sa vie obscure, dans l'avilissement et dans le mépris public. On dit que madame la duchesse de Bourgogne fait fort bien pour le soutenir, mais qu'il est honteux qu'il ait besoin d'être soutenu par elle... »

Dans les nombreuses lettres de Fénelon où il parle du prince, il y a deux parts à faire, celle de l'opinion même de Fénelon et des reproches ou des conseils qu'il lui adresse, et celle de l'opinion publique qu'il recueille avec anxiété à son sujet et dont il se fait l'écho direct, et presque offensant, pour l'avertir, le prémunir et l'obliger à en tenir compte. Fénelon ne croit donc pas tout ce qu'il rapporte, mais il juge de son devoir d'en informer le jeune prince, pour qu'il avise à conjurer ces faux bruits et à détruire ces préventions injurieuses de l'opinion, de laquelle, après tout, dépendent même les grands de la terre. Si quelque chose pouvait être nécessaire pour convaincre de la profonde sincérité chrétienne de Fénelon et de sa haute rectitude morale, cette Correspondance avec le duc de Bourgogne ou à son sujet suffirait à en donner la preuve; car, au point de vue humain et à celui de la Cour, il n'est rien de plus vif, de plus désobligeant, de plus blessant même ni de plus âpre en fait de vérité : il n'y a rien là qui tende à ménager et à prolonger le crédit par aucune flatterie ni louange. Il fallait que le duc de Bourgogne eût été bien maté et dompté dans sa nature première pour ne pas regimber contre de tels avis, qui entraient plus avant que l'épiderme et qui piquaient jusqu'au cœur.

Fénelon eût par moment désiré peut-être qu'il en fût piqué, afin que cela le fît agir différemment. Les premières lettres que Fénelon écrit de Cambrai au duc de Bourgogne, après quatre années d'interruption et de silence (1701), sont toutes d'affection et de spiritualité. Une lettre souvent citée qui commence ainsi : « Enfant de saint Louis, imitez votre père..., » indique en termes généraux quelle largeur de piété et quelle ouverture de cœur il lui souhaitait pour se faire aimer des bons, craindre des méchants, estimer et considérer de tous. Dans le printemps de 1702, le duc de Bourgogne, allant prendre le commandement de l'armée de Flandre, eut permission de voir à son passage à Cambrai Fénelon (avril 1702), et il le vit encore au retour (septembre). Ce n'était que des demi-quarts d'heure et en public. Il ne le revit point jusqu'en mai de l'année 1708, où, retournant pour commander l'armée de Flandre, il le vit un moment encore à la maison de la poste de Cambrai, où il dîna. Ces courtes entrevues si observées, et que chacun dévorait du regard, ont été peintes par Saint-Simon avec ce feu de curiosité et de mystère qu'il met à tout ce qu'il touche : il en a même un peu exagéré le dramatique, car, dans l'un des cas, il fait de Saumery, qui était à côté du prince, une sorte d'espion et d'Argus farouche, tandis que ce n'était qu'un ami et un homme très-sûr. C'est surtout pendant la campagne de 1708, si fâcheuse pour la réputation du duc de Bourgogne, qu'on voit se déclarer la sollicitude et la tendre sévérité de Fénelon envers celui qu'il voudrait voir apprécié et respecté de tous. Le duc de Bourgogne, à cette date, n'était plus un enfant, il avait vingt-six ans: mais il avait conservé bien des puérilités de sa première vie; il ne représentait pas au dehors; il manquait de décision et de vues dans le conseil; il ne paraissait pas d'une valeur incontestable dans les occasions. Aux prises avec le duc de Vendôme qu'on lui avait donné pour conseil militaire et pour guide, et qui offrait avec lui tous les genres de contraste, il rendait la vertu méprisable et ridicule aux yeux des libertins. Le malheureux combat d'Oudenarde, avec les circonstances qui l'accompagnèrent et qu'exploitèrent si bien en leur sens les amis de M. de Vendôme, fut un mortel échec à la réputation du duc de Bourgogne, et aussi un coup de poignard pour l'âme délicate et fière de Fénelon. Celui-ci aurait voulu que le jeune prince fît face à l'orage, qu'il demeurât à la tête de l'armée jusqu'à la fin de la campagne, qu'il cherchât à prendre quelque revanche sur la fortune; il le lui disait non plus sur un ton de directeur spirituel et de précepteur, mais sur le ton d'homme d'honneur et de galant homme qui sent la générosité de conduite dans tous les sens :

« Quand un grand prince comme vous, Monseigneur, ne peut pas acquérir de la gloire par des succès éclatants, il faut au moins qu'il tâche d'en acquérir par sa fermeté, par son génie et par ses ressources dans les tristes événements. Je suis persuadé, Monseigneur, que toute la pente de votre cœur est pour ce parti. Il ne dépend pas de vous de faire l'impossible; mais ce qui peut soutenir la réputation des armes du Roi et la vôtre est que vous fassiez jusqu'à la fin tout ce qu'un vieux et grand capitaine ferait pour redresser les choses. Les habiles gens vous feront alors justice; et les habiles gens décident toujours à la longue dans le public. Souffrez cette indiscrétion du plus dévoué et du plus zélé de tous les hommes. »

Il voudrait le voir s'émanciper enfin, ne plus être soumis toujours ni docile à l'excès et subordonné; il l'excite à prendre sur lui et à user de toute l'étendue des pouvoirs qu'il a en main, pour le bien du service : « Un prince sérieux, accoutumé à l'application, qui s'est donné à la vertu depuis longtemps, et qui achève sa troisième campagne à l'âge de vingt-sept ans commencés, ne peut être regardé comme étant trop jeune pour décider. » Le duc de Bourgogne lui répond avec calme, avec douceur, peut-être même avec raison sur certains détails, mais sans entrer dans l'esprit du conseil qui lui est donné; et, quand il a tout expliqué et froidement, un scrupule d'un autre genre le prend, et il dit à Fénelon dans une espèce de post-scriptum : « Je me sers de cette occasion pour vous demander si vous ne croyez pas qu'il soit absolument mal de loger dans une abbaye de filles : c'est le cas où je me trouve. Les religieuses sont pourtant séparées, mais j'occupe une partie de leurs logements... » Interrogé sur un cas de conscience lorsqu'il venait de donner un conseil royal et de politique, Fénelon souffre évidemment; il rassure en deux mots son élève : « Vous ne devez avoir aucune peine, lui dit-il, de loger dans la maison du Saulsoir : vous n'avez rien que de sage et de réglé auprès de votre personne; c'est une nécessité à laquelle on est accoutumé pendant les campements des armées. » Mais il fait précéder sa réponse sur ce point-là de bien des avis plus généraux que le duc de Bourgogne devait être capable d'entendre : « On dit que vous êtes trop particulier, trop renfermé, trop borné à un petit nombre de gens qui vous obsèdent. Il faut avouer que je vous ai toujours vu, dans votre enfance, aimant à être en particulier, et ne vous accommodant pas des visages nouveaux. » Il voudrait le voir accessible, ouvert à tous, sachant s'entourer mieux qu'il ne fait et de personnes plus considérées, sachant un peu proportionner ses témoignages de confiance à la réputation publique de ceux à qui il les accorde; il voudrait surtout le mettre en garde contre tout ce qui semble dénoter une dévotion sombre, timide, scrupuleuse : « Pour votre piété, si vous voulez lui faire honneur, vous ne sauriez être trop attentif à la rendre douce, simple, commode, sociable... (Et dans une autre lettre, à quelques jours de là) : Vous devez faire honneur à la piété, et la rendre respectable dans votre personne. Il faut la justifier aux critiques et aux libertins. Il faut la pratiquer d'une manière simple, douce, noble, forte et convenable à votre rang. » Il lui recommande surtout en toute occasion « de chercher au dehors le bien public autant qu'il le pourra, et de retrancher les scrupules sur des choses qui paraissent des minuties. »

Ce que Fénelon écrit en cette année 1708 au duc de Bourgogne, il ne cessera de le répéter et de le lui faire arriver par le canal du duc de Chevreuse durant les années suivantes; il est affecté dans sa religion de chrétien éclairé, dans sa tendresse de père nourricier et de maître, dans son patriotisme de citoyen, de voir un prince qui devrait être si cher à tous les bons Français, et dont il sait les vertus essentielles, devenu l'objet d'un dénigrement et d'un déchaînement si général. Les lettres de Fénelon, à cette date, jettent un profond et triste jour sur la décadence de l'esprit public et la détérioration des caractères et de la morale sociale. Ces générations plus jeunes et pleines de nouveaux désirs, qui souffraient impatiemment le long règne et la sujétion muette imposée par Louis XIV, devraient, ce semble, se tourner avec faveur du côté d'un héritier plus ou moins prochain qui s'annonce avec des maximes contraires; mais loin de là : au lieu de cette faveur, elles n'ont que rage à l'avance et fureur de calomnie contre ce futur roi, parce qu'on le sait vertueux et religieux. Le vice et l'orgie, trop muselés sur cette fin de Louis XIV, craignent de l'être encore plus et d'une autre manière sous son petit-fils. Pourtant, comme il se mêle à tout cela bien de l'irréflexion et de la mode, selon notre usage français de tous les temps, il arrivera que pendant la très-courte année où le duc de Bourgogne, devenu Dauphin après la mort de son père, se mettra un peu en frais de bonne grâce et en attitude de plaire, l'opinion se retournera subitement en son honneur, célébrera en lui une transformation soudaine, et, quand on le perdra quelques mois après, il sera pleuré comme un prince irréparable, les délices trop tôt ravies du genre humain.

Saint-Simon nous montre à vue d'œil tout ce mouvement, ce flux et ce reflux où lui-même il nage, et qui est beaucoup moins sensible dans la Correspondance plus calme et nullement enthousiaste de Fénelon. Pendant toute l'année 1710 et au commencement de 1711, quand il touche cette corde délicate, Fénelon fait sans cesse résonner le même son : soutenir, redresser, *élargir* le cœur du jeune prince; il lui voudrait et il demande pour lui au ciel un cœur *large comme la mer*. Il est nécessaire que dès à présent il s'accoutume à son rôle royal, « en se corrigeant, en prenant beaucoup sur lui, en s'accommodant aux hommes pour les connaître, pour les ménager, pour savoir les mettre en œuvre. » On a beau lui en dire du bien, il ne sera content que « lorsqu'il le saura libre, ferme et en possession de parler (même au roi) avec une force douce et respectueuse... S'il ne sent pas le besoin de devenir ferme et nerveux, il ne fera aucun véritable progrès ; il est temps d'être homme. »

Fénelon, qu'on a pu accuser avec raison d'être quelquefois chimérique, et qui a eu un coin de poésie et d'idéal que, dans sa jeunesse du moins, il transportait volontiers dans les choses humaines, se garde tout à fait de ce penchant lorsqu'il juge et qu'il exhorte le duc de Bourgogne. Il sent, avec tout son esprit et toute sa distinction de nature, quelles sont les qualités nécessaires à un roi, à un chef de nation, à un des maîtres du monde. Il voudrait donc au plus tôt que son élève n'eût plus rien de l'élève ni de l'écolier ; il voudrait, une fois pour toutes, lui inspirer la hardiesse dans l'action, la noblesse dans le procédé et dans la démarche, le génie de la conversation, tout ce qui orne, qui impose, et ce qui donne au pouvoir sa douceur et sa majesté : « Qu'il soit de plus en plus petit sous la main de Dieu, mais grand aux yeux des hommes. C'est à lui à faire aimer, craindre et respecter la vertu jointe à l'autorité. Il est dit de Salomon qu'on le craignait, voyant la sagesse qui était en lui. » Jusqu'à la fin il se méfie, et il combat dans son élève ce qui a été une habitude invétérée jusqu'à l'âge de vingt-huit ans, le trop de raisonnement, le trop de spéculation opposé à l'action, et une certaine complaisance minutieuse et petite, soit dans le sérieux, soit dans le délassement : « Les amusements puérils apetissent l'esprit, affaiblissent le cœur, avilissent l'homme, et sont contraires à l'ordre de Dieu. » Fénelon, dans toute cette description morale, ne marchande point sur l'expression.

Un jour il apprend que le duc de Bourgogne, parlant moins en prince et en fils de roi qu'en pénitent et en homme qui sort de son oratoire, a dit que ce que la

France souffrait alors, en 1710 (et elle souffrait, en effet, d'horribles maux), venait de Dieu qui voulait nous faire expier nos fautes passées : « Si ce prince a parlé ainsi, écrit Fénelon au duc de Chevreuse, il n'a pas assez ménagé la réputation du roi : on est blessé d'une dévotion qui se tourne à critiquer son grand-père. »

Dans tout ceci, je n'ai d'autre dessein que de rappeler quelques traits de la piété noble, élevée, généreuse, à la fois sociable et royale de Fénelon, sans prétendre en tirer (ce qui serait cruel et presque impie à son égard) aucune conséquence contre l'avenir de son élève chéri, contre cet avenir qu'il n'a point été donné aux hommes de connaître et de voir se développer. Le duc de Bourgogne, en disparaissant dans sa fleur, est resté une de ces espérances confuses et flatteuses que chacun a pu ensuite traduire et chercher à interpréter en son sens. N'a-t-on pas vu Saint-Simon l'admirer d'autant plus qu'il avait comme greffé sur lui et sur son règne futur tout son système de quasi-féodalité (1)?

Fénelon lui-même a été, comme son élève, une espérance; il a pu paraître en politique une de ces lumières un peu flottantes que le souffle de l'opinion fait vaciller d'un côté ou d'un autre, selon qu'on aime à s'en emparer et à s'en décorer. Ses idées et ses plans divers demanderaient une longue explication, dont le dernier mot et la conclusion seraient, je crois, un doute. Ce qui est certain, c'est que le véritable Fénelon, tel qu'il se montre dans cette Correspondance suivie et dans les écrits des dernières années, n'est point précisément le Fénelon du dix-huitième siècle, celui que Ramsai déjà,

---

(1) Je recommande, sur cette question particulière du duc de Bourgogne et des espérances politiques qui se rattachaient à lui, une bonne Thèse présentée à la Faculté des Lettres par M. Léopold Monty (1844) : les conclusions seulement m'en paraissent trop positives.

puis d'Alembert et les autres, ont successivement présenté au public et préconisé. Le Fénelon qui, en 1714, paraît désirer et appeler de ses vœux une Assemblée des notables, mais qui, en même temps, est tout occupé à combattre le Jansénisme, même le Jansénisme mitigé, à réfuter M. Habert, à faire un extrait de la vraie doctrine de saint Augustin, le Fénelon qui déclare « que les libertés de l'Église gallicane sont de véritables servitudes, » qui craint la puissance laïque bien plus que la spirituelle et l'ultramontaine, et qui redoute le danger d'un schisme tout autant que l'invasion de la France, ce Fénelon n'est pas celui que les philosophes de l'âge suivant ont façonné et remanié à leur gré.

Le long règne de Louis XIV avait tendu tous les ressorts et fatigué à la longue toutes les conditions et toutes les âmes. Vers la fin, et malgré les louanges obligées, les défauts de ce régime étaient sensibles à tous les esprits qui réfléchissaient, et sautaient à tous les yeux qui savaient voir. Et qui donc les sentait plus vivement que Fénelon? Sa politique est surtout morale. Elle est ce qu'elle peut être chez un homme de sensibilité, de piété, de délicatesse, qui a vu de près la Cour et qui en a souffert, qui assiste à une fin de long règne et qui en voit les inconvénients, les derniers abus et même les désastres. Dans son exil, et malgré ses restes de relations confidentielles à la Cour, il n'était plus bien informé du fond ; il dit à tout moment qu'il est mal instruit de l'état général des affaires, et il a raison ; il n'en juge que comme le public et, selon qu'il le dit, *par les morceaux du gouvernement* qu'il entrevoit sur sa frontière. Mais alors, et sans qu'il fût besoin de plus d'information, tous les gens sensés et honnêtes, les Fénelon, les Vauban, les Catinat, voient les défauts et cherchent, chacun de son côté, les remèdes dans des contre-poids, et dans le contre-pied de ce qui est. Tous ces projets de disgraciés, de mécontents ou de rêveurs patriotes sont nécessairement vagues et un peu chimériques d'application. Ce fut alors une inspiration générale, un souffle naturel qui se répandait dans toute une classe d'esprits élevés, ou simplement humains, sensés et doux. Chacun a son plan sur le métier comme correctif à ce gouvernement de Louis XIV qui est à bout. Fénelon n'est que le plus en vue et le plus populaire parmi ces auteurs de plans politiques et d'inventeurs de programmes.

Il n'a jamais donné aux siens la dernière main et ne les a jamais proposés que comme de premières idées qu'il faudrait ensuite serrer de plus près dans la pratique. Sa grande innovation, ce fut de penser et de dire, en face de l'idolâtrie monarchique de Louis XIV, « que les rois étaient faits pour les sujets, et non les sujets pour les rois. » En inculquant cette maxime au duc de Bourgogne et en la lui gravant au cœur, il ne croyait d'ailleurs pas faire acte de réforme positive, et encore moins de philosophie ou de démocratie, comme nous dirions; il ne faisait que remonter à la religion de saint Louis. Quelque louables que soient de telles maximes, elles laissent presque entière la question de politique proprement dite; une politique vraiment nouvelle, si nécessaire après Louis XIV, aurait eu besoin, pour réussir dans l'application, de tous les correctifs et de toutes les précautions qui plus tard manquèrent : car enfin Louis XVI n'a échoué que pour avoir trop fidèlement pratiqué, mais sans art, cette maxime du vertueux Dauphin son père et du duc de Bourgogne son aïeul.

Fénelon connaissait les hommes, et ne paraît pas avoir trop compté sur leur bonté ni sur leur reconnaissance; il le dit en plus d'un endroit au duc de Bourgogne, et avec un accent singulièrement pénétré, qui montre qu'il ne se faisait aucune illusion en ce point : « Quand on est destiné à gouverner les hommes, il faut les aimer pour l'amour de Dieu, sans attendre d'être aimé d'eux... » Je renvoie au passage, il est pénible de transcrire au long de si laides vérités (1). Il y a des moments où l'expérience de Fénelon est ainsi toute voisine de l'amertume; mais chez lui cette amertume s'arrête et s'adoucit aussitôt, elle ne ressemble pas à la misanthropie des autres. Je trouve dans une lettre de lui à madame de Montberon, alors qu'il approchait de la cinquantaine (1700), une peinture bien fine et bien circonstanciée de cet état insipide, aride, désabusé, où il se trouve : « Pour moi, je suis dans une paix sèche, obscure et languissante, sans ennui, sans plaisir, sans pensée d'en avoir jamais aucun ; sans aucune vue d'avenir en ce monde ; avec un présent insipide et souvent épineux... » Ces instants d'aridité et de dégoût, chez Fénelon, se peignent avec des traits qui font encore que son ennui ne ressemble pas à un ennui vulgaire. A mesure qu'il vieillit, les causes de tristesse augmentent ; il perd tous ses amis. La courte année où le duc de Bourgogne ne brilla que pour s'éteindre, passe comme un éclair. Fénelon, courtisé de nouveau durant quelques mois, puis délaissé derechef, put se rafraîchir l'idée qu'il avait de la vanité et de la misère du monde. Mais, au milieu de tout, cette nature délicate, pure, favorisée d'onction et ornée d'une grâce divine, se retrouve et prend le dessus. On a de lui une lettre sur la mort de son meilleur ami, l'abbé de Langeron : elle est triste, elle est charmante, elle est légère. Fénelon croit

---

(1) Je ne dois pas, en écrivant, tout à fait oublier que *le Moniteur* s'affiche au coin des rues ; voici toute la citation trop vraie ; je l'offre à ceux qui lisent dans la chambre : « Quand on est destiné à gouverner les hommes, il faut les aimer pour l'amour de Dieu, sans attendre d'être aimé d'eux, et se sacrifier pour leur faire du bien, quoiqu'on sache qu'ils disent du mal de celui qui les conduit avec bonté et modération. »

sans effort à tout ce qu'il y a de spirituel en nous; sa piété a des ailes. A mesure qu'on avance dans la Correspondance et dans les lettres voisines de la fin, il s'y aperçoit comme une lueur, il s'y ressent comme une allégresse. C'est le même dégoût de la vie, mais avec je ne sais quoi de plus prochain qui le corrige. Il perd le duc de Chevreuse; il se plaît à garder autour de lui, à Cambrai, les petits-enfants de ce seigneur, les fils du duc de Chaulnes, à s'entourer de toute cette petite jeunesse. Il perd le duc de Beauvilliers : « Pour moi qui étais privé de le voir depuis tant d'années, écrit-il à la duchesse sa veuve, je lui parle, je lui ouvre mon cœur, je crois le trouver devant Dieu; et, quoique je l'aie pleuré amèrement, je ne puis croire que je l'aie perdu. O qu'il y a de réalité dans cette société intime ! » — « Encore un peu et il n'y aura plus de quoi pleurer. C'est nous qui mourons : ce que nous aimons vit, et ne mourra plus. » Ce pressentiment avant-coureur, cette sensation involontaire d'une âme qui est au terme de la route et qui arrive, perce, à n'en pas douter, dans les dernières lettres de Fénelon, et elle se communique par mille petits signes de joie au lecteur. La lecture de ces lettres dernières me fait l'effet des derniers jours d'un doux hiver, on sent le printemps par delà.

＊Lundi, 10 avril 1854.

OEUVRES COMPLÈTES DE BUFFON

REVUES ET ANNOTÉES

PAR M. FLOURENS (1).

Il est heureux pour les critiques de n'être point comme Montesquieu qui ne tirait jamais, disait-il, du moule de son esprit qu'un seul portrait sur chaque sujet. Nous autres, nous avons à revenir sans cesse sur ce que nous avons déjà traité, à revenir vite, il est vrai, mais toujours par un coin plus ou moins vif. Nous avons à tirer sur un même fond mainte épreuve, et dont aucune ne soit semblable. Il ne faut point trop paraître redire, ni encore moins se contredire; il faut être dans un courant, dans un recommencement continuel. Ainsi j'ai déjà parlé de Buffon (2) : mais comment n'être point tenté de reparler d'un si noble écrivain à propos d'une Édition nouvelle et vraiment nouvelle de ses Œuvres, Édition excellente de texte, élégante et commode de format, sobre et classique de notes, et à laquelle M. Flourens

---

(1) Chez Garnier frères, 6, rue des Saints-Pères. — L'édition entière sera de 12 volumes grand in-8º.
(2) Voir précédemment au tome IV des *Causeries du Lundi*.

apporte ce double soin littéraire et scientifique qui est son cachet? Pour moi, c'était là un genre de secours qui me manquait quand je lisais Buffon. On aime à savoir où ce grand écrivain et ce grand esprit s'est trompé et a décidé trop à la légère avant de bien savoir; où il a été épigrammatique et injuste envers des prédécesseurs illustres et considérables; où il a donné dans l'hypothèse pure et hasardée; où il a deviné juste par étendue d'esprit et par aperçu de génie; on aime à saisir avec précision sa marche progressive, à mesurer sa prise de possession graduelle de son sujet, à noter l'endroit certain où il devient complétement naturaliste, de physicien qu'il était en commençant.

Et en effet, lorsque Buffon âgé de quarante-deux ans publia en 1749 les premiers volumes de son *Histoire naturelle*, malgré les dix années qu'il avait mises à la préparer, il avait beaucoup à apprendre : il n'était nullement botaniste, il n'était point anatomiste; il avait contre la méthode et contre toute classification scientifique des préventions qu'il exprime tout d'abord d'un air de bon sens, et qui soulevèrent bien des réclamations fondées. Prenant l'homme pour centre de ses tableaux, il ne voulait étudier l'univers, les animaux, les plantes, les minéraux que par rapport à ce roi de la création et selon le degré d'utilité qu'il en pouvait tirer : c'était là un ordre moral et d'artiste plutôt que de savant. A mesure qu'il devient naturaliste, il l'abandonne; il ne le suit déjà plus pour les oiseaux, il ne le suit plus du tout pour les singes. Il entre dans les voies de la science, il établit de bons groupes d'après l'observation des vrais caractères. Buffon est un grand esprit éducable, et ce sont les degrés successifs de cette éducation positive qu'il est curieux de pouvoir suivre. M. Flourens, par quelques notes rapides et nettes, nous marque dans son Édition tous ces points et ces temps essentiels : on y voit les tâtonnements de Buffon, ses premières assertions tranchantes, ses retours, quelquefois ses contradictions, ses derniers semblants de résistance, même après qu'il a cédé et qu'il s'est rendu à la puissance des faits. On apprécie surtout mieux ce constant et noble effort qui porte un si vigoureux talent à se fortifier, à s'étendre, à se perfectionner sans cesse, à posséder de plus en plus toute cette matière immense qu'il dispose avec ordre, développement et grandeur, et qui lui sert à bâtir un monument le plus digne du modèle pour la majesté.

Si Buffon tient du dix-huitième siècle français par un esprit d'indépendance et par une secrète hostilité à la tradition, il s'en sépare d'ailleurs par l'ensemble de son caractère, par le maniement et la bonne économie de ses facultés, par toute son attitude; en un mot, son esprit tient du dix-huitième siècle bien plus que son genre de vie et son talent. Il vit peu dans le monde, ou du moins il n'y donne qu'une partie extérieure de lui-même et ce qui est de représentation, il s'isole le reste du temps; il passe des journées entières dans les forêts, au spectacle de la nature, et dans cette tour qui était son cabinet de travail. Il se sert de tous les avantages que sa condition et son existence sociale lui fournissent, pour se perfectionner, non pour se dissiper et se corrompre. Il n'est pas de ceux qui dépensent chaque jour en esprit leur talent; il évite même de l'employer en rien hors du cadre principal, unique. Buffon n'est pas comme Voltaire et d'autres qui se répètent sauf variations chaque matin, qui improvisent au courant de la plume sur chaque sujet, et qui ne font pas mieux à soixante ans qu'à trente : lui, il est toujours en marche et en effort sur lui-même comme Montesquieu, mais il atteint mieux à son but que Montesquieu, qui se fatigue à la fin et se brise sensiblement : Buffon va jusqu'au bout d'un pas grave et soutenu en s'élevant. Doué, par la nature, d'une intelligence vaste et capable de tout, plutôt que d'une vocation précise et impérieuse, c'est lui-même qui, par ambition et par choix, détermine la direction de cette intelligence et qui la porte décidément vers telle ou telle conquête. Ajoutant ainsi continuellement à son acquis, à son fond de comparaisons et d'idées, assouplissant et gouvernant avec une dignité de plus en plus aisée sa noble manière, semblant justifier en lui cette définition, que *le génie* (une haute intelligence étant supposée comme condition première), *c'est la patience*, il est arrivé, sur les plus grands sujets qu'il soit donné à l'œil humain d'embrasser, à la plénitude de son talent de peintre et d'écrivain.

Il y avait, du temps de Buffon et de son âge, un homme avant lui illustre, un homme né naturaliste comme d'autres naissent musiciens, peintres ou géomètres, un homme dont le nom est devenu celui de la science même, le Suédois Linné. Venu au monde la même année que Buffon (1707), d'une famille de paysans et de ministres ou vicaires de campagne, il prit goût aux plantes tout en se jouant dans le jardin du presbytère paternel; son père occupait ses loisirs à cette culture, et l'on raconte que la mère de Linné, pendant sa grossesse, ne cessait de suivre avec intérêt les travaux de son mari. Quand son enfant fut né et aux moments où il poussait des cris, il suffisait pour l'apaiser, dit-on, que sa mère lui mît entre ses petites mains une fleur, et elle ne s'en étonnait pas. Gracieuse légende de l'enfance de Linné, et qui rappelle les récits des bucoliques anciens sur le jeune Daphnis! La jeunesse pourtant et les premiers débuts de Linné furent pénibles; il eut à triompher des rigueurs et des obstacles de la pauvreté, comme Buffon, dans un autre sens, eut à s'arracher de l'écueil du plaisir et de l'opulence. La vie de Linné, racontée plus d'une fois par lui-même, est pleine de naïveté et de détails innocents (1). Fiancé à la fille d'un médecin au commencement de l'année 1735, après s'être assuré du cœur de la jeune personne, il entreprit le cours de ses voyages dans les pays étrangers : il ne résida pas moins de trois ans en Hollande; il vint ensuite quelque temps à Paris, où les Jussieu le reçurent : il n'était pas encore question de Buffon. Cette absence se prolongeant de la sorte, Linné apprit, non sans étonnement, qu'un perfide ami cherchait à en profiter pour lui enlever le cœur de sa fiancée; il revint sans trop se presser, à temps encore pour déjouer cette machination anti-conjugale, et il retrouva la jeune fille restée fidèle. En tout, Linné, l'homme de l'ordre et de la méthode, observateur neuf, ingénieux, inventif, à l'œil de lynx, écrivain concis et expressif, poëte même dans son latin semé d'images et taillé en aphorismes, Linné fait un parfait contraste avec Buffon, le peintre du développement et des grandes vues, et dont la phrase aux membres distincts et nombreux, enchaînés par une ponctuation flexible, ne se décide qu'à peine à finir. En 1748, un an avant la publication des premiers volumes de l'*Histoire naturelle* de Buffon, Linné, déjà au comble de la gloire, conduisait dans les environs d'Upsal des centaines d'élèves : « On faisait de fréquentes excursions pour trouver des plantes, des insectes, des oiseaux. Les mercredi et les samedi de chaque semaine, on herborisait depuis l'aube du jour jusqu'à la nuit. Les élèves, portant des fleurs sur leurs chapeaux, rentraient en ville, et, précédés des instruments rustiques, accompagnaient leur professeur jusqu'à son jardin. Ce fut là le dernier degré de splendeur de l'aimable science. » Ainsi parle Linné : et, en regard, il

---

(1) Voir la *Vie de Linné, rédigée sur les documents autographes*, etc., par Fée. (1832).

nous faut voir Buffon seul en été à six heures du matin, à Montbard, montant de terrasse en terrasse et en ouvrant les grilles qui fermaient chaque suite de degrés, arrivant ainsi d'un pas seigneurial jusqu'au cabinet d'étude à l'extrémité de ses jardins, et n'en sortant que pour se promener lentement, la tête pleine de conceptions, dans les hautes allées d'alentour, où nul n'oserait le venir troubler. Ses pensées seules lui servent de cortége.

Linné et Buffon furent rivaux; ils furent même injustes l'un à l'égard de l'autre. Buffon, avec un dédain superbe, commença le premier à attaquer Linné sur ses méthodes artificielles, et, même lorsqu'il en fut venu à reconnaître par expérience la nécessité des classifications, il ne lui rendit jamais pleine et entière justice : « Buffon antagoniste de Linné, que toujours il avait combattu, nous dit Linné lui-même dans des fragments de Mémoires, est obligé, bon gré mal gré (*nolens, volens*), de faire arranger les plantes du Jardin du Roi d'après le système sexuel. » Buffon, en ce point, ne céda pas si aisément que le croyait Linné; il ne consentit jamais, nous dit Blainville, à laisser entrer dans le jardin de Botanique la méthode et la nomenclature de Linné, enseignes déployées; « il permit seulement d'inscrire les noms donnés par Linné, mais à condition (chose incroyable si le génie n'était humain!) qu'ils seraient en dessous de la tablette qui sert à étiqueter les plantes. » Cependant Linné, qui payait de retour ses amis en nommant les plus jolies plantes de leurs noms, se vengeait assez innocemment de ses ennemis et adversaires en donnant leurs noms à des végétaux hérissés ou épineux. L'on a dit que, dans une telle pensée de représailles, il imposa le nom de *Bufonia* à une plante peu aimable : l'exactitude du fait, l'intention réelle de l'allusion a été contestée. « Buffon, disait Linné vers la fin de sa vie, n'a point reculé les bornes de la science, mais il sut la faire aimer; et c'est aussi la servir utilement. » Cet éloge ne dit point assez sans doute : voyons-y du moins une sorte de réparation accordée par le prince des botanistes, par le naturaliste qui l'était de naissance et de pur génie, à celui qui l'était devenu par volonté et qui régna, lui aussi, du droit du génie et de la puissance.

Buffon, à ses débuts, ne fut pas plus juste pour Réaumur que pour Linné. Réaumur tenait en France le sceptre de l'histoire naturelle quand Buffon parut, et, pour le lui mieux enlever, celui-ci prit plaisir à le combattre, à le harceler même et à le diminuer peu à peu dans l'opinion. M. Flourens nous marque dans ses notes, au bas des pages les plus graves, tous les endroits qui sont des épigrammes à l'adresse de Réaumur. Buffon, qui avait la vue courte et qui n'usait pas du microscope, de même qu'il regardait peu les plantes, méprisait assez les insectes. Il s'étonnait du soin, selon lui excessif, qu'on prenait à décrire si longuement leurs mœurs, et surtout à faire admirer leur industrie : « Car enfin, disait-il, une mouche ne doit pas tenir dans la tête d'un naturaliste plus de place qu'elle n'en tient dans la nature. » Il semble que Buffon, se tenant au point de vue de l'homme et placé entre les deux infinis, celui de l'infinie grandeur et celui de l'infinie petitesse, n'ait été sensible qu'au premier. Il aimait assez, dans son premier ordre, à prendre les choses et les êtres par rang de taille, si l'on peut dire, et de grandeur physique; c'est ainsi qu'il croit convenable de commencer l'histoire des oiseaux par celle de l'Autruche qui est comme l'éléphant du genre. Quoi qu'il en soit, il ne perd aucune occasion de critiquer Réaumur, et pour le fond des idées et pour la forme; il lui reproche de se noyer dans une *immensité de paroles* : et en effet Réaumur, lu à côté de Buffon, a le style bien diffus et bien prolixe; il l'a cependant clair et naturel, et, quand il parle des abeilles, il devient agréable. Sévère jusqu'à l'injustice pour ces hommes de science positive, Buffon sensible au talent, au grandiose, à la réflexion humaine quand elle se projette à travers les vues physiques, fait plus de cas d'un Pline à *l'esprit fier, triste et sublime*, bien qu'il déprise toujours l'homme pour exalter la nature; il ne parle de cet ancien qu'avec une impression de respect et en laissant sous le voile ses nombreux défauts.

Mais Buffon a beau faire, il a beau traiter avec assez peu d'égards « le peuple des naturalistes, » il a beau, à l'occasion d'un détail concernant les intestins des oiseaux de proie, dire en grand seigneur : « Je laisse aux *gens qui s'occupent d'anatomie* à vérifier plus exactement ce fait, » il est devenu naturaliste lui-même, au sens le plus exact du mot. Dans son article du Cheval, par lequel il débute dans ses histoires particulières d'animaux, il accorde un peu à la phrase, à la couleur; il fait les chevaux sauvages « beaucoup plus forts, plus légers, plus nerveux que la plupart des chevaux domestiques. » A propos du Bœuf, il commet une singulière inadvertance en croyant que les cornes de cet animal tombent à trois ans : ce sont là des détails qu'il n'avait pas vus de près. Mais dans l'article de l'Ane, dans celui du Chien, il arrive aux idées essentielles de la science, à rechercher et à déterminer au juste en quoi consiste l'*espèce*, et quel en est le signe distinctif. M. Flourens nous fait toucher au passage ces parties solides, déjà si positives, et toujours étendues et larges, de Buffon. Il le montre lorsqu'il en vient aux oiseaux, obligé d'entrer décidément dans les voies de la méthode, à laquelle il avait résisté tant qu'il avait pu. Lorsque Buffon, dans le cours de ses descriptions ou de ses considérations, rencontre quelqu'une de ces idées que Cuvier a appelées des *idées de génie*, et qui doivent faire la base de toute histoire naturelle philosophique, nous en sommes discrètement avertis. Ainsi, en même temps que Buffon insiste sur la distinction des espèces, il a des vues sur l'unité du plan général organique; il les développe au commencement de son article de l'Ane, il appuie sur les ressemblances cachées, sur les analogies qui se dérobent sous des différences apparentes; il demande « si cette conformité constante et ce dessein suivi de l'homme aux quadrupèdes, des quadrupèdes aux cétacés, des cétacés aux oiseaux, des oiseaux aux reptiles, des reptiles aux poissons, etc., dans lesquels les parties essentielles, comme le cœur, les intestins, l'épine du dos, les sens, etc., se trouvent toujours, ne semblent pas indiquer qu'en créant les animaux l'Être suprême n'a voulu employer qu'une idée, et la varier en même temps de toutes les manières possibles, afin que l'homme pût admirer également et la magnificence de l'exécution et la simplicité du dessein. »

Mais dans quel sens précis Buffon a-t-il exprimé ces vues, dont son *Histoire naturelle* est éclairée en maint endroit? C'est encore là un point délicat, et je craindrais qu'un annotateur et un commentateur qui ne serait pas net et sobre ne prît occasion de ces endroits pour en tirer des idées et des inductions un peu autres que celles auxquelles Buffon a réellement songé. J'ai souvent, pour m'instruire, causé de Buffon avec des savants qui l'étaient dans la science même qu'il a illustrée, et j'ai cru remarquer des différences dans la manière dont plusieurs l'appréciaient.

J'ai vu des savants positifs, des observateurs de mérite, mais d'un horizon un peu restreint et rabaissé, qui, lorsqu'ils étaient interrogés sur Buffon, répondaient à peine; et l'un d'eux me dit un jour : « Il y a encore Bernardin de Saint-Pierre qui a fait de beaux tableaux dans ce genre-là. » Évidemment ces savants de métier, ne trouvant pas chez Buffon le détail précis d'observation qu'ils prisent avant tout, y voyant du général ou du vague (ce qu'ils confondent), y ayant noté des erreurs, n'appréciant point d'ailleurs l'élévation et la nouveauté première de quelques-unes de ses conceptions lumineuses et de ses perspectives, lui rendent le dédain qu'il a eu pour leurs devanciers de même race; ils exercent sur lui la revanche du naturaliste positif, de l'anatomiste, de l'observateur au microscope, sur l'homme de talent qui les a trop tenus à distance; ils sont fiers d'être aujourd'hui plus avancés que lui, et, en le rapprochant si fort de Bernardin de Saint-Pierre qu'ils lisent très-peu, ils le relèguent parmi les littérateurs purs, oubliant que Buffon a été un génie scientifiquement éducable, ce que Bernardin de Saint-Pierre ne fut jamais.

Il est un autre ordre de savants aussi positifs et plus philosophes (Cuvier le premier), qui semblent au contraire avoir vu chez Buffon tout ce qui est digne d'être loué, avoir fait la part des progrès réels que lui doit la science, du genre de création qu'il y a porté, des divisions capitales qu'il a entrevues. J'ai souvent causé avec des savants modestes qui se rattachent à cette méthode de philosophie et d'expérience, et, après chaque entretien, je suis toujours sorti plein de respect pour Buffon savant, sans parler de cette autre admiration qu'on a de soi-même pour le peintre et l'écrivain. M. Flourens, qui est l'un des maîtres de cette école, a présenté en ce sens son *Histoire des Travaux et des Idées de Buffon*, et il annote l'Édition présente dans le même esprit.

M. de Blainville, dans l'*Histoire des Sciences de l'Organisation*, qu'il a donnée de concert avec M. l'abbé Maupied, a exposé et discuté les faits et les principes légués à la science par Buffon. Le côté métaphysique particulier aux auteurs domine un peu trop dans cet examen, qui est d'ailleurs plein de fermeté et qui, ce me semble, place Buffon naturaliste au rang où Cuvier le voyait déjà. Mais il semble que les auteurs, dans leur préoccupation morale, aient vu Buffon plus chrétien finalement et en général plus religieux qu'on n'est accoutumé à se le représenter; il y est parlé, en un endroit, « de sa profonde religion de cœur. » La secrète pensée, au moment de la mort, n'est pas de celles qui se jugent; et il n'est pas bien de trop scruter sur ce point au delà de l'apparence. Je dirai seulement par amour de la vérité que j'ai eu quelque discussion sur Buffon avec M. Foisset, le savant historien de De Brosses, et qui possède si bien toute l'histoire politique et littéraire de sa Bourgogne. M. Foisset, d'après la tradition locale et d'après les nombreuses lettres qui lui ont passé sous les yeux, croit avoir le droit d'être moins favorable à la sensibilité et au cœur de Buffon : « Je sens bien que je ne saurais vous persuader, me faisait l'honneur de m'écrire M. Foisset, à qui je résistais et résiste encore. Comme Mme Necker, comme Hume et Gibbon, vous ne pouvez concevoir Buffon qu'à travers l'auréole que son *Histoire naturelle* lui a faite. Moi qui ai lu toute une correspondance de lui, des lettres de sa jeunesse et de son âge mûr, j'en ai reçu une impression indélébile. » Mais puisque ces lettres existent, pourquoi ne les publierait-on pas, au moins en partie? tout le monde verrait et jugerait; peut-être, au grand jour, l'impression serait autre et se réduirait; peut-être Buffon, qui se réservait aux grandes choses et qui ne montait son imagination et son talent qu'à haute fin, n'est-il coupable que d'avoir écrit des lettres trop ordinaires. Un extrait alors suffirait, et les admirateurs de Buffon seraient tranquillisés.

Je reviens à Buffon savant et naturaliste. Dans l'introduction d'un livre récemment publié (*Histoire naturelle générale des Règnes organiques*), M. Isidore Geoffroy-Saint-Hilaire s'est occupé avec étendue de Buffon ; une comparaison qu'il établit de l'éloquent historien de la nature avec Linné, et où il marque vivement les contrastes des deux génies, se termine en ces termes : « Linné, un de ces types si rares de la perfection de l'intelligence humaine, où la synthèse et l'analyse se complètent dans un juste équilibre, et se fécondent l'une l'autre : Buffon, un de ces hommes puissants par la synthèse, qui, franchissant d'un pied hardi les limites de leur époque, *s'engagent seuls dans les voies nouvelles, et s'avancent vers les siècles futurs en tenant tout de leur génie, comme un conquérant de son épée !* Telle est l'idée que je me fais des deux grands naturalistes du dix-huitième siècle. » Buffon apparaît donc ici sous la forme d'un conquérant qui tient l'épée, comme une sorte de Moïse ou de Josué de la science, et je m'avoue un peu étonné : je me l'étais toujours figuré plus calme et moins flamboyant.

M. Isidore Geoffroy-Saint-Hilaire explique plus loin cette idée qu'il se fait de Buffon, d'un Buffon un peu plus nouveau que celui avec lequel nous avaient familiarisés les jugements de Cuvier et des naturalistes de son école : « Comme écrivain, Buffon occupe depuis longtemps, dit-il, le rang qui lui appartient... Mais en faisant si grande la part de l'écrivain, a-t-on rendu justice au naturaliste, au penseur? De son temps, non ; après lui, et jusque de nos jours, moins encore peut-être. Faut-il le dire? quelques lignes écrites par Goëthe peu de mois avant que s'éteignît cette lumière de l'Allemagne, et, dans la patrie même de Buffon, quelques pages de mon père, tels étaient encore, il y a quelques années, les seuls hommages dignes de lui que la science eût rendus au naturaliste et au philosophe. » Le jugement de Cuvier, si à portée de bien voir, ne satisfait point M. Isidore Geoffroy-Saint-Hilaire : « Et les maîtres de la science eux-mêmes ne se séparaient pas ici de la foule. Cuvier, dont le jugement a fait loi pour les zoologistes contemporains, semble lui-même placer le mérite le plus réel de Buffon dans ses droits au titre d'*auteur fondamental pour l'histoire des quadrupèdes.* » M. Isidore Geoffroy-Saint-Hilaire voit le mérite de Buffon autre part encore : mais il me semble que Cuvier et M. de Blainville ne restreignaient point si fort ses titres à la reconnaissance de la postérité ; ils lui accordaient aussi des idées de génie soit en physiologie philosophique, soit pour les grandes distributions géographiques des êtres. Que Buffon fût un grand promoteur, un inspirateur en histoire naturelle, personne ne l'a nié (1). Cuvier, il est vrai, ne disait pas, comme le fait M. Isidore Geoffroy-Saint-Hilaire : « L'admiration

---

(1) Au tome IVe de l'*Histoire des Sciences naturelles* tirée des leçons de Cuvier par M. Magdeleine de Saint-Agy, on trouve une appréciation étendue de Buffon, et les critiques qu'on a cru devoir lui faire sur ses systèmes hasardés sont rachetées par cette conclusion éloquente :

« Mais, en compensation, il a donné par ses hypothèses mêmes une immense impulsion à la géologie ; il a le premier fait sentir généralement que l'état actuel du globe est le résultat d'une succession de changements dont il est possible de saisir les traces ; et il a ainsi rendu tous les observateurs attentifs aux phénomènes d'où l'on peut remonter à ces changements. Par ses propres observations il a aussi fait faire des progrès à la science de l'homme et des animaux. Ses idées relatives à l'influence qu'exercent la délicatesse et le degré de développement de chaque organe sur la nature des diverses espèces, sont des idées de génie qui doivent faire la base de toute histoire naturelle philosophique, et qui ont rendu tant de services à l'art des méthodes qu'elles doivent faire pardonner à leur auteur le mal qu'il a dit de cet art. Les idées de Buffon sur la dégénération des animaux et sur les limites que les climats, les montagnes et les mers assignent à chaque espèce, peuvent encore être considérées comme de véritables découvertes qui se confirment chaque jour, et qui ont donné aux redes naturalistes doit tendre plus haut. La gloire de Buffon ne saurait être dans ce qu'il a fait faire, mais dans ce qu'il a fait lui-même, dans ce qu'il a créé ; j'ajouterai qu'elle est moins encore dans ce qu'il a fait pour ses contemporains, que dans ce qu'il a préparé pour nous. Elle est dans ces *soudaines inspirations qui si souvent l'entraînent hors de son siècle et parfois le portent en avant du nôtre*, dans les éclairs de sa pensée, *dont la lumière, au lieu de s'affaiblir avec la distance, semble se projeter plus éclatante à mesure qu'elle atteint un plus lointain horizon.* » Je demande pardon de parler littérature, cette fois encore, devant des savants : mais ce style prophétique n'est point à l'usage de Cuvier, ni, je crois, de Buffon ; et je m'étonne aussi de cette conclusion, tout à l'avantage du nouvel auteur : « Voilà, dit-il en terminant son énumération des titres de Buffon, voilà où est pour moi sa gloire : car là sont les preuves de son génie. Après l'avoir dit *presque seul* il y a seize ans, je suis heureux de le redire aujourd'hui avec tant d'autres : Buffon est aussi grand comme naturaliste et comme penseur **que** comme écrivain. » En tout ceci il y a quelque chose qui m'inquiète : en parlant si vivement de la découverte

cherches des voyageurs une base fixe dont elles manquaient absolument. Enfin, Buffon a rendu à son pays le service le plus grand peut-être qu'il pût lui rendre, celui d'avoir popularisé la science par ses écrits, d'y avoir intéressé les grands, les princes, qui dès lors les protégèrent, et d'avoir ainsi produit des effets qui se perpétuent de notre temps et qui sont incalculables pour l'avenir. Quelques erreurs ne doivent pas nous empêcher de lui payer un juste tribut d'admiration, de respect et surtout de reconnaissance; car les hommes lui devront longtemps les doux plaisirs que procurent à une âme jeune encore les premiers regards jetés sur la nature, et les consolations qu'éprouve une âme fatiguée des orages de la vie en reposant sa vue sur l'immensité des êtres paisiblement soumis à des lois éternelles et nécessaires. »

Et comment soutenir, après cela, que Cuvier n'a point estimé Buffon à son prix ?

qu'on a faite il y a seize ans d'un Buffon supérieur à celui qu'on avait admiré jusqu'ici, ne va-t-on pas lui prêter un peu, et dans quel but?

Je tiens, avant tout, à bien limiter le champ de ma critique: il y a eu entre M. Geoffroy-Saint-Hilaire le père et M. Cuvier une grave dissidence théorique sur la manière de concevoir l'organisation : là-dessus je n'ai pas un mot à dire, et pour cause d'incompétence. Mais, si M. Geoffroy-Saint-Hilaire, sortant de la question de science et entrant dans celle de la littérature, croit voir dans Buffon une preuve écrite, une conception première à l'appui de sa théorie, et si, heureux de se retrouver dans Buffon, il le tire aussitôt à lui, et, en l'embrassant, le façonne ensuite à son image, j'interviens humblement et je commence à avoir un avis, non pas sur le fond même et sur le vrai ou le faux de la théorie, mais sur la question plus claire et ouverte à tous de savoir si cette théorie est ou si elle n'est pas dans Buffon.

M. Geoffroy-Saint-Hilaire le père, ce savant illustre que son fils continue avec tant de distinction, a écrit tout un livre sur Buffon (1), mais ce livre n'est pas un livre de science, c'est un hymne. On y trouve le désordre de l'hymne antique, et souvent les obscurités. Le sentiment *buffonien* y est célébré dans un style, dans une langue qui ressemble le moins à celle de Buffon: en voici une phrase prise au hasard: « Au point de vue où nous apparaît notre immortel Buffon, si admirable et si profond à la fois, nous voyons ce génie sublime *lancer l'esprit humain dans des généralisations inspirées par des divinations synthétiques...* » Le respect seul m'empêche de multiplier ces citations. Voilà Buffon singulièrement admiré. Ce qui est vrai, c'est que les grandes

---

(1) *Fragments biographiques précédés d'Études sur la Vie, les Ouvrages et les Doctrines de Buffon* (1838).

hypothèses de Buffon, ses tableaux des diverses Époques de la nature, quelques phrases jetées çà et là sur l'unité primitive de dessein, phrases qui n'ont pas la portée qu'on leur donne, ont paru suffisantes au savant illustre, mais enthousiaste, pour voir en Buffon un précurseur de lui-même, un prophète de l'ordre de vues qu'il affectionne : il a donc salué en Buffon une sorte de dieu humain à peu près comme Lucrèce salue Épicure. Les paroles de Goëthe citées comme celles d'un oracle ne prouvent pas non plus beaucoup, à les lire sans superstition. Si ces mêmes choses avaient été dites pour la première fois par quelqu'un en français, on ne les remarquerait guère ; Goëthe parle de Buffon en termes élevés, mais vagues, et en passant : ce passage, il est vrai, se lie à une défense de la doctrine de M. Geoffroy-Saint-Hilaire, ce qui explique très-bien l'importance qu'y accordent les nouveaux admirateurs de Buffon.

Admirons Buffon, ne l'inventons pas, je vous prie. Dans un volume assez récemment publié de son estimable *Histoire de France* (le XVIII° volume), M. Henri Martin a donné sur Buffon un chapitre ferme, étudié, fort bon autant que j'en puis juger, s'il ne s'y mêlait un peu trop de cette dernière manière fougueuse de concevoir Buffon : « *Quelles prodigieuses visions durent l'assaillir*, s'écrie l'historien, quand la nature se présenta à lui comme un seul être dont il avait à décrire les formes et à raconter les vicissitudes ! lorsque jaillit de son cerveau le plan d'une histoire générale de la terre et de la vie sur la terre !... » Et encore : « Buffon, toute sa vie, fut combattu entre des idées opposées : sa tête semble *un chaos sublime, sillonné de mille éclairs et plein des germes des mondes futurs.* » Il me semble que l'historien, en ces endroits, a fait un Buffon trop semblable à Diderot, cette tête fumeuse. « Oh ! que Buffon est plus net que tous ces gens-là ! » s'écriait De Brosses au sortir d'une conversation avec Diderot.

Tâchons de voir les hommes tels qu'ils sont, sans les exagérer en divers sens. Quelques esprits superficiels s'obstinent à voir dans Buffon l'écrivain poudré et à manchettes : ils ne sortent pas des anecdotes sur Montbard, et ils en sont restés sur son compte aux plaisanteries de d'Alembert ou de Rivarol ; ils lui reprochent le *Paon*, comme si le *Paon* était de lui ; ils le punissent encore aujourd'hui de s'être donné Gueneau de Montbelliard pour associé, et Lacépède pour continuateur. Mais laissons ces esprits légers. Un autre écueil, qui est celui d'esprits sérieux et élevés, ce serait de faire un Buffon plus *penseur* et plus prophète de l'avenir qu'il ne l'a été, de lui supposer dans l'idée nos systèmes, et de lui mettre sur le front un nuage. On devrait toujours se demander, quand on admire si fort un génie du passé : « Qu'aurait-il dit de cette manière d'être admiré (1)? » Je ne sais ce que penserait aujourd'hui Buffon des diverses théories en lutte dans l'histoire naturelle; je crois qu'il est téméraire de le vouloir supposer, et de l'honorer non par rapport à lui-même, mais par rapport à soi. Que ce temple de la nature qu'il a si majestueusement ouvert n'aille point aboutir à une petite église où, sous prétexte de s'incliner devant lui, on se loue ensuite les uns les autres comme je vois qu'on le fait invariablement dans plusieurs des écrits que j'ai cités.

Je considérais l'autre jour, au Musée du Louvre, le buste de Buffon, par Augustin Pajou : il y est représenté déjà vieux; le contour de l'œil, les tempes ridées et un peu amaigries le disent: mais c'est une belle tête, digne,

---

(1) Les noms propres sont commodes en ce qu'ils parlent aux yeux ; ainsi quelqu'un me disait très-bien : « Méfions-nous du *genre-Michelet* appliqué à Buffon. »

haute, noblement portée. La distance du nez à la lèvre supérieure est assez grande, et semble signifier un peu de dédain et de hauteur. J'y trouve peu du lion, quoi qu'en ait dit madame de Genlis. La physionomie est belle d'ailleurs : elle est bien de « ce grand et aimable homme, » comme l'appelait Gibbon. On y devine quelque chose de doux dans le regard. Le front élevé n'a surtout rien de bombé, de proéminent ni d'olympien, comme nos statuaires ne manquent pas de le faire à toutes les têtes encyclopédiques. Je faisais la même réflexion en voyant l'instant d'auparavant le buste de Bossuet : il n'y a rien d'exagéré dans toutes ces têtes sublimes, et le caractère humain est empreint dans celle de Buffon.

C'est ce Buffon vrai, ni plus moins, et commenté çà et là, confirmé ou contredit avec autorité et sobriété, qu'on a dans l'Édition de M. Flourens. Je ne me pardonnerais point d'avoir parlé si longuement de Buffon sans en rien citer, et le lecteur aurait droit de m'en vouloir. En relisant l'article du Chien, à propos des espèces, soit animales, soit végétales, que l'homme s'est appropriées tout entières, et qu'il a transformées par l'art à force de les travailler, j'y trouve ce beau passage sur le blé, cette plante tout humaine :

« Le blé, par exemple, est une plante que l'homme a changée au point qu'elle n'existe nulle part dans l'état de nature : on voit bien qu'il a quelque rapport avec l'ivraie, avec les gramens, les chiendents et quelques autres herbes des prairies, mais on ignore à laquelle de ces herbes on doit le rapporter ; et comme il se renouvelle tous les ans, et que, servant de nourriture à l'homme, il est de toutes les plantes celle qu'il a le plus travaillée, il est aussi de toutes celles dont la nature est le plus altérée. L'homme peut donc non-seulement faire servir à ses besoins, à son usage, tous les individus de l'univers, mais il peut encore, avec le temps, changer, modifier et perfectionner les espèces ; c'est même le plus beau droit qu'il ait sur la nature. Avoir transformé une herbe stérile en blé est une espèce de création dont cependant il ne doit pas s'enorgueillir, puisque ce n'est qu'à la sueur de son front et par des cultures réitérées qu'il peut tirer du sein de la terre ce pain, souvent amer, qui fait sa subsistance. »

Quelle noble fierté, aussitôt tempérée d'une tristesse sévère! quelle noble pensée morale! Il n'y manque, pour la compléter, que ce que Buffon n'avait pas assez, il y manque le rayon, l'humble désir qui appelle la bénédiction d'en haut sur l'humaine sueur et qui fait demander le pain quotidien (1).

À part quelques mots de pure forme et de déférence, l'idée seule de la nature, c'est-à-dire des lois immuables et nécessaires limitant et enveloppant de toutes parts la force de l'homme, est ce qui règne chez Buffon.

(1) Je ne vois que des hommes fiers du progrès de leur siècle, de l'avancement des sciences et de l'industrie ; au milieu de tout cet orgueil et de ces triomphes, je reste frappé d'une chose : *Combien l'homme, l'immense majorité des hommes continuent d'être dépendants d'une seule moisson bonne ou mauvaise, aux époques les plus civilisées!*

Lundi, 17 avril 1854.

CHATEAUBRIAND

ANNIVERSAIRE DU *GÉNIE DU CHRISTIANISME.*

Il y a cinquante-deux ans que le dimanche 28 germinal an x (18 avril 1802), jour de Pâques, *le Moniteur* publiait à la fois l'annonce de la ratification du Traité de paix signé entre la France et l'Angleterre, la proclamation du Premier Consul déclarant l'heureuse conclusion du Concordat devenu loi de l'État; et, ce même jour où l'église de Notre-Dame se rouvrait à la solennité du culte par un *Te Deum* d'action de grâces, *le Moniteur* insérait un article de Fontanes sur le *Génie du Christianisme* qui venait de paraître et qui inaugurait sous de si brillants auspices la littérature du dix-neuvième siècle. Ce sont là de ces coïncidences uniques, de ces harmonies sociales qui ne se rencontrent qu'à de longues distances : Fontanes, au début de son article, en résumait l'accord merveilleux et en traduisait le sens divin, avec autant d'élévation que d'élégance. La critique n'est pas souvent appelée à l'honneur insigne de faire l'office d'introducteur en de semblables fêtes. Et pourtant à pareil jour, à cinquante-deux ans d'intervalle, il m'a semblé que bien des pensées aussi se présentaient. Et nous aussi, nous avons vu comme on tombe dans une révolution, et comme on en sort; comment tous, et les derniers, et les plus distingués, y poussent à l'envi, comment plusieurs même aimeraient à y rester, mais comment un seul, inspiré de plus haut, vous en retire. Et nous aussi, nous avons avec l'Angleterre, cette fois, notre vraie paix d'Amiens. Et nous aussi, nous voyons le libre concert et l'union de l'Église et de l'État; et, à ce point de vue plus particulier du *Génie du Christianisme* qui nous occupe, n'est-ce donc rien comme signe charmant de douce influence regagnée et socialement établie, que cette image de la Vierge envoyée hier par l'Empereur à nos flottes, et qui y est reçue avec reconnaissance en protectrice et en patronne? Mais les mille pensées qu'éveille la comparaison de la société à ces deux époques, avec ce qu'il y a de ressemblances réelles et de dissemblances profondes, me mèneraient trop loin, et me tireraient surtout des cadres tout littéraires où j'aime à me renfermer, sauf à les agrandir le plus que je puis. Je vais donc simplement aujourd'hui payer envers Châteaubriand ma dette et célébrer l'anniversaire du *Génie du Christianisme*, en traitant une question assez délicate, sur laquelle j'ai recueilli des notions précises, mais dont la solution sera tout à l'honneur du poëte : sans cela, on peut le croire, je n'eusse point choisi un tel jour pour en venir parler.

Chateaubriand, dans la première Préface de son livre, touchait le point de sa conversion, car il n'avait pas toujours été religieux ; loin de là : lié avec les hommes de lettres de la fin du dix-huitième siècle, Chamfort, Parny, Le Brun, Ginguené, il s'était montré à eux tel qu'il était, lorsque, disciple de Jean-Jacques, il allait étudier la nature humaine plus vraie, selon lui, et supérieure chez les sauvages d'Amérique, dans les forêts du Canada. Il avait manifesté, depuis, sa manière de sentir et de voir sur tout sujet dans l'ouvrage qu'il avait publié à Londres en 1797, l'*Essai historique, politique et moral sur les Révolutions*, et dont quelques-uns de ses amis, les gens de lettres de Paris, avaient eu connaissance. Ici, dans le *Génie du Christianisme*, il reparaissait tout autre ; bien que les couleurs brillantes et poétiques donnassent le ton général, et qu'il s'attachât à émouvoir ou à charmer plutôt qu'à réfuter, il prenait l'offensive sur bien des points : il s'agissait, au fond, de retourner le ridicule dont on avait fait assez longtemps usage contre les seuls chrétiens ; le moment était venu de le rendre aux philosophes. Ceux-ci ne pouvaient pardonner à l'adversaire imprévu d'ouvrir cette veine toute nouvelle. Ginguené surtout, qui était Breton comme Chateaubriand ; qui avait fort connu sa sœur madame de Farcy et toute sa famille ; qui savait des particularités intimes sur les premières erreurs du poëte, sur les fautes dont s'était affligée sa mère, et qui s'en était entretenu avec lui depuis même son retour d'Angleterre ; Ginguené, honnête homme, mais roide et peu traitable, devenait un adversaire dangereux. Chateaubriand, allant au-devant des objections personnelles qu'on ne pouvait manquer de lui faire, disait donc dans sa Préface :

« Ceux qui combattent le Christianisme ont souvent cherché à élever des doutes sur la sincérité de ses défenseurs. Ce genre d'attaque, employé pour détruire l'effet d'un ouvrage religieux, est fort connu : il est donc probable que je n'y échapperai pas, moi surtout à qui l'on peut reprocher des erreurs.

« Mes sentiments religieux n'ont pas toujours été ce qu'ils sont aujourd'hui. Tout en avouant la nécessité d'une religion, et en admirant le Christianisme, j'en ai cependant méconnu plusieurs rapports. Frappé des abus de quelques institutions et des vices de quelques hommes, je suis tombé *jadis* dans les déclamations et les sophismes. Je pourrais en rejeter la faute sur ma jeunesse, sur le délire des temps, sur les sociétés que je fréquentais : mais j'aime mieux me condamner, je ne sais point excuser ce qui n'est point excusable. Je dirai seulement de quel moyen la Providence s'est servie pour me rappeler à mes devoirs.

« Ma mère, après avoir été jetée à soixante-douze ans dans des cachots, où elle vit périr une partie de ses enfants, expira dans un lieu obscur, sur un grabat où ses malheurs l'avaient reléguée. Le souvenir de mes égarements répandit sur ses derniers jours une grande amertume ; elle chargea, en mourant, une de mes sœurs (madame de Farcy) de me rappeler à cette religion dans laquelle j'avais été élevé. Ma sœur me manda le dernier vœu de ma mère : quand la lettre me parvint au delà des mers, ma sœur elle-même n'existait plus ; elle était morte aussi des suites de son emprisonnement. Ces deux voix sorties du tombeau, cette mort qui servait d'interprète à la mort m'ont frappé : je suis devenu chrétien. Je n'ai point cédé, j'en conviens, à de grandes lumières surnaturelles ; ma conviction est sortie du cœur : j'ai pleuré, et j'ai cru. »

Les *Mémoires d'Outre-tombe* donnent cette lettre écrite par madame de Farcy à son frère, et par laquelle elle lui annonçait la mort de sa mère. Mais les *Mémoires d'Outre-tombe*, écrits si longtemps après, et sous l'influence de tant de souvenirs contradictoires et entre-croisés, n'ont pas une grande valeur en ce qui est de la vérité réelle et positive. Au moment où le *Génie du Christianisme* parut, Ginguené, qui rendit compte du livre dans *la Décade*, marqua dès le début de ses articles qu'il ne se tenait point pour satisfait de l'explication vague et générale que l'auteur donnait de sa conversion : il semblait même dénoncer quelque inexactitude dans le récit, et, sans trahir le secret de conversations confidentielles qu'il avait eues avec Chateaubriand, il y faisait allusion de manière à inspirer des doutes au lecteur.

Je vais plus loin, et j'avance sans crainte dans cette voie plus qu'il ne l'a fait et que personne encore ne l'a pu faire, certain que je suis de revenir à bien. Un document curieux existe, je l'ai sous les yeux, et j'en puis parler en toute connaissance de cause : il nous livre l'état vrai, et trop vrai, des opinions, des croyances et de l'âme de Chateaubriand à la date de 1798, quelques mois seulement avant sa conversion et avant la conception première du *Génie du Christianisme*. Ce document, voici en quoi il consiste :

Chateaubriand avait publié à Londres son *Essai sur les Révolutions* en deux volumes qui n'en faisaient qu'un, un énorme in-8° de près de 700 pages; il y avait versé toute son érudition historique juvénile, tous ses rapprochements d'imagination, toutes ses audaces de pensée, ses misanthropies ardentes et ses douleurs rêveuses; livre rare et fécond, plein de germes, d'incohérences et de beautés, où est déjà recélé tout le Chateaubriand futur, avant l'art, mais non avant le talent. Quand je dis qu'il y avait tout mis et tout versé de lui-même, je me trompe : il y avait des points sur lesquels il s'était montré moins explicite et moins décidé qu'il ne l'était au fond réellement Aussi, quelques mois après avoir publié cet écrit et quand il comptait en donner une seconde édition, il avait noté de sa main en marge sur un exemplaire diverses modifications à y introduire, et, oubliant bientôt que l'exemplaire était destiné à des imprimeurs, il s'était mis à y ajouter pour lui-même en guise de commentaires ses plus secrètes pensées. Je les lis de sa main, écrites à une date qui, à quelques mois près, ne peut guère être que 1798. Il y a de ces remarques qui concernent Parny, Le Brun, Ginguené, Fontanes; elles ont cela de précieux de n'être point faites à distance et de souvenir falsifié comme les notes de 1826, ni en vue d'aucun public, mais de peindre les choses et les gens à nu, tels qu'on les voit pour soi et qu'on les note à l'instant sur son carnet. Sur Parny, par exemple, on lit : « Le chevalier de Parny est grand, mince, le teint brun, les yeux noirs enfoncés et fort vifs. Nous étions liés. Il n'a pas de douceur dans la conversation. Un soir nous passâmes cinq heures ensemble, et il me parla d'Éléonore, etc. » Sur Le Brun, il y a un commencement de portrait qui, en trois coups de crayon, est admirable : « Le Brun a toutes les qualités du lyrique. Ses yeux sont âpres, ses tempes chauves, sa taille élevée. Il est maigre, pâle, et, quand il récite son *Exegi monumentum*, on croirait entendre Pindare aux Jeux olympiques... » Il n'est pas malaisé d'y surprendre des particularités qui convainquent les *Mémoires d'Outre-tombe* de légère inexactitude. Ainsi, dans ces derniers Mémoires, racontant sa présentation à Versailles et sa présence à l'une des chasses royales, Chateaubriand veut que dans les deux circonstances Louis XVI ne lui ait parlé qu'une seule fois pour lui dire un mot insignifiant : ici, dans une note de l'*Essai*, il remarque que Louis XVI lui a parlé deux fois, et il écrit même de sa main en marge les mots très-courts que le roi lui adressa dans les deux occasions; mais ces mots, dont il ne reste que quelques lettres, ont été arrachés par un ongle irrité. Quelque royaliste fervent, en parcourant le volume, aura été blessé de les voir dans la bouche de Louis XVI soit comme trop insignifiants, soit pour toute autre raison. On n'a pas eu la même susceptibilité pour ce qui touche Dieu et les idées religieuses : sur ces points l'opinion de Chateaubriand à cette date subsiste tout entière, inscrite de sa main en marge, dans des notes aggravantes et corroboratives du texte. Y a-t-il dans le texte, en effet, ces mots qui se rapportent à l'exposé de la doctrine des Stoïciens : « Dieu, la Matière, la Fatalité ne font qu'Un, » Chateaubriand écrit en marge : « Voilà mon système, voilà ce que je crois. Oui, tout est chance, hasard, fatalité dans ce monde, la réputation, l'honneur, la richesse, la vertu même... » Et cette note, qui peut tenir lieu des trois ou quatre autres qui sont aussi expressives et aussi formelles sur le même sujet, finit en ces mots sinistres : « Il y a peut-être un Dieu, mais c'est le Dieu d'Épicure; il est trop grand, trop heureux pour s'occuper de nos affaires, et nous sommes laissés sur ce globe à nous dévorer les uns les autres. »

Ainsi donc voilà où en était Chateaubriand à la

veille du moment où il fut vivement frappé et touché, et où il conçut l'idée du *Génie du Christianisme*. Revenant en souvenir sur cette époque de sa vie dans ses *Mémoires d'Outre-tombe* et sur cette disposition intérieure où il était après la publication de l'*Essai*, il ne s'en rendait plus un compte bien exact quand il disait: « Je m'exagérais ma faute; l'*Essai* n'était pas un livre impie, mais un livre de doute et de douleur. A travers les ténèbres de cet ouvrage se glisse un rayon de la lumière chrétienne qui brilla sur mon berceau. Il ne fallait pas un grand effort pour revenir du scepticisme de l'*Essai* à la certitude du *Génie du Christianisme*. » Sans doute il y avait des contradictions dans l'*Essai*, et ces contradictions pouvaient être une porte entr'ouverte pour que l'auteur remontât par là jusqu'à la lumière, comme cela est arrivé; sans doute il se séparait, jusque dans son incrédulité, des Encyclopédistes et des philosophes proprement dits, jaloux d'établir leur domination sur les esprits, puisqu'il leur disait : « Vous renversez la religion de votre pays, vous plongez le peuple dans l'impiété, et vous ne proposez aucun autre palladium de la morale. Cessez cette cruelle philosophie; ne ravissez point à l'infortuné sa dernière espérance : qu'importe qu'elle soit une illusion, si cette illusion le soulage? etc. » Toutefois, pour montrer à l'auteur qu'il ne s'exagérait pas sa faute en la confessant, comme il fit, dans la première Préface du *Génie du Christianisme*, il eût suffi de lui faire repasser sous les yeux cette *profession de foi* d'incrédulité, écrite et signée par lui en confirmation des pages de l'*Essai*, cette double et triple négation directe de Dieu, de l'immortalité de l'âme, du Christianisme, toutes apostasies formelles que j'indique bien suffisamment et dont je supprime d'ailleurs les preuves de détail trop choquantes (1).

(1) Je puis ici, dans cette réimpression en volume, et sans incon-

Mais il en est sorti, et c'est ce beau côté victorieux que je tiens à mettre pour le moment en pleine lumière. Il y a, au milieu de toutes les exagérations de l'*Essai*,

vénient pour des lecteurs réfléchis, constater plus au long par des textes ces trois sortes de reniements :

1° Celui du Dieu-Providence. C'est à la page 516 de la première édition de l'*Essai* (Londres, 1797) qu'en regard de ces mots du texte imprimé : « Dieu, la Matière, la Fatalité, ne font qu'Un, » Chateaubriand écrit en marge : « Voilà mon système, voilà ce que je crois. « Oui, tout est chance, hasard, fatalité dans ce monde, la réputation, « l'honneur, la richesse, la vertu même : et comment croire qu'un « Dieu intelligent nous conduit? Voyez les fripons en place, la for« tune allant au scélérat, l'honnête homme volé, assassiné, méprisé. « Il y a peut-être un Dieu, mais c'est le Dieu d'Épicure ; il est trop « grand, trop heureux pour s'occuper de nos affaires, et nous sommes « laissés sur ce globe à nous dévorer les uns les autres. »

2° Le reniement de l'immortalité de l'âme. C'est à la page 569 de l'*Essai* (édition susdite), en regard de ces mots du texte imprimé : « Pardonne à ma faiblesse, Père des miséricordes! non, je ne doute point de ton existence; et soit que tu m'aies destiné une carrière immortelle, soit que je doive seulement passer et mourir, j'adore tes décrets en silence, et ton insecte confesse ta divinité; » c'est à côté de ces mots que Chateaubriand écrit en marge : « Quelquefois je suis « tenté de croire à l'immortalité de l'âme, mais ensuite la raison « m'empêche de l'admettre. D'ailleurs pourquoi désirerais-je l'im« mortalité? il paraît qu'il y a des peines mentales totalement sépa« rées de celles du corps, comme la douleur que nous sentons à la « perte d'un ami, etc. Or si l'âme souffre par elle-même indépendam« ment du corps, il est à croire qu'elle pourra souffrir également « dans une autre vie ; conséquemment l'autre monde ne vaut pas « mieux que celui-ci. Ne désirons donc point survivre à nos cendres: » mourons tout entiers, de peur de souffrir ailleurs. Cette vie-ci doit « corriger de la manie d'*être.* »

3° Enfin le reniement du Christianisme. A côté de ces mots du texte imprimé (page 609) : « Dieu, répondez-vous, vous a fait libre. Ce n'est pas là la question. A-t-il prévu que je tomberais, que je serais à jamais malheureux? Oui, indubitablement. Eh bien ! votre Dieu n'est plus qu'un tyran horrible et absurde ; » tout à côté de ces mots imprimés Chateaubriand ajoutait de sa main : « Cette objection « est insoluble et renverse de fond en comble le système chrétien. « Au reste, personne n'y croit plus. »

On a maintenant sondé tout l'abîme et touché le fond de son incrédulité.

un sentiment touchant qui y règne en effet et qui y circule; Chateaubriand sauvage et fier, mais malheureux, est alors humain, sympathique et fraternel aux infortunés, modeste même ; il est ce que le génie et la gloire, en le couronnant, oublieront trop de le laisser depuis. Dans un singulier chapitre expressément dédié *Aux Infortunés*, et qui est placé, on ne sait trop comment, entre celui de *Denys à Corinthe* et celui d'*Agis à Sparte*, il s'adresse à ses compatriotes émigrés et pauvres, à tous ceux qui souffrent comme lui du désaccord entre leurs besoins, leurs habitudes passées et leur condition présente; il leur rappelle la consolation des Livres saints, « vraiment utiles au misérable, parce qu'on y trouve la pitié, la tolérance, la douce indulgence, l'espérance plus douce encore, qui composent le seul baume des blessures de l'âme. Ce sont, dit-il, les Évangiles. Leur divin auteur ne s'arrête point à prêcher vainement les infortunés, il fait plus : il bénit leurs larmes, et boit avec eux le calice jusqu'à la lie. » Il entre à son tour, par les conseils qu'il donne, dans mille détails familiers, appropriés; il indique les recettes, les palliatifs applicables aux âmes tristes ou ulcérées, surtout les jours de fête et quand tout respire la joie alentour. Sous forme indirecte et à la troisième personne, il raconte sa propre vie en Angleterre, sa fuite ces jours-là loin des jardins publics, loin des promenades fréquentées, sa recherche des sentiers solitaires; il nous initie aux plus humbles consolations de sa vie misérable, comme ferait un enfant du peuple, un Werther et un René des faubourgs (1) : « Lorsque la brune

---

(1) Si j'osais prendre un nom qui résumât toute ma pensée, je dirais qu'il y a du *Joseph Delorme* dans ce Chateaubriand primitif : ce que j'ai voulu en effet dans *Joseph Delorme*, ç'a été d'introduire dans la poésie française un exemple d'une certaine naïveté souffrante et douloureuse.

commence à confondre les objets, notre infortuné, dit-il, s'aventure hors de sa retraite, et, traversant en hâte les lieux fréquentés, il gagne quelque chemin solitaire où il puisse errer en liberté. Un jour, il va s'asseoir au sommet d'une colline qui domine la ville et commande une vaste contrée; il contemple les feux qui brillent dans l'étendue du paysage obscur, sous tous ces toits habités... » Il faut voir, dans le livre même, le détail des ruses innocentes employées pour éluder ou pour tromper la douleur : « Mais le but favori de ses courses sera peut-être un bois de sapins, planté à quelque deux milles de la ville. Là il a trouvé une société paisible qui, comme lui, cherche le silence et l'obscurité : ces sylvains solitaires veulent bien le souffrir dans leur république, à laquelle il paye un léger tribut, tâchant ainsi de reconnaître, autant qu'il est en lui, l'hospitalité qu'on lui a donnée. » Ce sont les lapins sans doute, les hôtes de la garenne, qu'il désigne ainsi sous cette métaphore indécise et assez gracieuse qu'il livre aux commentateurs. Après avoir conseillé surtout l'étude de la botanique, comme propre à calmer l'âme et à lui ouvrir une source d'aimables et faciles jouissances, il montre le promeneur fatigué rentrant plus riche le soir dans sa pauvre chambre : « Oh! qu'avec délices, après cette course laborieuse, on rentre dans sa misérable demeure, chargé de la dépouille des champs ! » Puis en marge il ajoute de sa main cette note touchante qui est faite pour racheter bien des incrédulités amères, et dont les premiers mots respirent une naïveté douloureuse : « *C'est ce qui m'est arrivé vingt fois*, mais malheureusement j'avais toujours l'inquiétude du lendemain. Je pourrais encore être heureux et à peu de frais : il ne s'agirait que de trouver quelqu'un qui voulût me prendre à la campagne; *je payerais ma pension après la guerre*. Là, je pourrais écrire, herboriser, me promener tout à mon aise. Pourvu que je ne fusse obligé de faire compagnie à personne, etc.! » — Qui ne se sentirait ému en lisant cette phrase jetée en passant : *Je payerais ma pension après la guerre!* Et encore, le vœu du retour dans la patrie est exprimé sans faste, comme on l'aime chez un naufragé : « Si la paix se fait, j'obtiendrai aisément ma radiation, et je m'en retournerai à Paris où je prendrai un logement au Jardin des Plantes. Je publierai mes *Sauvages*, je reverrai toute ma société. Toute ma société! combien je trouverai d'absents!... » A cette première époque de Londres et avant la gloire, Chateaubriand avait encore en lui une simplicité et une sensibilité qui le montrent comme l'un de nous tous, comme un homme de la vie commune et naturelle, plus égaré seulement, plus rêveur, plus facile à effaroucher et à rejeter dans les bois.

C'est alors que, par un concours de circonstances qu'il ne nous a expliqué qu'à demi, éclata tout d'un coup en lui une explosion de sentiments dont on a peine à se faire idée. La mort de sa mère, la lettre de sa sœur en furent l'occasion déterminante : il est à croire que les reproches et les plaintes de sa mère mourante portaient moins encore sur des écrits de son fils qu'elle avait peu lus et dont l'écho avait dû parvenir difficilement jusqu'à elle, que sur quelques autres égarements, peut-être sur quelque passion fatale qu'il n'est permis que d'entrevoir. Quoi qu'il en soit, la sincérité de l'émotion dans laquelle Chateaubriand conçut la première idée du *Génie du Christianisme* est démontrée par la lettre suivante écrite à Fontanes, lettre que j'ai trouvée autrefois dans les papiers de celui-ci; dont madame la comtesse Christine de Fontanes, fille du poëte, possède l'original; et qui, n'étant destinée qu'à la seule amitié, en dit plus que toutes les phrases écrites ensuite en présence et en vue du public. On me permettra de la donner ici tout entière : c'est un titre essentiel; c'est la seule réponse victorieuse qui se puisse opposer aux notes marginales qu'on invoque, et dont j'ai cité quelques-unes, du fameux exemplaire de l'*Essai*. Confidence intime contre confidence; et, à quelques mois de date, un cœur qui se retourne et qui se réfute éloquemment avec sanglots. Le ton de cette lettre paraîtra certainement étrange, le style est exagéré; celui qui écrit est encore sous l'empire de l'exaltation, mais le caractère véridique de cette exaltation ne saurait être mis en doute un moment.

Lettre de Chateaubriand à Fontanes.

« Ce 25 octobre 1799 (Londres).

« Je reçois votre lettre en date du 17 septembre. La tristesse qui y règne m'a pénétré l'âme. Vous m'embrassez les larmes aux yeux, dites-vous. Le Ciel m'est témoin que les miens n'ont jamais manqué d'être pleins d'eau (1), toutes les fois que je parle de vous. Votre souvenir est un de ceux qui m'attendrit davantage, parce que vous êtes selon les choses de mon cœur et selon l'idée que je m'étais faite de l'homme à grandes espérances. Mon cher ami, si vous ne faisiez que des vers comme Racine, si vous n'étiez pas bon par excellence comme vous l'êtes, je vous admirerais, mais vous ne posséderiez pas toutes mes pensées comme aujourd'hui, et mes vœux pour votre bonheur ne seraient pas si constamment attachés à mon admiration pour votre beau génie. Au reste, c'est une nécessité que je m'attache à vous de plus en plus, à mesure que tous mes autres liens se rompent sur la terre. Je viens encore de perdre une sœur (2) que j'aimais tendrement et qui est morte de chagrin dans le lieu d'indigence où l'avait reléguée Celui qui frappe souvent ses serviteurs pour les éprouver et les récompenser dans une autre vie. Oui, mon cher ami, vous et moi sommes convaincus qu'il y a une autre vie (3). Une âme telle que la vôtre, dont les amitiés doivent être aussi durables que sublimes, se persuadera malaisément que tout se réduit à quelques jours d'atta-

(1) Style de la première manière.
(2) Madame de Farcy.
(3) C'est une réfutation directe de la note marginale de l'*Essai* précédemment cité : « Quelquefois je suis tenté de croire à l'immortalité de l'âme, mais ensuite la raison m'empêche de l'admettre, etc., etc. »

chement dans un monde dont les figures passent si vite et où tout consiste à acheter si chèrement un tombeau. Toutefois Dieu, qui voyait que mon cœur ne marchait point dans les voies iniques de l'ambition, ni dans les abominations de l'or, a bien su trouver l'endroit où il fallait le frapper, puisque c'était lui qui en avait pétri l'argile et qu'il connaissait le fort et le faible de son ouvrage. Il savait que j'aimais mes parents, et que là était ma vanité : il m'en a privé afin que j'élevasse les yeux vers lui. Il aura désormais avec vous toutes mes pensées. Je dirigerai le peu de forces qu'il m'a données vers sa gloire, certain que je suis que là gît la souveraine beauté et le souverain génie, là où est un Dieu immense qui fait cingler les étoiles sur la mer des cieux comme une flotte magnifique, et qui a placé le cœur de l'honnête homme dans un fort inaccessible aux méchants.

« Il faut que je vous parle encore de l'ouvrage auquel vous vous intéressez (1). Je ne saurais guère vous en donner une idée à cause de l'extrême variété des tons qui le composent ; mais je puis vous assurer que j'y ai mis tout ce que je puis, car j'ai senti vivement l'intérêt du sujet. Je vous ai déjà marqué que vous y trouveriez ce qu'il y a de mieux dans *les Natchez*. Puisque je vous ai entretenu de morts et de tombeaux au commencement de cette lettre, je vous citerai quelque chose de mon ouvrage à ce sujet. C'est dans la 7e partie où, après avoir passé en revue les tombeaux chez tous les peuples anciens et modernes, j'arrive aux *tombeaux chrétiens;* je parle de cette fausse sagesse qui fit transporter les cendres de nos pères hors de l'enceinte des villes, sous je ne sais quel prétexte de santé. Je dis : « Un peuple est parvenu au moment de sa dissolution, etc. »

Il cite en cet endroit tout un morceau de son livre; il pourrait être curieux de comparer cette première version avec le texte imprimé dans le *Génie du Christianisme* (4e partie, livre II, au chapitre des *Tombeaux chrétiens*) : on y verrait au net de quel genre de conseils et de corrections l'auteur fut redevable à ses amis de Paris; mais cela nous détournerait de notre but. Et après cette première citation :

« Dans un autre endroit, continue Chateaubriand, je peins ainsi les Tombeaux de Saint-Denis avant leur destruction : « On frissonne
« en voyant ces vastes ruines où sont mêlées également la gran-
« deur et la petitesse, les mémoires fameuses et les mémoires igno-
« rées, etc. »

(1) L'ouvrage qu'il avait entrepris sur le *Christianisme*.

Je supprime encore ce second morceau, inséré à la suite du premier, et qui prêterait aux mêmes observations comparatives; mais je vais donner toute la fin de la lettre avec son détail mélangé, afin que le lecteur en reçoive l'impression entière, telle qu'elle ressort dans son désordre et son abandon :

« Je n'ai pas besoin de vous dire qu'auprès de ces couleurs sombres on trouve de riantes sépultures, telles que nos cimetières de campagne, les tombeaux chez les Sauvages de l'Amérique (où se trouve le *tombeau dans l'arbre*), etc. Je vous avais mal cité le titre de l'ouvrage, le voici : *Des Beautés poétiques et morales de la Religion chrétienne, et de sa Supériorité sur tous les autres Cultes de la terre*. Il formera deux volumes in-8°, 350 pages chacun.

« Mais, mon cher ami, ce n'est pas de moi, c'est de vous que je devrais vous entretenir. Travaillez-vous à la G. S. (1)? Vous parlez de talents; que sont les nôtres auprès de ceux que vous possédez? Comment persécute-t-on un homme tel que vous! Les misérables! Mais enfin ils ont bien renié le Dieu qui a fait le ciel et la terre, pourquoi ne renieraient-ils pas les hommes en qui ils voient reluire, comme en vous, les plus beaux attributs de cet Être puissant? Tâchez de me rendre service touchant l'ouvrage en question, mais, au nom du Ciel, ne vous exposez pas ! Veillez aux papiers publics lorsqu'il paraîtra (2) : écrivez-moi souvent. Voici l'adresse à employer : *à Monsieur César Goddefroy, négociant à Hambourg*, sur la première enveloppe ; et en dedans : *à MM. Dulau et C*^e, *libraires. Mon nom est inutile sur l'adresse, mettez seulement après Dulau deux étoiles* **... Je suis à présent fort lié avec cet admirable jeune homme auquel vous me léguâtes à votre départ (3); nous parlons sans cesse de vous; il vous aime presque autant que moi. Adieu : que toutes les bénédictions du Ciel soient sur vous! Puissé-je vous embrasser encore avant de mourir ! »

Maintenant nous sommes tranquilles, ce me semble. L'auteur du *Génie du Christianisme* nous a dit vrai, suffisamment vrai dans sa Préface, et ce livre a été entrepris en effet et en partie exécuté sous le genre d'inspiration qu'il exprime et qu'il tend à consacrer. C'est là ce qu'il

---

(1) *La Grèce sauvée*, poëme de Fontanes.
(2) Il comptait publier son livre à Londres, chez MM. Dulau.
(3) On ne saurait dire de quel *admirable* jeune homme il s'agit ici.

importait de constater avant tout. Il est trop certain que, dans une nature mobile comme celle de Chateaubriand, cette inspiration première n'a point persisté autant qu'il l'aurait fallu pour l'entière efficacité de sa mission et même pour l'entière convenance de son rôle. Il est le premier à nous l'avouer, et il y aurait mauvaise grâce à le trop presser là-dessus : « Quand les semences de la religion, dit-il en un endroit de ses Mémoires, germèrent la première fois dans mon âme, je m'épanouissais comme une terre vierge qui, délivrée de ses ronces, porte sa première moisson. Survint une bise aride et glacée, et la terre se dessécha. Le Ciel en eut pitié, il lui rendit ses tièdes rosées; puis la bise souffla de nouveau. Cette alternative de doute et de foi a fait longtemps de ma vie un mélange de désespoir et d'ineffables délices. » Otez les images, allez au fond, et vous obtenez l'entier aveu. Que nous faut-il de plus ?

Il ne serait pas impossible peut-être, dans une Étude suivie sur Chateaubriand, de noter avec la même précision la date de quelques-uns de ses autres revirements, et celle, par exemple, de sa prochaine rechute épicurienne; mais ce serait sortir aujourd'hui de notre objet, tout honorable à sa mémoire. Qu'il nous suffise d'avoir reconnu et, en quelque sorte, surpris sa sincérité, là seulement où nous avons droit de l'interroger et de l'atteindre, — sa sincérité, je ne dis pas de fidèle (cet ordre supérieur et intime nous échappe), mais sa sincérité d'artiste et d'écrivain. La lettre à M. de Fontanes qu'on vient de lire, écrite dans le feu de la composition du *Génie du Christianisme*, est évidemment celle d'un homme qui croit d'une certaine manière, qui prie, qui pleure, — d'un homme qui *s'est mis à genoux* auparavant et après, pour parler le langage de Pascal (1).

(1) « Mais je vois en ceci avant tout une imagination qui s'exalte, une tête qui se monte, » me dit quelqu'un. — Je n'entreprends pas

Dans un Cours que je faisais à Liége il y a six ans et dont M. de Chateaubriand et ses amis formaient le sujet principal, je disais quelques-unes de ces choses ; sur ce point en particulier qui tient à la production du *Génie du Christianisme*, je concluais en des termes qui ont encore leur application et que je ne pourrais qu'affaiblir en essayant de les varier :

« Je ne crois pas me tromper, disais-je à mes audi-
« teurs, en assurant que nous avons eu une satisfaction
« véritable à lire cette lettre de Chateaubriand à Fon-
« tanes, qui nous l'a montré sous l'empire d'une haute
« exaltation sensible et religieuse, au moment où il con-
« cevait le *Génie du Christianisme*. En y réfléchissant,
« il était impossible qu'il n'en eût pas été ainsi. Une
« part de factice peut se mêler bientôt et s'introduire
« dans l'exécution des longues œuvres, cela se voit trop
« souvent ; mais si elles sont élevées et si elles ont été
« puissamment émouvantes, il faut que l'inspiration
« première du moins ait été vive, et qu'il y ait eu un
« foyer. Le talent porté à ce degré a aussi sa religion,
« et qui ne saurait tromper.

« Ainsi, quoi que vous entendiez dire, quoi qu'il
« puisse tôt ou tard se révéler des variations, des con-
« tradictions subséquentes ou antérieures, de M. de
« Chateaubriand, un point nous est fermement acquis :
« jeune, exilé, malheureux, vers le temps où il écri-
« vait ces pages pleines d'émotion et de tendresse
« adressées *Aux Infortunés*, — sous le double coup de
« la mort de sa mère et de celle de sa sœur, — les sou-
« venirs de son enfance pieuse le ressaisirent ; son cœur
« de Breton fidèle tressaillit et se réveilla ; il se repentit,
« il s'agenouilla, il pria avec larmes ; — la lettre à Fon-

d'analyser la nature de la croyance ni la qualité de la ferveur ; c'est assez qu'il y ait eu l'instant de ferveur et de croyance, et de le constater.

« tanes, expression et témoignage de cet état d'exalta-
« tion et de crise mystique, est écrite de la même
« plume, et, si je puis dire, de la même encre que l'ou-
« vrage religieux qu'il composait à ce moment et dont
« il transcrivait pour son ami quelques pages. Les taches
« de goût même et les exagérations de style que nous
« avons pu y remarquer sont des garants de plus, des
« témoins de l'entière sincérité. »

C'est une grande gloire pour un écrivain que, cinquante-deux ans après la publication d'un de ses ouvrages, il soit possible d'en parler ainsi, dans le même journal qui l'avait annoncé le premier jour, et que, loin de sembler un hors-d'œuvre, cette attention ramenée de si loin puisse paraître encore un à-propos. Pour moi, je m'estime heureux d'avoir pu (à deux ans près de retard) célébrer à ma manière ce que j'appelle le Jubilé du *Génie du Christianisme* (1).

(1) On me dit que madame la comtesse de Fontanes, qui depuis plusieurs années vit hors de France, a réclamé dans un journal contre la publication de la lettre si honorable pour son père et, je dirai, si utile à la mémoire de M. de Chateaubriand. D'anciennes relations avec madame de Fontanes, à l'occasion des OEuvres de son père dont j'ai été l'éditeur empressé et tout volontaire, m'avaient fait compter avec trop de confiance, je le vois, sur une adhésion de sa part que je suis désolé et peiné de n'avoir pas obtenue

Lundi 24 avril 1854.

SÉNAC DE MEILHAN

Chaque fois qu'il meurt un membre de l'Académie française, on fait son Éloge ; je voudrais faire aujourd'hui l'Éloge d'un académicien qui ne l'a pas été, mais qui aurait dû l'être. « Vous faites, mon cher ami, l'arrière-garde de la belle littérature française, et il faut que vous ayez été aussi paresseux de corps que peu paresseux d'esprit pour n'avoir pas été de l'Académie. Avec les Noailles, les Choiseul, les Grammont, les Beauvau..., vous en auriez été. » C'est ce qu'écrivait le prince de Ligne à M. de Meilhan dans l'émigration. Né à Paris en 1736, M. de Meilhan mourut à Vienne en août 1803. « Il est pour chacun, disait-il, un âge pour mourir. » Il prit mal son moment et son endroit. Il aurait dû tenir bon quelques années encore, rentrer en France en 1814 ou peu auparavant, ne mourir comme Suard qu'en 1817, à quatre-vingt-un ans ; il aurait eu sa restauration avec Louis XVIII ; sa réputation littéraire, interrompue par la Révolution, aurait repris, lui présent, son rang et son cours ; il aurait été de l'Académie enfin, où sa place était marquée, et dont il ne fut que par son élève, le duc de Lévis.

Quand je dis que je veux faire son Éloge, il ne faut pas entendre que je ne m'astreindrai qu'à le louer.

M. de Meilhan eut des défauts saillants qui lui appartenaient, et même des vices qui tenaient aussi à son siècle : mais il fut un homme de beaucoup d'esprit, un des plus distingués parmi les gens du monde, un des plus fertiles en idées et des plus originaux parmi les écrivains amateurs. Nul ne peut nous représenter mieux que lui cette littérature du règne de Louis XVI, qui compte Bernardin de Saint-Pierre pour homme de génie, et l'abbé Barthélemy, M. Necker, Bailly, Vicq-d'Azyr, Choiseul-Gouffier, le président Dupaty, Rivarol, etc., pour auteurs d'esprit et de talent ; il nous a tracé la description de cette société et de cette monarchie finissante dans des pages qui sont très-fines, d'une vraie nuance, et où les aperçus élevés et les perspectives lointaines ne manquent pas. Il est proprement le moraliste du règne de Louis XVI dans son extrême civilisation, avant les journées de 89. J'ai souvent entendu dire, en parlant de M. de Meilhan, que ses écrits ne passaient point la médiocrité ; je m'inscris en faux contre cette opinion. Il a manqué à la réputation de M. de Meilhan quelques années de plus de durée pour être fixée et enregistrée dans l'opinion, et pour que l'auteur fût classé à son tour dans la série des moralistes, à la suite des hommes célèbres dont il a si bien déterminé le caractère et distingué les mérites aux premières pages de ses *Considérations sur l'Esprit et les Mœurs* (1787). Par malheur pour lui, la société qu'il peignait sur place, et qui lui eût rendu justice, a brusquement péri avant de lui avoir délivré ses titres et d'avoir signé son brevet. Il n'a plus été lu qu'à la légère et feuilleté à peine par des générations qui n'y regardaient pas de si près. Lorsqu'on y revient aujourd'hui toutefois, il est certains de ses écrits qui plaisent, qui instruisent et font penser ceux qui ont l'expérience de la vie. On n'arrive pas à l'admiration ni à l'enthousiasme comme le prince de Ligne, que j'aurai souvent occasion de citer à son sujet, mais on comprend en souriant que celui-ci, dans une de ses saillies à demi romantiques, ait pu dire :

« Si La Bruyère avait bu; si La Rochefoucauld avait chassé; si Chamfort avait voyagé; si Lassay avait su les langues étrangères; si Vauvenargues avait aimé; si Weisse (1) avait été à la Cour; si Théophraste avait été à Paris, ils auraient bien mieux écrit encore. Quelques-uns de ceux-là et d'autres encore ressemblent à des feux d'artifice trop longs et avec des lacunes d'obscurité. Dans les *Pensées* de M. de Meilhan, il y a des traits de feu qui éclairent toujours, et des fusées qui vont plus haut qu'elles ne font de bruit; le tout est toujours terminé par une belle décoration. C'est qu'il est un homme d'État et un homme du monde. »

Un homme d'État, c'est certainement ce que M. de Meilhan se piquait d'être, et l'on assure qu'il était de ceux qui croyaient avoir une recette pour guérir le mal financier de la France en ces années critiques et pour régénérer la monarchie. Il paraissait croire que, s'il avait été nommé contrôleur général, il n'y aurait pas eu de révolution, et il en a toujours voulu à M. Necker comme à un ennemi personnel, à un rival qui lui avait volé sa place et la confiance de son malade. — Gabriel Sénac de Meilhan était fils de Sénac, premier médecin de Louis XV. Son père, célèbre par de savants ouvrages, était de plus un homme d'esprit qui savait la Cour et les boudoirs. Il ne réussit pas à inspirer à son fils un grand respect pour son art. Dans ses *Considérations sur l'Esprit et les Mœurs*, M. de Meilhan a écrit tout ce qui se peut de plus sceptique sur la médecine et les médecins; il paraît être d'avis qu'ils se valent à peu près tous dans la pratique : « Tout est de mode en médecine, dit-il, comme pour les objets les plus frivoles. Il est d'usage pendant dix ans de saigner dans une maladie; ensuite

---

(1) Weisse, poëte et moraliste allemand, qui vécut et mourut à Leipsick.

on prend une autre méthode. Tantôt les remèdes chauds sont de mode, et tantôt les froids. Silva disait : *Petite vérole, je t'accoutumerai à la saignée..* » Et questionné par un de ses malades sur je ne sais quel remède en vogue, un autre médecin célèbre, Bouvart, répondait : « Dépêchez-vous d'en prendre pendant qu'il guérit. » — M. de Meilhan avait un frère qui fut fermier général et qui avait les mœurs du jour; une des paroles de ce fermier général à sa femme est restée comme peignant l'immoralité domestique portée à son comble, elle n'est pas de celles qu'on puisse citer (1). Quant à M. de Meilhan, on le destina à la carrière administrative : il fut maître des requêtes, puis intendant de province : c'était le chemin par lequel on était en passe de devenir contrôleur général. Il se destinait à ce dernier rôle avec beaucoup de résolution et de confiance. Les Lettres pourtant avaient place dans son ambition; il sentait qu'il était né sous cette double étoile de Montesquieu et de Voltaire qu'il appelle tous deux « les créateurs de l'esprit de leur siècle. » Il fit à dix-neuf ans un pèlerinage aux *Délices* pour voir Voltaire. Il avait fait précéder sa visite de quelques vers légers, et Voltaire lui répondait par une lettre toute de grâce, d'intérêt, et même de conseils :

« Aux *Délices*, 5 avril (1755).

« Je n'ai guère reçu, monsieur, en ma vie ni de lettres plus agréa-

---

(1) On ne le pouvait dans un journal, je le puis dans un livre. — On lit dans les *Considérations sur l'Esprit et les Mœurs* de M. de Meilhan, à propos des femmes célèbres par leur galanterie, qui n'ont jamais eu pour amant leur égal et qui cherchent l'éclat par des choix disproportionnés : « Un mari disait à sa femme : *Je vous permets tout, hors les princes et les laquais.* Il était dans le vrai : les deux extrêmes déshonorent par leur scandale. » — Eh bien, ce mot cité par M. de Meilhan était un mot même de son frère Sénac, le fermier général, parlant à sa femme; c'était un *mot de famille*. La remarque est de Grimm, qui ajoute : « Mais sa femme n'en crut rien; elle prit M. le comte de La Marche, aujourd'hui prince de Conti. »

bles que celle dont vous m'avez honoré, ni de plus jolis vers que les vôtres. Je ne suis point séduit par les louanges que vous me donnez, je ne juge de vos vers que par eux-mêmes. Ils sont faciles, pleins d'images et d'harmonie; et ce qu'il y a encore de bon, c'est que vous y joignez des plaisanteries du meilleur ton. Je vous assure qu'à votre âge je n'aurais point fait de pareilles lettres.

« Si monsieur votre père est le favori d'Esculape, vous l'êtes d'Apollon. C'est une famille pour qui je me suis toujours senti un profond respect, en qualité de poëte et de malade. Ma mauvaise santé, qui me prive de l'honneur de vous écrire de ma main, m'ôte aussi la consolation de vous répondre dans votre langue.

« Permettez-moi de vous dire que vous faites si bien des vers, que je crains que vous ne vous attachiez trop au métier ; il est séduisant, et il empêche quelquefois de s'appliquer à des choses plus utiles. Si vous continuez, je vous dirai bientôt par jalousie ce que je vous dis à présent par l'intérêt que vous m'inspirez pour vous.

« Vous me parlez, monsieur, de faire un petit voyage sur les bords de mon Lac; je vous en défie... »

A de nouveaux vers que M. de Meilhan lui envoya une autre fois, Voltaire répondait, en 1764, par une lettre moitié vers, moitié prose :

« J'ai lu tes vers brillants et ceux de ta Bergère,
« Ouvrages de l'esprit, embellis par l'amour. »

Je ne connais pas ces vers de M. de Meilhan. Il serait à désirer pour sa mémoire que quelques-uns de ceux qu'on connaît, et qui ont été imputés à sa jeunesse, ne fussent point de lui. Quoi qu'il en soit, il demeure constant que la corruption de ce siècle et de cette Cour l'avait atteint au cœur : la nature de son esprit s'en ressentit.

Pendant des années, on n'aperçoit extérieurement en lui que l'administrateur; il le fut avec succès, soit à La Rochelle dans le pays d'Aunis, soit dans l'intendance de Provence où les *Allées de Meilhan* à Marseille ont conservé son nom, soit en dernier lieu dans l'intendance du Hainaut. Aussitôt après la mort de Louis XV, il crut que son moment de grand essor était venu. A toutes les époques et sous tous les régimes, il y a ainsi, dans les jeunes générations, des chefs de file qui se concertent, se préparent à l'avance et se croient nés pour arriver au pouvoir. Dans les dernières années de Louis XV, on prévoyait une crise, un changement de principes, que l'avénement du futur règne devait amener. Bien de jeunes imaginations, bien des spéculations studieuses, bien des intrigues aussi, ménagées de longue main, étaient dirigées dans cette espérance. Turgot, dans un sentiment de vertu; Necker, dans un sentiment d'ambition et de haute renommée; Calonne, Brienne, par des motifs moindres, se produisirent tour à tour en réformateurs; ils échouèrent par la faute des autres ou par la leur : mais combien avortèrent dans l'ombre! Il y eut les intrigants et les faiseurs comme M. de Pezai. M. de Meilhan était de ceux qui ne craignaient pas le grand jour; à la mort de Louis XV, il semble s'être dit : « Mon père était le premier médecin du feu roi, je serai le premier médecin de la France. » Il avait des appuis en Cour, et, sous le ministère de la guerre de M. de Saint-Germain, il fut appelé à une place de création extraordinaire, celle d'intendant général de la guerre et des armées du roi. Le prince de Montbarey, qui était alors directeur au même ministère, explique dans ses *Mémoires* comment cette place nouvelle fut créée par le ministre à l'effet de l'amoindrir; car on le craignait comme opposé aux réformes : « M. de Saint-Germain, dit-il, fit choix pour cette place de M. Sénac de Meilhan, fils d'un premier médecin du feu roi, maître des requêtes et intendant du Hainaut, fort jeune encore (il n'était pas si jeune, ayant bien près de quarante ans à cette date de 1776), mais ayant du talent et de l'esprit, et qui lui avait été indiqué par ses faiseurs et conseils secrets, qui étaient en grande liaison avec lui. M. Sénac de Meilhan avait promis, pour condition de son élévation, de travailler sans relâche à me détruire auprès du ministre de la guerre, et de profiter de toutes les occasions qui se présenteraient pour me dégoûter d'une position qui me condamnait à un rôle purement passif, puisque je n'entrais dans aucun des conseils, et que je n'étais consulté que pour la forme. On pensait, avec quelque raison, que ce nouvel intermédiaire entre moi et les bureaux réduirait à rien mon influence dans tout le département de la guerre. » Le prince de Montbarey déjoua la manœuvre, et, sûr de l'amitié de M. de Maurepas, il força M. de Saint-Germain à opter entre la démission qu'il lui offrit de sa place ou la suppression de celle de M. de Meilhan. Ce dernier fut donc remercié presque aussitôt qu'appelé, et il retourna faire les fonctions d'intendant de province (1).

Tout en y représentant très-dignement, il ne s'y tenait point pour satisfait ni pour être définitivement à sa place. On ne l'accusera pas dans ses écrits d'avoir accordé trop d'importance à l'homme d'affaires; il s'attache plutôt à montrer qu'il avait l'esprit au-dessus de son emploi :

« Il ne faut, disait-il, qu'une dose très-médiocre d'esprit pour avoir des succès dans les affaires. On est borné à décider dans la plupart des places des questions mille fois décidées. On n'a besoin que d'une certaine activité nécessaire pour une prompte expédition, que d'embrasser des détails familiers par l'habitude, d'avoir présent à l'esprit le texte de quelques règlements, des formes prescrites, des usages qui ont force de loi. Les lumières, les secours arrivent de toutes parts à l'homme en place, en raison surtout de son élévation. Les affaires sont à l'avance examinées et discutées; on ne les lui présente que tamisées en quelque sorte, éclaircies, mises dans un tel jour, qu'à moins d'être stupide, la décision saute aux yeux. Un homme doué d'une médiocre intelligence, qui a quelque mémoire et de l'application, peut acquérir une grande réputation, surtout s'il a une physionomie

(1) M. de Meilhan présente ces premiers degrés d'élévation et cet acheminement du prince de Montbarey au ministère sous un jour particulier, dans le Portrait qu'il a donné du marquis de Pezai.

imposante ou spirituelle... Mais il faut distinguer pour l'élévation du génie l'homme d'État d'avec l'homme propre aux affaires. »

Évidemment, ce n'est point par modestie qu'il rabaisse ainsi les fonctions administratives dans lesquelles il s'est distingué, c'est parce qu'il se pique d'avoir été d'une portée plus haute et d'embrasser tous les horizons.

Le Hainaut paraît n'avoir eu qu'à se louer de lui. La ville de Valenciennes, reconnaissante, fit faire son portrait pour être placé à l'hôtel de ville (1783). Ce portrait par Duplessis, gravé par Bervic, est d'une magnifique exécution. Le jeune administrateur, comme on l'appelait encore, s'y montre avec tous ses avantages de physionomie, de regard, de représentation : il est peint assis, jusqu'à mi-jambe, en habit habillé, avec dentelles, coiffure du temps; la main gauche est étendue sur une console d'où tombe en se déroulant une carte de la province : ses doigts distraits s'y posent et s'y déploient quelque peu complaisamment. La main droite est appuyée sur le bras du fauteuil, et non pas sans quelque coquetterie. La tête est fort belle, la physionomie vive, animée, parlante, la figure assez longue; on n'y prend nullement l'idée que donnerait de M. de Meilhan le duc de Lévis, lorsqu'il a dit : « Sa figure, quoique expressive, était désagréable; il était même complétement laid, ce qui ne l'empêchait pas d'ambitionner la réputation d'homme à bonnes fortunes. » Cette idée de laideur ne vient pas à la vue de ce portrait; mais on y reconnaît avant tout ce bel œil perçant, plein de feu, ces *yeux d'aigle pénétrants* dont le prince de Ligne était si frappé. Tel nous apparaît à cette date de 1783 cette fleur des intendants de province, l'élève émancipé de Duclos, l'émule en esprit des Rulhière et des Chamfort, avantageux et fat comme

Rivarol, un des prétendants hommes d'État et des Pétrones de l'ancienne monarchie, Pétrone un peu roide et un peu apprêté toutefois.

Il débuta décidément dans les Lettres par une ingénieuse supercherie : les *Mémoires d'Anne de Gonzague, princesse Palatine*, parurent en 1786. C'est quelque chose en prose comme la supercherie des Poésies de *Clotilde de Surville* en vers; mais ici on met un ouvrage de fabrique moderne sous un nom historique connu. Les gens de goût du dix-huitième siècle ne s'y laissèrent point prendre : l'ouvrage leur parut trop bien écrit pour être de la princesse Palatine. Ce n'était pas si mal juger, car il est évident, par les lettres et le peu d'écrits qu'on a d'elle, que la princesse n'avait tout son esprit qu'en conversation et en action, et non plume en main. Le style net, coupé, courant, dégagé, était donc le plus grand des anachronismes : il y en avait d'autres encore. Les gens d'esprit tels que Grimm et Suard firent toutes les objections, avec moins d'appareil seulement qu'on ne le ferait aujourd'hui que la connaissance du dix-septième siècle, plus approfondie peut-être, est passée à l'état d'érudition et de doctrine. M. de Meilhan avait beaucoup lu le cardinal de Retz et les auteurs du dix-septième siècle; il s'était amusé à tirer de là un pastiche qu'il ne s'était point attaché à rendre trop fidèle : il aurait été bien fâché, a-t-on remarqué, que la petite fraude eût trop réussi, et qu'on ne devinât point le nouvel auteur sous le masque. On hésita quelque temps : les soupçons se portèrent, entre autres, sur Rulhière, sur l'abbé de Périgord (M. de Talleyrand); tout le monde sut bientôt que l'intendant du Hainaut était l'élégant coupable.

L'année suivante, M. de Meilhan donna un ouvrage d'un tout autre genre, *Considérations sur les Richesses et le Luxe* (1787) : c'était un livre par lequel il se posait devant l'opinion comme candidat au ministère et au contrôle général des finances. M. Necker était alors dans tout l'éclat et la faveur de sa première disgrâce ; il triomphait dans le public par ses écrits sur les finances; il faisait secte dans le monde des femmes et des gens de lettres. M. de Meilhan résolut de se mesurer corps à corps avec lui et de le réfuter sur le chapitre du luxe. Ce second ouvrage réussit beaucoup moins que le premier. C'est un livre dont il serait difficile de présenter l'analyse. La surface en est fort étendue : il y a des idées positives et d'un homme d'administration, il y a des vues d'homme politique et de philosophe : ce qui paraît manquer, c'est le lien exact et la cohésion de toutes ces parties. Cette multitude d'aperçus et de premiers jets ressemble à la conversation d'un homme de beaucoup d'esprit, qui se lance dans tous les sens, brille, se répand et improvise sur des matières qui lui sont familières, sans but déterminé : « C'est que rien, disait M. de Meilhan parlant de lui-même, n'a jamais fait effet sur moi comme vrai, mais seulement comme bien trouvé. »

La seule idée fixe est de combattre et de contredire M. Necker. Ainsi M. de Meilhan loue Turgot ; il prend le parti de Sully contre Colbert ; il célèbre un Sully sentimental outre mesure et de convention ; il parle par moments du luxe dans les termes de l'auteur du *Télémaque.* Il montre que la première idée d'un Compte rendu appartient à Desmarets, ministre des finances sur la fin de Louis XIV, et que c'est à ce ministre qu'on devrait en rapporter l'honneur. Dans un piquant Dialogue entre Semblançay, surintendant des finances de François Ier, et l'abbé Terray, dernier contrôleur général sous Louis XV, il s'applique à prouver que François Ier était plus riche avec un revenu d'environ seize millions que Louis XV, avec ses trois cent soixante-six millions.

Il y a des chapitres qui, pour la forme, sont dans le goût de Montesquieu : ainsi, le chapitre XV sur la France : « Il est un peuple à qui sa vivacité rend tout sensible à l'excès, à qui sa légèreté ne permet pas d'éprouver d'impressions durables. Il a plus d'amour-propre que d'orgueil, etc. » Ainsi, le chapitre XIX, intitulé *De la Richesse sans travail*, et qui est sur l'Espagne :

> « L'Espagne a longtemps ressemblé à ces villes superbes des Contes orientaux, où tout est pétrifié. On y voit des princes ornés de riches colliers, endormis depuis des siècles dans de magnifiques palais. Un magicien les touche de sa baguette, et tout revit. Qu'un homme de génie soit le ministre des finances d'un roi d'Espagne, et ce superbe pays revivra. »

Le magicien a tout l'air ici de proposer un coup de sa baguette au roi de France autant pour le moins qu'au roi d'Espagne. — Un autre chapitre, jeté dans le même moule, et à la Montesquieu, est encore celui où l'auteur semble prophétiser sur l'Amérique : « Si l'on découvrait une vaste contrée dont le sol neuf et fertile n'attendit que les plus légers travaux, etc. »

Les derniers chapitres du livre, ceux surtout qui ont été ajoutés dans la seconde édition, en 1789, à la veille des États généraux, contiennent des idées d'avenir, notamment sur la milice, sur le tirage au sort de tous les citoyens. Le tout finit par le chapitre de rigueur sur la *banqueroute*, qui était à cette date le présage menaçant et le grand fantôme qu'il s'agissait de conjurer. M. de Meilhan, sans trop s'expliquer, paraissait avoir un secret sûr pour cela. Recette à part, M. de Meilhan, très-bon observateur de la société à cette date, ne croyait pas du tout, comme on l'a professé depuis, que la Révolution française, dans les termes où elle a éclaté, fût inévitable.

Son ouvrage vraiment remarquable et qui reste des plus distingués dans le genre, ce sont ses *Considérations sur l'Esprit et les Mœurs*, qui parurent aussi en 1787; l'auteur était en verve dans cette année, et son ambition semblait se jouer à tout, au risque de se nuire à elle-même. Après La Rochefoucauld, La Bruyère et Duclos, il trouve encore de quoi décrire dans l'homme, dans cette scène toujours renouvelée du monde; et, en rappelant ses illustres prédécesseurs, il sait être assez neuf et assez original pour son compte. Et tout d'abord il évince Duclos et le raye de la liste des grands moralistes; il le réduit à n'être qu'un observateur de société, et le portrait qu'il donne de lui serait encore le plus piquant et le plus juste qu'on pourrait aujourd'hui tracer. M. de Meilhan est-il lui-même très-supérieur à Duclos? Je n'ai point à prononcer là-dessus; mais si Duclos définit avec précision et rectitude l'état de la société vers le milieu du siècle, s'il nous donne, comme on l'a dit, le Code des mœurs à ce moment, M. de Meilhan exprime avec non moins de netteté et, je le crois, avec plus d'étendue, l'état moral de cette même société dans les dernières années de Louis XVI; il refait le même portrait, mais à l'extrême saison et au déclin.

Dès les premières pages, il nous rend bien le caractère général de cette époque, ce qu'il a appelé le *caractère sexagénaire* du siècle. Les révolutions sont des moyens périlleux de se régénérer et de se redonner des idées, de la vivacité, du nerf; on perd souvent à ces tours de force et à ces convulsions bien autant qu'on y gagne, et ce n'est qu'après un long temps qu'on peut démêler avec quelque justesse les semences nouvelles qui ont réellement levé, et ce qui a pris racine avec vigueur au milieu des déchirements et des décombres. Pourtant il est clair, en lisant les très-fidèles portraits de M. de Meilhan, que si l'on était exactement resté dans les salons de ce règne de Louis XVI, dans cette

atmosphère adoucie et tiède, sans les ouragans qui
survinrent et les tempêtes, on allait s'affadir de plus en
plus, s'user et s'effacer dans une ressemblance commune. C'était là sa plus grande crainte, à lui. M. de
Meilhan dénonce cette facilité universelle, qui était le
cachet de ces années (1780-1788) :

« Il est devenu facile d'écrire en tout genre. La propagation des
lumières, la foule innombrable d'écrits, les journaux, les commentaires sur les grands écrivains, les extraits, les dissertations critiques
ont formé un dictionnaire général d'idées, de résultats, de jugements
où chacun peut trouver à s'assortir et puiser la matière d'un ouvrage,
en changeant, décomposant, délayant. Sans esprit, on peut faire un
livre sur l'administration, sur la morale, faire des vers, des couplets,
des comédies. Tout le monde, en fait d'esprit, semble avoir dans ce
siècle le nécessaire, mais il y a peu de grandes fortunes. »

Il remarque que chacun, moyennant cette monnaie
courante, peut parler même de ce qu'il ne sait pas,
louer Newton ou Descartes sans avoir la plus légère
teinture de géométrie, caractériser Turenne ou Condé
sans posséder les éléments de l'art de la guerre. Sous
Louis XIV (il ne s'agit pas des Oraisons funèbres), on
ne se serait cru en droit de parler avec détail du mérite
de ces hommes éminents qu'en étant soi-même du
métier. En général, c'est un mérite de M. de Meilhan,
il ne parle de Louis XIV et de cette époque qu'avec
respect et en connaissance de cause ; dans un parallèle
entre Louis XIV et Henri IV, il ose, malgré l'engouement de l'opinion, donner la préférence au premier ; il
parle de madame de Maintenon sans l'injurier jamais
et, au contraire, en l'admirant. Il semble se corriger ici
de ce lieu commun d'un faux Sully, qu'il avait caressé
dans le précédent ouvrage. — Il observe très-bien que
de son temps les conditions de la société se sont tellement mêlées et confondues, et avec un frottement si
continuel, que ce qu'on appelle les gens du monde n'ont

plus ni état ni âge, ni rien qui marque l'individualité de la personne :

« La vie intérieure et domestique, dit-il, n'a plus été le partage que des états obscurs et des gens sans fortune. Celui qui a un bon estomac, qui joue, et qui sait l'histoire du jour, est de tous les âges, de toutes les conditions. Il n'est ni magistrat, ni financier, ni père de famille, ni mari : il est homme du monde. Lorsqu'il vient à mourir, on apprend avec surprise qu'il avait quatre-vingts ans. On ne s'en serait pas douté à la vie qu'il menait. Sa société même ignorait qu'il était aïeul, époux, père : qu'était-il donc à leurs yeux? Il avait son quart de loge à l'Opéra, jouait au *loto* et soupait en ville. »

Au lieu du *loto* devenu trop commun, mettez le whist, et vous avez encore l'homme du monde qui n'est que cela jusqu'à la fin, qui n'est plus même vieillard. Mais le cercle soi-même élégant où il vit, et qui semblait tout l'univers du temps de Louis XVI, n'est plus qu'un très-petit cercle aujourd'hui, eu égard à l'avénement de toutes les classes et au travail de chaque jour auquel presque tous sont assujettis.

Le reproche qu'on peut faire à M. de Meilhan, c'est de n'observer l'homme que dans ce cercle-là et de ne pas voir qu'il s'élevait déjà des classes nouvelles, dépositaires de meilleures mœurs et de qualités plus naturelles. Chamfort, dans une analyse, d'ailleurs très-bienveillante, qu'il donne du livre, faisait à l'auteur cette objection, qui est devenue bien autrement réelle depuis. On peut appliquer à M. de Meilhan ce que lui-même a dit quelque part de La Rochefoucauld et de ce besoin de tout expliquer par l'amour-propre: « M. de La Rochefoucauld est peut-être un peu suspect; il est comme ces médecins qui, dans toutes les maladies, voient celle qu'ils ont le plus particulièrement étudiée; mais enfin il a des traits de lumière qui pénètrent jusqu'au fond du cœur, et je lui dois en partie de me connaître. » Sans accorder à M. de Meilhan les dernier.

mots de l'éloge, on peut du moins lui appliquer l'excuse. Il est le moraliste qui nous a le mieux décrit et présenté le Français de son temps, le Français déjà formé avant 89 et ne pouvant que souffrir et perdre après cette date, qui sépare deux régimes par un abîme. Sans faire entrer dans son analyse de l'homme d'autres éléments que les besoins physiques et, au moral, le mobile de l'ambition ou de la vanité, il a pourtant compris que cette *bonne compagnie*, définie comme on l'entendait alors, et devenue le plus tiède et le plus tempéré des climats, était mortelle au génie, à la grandeur, à la force naturelle en toutes choses :

« Ne cherchez pas le génie, dit-il, l'esprit, un caractère marqué dans ce qu'on appelle *la bonne compagnie*. Ceux qui possèdent ces avantages et ces qualités y seraient impatiemment soufferts et s'y trouveraient déplacés. Les grands hommes n'ont jamais vécu dans les cercles de la bonne compagnie; ils y paraissent, mais les entraves dont elle accable l'homme supérieur l'en écartent : il vit en famille, avec sa *maîtresse* (Voilà la marque et le petit signe libertin du dix-huitième siècle, qui se mêle à tout), avec des amis particuliers ; il cherche la confiance, et il n'a pas besoin des petits succès de la société pour s'assurer de sa valeur... »

Ce qui ne peint pas moins M. de Meilhan que son moment de société, c'est que dans ce regret général qu'il exprime de voir les caractères s'effacer de la sorte, il trouve moyen de songer même à la disparition prochaine des grands fats et des Alcibiades qui vont chaque jour en diminuant; il le dit d'ailleurs d'une manière piquante :

« Il est des genres dans la société qui se perdent; c'est ainsi que certains poissons, après avoir longtemps abondé sur les côtes, disparaissent pour des siècles. Il n'y a plus, à proprement parler, de fats, de ces fats transcendants, qui primaient dans la société, donnaient des lois sur la parure et les modes, qui subjuguaient les femmes et en imposaient aux hommes par l'audace et les succès, et dont la jeunesse s'empressait de copier les manières et d'imiter le ton. Tels étaient

Vardes et Lauzun. Il y a de la fatuité parmi les hommes, parce que la présomption domine plus ou moins ; mais le fat d'une société est souvent un homme modeste dans une autre. Il faut, pour remplir ce rôle d'une manière distinguée, réunir aux avantages extérieurs l'esprit et l'audace, et être placé dans une certaine élévation. Quelque vicieux que soit l'emploi des talents d'un fat, ils n'en existent pas moins : mais les modèles manquent dans ce genre comme dans beaucoup d'autres. »

C'est ainsi qu'il a dit encore en parlant des femmes et de l'*amour-passion* (car l'expression est de lui), et en convenant qu'il ne l'avait jamais éprouvé : « En France, les grandes passions sont aussi rares que les grands hommes. »

A mes yeux, la vérité de l'ouvrage de M. de Meilhan consiste surtout dans cette nuance générale, relative à son moment. Nul plus que lui n'a le sentiment d'une époque usée. Il nous peint en 1787 une société polie, oisive, factice, à bout de satisfactions et de douceurs ; et tout en la trouvant agréable, en nous la montrant riante, il semble craindre pour elle un avenir prochain où elle ne saura plus comment diversifier ses loisirs, relever même la langueur de ses conversations, et donner du relief à son apathique bonheur. Je suis loin d'être là-dessus d'un avis aussi formel, et de croire que le règne de Louis XVI n'aurait pu, en se prolongeant, échapper au danger de mourir d'ennui sans une révolution. M. de Meilhan paraît compter, pour varier la monotonie, sur quelques petites guerres encore, sur trois ou quatre banqueroutes ; mais ces accidents qu'il prévoit ne lui paraissent pas de nature à régénérer suffisamment le fond social ni à en dérider la surface :

« Quelle ressource, se demande-t-il, aura donc alors l'esprit humain agité par son énergie, pour se manifester? Serait-ce l'éloquence? Elle est bannie des monarchies, et les figures, les métaphores, les grands mouvements seront connus, indiqués par des règles. L'éducation hâtera ces progrès. Quand un plan judicieux, éclairé, approprié à nos mœurs, sera substitué aux formes actuelles, les sciences seules pourront servir d'aliment à l'esprit ; mais l'inertie générale ne permettra pas une grande application.

« Dans cet état de langueur où l'homme doit être entraîné par le cours des choses, il n'aura peut-être d'autre ressource dans dix ou douze générations que celle d'un déluge qui replonge tout dans l'ignorance. Alors, de nouvelles races s'occuperont de parcourir le cercle dans lequel nous sommes déjà peut-être plus avancés que nous ne croyons. »

Chose singulière ! une simple idée ne lui vient pas en 1787, c'est que la monarchie sous laquelle il vit n'est pas un édifice indestructible, une voûte éternelle : « De nos jours, dit-il, la puissance des souverains est assise sur des bases inébranlables ; » et il part de là, comme d'un point fixe, dans sa supposition étrange d'une langueur et d'une insipidité sociale croissante. Qu'il soit tranquille ! ce déluge, qu'il invoque après dix ou douze générations, il est déjà sur sa tête ; trente-six mois de tempête et de lutte suffiront pour abîmer une monarchie de plusieurs siècles. Lui-même que l'on appelait encore complaisamment en 1787 un *jeune magistrat*, va devenir en peu d'années un débris d'émigration, une *antique*, un monument. La face de la société, en se renouvelant, amènera des vertus, des ambitions, des forfaits de tout genre ; l'héroïsme brillera dans les camps ; on entendra, comme dans l'antiquité, de grandes voix d'orateurs ; quand le premier débordement de la fange sera passé, des mœurs nouvelles surnageront et s'établiront peu à peu, avec des classes actives, non encore atteintes par l'oisiveté. Le monde, décrit par M. de Meilhan, de cette plume spirituelle et fine, de cette main à manchettes courant sur un papier glacé (1), ne sera plus qu'un monde mort et curieux à

(1) Un spirituel amateur d'autographes m'écrit pour me communiquer un doute au sujet de ce papier *glacé*, qu'on ne voit guère employé en effet au dix-huitième siècle, même par les mains les plus

étudier dans les collections. Son livre est comme le testament de cette société, par un homme qui en sait tous les secrets et qui en réunissait les goûts divers. J'ai encore beaucoup à en dire.

délicates : ce serait une invention de notre siècle. Je sais du moins à coup sûr, par un passage des *Mémoires* de Tilly, que M. de Meilhan, quand il écrivait des billets doux, employait du papier à vignettes et parfumé : cela suffit à mon exactitude.

Lundi, 1er mai 1854.

SÉNAC DE MEILHAN

(FIN)

Tout en décrivant mieux que personne la Cour et la partie du monde qui s'en rapprochait alors, et en y prenant presque exclusivement ses sujets d'observation, M. de Meilhan n'était pas homme à s'y renfermer : il avait lu et comparé, il sentait les Anciens. Il a écrit sur cette question tant agitée des Anciens et des Modernes quelques pages qui sont des meilleures et qui terminent noblement son livre des *Considérations sur l'Esprit et les Mœurs*. L'amour de la gloire et la vertu, qu'il trouvait si absents dans le train de vie moderne, lui paraissaient avec raison l'âme du monde antique en ses beaux temps. M. de Meilhan était un grand ambitieux, un ambitieux incomplet, puisqu'il était paresseux et sans esprit de suite ; mais, comme les gens de beaucoup d'esprit que l'ambition soulève, il voyait bien de loin, et sa pensée s'offre souvent avec des sillons rapides et dans un jour lumineux. Par dédain pour les qualités tempérées qui suffisent aux conditions d'une société vieillie, il disait : « Mêlez un peu d'orgueil qui empêche d'oublier ce qu'on se doit, de sensibilité qui empêche d'oublier ce qu'on doit aux autres, et vous ferez de la vertu dans les temps modernes. » Mais pour les Anciens, tout en sachant en quoi nous les surpassons, il les montre bien supérieurs en énergie, en déploiement de facultés de tout genre : forcés par la forme de leur gouvernement de s'occuper de la chose publique d'en remplir presque indifféremment tous les emplois de paix et de guerre, de s'y rendre propres et de s'y tenir prêts à tout instant, de parler devant des multitudes vives, spirituelles, mobiles et passionnées : « Quelle devait être, dit-il, l'explosion des talents animés, stimulés par d'aussi puissants motifs! L'espérance ou la crainte, excitées par les gestes et les mouvements d'une multitude agitée, pressaient de tous côtés l'âme et l'esprit, les élevaient au dernier degré de puissance et d'expression. » S'il a, comme je l'ai dit, le sentiment de la fatigue et de l'épuisement des sociétés, de ce caractère *blasé* qui est le produit de l'extrême civilisation, il retrouve aussi en idée, et par saillies, cet autre sentiment de la jeunesse et de la vigueur première du monde, et il le reconnaît aux Anciens dans tous les ordres de travaux et de découvertes : il sait que pour tout ce qui est de l'observation et de l'expérience, et dans les sciences qui en dépendent, les Modernes l'emportent de beaucoup : « Il me suffit, ajoute-t-il, d'avoir remarqué que les Anciens ont été plus promptement éclairés que les Modernes, qu'ils ont volé dans la carrière où les autres se sont traînés. Ils ont été fort loin en morale et en politique. Nous avons pu à cet égard les surpasser; mais notre supériorité ne peut être attribuée qu'au laps des temps, à la progression des lumières accumulées. L'Antiquité est un génie précoce et sublime éteint au milieu de sa carrière. » Je ne sais trop si M. de Meilhan est exact en ce point et si l'on peut dire que l'Antiquité grecque et romaine ressemble à un génie mort jeune et intercepté avant le temps : il me semble au contraire que les Grecs, et les Romains qui en ont hérité, ont eu leur cours naturel d'existence et leur âge tout rempli; qu'ils ont eu, eux aussi, leur épuisement et leur décadence sous des formes monstrueuses ou subtiles, et que, si la civilisation avait à être utilement continuée et renouvelée, ce ne pouvait plus être à la fin par eux. Les Meilhan de Rome ou de Byzance auraient pu nous dire quelque chose de ce caractère *sexagénaire* du monde grec ou romain, de l'ennui, « ce cruel ennemi de l'homme policé, » et de tous les raffinements de vices et de folies qu'il entraîne.

L'ouvrage des *Considérations sur l'Esprit et les Mœurs* est bien composé; il l'est en apparence au hasard et comme un jardin anglais; ce sont des pensées, des analyses morales, relevées de temps en temps par des descriptions, des portraits; animées en deux endroits par des dialogues, par des fragments de lettres : l'ensemble de la lecture est d'une variété agréable et d'un art libre que Duclos dans son livre n'a point connu. Il y a deux dialogues piquants : l'un entre un médecin et un ministre disgracié, l'autre entre un médecin et une femme de quarante ans. La scène entre le médecin et le ministre, qui a été souvent répétée et que le docteur Koreff jouait à merveille en parlant de certains de ses malades, était neuve alors : le médecin, après les symptômes entendus, déclare que la maladie qu'on éprouve est une *ambition rentrée*, et, après avoir proposé divers palliatifs, il arrive à un grand remède qui, selon lui, serait le seul efficace; il conseille à son malade de se faire exiler par le roi : un exil d'éclat, un exil à la Chanteloup, cela relève la fadeur et le morne d'une disgrâce. Dans le dialogue avec la femme de quarante ans, avec cette autre puissance qui est aussi sur le retour, le docteur ne trouve que des remèdes un peu vagues contre ce genre de vapeurs, et qui ne satisfont point la malade : la théorie de la femme de quarante ans n'était pas encore inventée. Parmi les morceaux les plus distingués du livre, je compte le *Fragment de lettre* d'une femme qui a substitué avec préméditation la vanité au sentiment, et qui, dans l'art de la vie, ne fait entrer comme principe dominant que l'amour-propre et le plaisir de briller : elle se raconte à une amie et expose son système complet de domination, son code de Machiavel. Que lui désirez-vous de mieux? Elle fait effet, elle règne à la manière des puissants du siècle, et même plus qu'eux : « Ils n'agissent que sur les esprits, et j'ai le cœur et les sens de plus dans mon domaine... Suis-je une dupe, dites-le-moi, de jouir à la manière des héros et des ministres, d'avoir sans peine ce qui leur coûte des années de travail, ce qui leur fait passer tant de mauvaises nuits dans la crainte d'en être privés? J'ai été inoculée, aucun événement ne peut donc me faire tomber de ma place, et j'ai douze ans d'empire assurés. » — Parmi les portraits, il en est d'achevés, tel que celui d'*Elmire* ou la femme d'un esprit supérieur, qui n'est autre que la duchesse de Chaulnes. Quoique l'auteur ait dit dans une note que ce portrait est le seul qui s'applique réellement à une personne déterminée, je ne saurais croire que le portrait d'*Ismène* ou de la beauté sans prétention, à qui il n'a manqué pour être célèbre que de mettre enseigne de beauté; que celui de *Glycère*, la femme à la mode, et qui « s'est fait jolie femme il y a vingt ans sans beauté, comme on se constitue homme d'esprit sans esprit, avec un peu d'art et beaucoup de hardiesse; » — je ne puis croire que le portrait d'*Herminie* si entourée, si pressée d'adorateurs, si habile à les tenir l'un par l'autre en échec, et qui n'aime mystérieusement qu'un seul homme sans esprit, sans figure, qui n'est plus jeune, qui se porte très-bien toutefois, et qui est... son mari; — que le portrait d'*El-*

vire, la femme de cinquante ans, qui s'avise soudainement d'un moyen de se rajeunir en s'attachant à un homme de soixante-quinze; — que tous ces portraits si nets et si distincts n'aient pas eu leur application dans le monde d'alors. Les femmes le sentirent bien et se récrièrent. Si M. de Meilhan avait eu chance réellement de devenir contrôleur général, cela eût suffi pour le perdre du coup. L'auteur se crut obligé, dans la préface de la seconde édition (1789), de donner quelque explication en manière d'apologie, une espèce de satisfaction au sexe; mais il en sut faire une piqûre de plus (1).

M. de Meilhan excelle à décomposer un sentiment, à le montrer dans sa nudité, dans sa simplicité primitive, avant que le loisir, la curiosité, l'amour-propre, toutes

---

(1) Il avait dit aux femmes de son temps bien des impertinences en effet et aussi des vérités; il les avait montrées plus faciles à séduire par l'éclat et la vanité, que par le sentiment ou même les sens; il avait dit par exemple : « Louez, admirez, soyez étonné, en extase, ne craignez pas d'outrer les flatteries, l'enthousiasme auprès des femmes; faites croire, si vous pouvez, à celle que vous voulez séduire qu'elle est une substance particulière plus près de l'ange que de la femme: vous serez cru; que dis-je? vous serez au-dessous encore des illusions de son amour-propre, et l'on ne refusera rien à un homme doué d'un discernement aussi exquis. » Il y avait tout à côté des réparations cependant et des hommages : « Celui, disait-il, qui a été aimé d'une femme sensible, douce, spirituelle et douée de sens actifs, a goûté ce que la vie peut offrir de plus délicieux. » Il avait dit encore (car M. de Meilhan n'oublie jamais ce qui est des sens) : « Un quart d'heure d'un commerce intime entre deux personnes d'un sexe différent, et qui ont, je ne dis pas de l'amour, mais du goût l'une pour l'autre, établit une confiance, un abandon, un tendre intérêt que la plus vive amitié ne fait pas éprouver après dix ans de durée. » Tout cela aurait dû lui faire trouver grâce, d'autant plus qu'il flattait les hommes moins encore que les femmes : « La femme, remarquait-il, est bien moins personnelle que l'homme, elle parle moins d'elle que de son amant : l'homme parle plus de lui que de son amour, et plus de son amour que de sa maîtresse. » — (Dans l'édition de 1789, l'auteur, en corrigeant, a supprimé çà et là quelques jolis traits.)

les passions nées d'une société avancée y aient ajouté leur charme ou leur artifice. Il montre à quoi se réduisent pour l'homme naturel et grossier, commandé par le besoin, par la faim de chaque jour, tous ces sentiments compliqués et souvent enchanteurs que l'homme civilisé prolonge et orne à plaisir de rêveries, de souvenirs ou d'espérances. Pour le sauvage, par exemple, qu'est-ce que le plaisir de l'amour, si on le compare à tout ce qu'y fait entrer un homme du monde, doué d'une âme délicate et vive, et d'une sensibilité cultivée? Pour ce sauvage qui n'a pas l'idée de la beauté, qui ne compare pas, dont une continuelle rivalité sociale n'entretient ni n'exalte l'imagination, rien de pareil n'existe, et « l'instant rapide du plaisir, selon l'heureuse expression de M. de Meilhan, est pour lui une flèche décochée dans l'air, et qui ne laisse aucune trace. » Tout en disant assez de mal de l'extrême civilisation, M. de Meilhan, qui en demeure très-atteint et très-marqué, pense donc que la vie est une étoffe qui ne vaut pas grand'chose par elle-même, « et dont la broderie fait tout le prix. »

Je ne me charge pas de serrer de trop près les contradictions qu'on relèverait en lui; il est de ceux qui eurent le moins à rétracter et à retirer après 89 de leurs opinions d'auparavant. Il publia en 1790 une brochure : *Des Principes et des Causes de la Révolution en France.* M. de Meilhan s'attache à distinguer dans la Révolution ce qui a été véritablement cause et principe actif, de ce qui n'a été qu'occasion favorable. Il tend à diminuer beaucoup les causes et ne croit nullement à ces nécessités inévitables qu'on a proclamées depuis. Parcourant rapidement l'histoire de la dernière moitié du dix-huitième siècle, il montre comment une révolution s'est préparée et est devenue possible en France; il démêle un à un les fils du câble qui a fini par se rompre : il insiste toutefois sur cette conviction que le câble pouvait résister à la tempête, pourvu qu'il y eût à bord un bon pilote. Cela le conduit à imputer au faux et insuffisant pilote qui s'est rencontré, à M. Necker, une part de responsabilité plus grande qu'il ne paraît aujourd'hui raisonnable de le faire. Mais M. de Meilhan, qui cherche le point précis et décisif où les événements ont commencé à échapper à la direction et au conseil des gouvernants pour se précipiter par des pentes imprévues et rapides, n'a peut-être pas tort dans l'indication de l'origine. Il ne se trompe certainement pas lorsqu'il montre les grands, les nobles, le haut clergé, les femmes à la mode, ceux qu'on appellera *aristocrates* quelques mois plus tard, commencer par être les vrais démocrates, désirer un changement dans le gouvernement, y pousser à l'aveugle pour se procurer chacun plus de crédit dans sa sphère, se comporter en un mot comme des enfants qui, en maniant des armes à feu, se blessent et blessent les autres : « Ces aristocrates, dit-il, sont les véritables auteurs de la Révolution; ils ont enflammé les esprits dans la capitale et les provinces par leur exemple et leurs discours, et n'ont pu ensuite arrêter ou ralentir le mouvement qu'ils avaient excité. » La bourgeoisie française a fait depuis, et sous nos yeux, ce que l'aristocratie avait fait alors; ç'a été la même répétition, et selon le même esprit, à un autre étage.

M. de Meilhan, qu'on a vu apprécier les Anciens et regretter que la vie publique fût trop rétrécie et trop étouffée chez les Modernes, se demande si la Révolution dont il est témoin va rouvrir en effet toutes les sources généreuses. Il reconnaît que « la Révolution de la France semble être celle de l'esprit humain ; » et il cherche en quoi cette Révolution peut consister. Estimant avec tout son siècle que le règne des idées religieuses est passé, il ajoute :

« Celui de la liberté paraît renaître : mais chez les Anciens, remarque-t-il, l'amour de la liberté avait sa racine dans le cœur, c'était une passion ; celui qui éclate en ce moment a sa racine dans l'esprit, il est raisonné et systématique.

« Les anciens peuples ont commencé par la pauvreté et l'égalité ; la gloire les a enivrés, menés aux richesses et au pouvoir absolu. La question qui se présente aujourd'hui au philosophe est de savoir si l'on peut suivre une marche rétrograde, passer d'un régime absolu à celui de la liberté, de la hiérarchie des rangs à l'égalité toujours combattue par la richesse, qui n'aspire pas moins aux distinctions qu'aux jouissances. »

Il s'est donc posé le problème sans le diminuer et dans toute son étendue. Il n'a pas été étonné de voir les Français dès le premier jour aller au delà du but et, selon l'expression anglaise, passer *à travers* la liberté. Cette brochure de M. de Meilhan est aujourd'hui pour nous plus intéressante à lire qu'elle ne le parut de son temps, où elle se perdit au milieu du bruit et de l'inflammation des passions publiques.

En cette même année 1790, M. de Meilhan publia un petit roman ou conte philosophique dans le goût de *Zadig*, et intitulé *les Deux Cousins, Histoire véritable ;* il l'avait composé en quelques jours à la campagne, après une conversation. Ce petit écrit, que je voudrais plus court encore dans la dernière moitié, est très-spirituel et des plus distingués par l'idée. Ce sont deux cousins germains qui ont été doués chacun par une Fée, comme il y en a encore dans l'Orient ; mais, chose singulière ! la méchante Fée a doué Aladin à son berceau d'un *cœur sensible*, d'un *génie supérieur* et d'une *grande franchise :* ce sont là les dons maudits dont elle a chargé l'enfant ; et Salem, au contraire, a été doué par la bonne Fée d'un *esprit médiocre et actif*, d'un *caractère patient* et d'une *âme froide ;* voilà ses trésors. La bonne Fée arrivée trop tard à la naissance d'Aladin, pour amortir du moins le fâcheux effet qu'elle prévoit de si grandes qualités, ne trouve d'autre moyen que d'y joindre comme antidote un peu de paresse. On est tenté de croire que M. de Meilhan a songé à lui dans ce portrait d'Aladin qui nous représente assez bien son propre idéal et ce qu'il aurait voulu être dans la jeunesse : « Aladin était éloquent, passionné pour la liberté ; il était épris de la gloire et sentait qu'on ne pouvait s'élever dans une Cour qu'en rampant, et que l'assiduité tenait lieu de mérite. Que d'obstacles ne devait pas trouver dans sa carrière un homme qui ne pouvait, comme Aladin, déguiser sa façon de penser, et qui voulait (c'est ainsi qu'il s'exprimait) *faire fortune à découvert!* » Le caractère d'Aladin et ses nobles imprudences de conduite ont leur contre-poids et leur correctif dans la sagesse d'un vieux moine philosophe, le *Kalender :* « Le *Kalender* avait beaucoup vu, beaucoup observé, méprisait les hommes et s'en accommodait ; il ne connaissait point de vérité absolue, ne trouvait rien de grand, ni de vil, ni de petit... Jamais il ne faisait de reproches sur ce qu'on aurait dû faire : il prenait les choses où elles en étaient, et les hommes comme ils étaient... Il ne donnait point de conseils, mais quelquefois des avis... Jamais il ne raisonnait contre les passions, mais il prouvait souvent qu'on n'avait pas de passion. » M. de Meilhan décompose, pour ainsi dire, son idéal entre ces deux personnages ; l'un est ce qu'il s'imagine avoir été dans sa jeunesse, l'autre ce qu'il se flatte d'être devenu dans son âge désabusé. Sur la politique, sur la métaphysique, sur tous les objets, il y a là des vues, des idées, de la pensée. Pendant que Salem, qui a été doué tout au rebours d'Aladin et qui est la perfection de l'homme actif et médiocre, fait son chemin méthodiquement et parvient aux plus hautes places du royaume, Aladin, à qui il arrive mainte mésaventure par imprudence, cède aux conseils de ses amis, et se met à voyager en compagnie du Kalender. Chemin faisant, il recueille toutes sortes d'observations sur le caractère des hommes, de ceux qui gouvernent et de ceux qui sont gouvernés. L'aspect des monuments le porte à la réflexion, ranime ses désirs de gloire et réveille aussi sa sensibilité en lui rappelant la multitude des races disparues. Le passé, attesté par des ruines majestueuses, lui paraît plus grand, et préférable au temps où il vit :

> Quel bonheur, dit Aladin, j'aurais eu de vivre dans un siècle aussi éclairé ! Ne croyez-vous pas qu'il viendra un temps où les lumières seront répandues généralement, où tous les hommes seront instruits? » Le Kalender secoua la tête et leva la main en signe d'improbation.
> « Aladin continua : « Quand tous les hommes essayeront les forces de leur esprit, le nombre des bons ouvrages sera infini. » — « C'est le nombre des écrits, dit le Kalender, c'est la facilité d'écrire qui empêchera l'essor du génie. En songeant à cette foule d'écrivains du temps dont vous parlez, je crois voir une troupe de nains montés sur les épaules les uns des autres, qui s'applaudissent d'être parvenus à une grande hauteur : l'homme qui aurait eu la force d'y atteindre seul et d'un même élan dédaignera une gloire dont chaque nain peut revendiquer une partie. »

Ainsi sur tous les points : voilà ce que le Kalender ou l'*homme blasé* oppose à Aladin, l'*homme d'espérance et de désir;* voilà comment se répondent l'un à l'autre les deux âges de la vie. Lequel des deux a raison? « La vie humaine est partagée entre deux règnes, celui de l'espérance et celui de la crainte. »

M. de Meilhan, disons-le à son honneur, n'a cessé d'agiter ce problème et d'en vouloir concilier les deux termes, en apparence contradictoires. Il sent tous les dangers et toutes les chimères de la prétendue perfectibilité; il n'est nullement opposé d'ailleurs à ce qu'on appelle lumières : il voudrait les voir s'étendre là seulement où il faut; et, comme il l'a dit, la question n'est pas de savoir s'il faut tromper les hommes, et à quel point il faut les tromper, « mais seulement à quel point il faut tâcher d'arrêter la curiosité humaine. »

Aladin a un vif désir de savoir et de connaître; la morale a surtout un grand attrait pour son esprit vif et observateur; il en voudrait posséder la clef :

« Ne pourriez-vous pas, dit-il au Kalender, m'apprendre à connaître les hommes ? » — « C'est comme si vous me disiez : Apprenez-moi à voir. On ne connaît bien, Aladin, que les chemins par lesquels on a passé. » — « Mais n'est-il pas quelque maxime générale qui puisse faire éviter de tomber dans l'erreur, si elle ne suffît pas pour démêler la vérité ? Les hommes sont-ils bons, sont-ils méchants ? » — « L'un et l'autre, répondit le Kalender, et la plupart ne sont ni l'un ni l'autre ; une des grandes sources d'erreurs, c'est de se conduire avec eux comme s'ils étaient constants et conséquents... Nous sommes mobiles, et nous jugeons des êtres mobiles...! »

C'en est assez pour indiquer la veine d'esprit et de philosophie qui circule dans ce joli conte et qui en distingue les bonnes parties; je ne lui vois d'autre défaut que de se trop prolonger à travers les aventures de l'Orient. Pendant qu'Aladin voyage monté sur un coursier, et s'arrête ou se détourne toutes les fois que sa curiosité ou son humanité intéressée le lui suggèrent, il rencontre un autre voyageur monté sur un âne, qui va d'un pas égal, mais qui ne se détourne ni ne s'arrête jamais. Cet homme à l'âne le devance : c'est l'image de son cousin Salem qui arrive à tout avant lui avec ses qualités compassées et son activité incessante. Il vient un moment pourtant où, dans l'intérêt et pour le salut de la société, les ânes, même les meilleurs, ne suffisent pas, et où il faut recourir dans le péril au coursier généreux. L'heure d'Aladin a sonné; il est appelé par le Sultan, il sauve l'État, il repousse l'ennemi par son habileté et même sans livrer de bataille, puis il se retire à temps loin de la ville et de la Cour, au sein de l'amitié et des Lettres : « Les grands hommes sont comme les remèdes actifs, qu'il ne faut employer que dans les grandes occasions. »

M. de Meilhan tarda peu à émigrer. Il était à Aix-la-Chapelle en 1791, s'y considérant peut-être comme Aladin dans le voyage et dans l'exil, et comptant encore sur quelque retour imprévu. C'est du moins ce qu'on pourrait conjecturer en écoutant Tilly dans ses Mémoires. Tilly parle d'ailleurs de lui avec aversion, sans rendre justice à son esprit et en ne voyant que les ridicules. L'ouvrage que M. de Meilhan publia à Hambourg en 1795, intitulé *Du Gouvernement, des Mœurs et des Conditions en France avant la Révolution, avec le Caractère des principaux Personnages du règne de Louis XVI*, est d'un homme en qui les ridicules cessent dès qu'il tient la plume et qui mérite toute attention par la modération et les lumières. Ce livre me semble un des meilleurs de cette littérature de l'Émigration, et il est instructif encore aujourd'hui. Je ne le rapprocherai ni des *Considérations* de M. de Maistre, ni de l'*Essai* de Chateaubriand, mais je le mettrai à côté des écrits de Mallet du Pan à cette date. Le style en est simple et uni : « La simplicité du style, pense avec raison l'auteur, convient seule lorsque l'expression ne peut atteindre à la grandeur des objets. L'homme n'a qu'une mesure de sensibilité, et son langage qu'un degré d'énergie ; son cœur est-il oppressé par le poids accablant d'un sentiment profond, son imagination ravagée par des spectacles d'horreur multipliés, il désespère d'y proportionner son langage ; et un geste, un regard, un morne silence lui tiennent lieu alors de paroles et sont plus expressifs. » L'objet de M. de Meilhan est de présenter un tableau général exact du Gouvernement de la France et de la société avant la Révolution, et de montrer qu'il n'y avait pas lieu ni motif à la révolte, qu'il y aurait eu moyen de la conjurer si on l'avait su craindre, et que lorsque la crainte est venue après l'extrême confiance, elle a, par son excès même, paralysé les moyens : « La légèreté d'esprit dans les classes supérieures a commencé la Révolution, la faiblesse du Gouvernement l'a laissée faire des progrès, et la terreur a consommé l'ouvrage. »

La description que donne l'auteur de l'ancien Gouvernement de la France, de cette Constitution non écrite, éparse et flottante, mais réelle toutefois, est des plus fidèles; il fait parfaitement sentir en quoi la France d'avant 89 ne pouvait nullement être considérée comme un État despotique proprement dit; il parle du roi et de la reine, du clergé, de la noblesse, du tiers-état et du rapprochement des diverses conditions, des parlements, du mécanisme de l'administration, des lettres de cachet, de la dette, de l'influence des gens de lettres sous Louis XVI, avec une justesse et une précision qui me font considérer cet ouvrage comme la meilleure production de M. de Meilhan, après ses *Considérations sur l'Esprit et les Mœurs*, et comme pouvant se joindre à titre de supplément utile à l'*Abrégé chronologique* du président Hénault. On y reconnaît à chaque page l'homme qui parle de ce qu'il sait et de ce qu'il a pratiqué; on y lit quantité d'anecdotes qui sont de source et d'original, et qui méritent d'entrer dans l'histoire. Ainsi, contre les lettres de cachet, que n'a-t-on pas dit, et avec raison, en principe? Au commencement du règne de Louis XVI, un des premiers objets qui fixèrent l'attention de ce roi fut la liberté du citoyen : « Il avait dans son Conseil, dit M. de Meilhan, deux ministres (Turgot et Malesherbes) portés par sentiment et par principes à seconder ses équitables dispositions. M. de Malesherbes ayant été nommé ministre s'empressa, selon l'usage, de faire aussitôt la visite des maisons qui contenaient des prisonniers d'État. La prévention favorable qu'on avait pour ce vertueux ministre a fait répandre qu'il en avait délivré un nombre considérable : il m'a dit lui-même, avec la franchise qui le caractérisait et lui faisait repousser les éloges qui n'étaient pas mérités, qu'il n'en avait fait sortir que *deux*. Cette circonstance prouve que les motifs de la détention des autres lui avaient paru fondés. » Lorsque le peuple, quinze ans après, s'empara de la Bastille, on n'y trouva que *quatre* ou *cinq* prisonniers : « L'un d'eux était fou, et les autres avaient commis des crimes avérés. » C'est cependant sous ce règne « à jamais remarquable par l'indulgence » qu'on s'est élevé contre l'autorité avec une violence sans bornes, qui a fini par tout niveler. M. de Meilhan montre très-bien ce duel engagé entre un monarque armé, qui se tient sur la défensive, et des agresseurs à outrance, pour qui tous les moyens sont bons : « Dans cette lutte sanglante de la royauté et de la démocratie, on croit voir, dit-il ingénieusement, deux combattants, dont l'un, bien supérieur en force, se contente de parer, et, ménageant sans cesse la vie de son adversaire, finit par tomber sous les coups qu'il aurait pu prévenir. »

Revenant sur sa distinction entre ce qui a été véritablement *principe, cause*, ou *occasion*, M. de Meilhan (et ceci est chez lui une vue originale) insiste sur cette idée favorite, qu'on a exagéré l'influence directe des écrivains sur la Révolution française. Il veut que les causes aient été purement et simplement politiques : « On pourrait comparer, dit-il, la Constitution de la France à un vaste édifice dont on a laissé tous les abords ouverts : peu importe qu'on soit entré par une porte ou par une autre pour en dévaster l'intérieur ; on y aurait toujours pénétré du moment où la surveillance en avait été abandonnée à des gardiens négligents ou infidèles. » — « Un homme est-il assassiné chez lui par un voleur, dit-il encore, le *principe* de ce crime est l'avidité des richesses ; la *cause* de l'événement, le voleur ; et si la porte de la maison se trouve ouverte, elle a été l'*occasion* favorable à l'assassin. Les causes véritables sont celles sans lesquelles l'événement n'aurait point eu lieu, quelques circonstances qui eussent été rassemblées. » Quant aux idées philosophiques ou politiques renfermées dans des écrits antérieurs, une fois la tranchée ouverte et l'ennemi introduit dans la place, on y recourut, mais comme on s'adresse à un avocat pour fournir des motifs à l'appui d'une cause, d'un acte qu'on veut colorer : « C'est quand la Révolution a été entamée, dit M. de Meilhan, qu'on a cherché dans Mably, dans Rousseau, des armes pour soutenir le système vers lequel entraînait l'effervescence de quelques esprits hardis. Mais ce ne sont point les auteurs que j'ai cités qui ont enflammé les têtes. » Et il en revient à désigner son grand coupable politique, après Calonne, après Brienne, et plus funeste qu'eux tous, c'est-à-dire M. Necker.

Dans un autre écrit, M. de Meilhan va même plus loin : il est persuadé que Louis XV, tout amolli et apathique qu'on le connaît, aurait eu plus que Louis XVI l'espèce d'énergie suffisante pour arrêter à temps cette suite d'entreprises et d'insubordinations qui ouvrirent la Révolution française. Il le montre jaloux de son autorité, sentant le danger de la laisser attaquer, et capable, à cette seule idée, de violents mouvements de colère qui avaient des suites ; il cite une lettre vigoureuse de ce roi au duc de Richelieu sur les envahissements de pouvoir du Parlement : « Cette lettre, dit-il, doit prouver que Louis XV aurait employé la force pour arrêter, dès les premiers moments, les entreprises des révolutionnaires. Quand on l'a connu, il est évident qu'il n'aurait jamais consenti à assembler les Notables, et encore moins les États-Généraux ; et que, si l'on suppose des circonstances critiques, il n'aurait pas balancé, pour le rétablissement de l'ordre, à prendre les plus violents partis et à y persévérer. »

Je me suis laissé aller à développer cette idée de M. de Meilhan, qui n'est pas celle de tout le monde. Ce livre *du Gouvernement, des Mœurs et des Conditions en France avant la Révolution* est terminé par une suite de Portraits historiques (Maurepas, Turgot, Saint-Germain, Pezai, Necker, Brienne), dans lesquels il y a des traits exacts et neufs, bien de l'esprit et même du talent (1).

Pendant l'Émigration, et dans le temps qu'il voyageait en Italie, M. de Meilhan fut appelé en Russie par l'impératrice Catherine qui, sur sa réputation et d'après la lecture de ses ouvrages, voulait faire de lui son historien et celui de son Empire. Arrivé à sa Cour, il réussit moins de près que de loin ; il quitta bientôt Pétersbourg, avec une pension toutefois ; la mort de l'impératrice la lui fit supprimer et vint détruire ses projets de composition historique. On a de lui des lettres où il célèbre l'âme et le génie de Catherine ; mais ici se trahit un grave défaut de M. de Meilhan, et qui était déjà sen-

---

(1) Le portrait seul de M. Necker présente quelques couleurs odieuses, et qu'on s'étonne de trouver sous la plume de M. de Meilhan : mais n'est-ce pas lui qui a écrit : « On dit souvent que ceux qui savent bien haïr savent bien aimer, comme si ces deux sentiments avaient le même principe. L'affection part du cœur, et la haine, de l'amour-propre irrité ou de l'intérêt blessé. » Cette haine née d'un amour-propre raffiné et d'une ambition déçue s'est encore produite depuis dans un petit écrit, d'ailleurs spirituel, et qui a pour titre : *Supplice de Necker*. L'aimable prince de Ligne a fait honte à M. de Meilhan de cette faiblesse vindicative, dans une lettre où il lui dit : « Vous qui n'êtes point méchant, comment l'avez-vous été sur le compte d'un homme qui ne l'a point été? M. Necker n'a jamais dit de mal ; le pire qu'on peut dire de lui, c'est qu'il n'a point connu les souverains et les Français, et qu'il s'est et a été trompé. Voyez le père, l'époux, le voisin et l'ami dans sa vie privée, et repentez-vous. »

sible dans quelques passages de ses *Considérations sur l'Esprit et les Mœurs;* cet homme d'esprit et de conception, qui n'a pas seulement de la finesse, qui y joint des vues et de la portée, n'a pas le goût très-sûr : il le prouva bien lorsque étant parti de Rome pour aller en Russie, l'idée lui vint un jour de comparer l'église de Saint-Pierre et Catherine II. Cette Comparaison entre l'impératrice et le chef-d'œuvre de l'architecture romaine existe, classiquement déduite et poussée de point en point, et sans que l'auteur ait eu l'idée d'en sourire.

M. de Meilhan avait encore composé dans ces années un roman en quatre volumes intitulé *l'Émigré*, et qui fut imprimé à Hambourg en 1797 ; je ne doute pas qu'il ne doive contenir des observations curieuses sur cette France d'outre-Rhin et cette société errante, mais je n'ai pu le trouver nulle part ni rencontrer personne qui en eût connaissance (1).

(1) Si je n'ai pu retrouver le roman de *l'Émigré* de M. de Meilhan, j'ai à indiquer de lui un projet de publication dont je ne vois pas qu'il soit fait mention nulle part, c'est un *Prospectus* avec Préface de *Mémoires sur la Vie du Maréchal Duc de Richelieu, pour servir à l'Histoire du dix-huitième siècle, par M. Sénac, maître des Requêtes honoraire, Intendant des provinces du Hainaut et du Cambrésis, etc., Londres,* 1790. Ces Mémoires de Richelieu, qu'on annonçait en 9 volumes, n'auraient certes pas ressemblé à la publication indigeste et sans goût que Soulavie a donnée sous le même titre et avec la même étendue. Le duc de Richelieu, fils du maréchal, écrivait à Sénac de Meilhan, en septembre 1790, une lettre imprimée à la suite de la Préface dans le *Prospectus*, et qui avait pour objet de le rassurer ainsi que le public contre la ressemblance des deux publications. Voici cette lettre, qui est faite pour donner des regrets : « J'ai lu, Monsieur, la Préface des Mémoires de mon père que vous avez bien voulu me communiquer, et je vous en fais mes remercîments. Vous ne devez pas être inquiet de ce que quelques morceaux épars et isolés, tirés de ses portefeuilles, seront peut-être imprimés : ils ne pourront jamais faire un corps d'histoire, et ne présenteront aucune liaison. Ces pièces sont également entre vos mains, et vous avez toutes les dépêches, tous les mémoires de la main de mon père et toutes les lettres originales. Enfin, Monsieur, on sait quelle est ma confiance en

Dans les dernières années, M. de Meilhan vivait à Vienne, au quatrième étage, pauvre et assez entouré. Il avait la manie de rester au lit des journées entières, et prétendait qu'il n'avait plus la force d'en sortir :

« Sortez donc quelquefois, mon cher ami, lui écrivait le prince de Ligne : si je pouvais être tous les jours chez vous avec un *récipient* pour toutes les idées que vous jetez en l'air, je ne demanderais pas mieux ; mais vous jetez bien des perles aux pieds de ces messieurs qui vont chez vous.

« Vous vous croyez trop faible pour sortir de votre lit, et vous y faites, si la conversation est animée, des sauts d'anguille ; on croit être à votre chevet, et vous retournant comme *Crispin médecin*, on se trouve à vos pieds. » — « Vous ne savez pas, lui disait-il encore, que vous m'êtes nécessaire pour me remonter : vous êtes de l'*éther* pour moi. »

M. Craufurd, un Anglais ami de la France et de notre littérature, sur laquelle il a publié des Essais, acheta pour cent louis, de M. de Meilhan, je ne sais quels manuscrits : c'est sans doute ce qu'il a publié depuis, des anecdotes originales sur M. de Choiseul, sur le Dauphin, sur cette Cour de Louis XV que M. de Meilhan avait connue près de son père et par les escaliers dérobés. Les *Mémoires* de madame du Hausset, femme de chambre de madame de Pompadour, ont été conservés par M. de Meilhan, qui empêcha un jour M. de Marigny de les jeter au feu et qui les emporta ; ils passèrent de ses mains

vous, et celle de mon père l'avait devancée. D'ailleurs c'est le style de l'écrivain, c'est l'enchaînement qu'il donnera aux choses, la manière de présenter les faits, de peindre les personnages, qui contribuera beaucoup au succès de l'ouvrage. Celui des Mémoires d'Anne de Gonzague est pour vous comme pour moi un excellent présage. Je vous en fais mes remercîments et vous prie, etc. » Les événements qui se précipitèrent firent évanouir ce projet comme tant d'autres. — J'ai lu, depuis, le roman de *l'Émigré*, et j'en ai fait usage en revenant sur Sénac de Meilhan à l'occasion de ses relations avec madame de Créqui (*Causeries du Lundi*, tome XII).

entre celles de M. Craufurd, qui le premier les fit imprimer (1809).

M. de Meilhan, qui a tracé les portraits de tant de personnages, en a laissé un de lui. Dans ces sortes de portraits personnels on ne se donne jamais trop de désavantages, même lorsqu'on a l'air de se dire des vérités. Voici sous quel profil assez imposant il aime à s'offrir à nous, et, dans sa prétention soit à se montrer, soit à se dérober, on peut encore saisir les défauts :

> « Mon esprit est un terrain très-inégal : il est de plusieurs côtés borné à un point qu'on n'imaginerait pas ; il est dans d'autres parties très-étendu. Je supplée, pour les objets qui m'intéressent, certaines incapacités par un discernement rare des diverses qualités des hommes, joint à la conscience bien exacte de ce qui me manque. Ce qui distingue mon esprit, c'est son premier élan, c'est la facilité d'atteindre sans effort. Je devine, ou n'entends jamais ; je compose et ne peux corriger. Je fais un mémoire, un calcul, une combinaison comme un poëte fait des vers, et, comme lui, je parais inepte, si je ne suis pas en verve...
>
> « Ma conversation est très-variée, parce que rien ne remplit en général mon esprit et ne me porte à m'appesantir sur les objets. Ils me sont indifférents, et j'ai supérieurement le don de l'intérêt du moment, sans fausseté et sans effort. Ce que j'écris, ce que je dis, n'est jamais pour moi ni une vérité intime, ni un motif d'amour-propre. Je me crois toujours supérieur à ce que l'on connaît de moi, et prêt à l'abandonner... »

C'est ici que, professant cette absolue indifférence pour le fond de toute chose et pour la vérité en elle-même, il laisse échapper cet aveu que nous avons déjà recueilli et qui juge tout l'homme : « Rien n'a jamais fait effet sur moi comme *vrai*, mais comme *bien trouvé.* » Et il continue de se dessiner en se mirant :

> « Je suis vivement paresseux, ce qui me donne deux inconvénients, celui de la paresse et celui de l'ardeur. Je laisse perdre le temps, et ensuite je veux tout forcer : voilà la clef de ma conduite...
>
> « Mon amour-propre est extrême ; mais dans les petits objets, dans la société, il n'est que sur la défensive, il ne demande qu'à n'être pas blessé, sans désir d'être flatté ; dans les grands, il ne me porterait

qu'à la gloire la plus éclatante ; mais le dégoût suivrait de près, et le mépris de mon siècle ne me permettrait pas de mettre longtemps du prix à son approbation...

« Mon amour-propre s'irrite quelquefois dans le tourbillon du monde : il se tait dans la solitude...

« Je n'aime point à me montrer à mes amis sous un côté défavorable ; je souffre de les voir malheureux de mon malheur, et je suis convaincu que les sentiments diminuent par la perte des avantages... Il faut donc cacher ses plaies, dissimuler les grandes impuissances de la vie : la pauvreté, les infirmités, les malheurs, les mauvais succès... Il ne faut confier que les malheurs éclatants, qui flattent l'amour-propre de ceux qui les partagent et s'y associent. »

Appliquant à l'auteur de ce portrait un mot qu'il aime et auquel il n'attachait aucune idée défavorable, je dirai qu'il avait l'amour-propre *fastueux* (1).

Le prince de Ligne, dans une lettre détaillée, achève et complète à merveille ce portrait de M. de Meilhan ; il le confirme ou le corrige sur les points essentiels :

« Sans en avoir l'air, lui dit-il, vous êtes plus occupé des autres que de vous ; vous ne vous aimez qu'un moment ; vous êtes fou de ce que vous avez écrit le matin, et le soir vous n'y pensez plus. Vous êtes un vantard d'égoïsme et un esprit-fort d'insensibilité. Je vous ai fait pleurer pour moi, et vu pleurer pour d'autres. »

Le prince de Ligne s'arrête avec complaisance sur cette idée secrète et chère de M. de Meilhan, que celui-ci a manqué sa fortune et sa destinée et qu'il aurait dû être ministre à la place de Necker ou de Calonne :

« Avec l'air de mépriser tous les détails, les regardant au-dessous de vous, il n'y en avait pas un de votre intendance de Valenciennes

(1) Comme pendant et contre-partie de cette idée qu'on doit faire peu de confidences à l'âge où l'on vieillit et où l'on perd, M. de Meilhan avait dit, une autre fois, avec beaucoup de justesse : « L'homme a besoin, quand il est jeune, de se répandre ; il se plaît à faire des confidences ; *il ne se connaît pas et se croit un être curieux et rare ;* il n'a pas enfin la force de garder son secret, et la présomption le porte à croire qu'il inspire un intérêt sincère qui le fera écouter avec plaisir. »

qui vous échappât, et vous raconlez très-plaisamment ce que c'est que de travailler légèrement, quand M. de Calonne écrivait sur le coin de la tablette d'une cheminée sur ce que vous aviez été vingt-quatre heures à penser.

« Connaissant mieux votre nation et la Cour que lui, vous n'auriez jamais assemblé les Notables, qui auraient pu être une bonne chose sous un autre gouvernement ; et c'est vous qui aviez dit au baron de Breteuil ce grand mot au sujet du premier club, que *ce n'était pas une plante monarchique.* »

N'oublions pas que le prince de Ligne lui-même se croyait frustré dans ses légitimes espérances ; il aurait voulu commander un jour en chef, succéder aux Lacy et aux Loudon, s'illustrer dans une carrière sérieuse ; comme M. de Meilhan, il revenait en idée sur le passé et le considérait avec un sentiment caché de désappointement et d'amertume. C'étaient deux débris politiques qui se consolaient par l'esprit, et dont le moins caduc, le plus ferme et le plus élégant, encore debout, disait à l'autre :

« Vous n'auriez convenu qu'à moi si, au lieu d'être un petit souverain de quatre ou cinq lieues en carré, j'en avais été un grand. Vous auriez été à moitié ministre *penseur*, comme à la Chine, à moitié administrateur. En mettant votre esprit *juste, élevé et profond* sur une plus grande échelle, il n'y a pas de doute de l'effet de vos prodigieuses lumières et connaissances. En attendant, laissons faire et dire bien des sottises autour de nous : ce n'en est pas une de nous être si amicalement et tendrement attachés l'un à l'autre pour toute notre vie. »

Ils font ensemble leur dernier rêve d'imagination : « Si j'étais roi, vous seriez premier ministre ! »

Pour nous, qui ne pouvons juger M. de Meilhan que par ses écrits, nous avons cru n'être que juste en lui accordant un souvenir, en lui assignant un rang élevé parmi les moralistes pour ses *Considérations sur l'Esprit et les Mœurs* (1787), et, parmi les politiques, pour son ouvrage *du Gouvernement, des Mœurs et des Conditions en France avant la Révolution* (1795). Il peut servir à représenter à nos yeux toute une classe et une race de gens du monde, de gens d'esprit et d'administrateurs distingués, qui existaient tout formés à la fin de l'ancien régime, qui succombèrent avec l'ordre de choses, et qui ont péri dans l'intervalle, avant que la société reconstituée pût leur rendre une situation ou même leur donner un asile. Combien de ceux-là qui tenaient dans le monde et la société de leur temps une grande place n'ont pas même laissé un nom ! Que M. de Meilhan, naufragé comme eux, les personnifie du moins et les résume honorablement dans la mémoire !

Lundi, 8 mai 1854.

LE PRÉSIDENT JEANNIN

Il y a des hommes à qui la sagesse du conseil a été donnée : ils sont rares, et pourtant il y en a eu dans tous les temps. C'est surtout pendant les époques de révolution qu'ils sont mis à l'épreuve et que les occasions les déclarent aux autres et à eux-mêmes. Aux époques régulières, une certaine sagesse élevée peut consister à suivre et à maintenir le train des choses établies, à embrasser tout un ordre prévu et à n'en point sortir : droiture, prudence et modération y suffisent. Mais quand tout s'écroule et se renouvelle, quand les institutions antiques tombent en ruines et que l'état futur n'est pas né, que toutes les règles de conduite et d'obéissance sont confondues, que la justice et le droit hésitent entre les cupidités, les intérêts révoltés qui courent aux armes, c'est alors que le don de sagesse est bien précieux en quelques-uns, et que les hommes qui le possèdent sont bientôt appréciés des chefs dignes de ce nom, qu'ils sont appelés, écoutés longtemps en vain et en secret, qu'ils ne se lassent jamais (ce trait est constant dans leur caractère), qu'ils attendent que l'heure du torrent et de la colère soit passée pour les événements et pour les hommes, et qu'habiles à saisir les instants, à profiter du moindre retour, ils tendent sans cesse à réparer le vaisseau de l'État, à le remettre à flot avec honneur, à le ramener au port, non sans en faire eux-mêmes une notable partie et sans y tenir une place méritée.

Dans les temps qui ont précédé et suivi la Terreur, sous la Constituante, sous le Directoire, sous le Consulat, il y a eu de tels hommes; il serait curieux d'en pouvoir étudier de près quelques-uns, et dans leurs Mémoires, dans leur Correspondance, de pouvoir montrer ces preuves de bon conseil et de rare jugement qui les recommandaient de près, même aux adversaires, et qui les ont ensuite naturellement portés aux premiers rangs civils dans la société rétablie. Du temps des troubles de la Ligue et dans les premières années de Henri IV, il en fut de même : on comptait de ces hommes de sagesse et de conseil, et auprès de Henri IV et dans les rangs opposés, car, en temps de révolution, les hommes ne choisissent guère les partis où ils entrent, ils y sont jetés. Mais dans tous les partis, il y a place à la longue pour les bons avis, pour les folies moindres, pour les solutions qui réconcilient et qui guérissent. Villeroy et le président Jeannin, engagés dans la Ligue, s'y distinguèrent par ce caractère de grand jugement et de droiture d'esprit : le président Jeannin particulièrement, figure antique, qui l'emporte sur le sage et prudent Villeroy par plus d'élévation, d'originalité, de vigueur, de doctrine, et par une véritable prud'homie. C'est un grand personnage, et de ceux qu'il y a le plus de profit à connaître et à approfondir dans le passé.

Pierre Jeannin, l'une des gloires de la Bourgogne, né à Autun, en 1540, d'un père tanneur qualifié citoyen et échevin de la ville, et qui, bien que sans Lettres, était réputé homme *de très-grande vertu et de très-grand sens*, offre par son exemple une preuve de plus qu'avec du mérite, et tout en étant du Tiers-État, on s'élevait et on parvenait très-haut dans l'ancienne monarchie ; même avant la Ligue, il était dans une belle voie d'honneur et de considération dans sa province. Sa mère, dit-on, avait souvent rêvé pendant sa grossesse qu'elle mettait au monde un enfant revêtu d'une robe rouge et entouré d'une foule de gens qui le lui enlevaient. Ce conte ou cette légende transmise par les matrones du temps a paru depuis aux panégyristes du président un présage de sa grandeur. Il existe un Éloge de lui par Pierre Saumaise, conseiller au Parlement de Bourgogne et cousin de l'érudit : cet Éloge, où il y a bien du mauvais goût, offre aussi des parties de talent et des traits d'éclat qui méritent d'en être détachés. Saumaise avait accompagné le président déjà vieux dans son ambassade de Hollande ; il en parle en homme qui l'a connu, admiré de près, et avec un vif sentiment de sa personne. Avant de nous peindre, de nous raconter le jeune homme, il nous exprime le vieillard tel qu'il se montre encore aujourd'hui à la postérité dans les austères et magnifiques portraits qui le font reconnaissable entre tous :

« Qui que tu sois qui regardes l'image de ce grand homme, s'écrie Saumaise, ne te semble-t-il pas, à la voir seulement, que la vertu vient au-devant de toi, et qu'elle descend des rides de ce front comme des degrés d'un théâtre ou d'un magnifique palais?

« Considère donc attentivement cet antique et sévère maintien, et confesse que cette figure seule t'oblige encore à demeurer en respect, tant elle semble toujours impatiente de quelque mauvaise action. Aussi n'est-ce point une vaine pensée de croire que les corps des hommes illustres ne sont pas tout à fait mortels, et qu'il y a quelque esprit au dehors qui ne se détache jamais des linéaments admirables dont la nature marque les gens de cette condition, en sorte que dans leurs portraits on connaît leurs génies, et qu'on y voit toujours je ne sais quoi de vif : ainsi qu'aux médailles antiques on dirait que ces têtes romaines respirent encore dans le métal quelque chose de leur vieille vertu.

« Donc, il est aisé de juger quel était ce seigneur à voir seulement cet héroïque front, cet air libre, *ce rencontre hardi* et ce visage dans lequel on ne voit que lignes d'honneur et signes de bonne fortune. »

Faisons chez le panégyriste la part des ressouvenirs de Tacite et de Cicéron : on ne saurait rendre plus dignement toutefois l'impression que produit encore sur nous le portrait du président Jeannin, recueilli parmi ceux des Grands Hommes de Perrault.

Jeannin, dès sa jeunesse, s'annonça par ses talents et par son mérite; il alla étudier aux universités, notamment à Bourges sous Cujas. Il ne faudrait pourtant point se le figurer à cet âge un sujet trop régulier, toujours esclave de son travail et le front courbé sur le Digeste : tel n'était point le président Jeannin en sa jeunesse : « Car nous avons appris de tous ceux de son temps, dit Saumaise, qu'il avait exercé toutes les libertés que la chaleur du sang et celle de l'âge peuvent imaginer en cette heureuse saison. Au demeurant, il était ami des exercices, adroit aux armes, savant aux jeux, accort aux assemblées, et partout ingénieux, admiré pour son esprit, et redouté pour son courage. » On lit même dans l'historien littéraire de la Bourgogne, Papillon, une anecdote presque gaillarde que je donne pour ce qu'elle vaut, mais qui concorde pour le fond avec le témoignage de Saumaise : « Jeannin (selon un recueil manuscrit cité par Papillon) étant revenu à Bourges pour la seconde fois et étant allé avec ses anciens camarades voir le sieur Cujas incognito, Cujas ne laissa pas de le reconnaître, quelque soin qu'il prit de se déguiser, et, s'étant jeté à son cou, il commença à lui dire : Est-ce toi, *Romorantin ?* (C'était un sobriquet qu'on avait donné à Jeannin pour quelque jeunesse qu'il avait faite à Romorantin.) A quoi Jeannin répondit en riant : Oui, mon père, c'est moi, et j'en ai bien fait d'autres depuis que je ne vous ai vu : mais il faut commencer à devenir sage et à étudier. » Ce qui paraît certain, c'est que de bonne heure, et dès ses premiers exercices aux écoles publiques, il se fit remarquer, au milieu de ses vivacités, pour être d'un parfait et merveilleux jugement, « et capable de terminer un jour les différends des hommes. »

Et à cette rectitude d'esprit et de raison il joignait ce que les judicieux n'ont pas toujours (car trop souvent ils sont timorés), un courage, une décision, une hardiesse d'initiative qui en fit plus tard un véritable homme d'État, un conseiller dans la tempête.

Reçu avocat en 1569, il s'établit à Dijon où il eut des débuts brillants. Il plaida sa première cause le 30 janvier 1570; cette cause est restée fameuse dans les fastes de la province. Il y soutenait les droits et priviléges de la ville d'Autun, à laquelle les habitants de Beaune (d'autres disent de Châlons) disputaient la préséance qu'elle prétendait sur toutes les autres villes lorsque les États étaient assemblés. Autun, par un arrêt solennel, fut maintenu dans ses droits. Jeannin n'exerça la profession d'avocat que deux ans, et il laissa de vifs souvenirs. Fevret, dans son Dialogue latin sur les Orateurs illustres du barreau bourguignon, en regrettant que Jeannin en eût été sitôt enlevé, a caractérisé son genre d'éloquence en des termes magnifiques, trop magnifiques sans doute dans leur ampleur cicéronienne, mais où il n'est pas impossible de noter quelques-uns des mérites particuliers à l'homme : il le loue de son abondance, de sa gravité, de sa véhémence, de son tour pénétrant, mais aussi de sa *douceur ;* il insiste sur ce dernier trait : « Ce qui plaisait dans cet homme d'un souffle élevé, dit-il, c'était une majesté *tempérée* de physionomie et de visage. Sa doctrine, sa science, n'était pas des plus approfondies, des plus creusées, mais suffisante et *agréable* (*Doctrina ei non recondita, sed sufficiens et amœna fuit*). » On devine en un mot dans ce portrait du jeune avocat un homme qui est né pour persuader par la parole, pour insinuer les raisons, les déduire, les étendre, les faire prévaloir avec un mélange de force, d'adresse et de politesse, encore plus que pour pérorer et plaider. Dès son entrée au barreau, il fut reconnu de tous, dit Saumaise, « facile aux affaires, subtil aux conseils, fertile aux raisons, haut à parler et profond à écrire. »

On raconte qu'après avoir entendu son premier plaidoyer, un riche bourgeois vint lui offrir sa fille en mariage. On raconte encore que, sans fortune comme il était d'abord, il avait demandé vingt femmes en mariage, « dont dix-neuf se sont repenties de l'avoir refusé. » C'est toujours la légende locale qui se forme à plaisir et s'arrange autour d'un nom. Le fait est que, six semaines après sa première et célèbre plaidoirie, Jeannin épousa Anne Gueniot, fille d'un médecin de Semur-en-Auxois, qui lui survécut et de laquelle il eut du bien. Leur mariage est du 18 mars 1570. La statue du président Jeannin et celle de sa femme subsistent sur leur tombeau dans la cathédrale d'Autun ; l'épitaphe d'Anne Gueniot la loue, en des termes expressifs et qui doivent être vrais, des vertus domestiques, simples et fortes, par lesquelles elle fut une digne compagne de son époux (1).

Il faut certes que dans ses débuts de palais la supériorité de Jeannin, la sûreté de son jugement surtout, aient éclaté d'une façon bien notable, pour qu'après

---

(1) Dans ce travail sur le président Jeannin, je suis guidé, indépendamment des secours que je dois aux auteurs anciens, par deux modernes de la même province, M. Louis-Severin Foisset, mort en 1822, auteur d'une très-bonne Notice sur son illustre compatriote, et M. Théophile Foisset, son frère, dont l'amitié a bien voulu ajouter à ce que j'ai puisé ailleurs, et me munir de notes nombreuses et précises sur un sujet qui lui est familier.

deux ans à peine il ait été choisi par les Élus des États de Bourgogne pour être le Conseil de la province. Les Élus étaient une commission de cinq membres, qui représentaient les États dans l'intervalle des sessions, et qui dirigeaient l'assiette des impôts, les travaux publics, et presque toute l'administration du pays. Jeannin se trouvait donc, à trente et un ans, le jurisconsulte officiel de la Bourgogne.

C'est à ce titre qu'il fut appelé par le comte de Charny, grand-écuyer de France et lieutenant-général pour le roi au pays de Bourgogne, à un conseil secret tenu par ce seigneur, le surlendemain de la Saint-Barthélemy (26 août 1572). Deux gentilshommes les plus qualifiés de la province, le sieur de Comarin et le sieur de Saint-Riran, étaient arrivés de Paris coup sur coup, à quatre ou cinq heures de distance l'un de l'autre, porteurs de deux lettres autographes de Charles IX, qui ordonnait au gouverneur d'avoir créance à ce qu'ils diraient de sa part. Tous deux affirmaient qu'ils avaient charge de faire faire à Dijon, et dans toute la Bourgogne, ce qui venait d'être fait à Paris :

« Je fus appelé, dit le président Jeannin, à la délibération du conseil qui fut pris là-dessus, avec le sieur de Ruffé, frère dudit sieur de Comarin, les sieurs de Vintimille et deux autres; entre lesquels opinant le premier comme le plus jeune et le moins qualifié (car je n'étais lors qu'avocat au Parlement), mon avis fut qu'il fallait mander ces deux seigneurs qui avaient apporté cette créance, et savoir d'eux séparément, et l'un après l'autre, s'ils la voudraient donner par écrit et signer. A quoi ils firent réponse que le roi ne leur ayant rien donné par écrit, ils ne le pouvaient faire; aussi qu'on se devait contenter qu'étant connus pour gentilshommes de qualité du pays, ils ne voudraient en chose de telle importance avancer un mensonge, dont le blâme et le péril tomberaient sur eux-mêmes. Sur ce refus, j'allègue la loi de l'empereur Théodose, qui, après avoir commandé par colère et trop précipitamment la mort d'un grand nombre de chrétiens, fut rejeté de la communion par saint Ambroise, qui le contraignit de venir à pénitence, et, pour une entière satisfaction, faire une loi par laquelle défense était faite aux gouverneurs en l'administration de justice qui présidaient dans les provinces, de ne faire à l'avenir exécuter tels mandements extraordinaires qui étaient contre l'ordre et la forme de la justice, sans attendre *trente jours*, pendant lesquels ils enverraient à l'empereur pour avoir nouveau commandement en bonne et due forme; ainsi qu'il fallait envoyer promptement au roi... »

Grâce à cet avis d'une ferme et respectueuse résistance qui prévalut et fut adopté, avant même qu'on eût envoyé vers le roi, le contre-ordre eut le temps d'arriver de Paris : la Bourgogne fut garantie du crime et du malheur commun, et le nom du comte de Charny est inscrit dans l'histoire à côté de ceux du comte de Tendes, de MM. de Saint-Hérem, d'Orthez et d'un petit nombre d'autres, comme étant resté pur de sang dans l'immense massacre.

Toute cette première partie de la carrière parlementaire et politique de Jeannin est pour nous d'un intérêt secondaire, et a été éclipsée par la seconde moitié, dans laquelle il appartient non plus à sa province, mais aux affaires de la France et de l'Europe : il n'y arriva cependant que formé par ce long apprentissage. Il fut pourvu le 19 juillet 1575 de la charge de gouverneur de la chancellerie de Bourgogne, nom plus pompeux et plus grand que n'était la chose. Député du Tiers aux États de Blois de 1576, il a raconté comment MM. de Guise essayaient dès lors, par toutes sortes de brigues et de pratiques, d'obtenir des membres de l'assemblée une demande de guerre et d'emploi de force ouverte contre les huguenots : le roi n'était pas de cet avis, ni la majorité des provinces dans le Tiers-État. Jeannin, comme député de la Bourgogne qui avait titre de premier duché-pairie de France, dut opiner le premier [1]; il appuya

---

[1] Je vois pourtant dans l'*Histoire universelle* de D'Aubigné qu'au début de ces États de Blois, dans la dispute de préséance entre les provinces, l'Ile-de-France l'emporta sur la Bourgogne, au mécontentement de celle-ci. Jeannin, en ce cas, n'a opiné qu'en second.

le parti de la modération et de la paix, de toutes les raisons qui lui semblaient considérables, et il décida la pluralité des voix (sept contre cinq) dans le même sens. Mais le collègue en députation de Jeannin, chargé de porter la parole au nom de tout le Tiers-État du royaume, faussa le vœu de la majorité et parla traîtreusement en sens contraire : « Prévarication infâme et indigne d'un homme de sa qualité ! s'écrie Jeannin. Lui et moi avions été nommés pour porter cette parole ; mais il me surmonta en voix, en ayant obtenu sept, et moi cinq seulement: si le sort fût tombé sur moi, je me fusse bien gardé d'user de cette perfidie, et je m'en fusse acquitté en homme de bien (1). »

A la requête des États de Bourgogne, Jeannin fut pourvu d'un office de conseiller au Parlement de Dijon, office créé tout exprès en juin 1579, « et il y fut reçu à condition de ne pouvoir résigner son office qu'après cinq années d'exercice, tant la Cour de Parlement appréhendait de perdre un si rare esprit. » Henri III, qui avait appris à l'estimer, créa bientôt pour Jeannin une charge de président au même Parlement, et il y fut reçu *sans aucune finance* le 14 mars 1581 (2). Jeannin fut longtemps le second président du Parlement, et il ne résigna cette charge qu'en 1602, époque à laquelle Henri IV le fit intendant des finances; il n'a jamais été premier président.

Le duc de Mayenne, devenu gouverneur de la province de Bourgogne au nom du roi, distingua de jour en jour davantage le conseiller, puis président Jeannin ; il se l'attacha comme conseil intime et lui accorda

---

(1) L'orateur qui parla pour le Tiers-État et qui trompa ainsi son vœu, était Versoris, avocat fameux de Paris.

(2) Ces dates sont celles que donne Palliot dans son livre du *Parlement de Bourgogne;* elles doivent être plus exactes que celles que Jeannin a écrites dans sa vieillesse et de souvenir.

toute sa confiance. Jeannin, dès l'origine de l'entreprise factieuse et de la prise d'armes des Guises contre le roi, voyant que le duc de Mayenne s'y engageait plutôt sous l'impulsion de son frère que par lui-même, lui fit toutes les objections contre une telle guerre, aussi fatale, selon lui, à la religion qu'à l'État, et devant être funeste à la maison de Lorraine. Il commençait ce rôle de conseiller écouté, et non suivi, qu'il tiendra durant bien des années auprès de ce prince. Il raconte qu'un jour où le duc de Mayenne lui prêta l'oreille, il lui déduisit durant quatre heures entières ses raisons, lui répondant sur tous les points et multipliant les considérations de tout genre, si bien qu'il le fit changer d'avis. Le duc l'engagea à coucher le tout par écrit et envoya le mémoire à son frère M. de Guise, qui le reçut ayant le pied déjà à l'étrier, et qui n'eut que le temps d'écrire au bas, après l'avoir lu : « Ces raisons sont bonnes, mais elles sont venues *à tard* ; il est plus périlleux de se retirer qu'il n'est de passer outre. »

Le président Jeannin sent toutefois à un certain moment qu'il s'engage, lui aussi, dans une voie périlleuse ; obligé par devoir et par reconnaissance envers Henri III, il est amené par les circonstances à demeurer auprès du duc de Mayenne, même quand celui-ci est devenu le chef de la Ligue et le maître de Paris, sous le titre ambitieux et ambigu de *lieutenant-général de l'État royal et Couronne de France*. Voici comment il explique ce premier pas et toute cette démarche.

Aussitôt après le massacre des deux frères, le duc et le cardinal de Guise, à Blois, Henri III expédia au duc de Mayenne, à Lyon où il était encore, un gentilhomme avec une lettre d'excuses par laquelle il disait avoir été contraint à l'acte auquel il s'était porté, ajoutant qu'il savait bien son innocence, à lui Mayenne, qu'il désirait sa conservation et lui donner des marques particulières et publiques de sa bienveillance. En même temps Henri III écrivait de sa main une lettre au président Jeannin à Dijon, par laquelle il lui faisait la même déclaration à l'endroit du duc de Mayenne, et lui recommandait de ne point l'abandonner en cette crise, mais de lui donner le conseil de se contenir dans le devoir et d'agréer la satisfaction offerte. Dans le premier moment de douleur et de surprise, Mayenne en effet, se croyant sans ressources, fut près d'en passer par cette offre accablante et de se soumettre à la nécessité. Il pria le président Jeannin, comme sien ami et comme agréé de plus par le roi, de l'accompagner dans le voyage qu'il avait à faire à Paris où l'appelaient tous les siens : « Il s'y achemina dès lors, raconte le président, avec environ deux cents chevaux et mille ou douze cents hommes de pied, toujours en intention de se mettre en sûreté et à couvert par un traité; mais ses troupes, qui étaient petites *d'entrée,* grossirent par les chemins. » Il apprenait en même temps que de tous côtés dans le royaume, au bruit de l'attentat de Blois, des levées et des mouvements se faisaient en sa faveur; la pensée de soumission s'affaiblit alors et fit place, dès qu'il y eut jour, au désir naturel de la vengeance. Tous les conseils qui lui arrivaient étaient dans ce sens de représailles qui pouvaient sembler légitimes ; le torrent s'enflait à chaque pas, et, au moment où le prince entra dans Paris salué des acclamations d'une multitude ivre de joie et fanatique de colère, il n'y avait plus à songer à le ramener et à le modérer. C'est ainsi que, parti de Dijon en conseiller royaliste d'un vaincu en voie de soumission, Jeannin se trouva dans la capitale le conseiller d'un chef de parti en révolte contre son roi.

Henri III ne laissa pas cependant de continuer sous main les mêmes offres à Mayenne.

« Je le pressais aussi au même temps avec les plus fortes raisons que je pouvais pour le disposer à cette réconciliation, nous dit le président Jeannin, mais tout en vain pour lors, me restant toutefois quelque espérance de gagner avec le temps sur lui ce que je n'avais pu emporter tout d'un coup. Cela fut cause que je demeurai, à sa très-instante prière, près de lui ; car, encore qu'il sût bien mon inclination à la paix et que j'étais obligé à servir le roi, il ne laissa pourtant de prendre cette assurance de ma franchise que je ne servirais pas d'un espion près de lui pour le tromper. »

Ainsi, à cette date des premiers jours de 1589, on a la situation vraie du président Jeannin. Du reste, il ne croit avoir à se justifier qu'en ce qui touche à Henri III, car envers le roi de Navarre il n'avait aucun engagement particulier ; Henri III assassiné (août 1589), il se pouvait considérer comme libre jusqu'à un certain point de suivre le parti de Mayenne, tant que Henri IV ne se faisait point catholique, et moyennant que lui-même il avait conscience de ne donner que les meilleurs avis possibles, les plus favorables à l'État, et de rester un bon conseiller jusque dans un méchant parti.

Dans tous les actes de modération ou de sage vigueur du duc de Mayenne aux instants critiques de la Ligue, il est facile de sentir l'influence du président. Ainsi, dès le début (février 1589), quand le duc fait échec dans Paris à l'influence des Seize et institue le Conseil général de l'Union qui remet un peu d'ordre et de décence dans l'administration de cette grande cité, on sent que le président Jeannin doit être là derrière. Ainsi, peu avant la bataille d'Ivry (mars 1590), le président, qui est à l'affût d'un changement dans les dispositions du duc, s'empresse d'écrire à Villeroy, également jaloux d'*attacher* une négociation pour la paix publique, qu'il croit le moment propice, et le duc plus enclin à y prêter l'oreille que jamais : « Cette lettre me réjouit, dit Villeroy, étant dudit président qui était à la suite dudit duc, auquel il se confiait grandement, et qui était homme de bien et clairvoyant. » Mais la défaite d'Ivry, survenue dans l'intervalle, produit sur Mayenne un effet tout opposé à celui qu'on aurait pu croire : elle fait évanouir ses dispositions pacifiques ; il n'est plus question que de prendre une revanche. Jeannin se hâte d'en informer Villeroy ; et les voilà encore à attendre une heure plus favorable, « se disant, selon l'expression de l'un d'eux, qu'il y avait plusieurs heures au jour, et que les cœurs et les volontés des princes étaient aussi sujets au changement comme les occasions s'en présentaient. »

Mayenne n'est pas un homme commode à gouverner, bien qu'il écoute volontiers les conseils ; mais il les suit très-peu. C'est un chef de parti qui n'était pas né pour l'être : il en avait les velléités sans en avoir toute l'étoffe, vices ou vertus. Il se croyait tenu de venger ses frères, et poursuivait leur œuvre un peu par devoir, par ambition, par situation, quelquefois malgré lui, le plus souvent en se laissant volontiers aller aux circonstances qui le flattaient et l'entraînaient. Il était assez faible pour que le moindre succès l'enflât, pour qu'un secours promis par l'Espagne le rendît moins traitable ; il avait assez d'honneur pour qu'une défaite éprouvée le piquât au jeu et lui parût un motif de plus de persévérer : il avait assez de bon sens d'ailleurs et d'honnêteté pour sentir les misères et les assujettissements de sa position, et peut-être aussi les misères des peuples et de l'État. C'est sur un esprit d'une trempe si inégale que le président Jeannin avait à agir, à opérer avec lenteur, à revenir vingt fois à la charge pour saisir les bons instants.

Il faut tout dire : le président Jeannin n'est pas pendant la Ligue le serviteur sous main et l'homme de Henri IV, il est l'homme du duc de Mayenne. Villeroy, ligueur malgré lui comme Jeannin, est de cœur ou du moins d'esprit avec Henri IV ; il ne se considère engagé avec le mauvais parti qu'à bonne fin et en vue de ménager une négociation entre le roi et le duc. Le président Jeannin désire cette négociation, mais il est loin d'y voir et d'y mettre autant de facilité que Villeroy. Il a souci que le duc de Mayenne et le parti catholique y trouvent nettement leurs avantages. Il y a des moments où, en transmettant à Villeroy les intentions du duc de Mayenne, il a l'air de résister aussi pour sa part à une transaction trop prompte et sans garantie : car cette conversion de Henri IV, qui est nécessaire avant toute chose, il ne la croit pas aussi prochaine ni aussi aisée que Villeroy la lui présente. Le grand service que le président rendit à Mayenne, et dont celui-ci aurait dû mieux profiter, ce fut de l'éclairer au juste sur les intentions de l'Espagne et de Philippe II : les ministres et agents espagnols en France en avaient toujours fait mystère au duc, afin de se mieux servir de lui et de l'abuser. Philippe II, en envoyant des secours et en intervenant dans la Ligue par son or et par ses capitaines, le faisait-il pour la cause commune ou pour son profit direct, et pour prendre le trône de France soit en son propre nom, soit en celui de l'Infante? Le président Jeannin, envoyé à Madrid sur la fin de l'année 1590, revint en août 1591 avec une réponse précise à cette question jusque-là douteuse. En faisant ce voyage, le président avait quelque espoir d'éclairer le roi d'Espagne sur la disposition des esprits en France, de le dissuader peut-être d'un dessein impraticable, et, s'il n'y pouvait réussir, il avait du moins de quoi fixer avec certitude le duc de Mayenne sur le danger de se livrer à un tel allié et sur la nécessité de se pourvoir ailleurs. Le président revint sans avoir rien gagné, comme on peut croire, sur l'esprit du roi d'Espagne ni de ses conseillers, et il ne réussit pas davantage à convaincre le duc de Mayenne qu'il n'y avait de salut et d'issue désormais qu'en s'entendant tôt ou tard avec Henri IV. Le duc s'obstina à conserver encore des illusions du côté des Pyrénées. Mais, à travers ces peines stériles et ces paroles perdues en tous sens, le président se donna la satisfaction de faire un acte patriotique en passant à Marseille, au moment de s'embarquer pour l'Espagne (mars 1591). Le duc de Savoie y était, qui dans cette anarchie du royaume avait espéré de s'emparer, pour son compte, de cette importante cité. Le président déjoua ses menées, rendit cœur aux notables habitants, leur expliqua nettement l'intention du duc de Mayenne, qui était que le pays s'aidât du duc de Savoie contre les ennemis communs, et non qu'on se donnât à lui. Puis, ayant fait cet acte de bon citoyen, il s'embarqua avec le duc de Savoie lui-même pour le voyage d'Espagne. Le président Jeannin fut du parti de Henri IV ce jour-là ; il s'opposa à ce que l'héritage national dépérît entre les mains qui l'avaient en tutelle : de même qu'il s'était mis autrefois en travers de la Saint-Barthélemy, il fit obstacle cette fois au démembrement de la France.

Mais que j'ai hâte, malgré les preuves d'énergie et d'habileté qu'il y donne, d'être sorti bientôt avec lui de ces époques pénibles de désordre et de confusion, où le patriotisme ne sait le plus souvent à quoi se prendre, où les routes du devoir sont douteuses et obscures, où il faut se cacher et user de ruse pour faire le moindre mal dans l'impuissance du bien, où les forces de l'État se consument dans des luttes intestines, et où les âmes généreuses seraient capables, à la longue, de s'aigrir et de s'altérer! J'appelle le moment où, sous un roi magnanime et brave qui sait distinguer les hommes, la carrière se rouvrira pour le président Jeannin, carrière d'honneur, d'utilité manifeste, de sevrices publics non équivoques, et qui parleront d'eux-mêmes : on y verra enfin se dessiner tout entier le vieillard illustre et consommé, qui a en lui les talents d'un Forbin-Janson, et qui tient aussi des vertus de L'Hôpital.

undi, 15 mai 1854.

LE PRÉSIDENT JEANNIN

(SUITE)

Et pourtant, malgré mon désir de sortir le plus tôt possible de ces temps de trouble et de révolution « où, comme l'a dit M. de Bonald, il est plus difficile de connaître son devoir que de le suivre (1), » j'ai encore à exposer mieux que je ne l'ai fait jusqu'ici la conduite et le caractère du président Jeannin dans cette période orageuse, en le comparant surtout avec le personnage de Villeroy, auquel on l'associe volontiers, mais avec qui il ne doit point se confondre.

Parlant des honnêtes gens, des gens bien intentionnés et sincères qui se trouvèrent d'abord jetés de part et d'autre dans les deux camps : « Et c'est ainsi que Dieu travaille, a dit lui-même le président Jeannin, quand il veut nous châtier sans nous perdre, quand il ne veut pas que la guerre finisse par le feu, le sang, la désolation générale, la ruine entière et le changement d'un État. *Il sépare les gens de bien;* il fait que les uns se mettent

---

(1) Quippe ubi fas versum atque nefas.....

(VIRGILE, *Géorg.*, I, 505.)

avec choix au parti qu'ils estiment le plus juste, et que les autres se trouvent comme ravis et emportés par certains respects et mouvements secrets, qui sont au-dessus d'eux, dans le parti qu'ils approuvent quelquefois le moins. » Et le rôle de ces derniers est alors de tempérer autant qu'ils peuvent, de détourner et de rompre les mauvais desseins de ceux qui *attisent toujours le feu avec l'épée* et qui jettent le vinaigre sur les plaies. Ce rôle de modérateur et de médiateur à côté des violents fut le sien.

Bien que le détail de cette action, qui de sa nature est secrète, échappe nécessairement, il est possible encore aujourd'hui de suivre dans la conduite du président une certaine ligne générale, et d'expliquer les circonstances même où il sembla s'en écarter. J'ai dit qu'envoyé en Espagne par le duc de Mayenne pour sonder les véritables intentions de Philippe II et faisant ce voyage dans une médiocre espérance, il arriva à reconnaître dès les premières audiences que Philippe II, en s'intéressant aux affaires de la Ligue, ne voulait autre chose que la part du lion, la couronne de France pour l'Infante sa fille. Mais l'art d'un négociateur est de ne pas rompre, même quand il échoue dans son but principal : il dissimule son échec et fait retraite en bon ordre. Tandis que le propre de l'homme poétique et du poursuivant de l'idéal est à tout moment de mettre le marché à la main aux choses, et de dire : *Tout ou rien!* le propre de l'homme politique est de ne point casser même aux plus rudes rencontres, de ne jamais jeter, comme on dit, le manche après la cognée. Le président Jeannin, repoussé sur le point essentiel de la négociation, qui était d'assurer la couronne à un prince français, ne se refusa point à entrer dans ce qui lui fut proposé au nom du roi d'Espagne; il y opposa seulement les difficultés puisées dans la Loi salique, les peines qu'on aurait à en triompher, sembla promettre qu'on s'y emploierait, et, sans trop presser l'avenir en cet endroit, il s'attacha en attendant à obtenir les secours d'argent et de troupes, indispensables à l'entretien de la Ligue et de son chef. On voit dans les Mémoires de Sully comment ce traité de la Ligue avec l'Espagne, écrit de la main du président et contenant les conditions arrêtées, fut un jour pris sur des coureurs du côté du village de Marolles et tomba aux mains de Sully, qui en fit fête à Henri IV.

Mais quelques mois après le retour d'Espagne, aux conférences qui se tinrent à La Fère entre le duc de Mayenne et le duc de Parme venant au secours de Rouen (janvier 1592), le président Jeannin, représentant M. de Mayenne, eut à traiter avec le président Richardot et don Diego d'Ibarra, qui représentaient le capitaine de Philippe II. La déclaration de l'infante comme reine propriétaire du royaume de France fut encore mise en avant par ces derniers, et le président Jeannin, sans refus formel, sans élever d'objections sur le fond, y opposa le même genre de difficultés et de délais, insistant toujours sur le subside avant tout, et s'en remettant pour la suite à la future assemblée des États, qui voteraient ce qu'on aurait résolu. Les ministres d'Espagne ne s'y trompèrent point, et ils écrivirent à leur Cour des lettres où ils taxaient de *tiédeur* manifeste le duc de Mayenne et le président. Le duc de Parme, dans une lettre qui fut interceptée comme les précédentes, rend à Mayenne et à son conseiller ce témoignage involontaire, qu'ils veulent avant tout conserver l'intégrité de l'État. Ces pièces des étrangers, suprises et lues, donnèrent dès lors à Henri IV une idée juste de la conduite du président Jeannin, et il le lui dira plus tard.

Dans l'intervalle du retour d'Espagne et des conférences de La Fère, il s'était passé de graves événements à Paris. Les Seize et la faction des zélés, déjoués d'abord et matés par le duc de Mayenne, avaient repris pendant ses absences et ses campagnes toute leur audace et beaucoup de leur influence; depuis surtout que le jeune duc de Guise, neveu de Mayenne, s'était échappé de prison et qu'ils croyaient avoir un autre chef lorrain à lui opposer, ils redoublaient d'insolence et affectaient, comme auparavant, la tyrannie dans la cité. Le docteur Boucher, curé de Saint-Benoît, et deux autres députés de sa couleur arrivèrent auprès du duc de Mayenne à Rethel, porteurs de cahiers et de demandes au nom de la faction; ils accusaient sous main le duc de Mayenne de leur avoir retiré leurs moyens d'action et de pouvoir, « et publiquement ils blâmaient ceux qui l'assistaient, au nombre desquels je n'étais épargné, dit Villeroy, ni ledit sieur président Jeannin, *qui eut de grandes paroles avec eux.* » En s'en prenant à Villeroy et à Jeannin, ils s'attaquaient, en effet, aux deux meilleures têtes du conseil de Mayenne, et, dans la personne de Jeannin, à la plus brave et à la plus courageuse. M. de Mayenne, piqué de ces insolences, et bientôt après indigné des crimes dont elles avaient été le prélude, de l'assassinat du président Brisson et des conseillers Larcher et Tardif, courut à Paris, se saisit des coupables, en fit pendre quatre des plus scélérats dans une salle basse du Louvre. Le président Jeannin dut être pour beaucoup dans cette détermination énergique et prompte. Cette exécution du 4 décembre 1591 eut un plein effet: les Seize y perdirent désormais leur autorité et leur force, le parti des honnêtes gens reprit décidément courage; les colonels de la garde bourgeoise de Paris, dont la grande majorité était modérée, s'entendirent pour désarmer la portion de population qui était au service des Seize. On vit là ce qu'on a revu en d'autres temps, un peu de sagesse sortir de la confusion, et une société en détresse se réorganiser petit à petit au sein du désordre. Le point de départ et d'appui fut ce grand exemple du 4 décembre 1591. On peut sans témérité en faire remonter l'honneur jusqu'au président Jeannin, qui était près de Mayenne le génie du bon conseil.

Un autre moment décisif, une détermination dans laquelle le président eut positivement la plus directe influence, ce fut le choix qu'on fit de Paris plutôt que de toute autre ville, pour la tenue des États généraux de 1593. L'esprit de Paris, et les variations qu'il subit durant les quatre ou cinq années de la Ligue, offriraient matière à bien des réflexions et des rapprochements. Il est certain que cette grande ville soutint le siége de 1590 contre Henri IV, et l'extrême famine à laquelle elle fut réduite, avec une constance qu'on n'aurait jamais pu attendre d'une population qui faisait une émeute du temps des rois « quand seulement les marchés se trouvaient deux fois sans blé. » Était-ce héroïsme, dévouement religieux, fanatisme exalté chez la plupart? Villeroy, en ses sages Mémoires, paraît en douter; il n'attribue ce sentiment qu'à un petit nombre, et se montre disposé à croire que Paris, en cette circonstance, soutint et supporta ce siége désespéré comme on l'a vu depuis supporter bien des choses extrêmes, par timidité, sous l'influence et la domination d'un petit nombre, comme on l'a vu, par exemple, en 1793, supporter la Terreur. Quoi qu'il en soit de cette explication, l'esprit de Paris s'était fort modifié depuis lors; les Seize et les zélés purent jusqu'à la fin y faire leurs jeux, parades et démonstrations publiques, sous la protection des étrangers, « le reste de la ville était las d'eux et de la guerre. » Choisir Paris pour le lieu de la tenue des États était donc un coup de maître; c'était choisir un milieu relativement modéré, empêcher l'assemblée de se trop émanciper si elle en avait envie, et si elle était tentée de faire une royauté irréconciliable et non nationale; c'était empêcher une armée étrangère de s'emparer du lieu où les États siégeaient et de les tenir en sujétion ; c'était à la fois brider Paris, en y étant présent, et pouvoir aviser à tout. L'auteur reconnu de ce conseil, qui causa grand déplaisir à la faction espagnole, fut le président Jeannin : « Et vous assure, nous dit Villeroy, que ce coup fut donné très à propos pour le salut du royaume. »

Villeroy, qui était sobre de paroles, même au Conseil et autour d'un tapis vert, dédaigna de parler et d'assister à ces États généraux. Dès les premières séances, il fût dégoûté des brigues et des partialités dont l'assemblée, dit-il, était déjà remplie, « lesquelles étaient ordinairement accompagnées de reproches, aigreurs et violences insupportables à un esprit nourri au Conseil de nos rois, comme j'ai eu l'honneur d'être. » Le président Jeannin était moins dégoûté et se mettait plus en avant dans la mêlée pour le bien général ; il écrivit et parla beaucoup dans cette assemblée. Mais l'important était plutôt dans ce qui se faisait au dehors, dans ce qu'on appelait la Conférence de Suresne, où des envoyés des deux partis se réunissaient pour convenir d'une trêve et des préliminaires de la paix. L'intention de Mayenne n'était pas très-nette ; il ne savait pas poursuivre une solution ; il voulait seulement *avoir plusieurs cordes à son arc*, balancer l'assemblée des États généraux et la Conférence de Suresne l'une par l'autre, de manière à n'être dépendant d'aucune : faux calcul qu'il prolongea trop et qui le trompa ! Henri IV, au contraire, en accordant franchement et trêve et prolongation de trêve, tandis que Mayenne refusait d'en profiter pour traiter de la paix, se gagna les cœurs et les villes de son royaume ; il y eut en trois mois plus de conversions à sa cause qu'on n'en eût pu espérer autrement en des années. La France était lasse décidément et voulait en finir ; on s'aperçut comme soudainement alors que la raison était de son côté, « tant la justice et le droit ont de puissance sur les hommes, selon la remarque judicieuse de Villeroy, *spécialement après que les maux les ont faits sages.* »

Villeroy et Jeannin traitaient avec franchise, et dans les portraits qu'on a tracés du caractère de ce dernier, au milieu des éloges dus à son habileté, on n'a pas oublié de parler de sa candeur, une candeur compatible avec la tactique des négociations. Sully, qui aime assez peu ces deux personnages (car il aime peu de gens), et qui leur garde un fonds de rancune de royaliste contre ligueur, les soupçonne à tort et injustement en une circonstance particulière. Tandis que Villeroy agissait avec le plus de zèle et allait de Mayenne à Henri IV pour la prolongation de la trêve en vue de la paix, un jour, à Fontainebleau, Henri IV le surprit fort en lui donnant à lire la formule d'un serment que le duc de Mayenne et ses adhérents venaient de prêter derechef à Paris sur les saints Évangiles, le 23 juillet 1593, devant le légat, l'ambassadeur et les ministres d'Espagne, et par lequel on renouvelait toutes les promesses de Ligue inviolable et de guerre à mort au roi de Navarre. On venait d'en avoir copie dans une dépêche *interceptée du légat.* Villeroy ni Jeannin (est-il besoin de le dire?) n'avaient assisté ni pris part à cette secrète prestation de serment : « Mais il était bien difficile, prétend Sully, qu'ils en fussent entièrement ignorants comme ils le voulurent feindre. » Malgré ce soupçon de Sully, il paraît bien que la surprise de Villeroy à Fontainebleau ne fut pas jouée. Le duc de Mayenne, lorsque Villeroy lui en parla bientôt dans un sentiment de reproche, répondit par toutes sortes d'excuses, et conclut en ces termes qui peignent au vrai sa situation comme chef de parti, « qu'il priait ses amis de plaindre plutôt sa condition et lui aider à conduire ses affaires à bon port, que de s'offenser de ses actions, étant toutes forcées comme elles étaient. » S'il n'avait rien communiqué du serment ni à lui ni au président Jeannin, c'est qu'il savait bien, confessa-t-il, que ni l'un ni l'autre ne l'eussent approuvé, même à titre de remède dilatoire et de palliatif contre le zèle des Espagnols qui avaient hâte de faire un roi.

Sully toujours, qui juge sévèrement et en serviteur de la veille les hommes ralliés du lendemain, affecte de présenter Villeroy comme le type de ceux qui, en des temps de révolution et de discorde civile, s'efforcent de *nager* tant qu'ils peuvent *entre deux eaux* (ce que les Anglais appellent un *trimmer*), qui se ménagent comme neutres entre les deux partis, temporisent, négocient, se rendent utiles des deux côtés, le tout afin de *se faire*, en fin de compte, *acheter plus chèrement*. Ce jugement sur Villeroy est injuste et, je dirai, vulgaire : Richelieu, en ses Mémoires, a porté sur Villeroy un jugement tout autrement équitable, et qui, sans grandir le personnage, sans lui rien accorder de ce qu'il n'a pas, et en reconnaissant qu'il manquait d'une certaine générosité dans les conseils, le classe à son rang comme homme habile et des plus entendus aux choses de gouvernement. Villeroy comme les Brienne, les Pontchartrain, les Le Tellier, est d'une de ces races ou l'on était secrétaire d'État de père en fils; il fut ministre, en vérité, près de cinquante ans durant : ministre dès l'âge de vingt-cinq ans sous Charles IX, ministre sous Henri III, ministre ou l'équivalent sous Mayenne, ministre dès la première année de restauration monarchique sous Henri IV, ministre sous la Régence et sous Louis XIII. Les Anglais ont le duc de Newcastle qui eut aussi sa longévité ministérielle mémorable. Mais Villeroy eut à traverser des époques périlleuses, où il lui fallut faire preuve de bien autre chose que de tactique parlementaire et d'une grande exactitude et régularité administrative; il lui fallut la connaissance directe des partis révolutionnaires et des hommes. Éclairés comme nous le sommes aujourd'hui par les divers accidents et régimes que nous avons traversés, j'avoue que je goûte ses *Mémoires d'État*, si peu agréables qu'ils soient au point de vue littéraire; je me contente d'y trouver des maximes de grand sens. Villeroy, comme médecin social, a le sentiment juste des crises, des situations et des bons instants qu'il importe de saisir : « Monsieur, dit-il en s'adressant à M. de Bellièvre dans son *Apologie*, c'est grande imprudence de perdre l'occasion de servir et secourir le public, principalement quand elle dépend de plusieurs; car il advient rarement qu'elle se recouvre, parce qu'il faut peu de chose à faire changer d'avis à une multitude. » Et il distingue à merveille les moments principaux, que le duc de Mayenne a manqués et perdus, de faire avantageusement sa paix avec Henri IV. La méthode de Villeroy, d'ailleurs, est plutôt expectante. Henri IV remarquait de lui que ses raisons et moyens se réduisaient d'ordinaire « aux temporisements, à la patience et à l'attente des erreurs d'autrui. » Il y avait d'autres circonstances (on vient de le voir) où Villeroy, en temporisant, attendait de la part d'autrui des retours de raison et de sagesse. Ses maximes habituelles sont, en effet, que « c'est grande prudence aussi de céder quelquefois au temps et aux occasions qui se présentent, car par ce moyen l'on évite souvent de grands périls, lesquels passés, l'on recouvre après facilement, voire au double, ce que l'on y a mis. » Il a remarqué, dit-il, toute sa vie, « que ceux qui ont voulu précipiter leur fortune l'ont plutôt reculée qu'avancée, chaque fruit voulant être cueilli en sa saison pour être de bonne garde. » Dans les négociations qu'il entreprenait, et qui souvent eussent semblé inutiles à d'autres et désespérées dès le début, il ne craignait pas de se mettre en campagne et d'essayer d'attacher sa trame, malgré la distance et les inégalités des prétentions, « considérant qu'un bon marché ne se conclut du premier coup; que les hommes ne demeurent ordinairement à un mot; que, pour en achever un, il le faut commencer... » Je recommanderai aux amis d'une certaine beauté judicieuse et politique une page entre autres de son *Apologie*, dont voici les premiers mots : « Monsieur, jamais négociation ne fut plus difficile à enfoncer que celle-ci (de la paix); car chacun disait la vouloir, mais personne ne voulait faire ce qui était nécessaire pour y parvenir... » Nulle part le complexe d'une situation n'a été mieux analysé que dans cette page; on n'a jamais mieux résumé les difficultés, les fautes et les faux-fuyants des divers partis en présence.

C'en est assez sur le mérite de Villeroy, mais il était peut-être nécessaire de l'approfondir ainsi pour mieux faire ressortir celui du président Jeannin. Tous deux ont été les hommes d'État de la Ligue, bonnes têtes avec des caractères tout différents. Je reprends le président par ce qui le distingue : ce n'est pas lui qu'on pourrait accuser de louvoyer et de nager entre deux eaux. Il y a dans le président pendant la Ligue deux hommes en quelque sorte : d'une part, le conseiller politique, l'homme sage et patriote qui cherche le salut général et la pacification de l'État; et de l'autre il y a l'ami, l'intime du duc de Mayenne, « celui qui connaît le mieux l'intérieur de son cœur. » Il faut faire cette double part dans ce qu'on sait et ce qu'on devine de la conduite du président Jeannin durant la Ligue, et par exemple quand on lit ses lettres à Villeroy du 14 et du 22 avril 1592, et celle du 8 mai suivant, où il semble faire la paix plus difficile et la mettre à de plus chères conditions qu'on ne voudrait. Chez le président Jeannin, quand le conseiller politique avait épuisé ses raisons auprès du duc, l'ami intime, le serviteur fidèle conservait la place et continuait de le servir *quand même.* L'ambassadeur d'Espagne (le duc de Feria), dans une dépêche à Philippe II qui fut interceptée, donnant la liste des députés qui assistaient à la Conférence de Suresne, et ajoutant au nom de chacun une note et un signalement distinct, disait de tel et tel : « Celui-ci est *neutre.* — Celui-là agira *dans son intérêt.* » Et du président Jeannin il disait : « Il fera tout ce qui lui paraîtra avantageux au duc de Mayenne. »

Les auteurs d'Éloges et de Discours académiques, Saumaise, plus tard Guyton de Morveau, ont couru un peu rapidement sur ce point, et se sont trop attachés à montrer dans le président Jeannin un ligueur qui avait hâte de sortir de la faction où il avait été jeté, et qui, « sans trahir son parti, en défaisait la cause. » Le président était sincèrement affectionné au duc de Mayenne, à qui cette amitié fait honneur, et il fut du petit nombre de ceux qui lui dirent : « Vous avez tort, mais je vous suivrai jusqu'au bout. » Jeannin servit donc Mayenne jusqu'à la dernière extrémité et osa être un vaincu. Chacun faisait sa paix ; le roi était converti ; Paris était rendu ; Villeroy était à la veille de redevenir ministre : Jeannin ne songeait pas à sa soumission, et il rendait à son duc, qui guerroyait encore et qui n'avait pas su faire sa paix à temps, tous les bons offices d'un serviteur loyal et d'un ami. Mayenne, voyant que la ville de Laon allait être investie, se hâta d'en sortir et y laissa son second fils, M. de Sommarive, avec Jeannin pour conseiller et Du Bourg pour gouverneur militaire. Mansfeld, en force, s'avança au secours de la place ; il pouvait en faire lever le siége, pour peu qu'il reçut des Pays-Bas de nouveaux renforts. Henri IV dans cette crainte était disposé à négocier, mais ce n'était plus le moment pour Mayenne, qui était tout à la merci des Espagnols et qui dépendait uniquement des secours qu'il en attendait; un soupçon qu'ils eussent pris de lui l'eût perdu : « Voilà pourquoi, dit Mézeray, le président Jeannin, sachant les intentions du duc, ne put être ébranlé par les persuasions du roi en personne; lequel le menaçant *que son opiniâtreté lui pourrait bien causer du repentir*, il lui repartit hardiment *qu'il entendait bien ce que Sa Majesté voulait dire, mais qu'il ne lui donnerait pas le moyen d'en venir là, car il mourrait sur la brèche en homme de bien.* » Cependant les secours manquant et Mansfeld ayant été obligé à la retraite, force fut à la ville, après trois assauts, de capituler. Cette capitulation, signée le 22 juillet 1594, reçut son exécution le 2 août suivant. Biron conduisit à Soissons les capitulés. C'est de là que le président Jeannin faisait parvenir au duc de Mayenne, à Bruxelles, un dernier avis utile, qui était de se rendre au plus tôt en Bourgogne, « autrement qu'il était en danger d'y perdre tout ce qui tenait encore pour lui. » Sully, dans ses Mémoires, ou plutôt ses secrétaires ont travesti ce conseil sensé du président, et ils ont supposé de sa part je ne sais quel plan exagéré proposé à M. de Mayenne de faire ériger la Bourgogne en royaume, par l'aide du pape et de l'empereur, et autres chimères. Une pareille supposition calomnie le président, attaché de tout temps à l'intégrité de la France.

Cependant sa fidélité envers Mayenne, si honorable et si prolongée, dont les motifs désintéressés n'étaient pas suspects, et qui s'ajoutait à des antécédents si connus de modération et de clairvoyance, ne put que recommander le président Jeannin auprès de Henri IV, bon juge des hommes. Aussi, lorsqu'après la victoire de Fontaine-Française (juin 1595), passant en Bourgogne, il vit le président et que celui-ci parut s'étonner de l'accueil qu'un vieux ligueur comme lui recevait du roi : « Monsieur le président, lui dit Henri IV, j'ai toujours couru après les honnêtes gens, et je m'en suis bien trouvé. » C'est ainsi que ce noble roi entendait et appliquait l'espèce de menace qu'il avait faite au siége de Laon.

Ici une nouvelle carrière commence pour le président Jeannin, carrière ouverte et toute royale, où il trouvera son illustration définitive. Henri IV, dès l'abord, déclara à Villeroy qu'il voulait se servir du président et lui faire du bien, et il le lui témoigna par des preuves effectives. Comme la capacité principale et la qualité maîtresse du président était pour les négociations, on le voit employé en 1600-1601 dans les conférences diplomatiques pour traiter avec le duc de Savoie, dans les démarches qui furent faites pour amener à résipiscence le maréchal de Biron. Dans une lettre de Henri IV à Sully, datée de Calais, 2 septembre 1602, on lit : « J'écris au président Jeannin qu'il vienne avec vous, car je suis de votre avis qu'il pourra se présenter occasion de l'employer. » Il était conseiller au Conseil d'État; intendant des finances; employé et consulté dans toutes les affaires importantes et secrètes. Sully lui attribue ainsi qu'à Villeroy une part directe dans le rétablissement des Jésuites en France (1604); il suppose que ces deux conseillers, Jeannin et Villeroy, malgré leur entière conversion monarchique, avaient encore dans l'esprit quelque reste du vieux levain, « *quelque diminutif de semence espagnolique et ligueuse* dans la fantaisie, » et qu'ils étaient portés à favoriser ce qui tenait à leur ancien parti. Pourquoi ne pas supposer que ces hommes sages et, ce me semble, exempts de passion, avaient à cœur en effet de maintenir en France la religion de nos pères, et qu'ils estimaient le rétablissement en question un contre-poids utile à cette confédération formée et à cette petite république protestante qui subsistait au sein de l'État? Nous verrons le président dans son ambassade de Hollande se prononcer bien noblement au nom de son maître pour la cause de la tolérance et d'une juste liberté religieuse, et le continuateur de De Thou l'a grandement loué à ce sujet, comme l'eût fait De Thou lui-même s'il eût poussé jusque-là son Histoire.

C'est à cette ambassade qu'il nous faut venir pour apprécier au complet le président Jeannin, dont elle est demeurée le principal titre de gloire. En avril 1607, Henri IV apprit que les Provinces-Unies de Hollande, qu'il soutenait depuis longtemps de ses subsides, étaient près de souscrire à une paix ou trêve avec l'Espagne, et cela directement et sans son conseil. Il importait que Jeannin et l'ancien ambassadeur Buzanval, qui y retournait avec lui, arrivassent à La Haye avant un certain jour où une détermination pouvait être prise. Embarqués à Calais le 17 mai, le président et son collègue débarquèrent le 22 à Flessingue; puis, ayant repris la mer, ils atteignirent Rotterdam et furent à la Haye le 24. Les vents n'avaient cessé d'être contraires. Les détails de cette traversée nous ont été transmis avec beaucoup de vivacité par Saumaise, qui, jeune alors, accompagnait le président dans ce voyage. D'après son curieux récit, il paraîtrait que le président, en sachant gré au roi de la marque de confiance dont il était l'objet, imputait à la jalousie de Sully, et au désir que celui-ci avait de l'éloigner, le choix qu'on faisait de lui dans des circonstances aussi difficiles. Jeannin avait alors soixante-sept ans au moins (1); il était malade de la pierre. Il

---

(1) Saumaise dit qu'il avait *soixante-douze ans*, mais ce doit être une erreur. Toutefois, comme on s'est généralement trompé sur la date de la mort du président, il se pourrait qu'on se fût trompé aussi sur la date de sa naissance.

fallait partir au plus tôt; et le moindre retard pouvait mécontenter le roi et préjudicier aux affaires. Le président se jeta résolûment au fort de ces difficultés, qui n'eurent d'autre effet sur lui que de le rendre « plus attentif à sa fortune et plus vigoureux au travail :

« Ce qu'il montra bien au voyage, nous dit Saumaise, et me souviens que séjournant à Calais pour attendre le vent, et craignant que cette longueur ne lui fît préjudice, il se fût embarqué contre vent et marée, si le pilote craintif l'eût osé hasarder.

« Cependant il fut averti que ses ennemis avaient fait quelque profit de son séjour, et qu'ils avaient excité l'impatience du roi qui le désirait à La Haye et l'avait toujours fort pressé. Sur cet avis, à quelque prix que ce fût, il voulut faire voile, et s'en alla sur le port, où la bonne fortune lui présenta le vice-amiral de Zélande, qui avait ordre de le passer avec trois vaisseaux de guerre qu'il avait laissés à la rade...

« Il partit, continue Saumaise, quelque résistance que lui fît l'amiral, et fûmes trois jours entiers les voiles abattues et pliées, à n'aller que par marée, quelquefois à la bouline et toujours avec travail; cependant notre bon vieillard, quelque malade qu'il fût, ne se voulut coucher et dit qu'un homme de bien ne passait point la mer dans un lit.

« A la fin nous vîmes Flessingue, première ville de Zélande ; et quelque devoir que fissent les matelots, il était sept heures de nuit que nous étions encore à trois milles du port, où les vaisseaux ne pouvaient entrer qu'au lendemain et au retour de la marée qui nous venait de faillir ; cela n'empêcha point que cet homme sans peur, contre le conseil du pilote, ne se mit à la nuit et par un mauvais temps dans la chaloupe du vaisseau, duquel on tira quelques coups de pièces pour avertir que l'ambassadeur arrivait. »

J'ai laissé ce récit dans son admiration un peu naïve, comme étant celui d'un témoin qui s'est peut-être exagéré le péril, mais qui rend du moins une vive impression personnelle. Le président Jeannin, vieux et malade, toujours généreux et plein de cœur, courait aux négociations, à ce champ de bataille pacifique qui était le sien, comme le guerrier va au feu, comme César courait à ses légions, malgré les vents et les flots et en méprisant les tempêtes.

Lundi, 22 mai 1854.

LE PRÉSIDENT JEANNIN

(FIN)

Après quarante ans d'une lutte glorieuse, durant laquelle fortes de leur droit, de leur patriotisme et de leur conscience, elles avaient tenu en échec la toute-puissante monarchie espagnole et prouvé leur souveraineté à la face du soleil, les Provinces-Unies de Hollande, lasses enfin, aspiraient à la paix. L'Espagne, sous Philippe III et sous son ministre le duc de Lerme, était redevenue volontiers pacifique; les Pays-Bas de Flandre étaient alors gouvernés par les archiducs Albert et Isabelle, et ce couple humain, modéré, souhaitait rendre le repos et les bienfaits d'une bonne administration aux peuples depuis si longtemps épuisés, remis en leur tutelle. C'est de leur côté que vinrent les premières démarches et les premières ouvertures. Un religieux cordelier, Jean Ney, fut le messager actif et secret de qui les archiducs se servirent pour insinuer aux Hollandais qu'un accord était possible, et pour convenir d'une première suspension d'armes d'où le reste dépendit. La crainte de Henri IV, en apprenant ces ouvertures faites sans lui et sans son conseil, c'était que les Hollandais ne se laissassent leurrer par l'Espagne, qu'une fois amorcés à cette idée de paix, ils ne la voulussent à tout prix et ne s'y précipitassent sans conditions suffisantes ; il y aurait perdu un allié utile qui occupait puissamment les forces de l'Espagne, en même temps que sa réputation politique en Europe eût grandement souffert d'un traité d'où il aurait été exclu. Le président Jeannin, et ses collègues Buzanval et Russy, mais lui plus qu'aucun, avaient charge d'avoir l'œil à cette grave affaire, de s'entendre avec l'ambassadeur du roi d'Angleterre Jacques Ier, et de ressaisir autant qu'il se pourrait l'arbitrage et la conduite d'une négociation si obliquement entamée.

Le grand point en question était celui-ci : L'Espagne consentirait-elle jamais à traiter avec les Provinces-Unies comme avec une puissance libre et souveraine ? ou bien s'arrangerait-elle pour ne faire que des concessions avec réserve et sous-entendu comme à d'anciens sujets révoltés ? Les archiducs, sincèrement désireux de la paix, promettaient, s'engageaient, mais les ratifications qu'on faisait signer à Madrid en revenaient toujours autres qu'on ne l'avait attendu, et dans des formes suspectes qui mécontentaient des républicains à bon droit ombrageux. Pendant deux ans, la négociation passa par toutes les phases qu'on peut imaginer, parfois semblant toucher au terme, le plus souvent pénible et laborieuse, et à certains moments désespérée. Une première ratification venue de l'Espagne avait paru trop défectueuse pour être admise par les États-Généraux ; une seconde, bien qu'incomplète encore, parut suffisante pour que les conférences s'engageassent sur la question de la paix. Il y avait en Hollande deux partis principaux, l'un représenté par Barneveld, et l'autre par le prince Maurice d'Orange. Ce dernier était pour la continuation de la guerre dans laquelle il voyait le point d'appui de sa puissance militaire et de son autorité : Barneveld était pour la paix, mais pour une paix digne. En France et autour de Henri IV, on se méfiait assez d'abord de Barneveld, et le prince Maurice était écouté. Le président Jeannin, dès son arrivée à La Haye, vit juste et exerça une action, qui est très-sensible quand on lit la suite des dépêches, sur les principaux personnages de qui la solution dépendait, sur Henri IV tout le premier, sur Barneveld, sur le prince Maurice lui-même. Henri IV, si l'on excepte quelques velléités qu'il en eut dès le commencement, ne demandait pas la continuation de la guerre; mais, en montrant qu'il n'en était pourtant pas ennemi, il prétendait obtenir pour les Hollandais une paix plus forte, plus solide, et contracter renouvellement d'alliance avec eux. Le président Jeannin, amateur de la paix et sachant qu'au fond c'était aussi la politique de Henri IV, sut dissimuler dans l'origine et ne pas donner son dernier mot : « Il était, a dit Grotius, si puissant en paroles et tellement maître des mouvements de son visage, que, quand il cachait le plus ses sentiments, il semblait toujours qu'il parlât à cœur ouvert (*Vultus autem sermonisque adeo potens, ut cùm maxime abderet sensus apertissimus videretur*). » S'interposant entre le prince Maurice et Barneveld, il les rapprocha autant qu'il le put, ce qui était difficile : « car le premier, disait-il, montre de fuir et avoir en horreur tout ce qui plaît à l'autre. » Il empêcha du moins entre eux un éclat qui n'eut lieu que plusieurs années après. Il tâcha de faire que l'un ne parût pas trop ouvertement enclin à la paix, ni l'autre à la guerre. Le prince Maurice était le plus difficile à manier : « Il est si retenu avec nous qu'on ne le peut apprivoiser, » écrivait le président Jeannin. Et il le comparait encore dans son ambition couverte aux *rameurs qui*, en se dirigeant à un but, *ne regardent jamais le lieu où ils veulent aller*. Quant à Barneveld, il le goûte et l'estime bien davantage comme un homme dont les qualités patriotiques et civiles concordaient mieux avec les siennes ; il le justifie auprès de Henri IV qui le soupçonnait d'être plus Anglais que Français; car le ministre de Jacques Ier, ainsi que son maître, bien qu'uni en apparence et allant de concert avec Henri IV, ne jouait pas un jeu très-net et très-franc. En se rapprochant donc tant qu'il le peut de Barneveld, qui est au fond l'oracle des Pays-Bas et « celui qui conduit la barque comme il lui plaît, » Jeannin ne se livre pas à lui : mais il a soin « de s'avancer plus ou moins du côté de la paix ou de la guerre suivant les occurrences. » En un mot, et pour marquer son effort aussi brièvement que possible, je dirai qu'il travaillait à la fois sur Henri IV pour le disposer d'avance à consentir à une longue trêve dont ce monarque rejetait l'idée, et sur les Hollandais pour les contenir à n'accepter une paix que moyennant les conditions essentielles et sans y courir *à bride abattue*.

J'ai parlé de *longue trêve :* ce fut, en effet, dès l'origine la visée du président Jeannin et la solution qu'il entrevit; il eut, dès son arrivée et dans son premier examen des choses et des esprits, le coup-d'œil du seul biais par où on arriverait à mener l'affaire à bien. En attendant, et pendant qu'on se préparait à avoir de longues conférences infructueuses sur la paix, le président pourvut à l'essentiel, qui était de ressaisir pour son maître l'influence principale et le véritable arbitrage de la situation. Lui et ses collègues, au nom de la France, conclurent en janvier 1608 un traité de ligue et d'alliance défensive avec les États-Généraux des Provinces-Unies, traité qui avait cet avantage de ne pas faire dépendre la fortune de la république de la paix dont on allait discuter les conditions, de la mettre à même de s'en passer ou de n'y adhérer qu'à bon escient. La paix se faisant d'ailleurs, le traité n'en subsistait pas moins : l'influence

de la France était désormais assurée, et Henri IV, pa-
les mains du président Jeannin, tenait la balance.

La joie des Hollandais fut grande en apprenant la conclusion de cette ligue et alliance. Le parti de Barneveld y avait le plus aidé et en triompha. La popularité du président Jeannin s'étendit dans les Provinces-Unies, et durant tout son séjour elle ne fera que s'accroître. Le président avait raison d'écrire en cette occasion au secrétaire d'État M. de Villeroy : « Monsieur, les affaires ont des saisons, et sont quelquefois pleines de difficultés, puis tout à coup deviennent faciles. »

Cependant l'affaire générale de la paix n'avançait pas et la saison évidemment n'en était pas venue. Des mois entiers s'usaient à des discussions sans résultat entre les députés des archiducs, le marquis de Spinola, le président Richardot et les autres négociateurs. Chaque difficulté était reportée aux États-Généraux ou au jugement particulier des Provinces, et devenait matière à discussion publique. Les *livrets,* pamphlets et brochures, comme nous dirions, s'y joignaient, en ce pays de liberté de presse, pour animer en sens divers les esprits. C'était un congrès diplomatique qui se tenait en pleine république, chez les intéressés, et au foyer le plus ardent des passions et des discours populaires : ce qui ne rendait pas la négociation plus aisée. Les archiducs étaient sincères ; leurs habiles députés désiraient véritablement une conclusion : mais on était loin de Madrid, qui ne disait pas son dernier mot, et qui le retenait jusqu'au dernier instant. Le père Ney, toujours infatigable et pour le bon motif, courait en Espagne pour en rapporter des réponses définitives sur les points épineux. Le président Jeannin, qui prévoyait qu'on n'aboutirait point par cette voie, fit en juin un voyage en France, dans lequel il se fixa avec Henri IV sur la conduite à tenir ; il avait amené le roi à son idée de conclure une longue trêve au lieu d'une paix, et de retour en Hollande, trouvant le projet de paix rompu, il y substitua heureusement et à temps sa proposition moyenne pour laquelle, avec un peu d'effort de son côté, tout le monde bientôt s'accorda. Le président avait quitté Paris le 31 juillet : « Plusieurs jeunes gentilshommes français, dit L'Estoile, l'ont accompagné par curiosité dans ce voyage. »

La négociation de la paix rompit sur la prétention finale que démasqua le roi d'Espagne d'obliger par traité les Provinces-Unies à rétablir chez elles l'exercice public et libre de la religion catholique. Le point était habilement choisi par l'Espagne, si elle avait voulu rompre décidément en rendant odieux le roi de France allié des Hollandais, et en le présentant comme opposé aux intérêts et aux droits de sa propre religion : mais il n'entrait point en cela une si profonde politique, et bientôt, lorsque le président Jeannin eut introduit dans l'assemblée des États-Généraux (27 août 1608) sa proposition d'une trêve à longues années au lieu d'une paix, on vit (tant les mots sont puissants sur les hommes!) les difficultés contre lesquelles était venu se briser le premier projet, se tourner ou se dissimuler moyennant quelque adresse dans le second. Une de ces difficultés principales était la libre navigation et le commerce des Indes dont le roi d'Espagne aurait voulu exclure les Hollandais, et que ceux-ci prétendaient bien conserver. On pourvut à cet article délicat dans le traité de *longue trêve*, moyennant une circonlocution obscure, par laquelle on semblait à la fois retirer et accorder ce droit de trafic et de navigation, et sans surtout prononcer le nom des *Indes* qui était comme sacramentel en Espagne. On assure que le président Jeannin lui-même, parlant de cette rédaction ambiguë, se flattait de ne pas bien la comprendre.

Le président Jeannin, en cette occasion du projet de

longue trêve comme en plusieurs autres, eut à parler dans l'assemblée des États-Généraux. On a ses discours conservés au milieu de ses dépêches : ils ne ressemblent pas tout à fait aux harangues à la Tite-Live que lui prête le cardinal Bentivoglio en son Histoire. Grotius, dans la sienne, en analysant les discours du président, est plus exact et plus conforme au détail des affaires. Tous deux s'accordent à reconnaître l'éloquence, l'impression produite. Après une de ces exhortations de l'ambassadeur en faveur de la paix, Bentivoglio ajoute : « Sur le visage et dans les paroles du président Jeannin, on croyait voir respirer la majesté et la présence du roi de France lui-même. » Le président Jeannin s'attache à montrer aux États-Généraux qu'une longue trêve équivaut à la paix et vaut même mieux à certains égards, en ce qu'elle ne permet point de s'endormir ; qu'il suffit que cette trêve soit conclue envers eux à d'honorables conditions, c'est-à-dire comme avec des *États libres* sur lesquels le roi d'Espagne et les archiducs ne prétendent rien ; que si l'on sait bien profiter de cette trêve en restant unis, en payant ses dettes et en réformant le gouvernement, elle pourra se continuer en paix absolue. Comme la province de Zélande, sous l'influence du prince Maurice, s'opiniâtrait à agir en contradiction des autres provinces et à rejeter la trêve, il l'exhorte à se ranger à l'avis commun (18 novembre 1608) ; il établit que l'honneur est sauf, que la liberté des Provinces-Unies est suffisamment reconnue et proclamée, et dès à présent, et pour toujours ; il conjure messieurs de Zélande de se laisser vaincre dans leur opinion pour le salut de tous. S'adressant au prince Maurice, au comte Guillaume son cousin et aux divers membres de cette maison, qui sont tout-puissants en Zélande, il les adjure de ne pas s'opposer, mais d'aider à la réunion de tous, et il rappelle au prince Maurice en particulier le noble exemple de Phocion, grand et sage capitaine, lequel, à l'occasion d'un conseil qu'il avait dissuadé et qui réussit pourtant à l'exécution, disait « qu'il ne se repentait pas d'avoir rejeté un conseil qu'il avait jugé en sa conscience devoir être dommageable, mais qu'il était très-aise que le succès en eût été meilleur et plus heureux qu'il n'avait pensé. » Cet exemple de Phocion, si bien choisi, revient plus d'une fois dans la bouche du président Jeannin en face du prince Maurice, grand capitaine aussi et patriote, mais moins pur et moins désintéressé que l'Athénien.

Voltaire a fait cette remarque à l'honneur du prince Maurice : « C'est d'ordinaire le parti le plus faible qui désire une trêve, et cependant le prince Maurice ne la voulait pas. Il fut plus difficile de l'y faire consentir que d'y résoudre le roi d'Espagne. » A lire les dépêches du président Jeannin, on admire beaucoup moins une résistance dont les motifs personnels sont évidents.

Dans le dernier discours qu'il tint devant l'assemblée des États-Généraux, à la veille de la conclusion (18 mars 1609), le président Jeannin les convie à ne plus différer, et en des termes remarquables :

« Vous ne rencontrerez jamais, leur dit-il, tant de choses conjointes ensemble pour vous aider à entretenir un traité avantageux comme à présent. Les archiducs sont amateurs de la paix. Le roi d'Espagne se soumet à des conditions qu'il rejetterait sans doute, n'était leur considération. Deux grands rois qu'on a essayé de séparer de votre amitié sont demeurés fermes et constants en leur première affection, et n'ont eu ensemble qu'un même avis en la conduite de cette affaire... La plus grande prudence aux affaires d'importance est de se servir de l'opportunité, et de considérer qu'en peu de temps les changements arrivent en l'instabilité des choses humaines et des volontés des hommes, qui rendent impossible ce qui était auparavant aisé. »

Grâce au président Jeannin et à son ménagement habile, à ses expédients ou, pour mieux dire, aux ressources de ce bon sens continu, entremêlé et aidé d'éloquence, le projet d'une trêve de douze ans alla à bon port : le traité entre les députés des archiducs et ceux des États-Généraux de Hollande fut conclu en avril 1609, par l'entremise des ambassadeurs de France et d'Angleterre, et garanti par ces deux dernières puissances. La popularité du président Jeannin dans les Provinces-Unies était à son comble; tous les ordres de l'État l'aimaient et le considéraient comme l'auteur de leur bien ; le peuple même le suivait avidement quand il sortait. Il était le Franklin du moment (1). Barneveld disait de lui; au sortir d'une conférence : « Je m'en vais toujours meilleur de quelque chose quand je parle à cet ambassadeur, et je ne sais ce que nous ferions sans lui. » — « Et pour une marque certaine de l'estime auquel il était, nous dit Saumaise, témoin oculaire, c'est qu'il n'y a point de familles honnêtes ni de bonnes maisons en toutes ces provinces, où son portrait en leurs plus belles chambres ne servît d'ornement; et, pour dire la vérité, cette figure est agréable à voir, car ce front élevé et cette grosse tête a je ne sais quoi de Romain qui respire la liberté. » Et ce même panégyriste ajoute avec assez de délicatesse que le sage vieillard, en recevant modestement ces marques publiques d'affection, ne laissait pas de témoigner par quelques signes de joie « *qu'il était devenu sensible à cette seule vanité, de se voir aimé des hommes.* »

Le dernier acte de Jeannin comme négociateur en Hollande est mémorable, bien qu'il soit resté sans fruit. On a vu le roi d'Espagne s'inquiéter de la situation des

---

(1) « Il fut l'introducteur des Provinces-Unies dans la société politique du dix-septième siècle. » C'est ainsi que le caractérise M. Henri Ouvré dans son intéressant ouvrage intitulé *Aubéry du Maurier, ministre de France à La Haye* (1853). La négociation de Jeannin y est très-bien exposée.

catholiques dans les Provinces-Unies, et la vouloir remettre sur le pied où elle était primitivement; mais il le faisait d'un ton d'ancien maître, et sa parole n'était capable que d'aigrir et d'ulcérer les dissentiments religieux. Il en était résulté seulement plus de sévérité contre les catholiques, des visites et recherches à domicile et autres vexations. Lorsque Henri IV eut rendu aux Provinces-Unies tous les services qu'on pouvait attendre du meilleur et du plus sûr allié et ami, il jugea à propos que le président Jeannin fît, avant son départ, une recommandation de charité et de justice en faveur des catholiques du pays, ainsi molestés et opprimés : « Je dois cela, disait notablement Henri IV, à la religion de laquelle je fais profession, et à la charité qui doit accompagner un roi très-chrétien, tel que Dieu m'a constitué. Davantage, je crois fermement que lesdits États feront bien eux et pour leur république de n'affliger et désespérer lesdits catholiques ; car nous avons éprouvé en nos jours quel pouvoir a dedans les âmes et courages des hommes la liberté de conscience et le soin de la religion : tant s'en faut que la vexation et affliction les en rende plus nonchalants et abattus, qu'elle fait des effets tout contraires. » C'était tout à fait aussi le sentiment du président Jeannin, qui avait pour principe « que la force et violence n'enseigne jamais le chemin de la piété et du vrai culte et adoration de Dieu, » et qui avait vu de près l'écueil où si souvent ses contemporains avaient fait naufrage. On a sa belle et pathétique Remontrance faite en l'assemblée des États-Généraux. Il y rappelle le temps de la première prise d'armes, et les circonstances déjà trop oubliées des victorieux : « Vous ne demandiez lors sinon l'exercice de votre religion, demeurant toujours celle des catholiques reçue et autorisée par traités, édits, comme elle était avant l'introduction de la vôtre : et ceux qui pouvaient grandement affaiblir votre cause s'ils s'en fussent séparés, s'y joignirent volontiers et firent la guerre avec vous, non-seulement parce que les priviléges communs avaient été violés par un gouvernement trop rude, que vous nommiez tous tyranniqu*e* mais parce qu'ils n'estimaient pas raisonnable de vou*s* priver de la liberté de prier Dieu selon la créance en laquelle vous aviez été instruits. » Ce rappel à l'équité, ce vœu honorable et stérile, ou qui n'eut qu'un effet très-passager, fut le dernier acte du président Jeannin comme négociateur en Hollande.

Il revint à Paris en août 1609, comblé d'honneurs et de louanges. Sully, lui écrivant dans les derniers mois, n'avait pu s'empêcher de le louer : « J'ai toujours fort estimé la vivacité de votre esprit et la solidité de votre jugement, lui disait ce témoin difficile, mais ces dernières actions m'en donnent meilleure opinion que jamais, ayant su vous débarrasser de tant de diversités et opinions différentes qui tombent d'heure à autre dans l'esprit de toutes les parties avec lesquelles vous avez à traiter; car non-seulement il faut concilier deux ou trois partis fort éloignés de désirs et intentions les uns des autres, mais *il semble que vous ayez à faire autant de traités qu'il y a de personnes d'autorité* de tous bords, y ayant autant d'opinions que de têtes. » C'était, en effet, le dédale, en apparence inextricable, d'où le président avait su tirer un résultat politique et juste (1). La bour-

(1) Et puisqu'il est question de ces relations à demi amicales de Jeannin et de Sully, je citerai encore ce passage d'une lettre du président au cardinal Du Perron, écrite avant le voyage de Hollande : « Notre Cour est ce qu'elle était à votre départ; votre ami (Sully) y tient le haut bout, et surmonte tout le reste en autorité et crédit. Le maître lui fie tout, et cette grande faveur le rend moins sociable avec ceux qu'il regarde au-dessous de lui, quoiqu'ils soient affectionnés à lui rendre service. Pour moi, comme je suis sans ambition et ose dire qui la méprise, je compte les jours et philosophe au milieu du bruit, plus désireux de la retrai e que d'aucun accroissement de charges et

geoisie de Paris ne fut pas insensible à son retour, et L'Estoile, qui en est l'écho dans son Journal, ne tarit pas en éloges du président : « Nul, dit Salluste, ne saurait jamais se faire grand, et, mortel, atteindre aux choses immortelles, s'il ne méprise les richesses et les plaisirs du corps. L'un et l'autre se retrouve en ce personnage, auquel le roi devrait désirer avoir beaucoup qui lui ressemblassent en son Conseil d'État. » Et L'Estoile se plaît à citer les libéralités du président envers les illustres savants de Hollande.

Le président Jeannin (c'est en effet un des traits de son caractère, et qui le distingue encore de Villeroy) aimait les Lettres et les savants. On sait que ce fut d'après son examen et son rapport au Conseil privé que la seconde édition du livre *de la Sagesse* de Charron, l'édition de Paris (1604), pût être mise en vente, moyennant quelques corrections qu'il y fit, et se débiter librement : « Ce ne sont des livres pour le commun du monde, disait-il à l'adresse de ceux qui en parlaient en critiques, mais il n'appartient qu'aux plus forts et relevés esprits d'en faire jugement ; ce sont vraiment livres d'État. » Pendant son séjour en Hollande, il avait tout fait pour se rendre utile à notre compatriote le célèbre et docte Scaliger (*M. de L'Escalle*, comme il l'appelait), qui vivait à Leyde et touchait à la fin de sa carrière. Il avait tâché de lui faire rétablir et payer une pension de France qui lui avait été autrefois accordée par Henri III, et de le ramener, s'il se pouvait, dans sa patrie ; il en écrivit à Villeroy qui promit de s'y employer : « J'ai trouvé aussi, écrivait-il à Scaliger, M. de Sully plus doux et courtois que je ne pensais. » Mais on différa

---

d'honneurs, etc. » Tel était Jeannin avant son grand succès diplomatique et vers 1605, — un conseiller d'État ayant en lui du philosophe selon Charron.

trop, et Scaliger eût le temps de mourir avant le bienfait : « Il est fort regretté ici, où sa vertu et grande suffisance aux Lettres ont été mieux reconnues qu'en France, écrivait le président Jeannin à de Thou, et à la vérité c'est honte à nous de n'en avoir eu plus de soin pendant qu'il a vécu. Mais ceux qui ont pu mettre cette affection en l'esprit du roi de le rappeler et honorer... ont négligé de s'y employer, et moi qui l'ai voulu essayer, n'ai été assez puissant pour lui procurer ce bien dont il n'a plus besoin. J'eusse volontiers assisté à ses funérailles, mais nous étant ici sur la résolution des affaires pour lesquelles il a plu au roi de m'y envoyer, je ne lui ai pu rendre ce dernier devoir, à mon grand regret. » A défaut de la pension royale, le président avait un jour voulu faire présent à Scaliger d'une bourse où il y avait mille écus en espèces, mais le savant par délicatesse les avait refusés.

Parmi les autres savants que le président avait connus en Hollande, il ne faut pas oublier, pour la singularité, un « grand géographe et bon mathématicien, » Plancius, qui fut fort consulté par lui sur la question, encore pendante aujourd'hui, du passage du Pôle-Nord. Plancius soutenait que le passage devait exister; mais il prétendait aussi qu'au delà d'un certain degré plus on approcherait du Pôle, plus on retrouverait une température douce et tiède, en raison des six mois de soleil continu. Le grand cosmographe raisonnait par théorie. Quoi qu'il en soit, Henri IV espérait faire découvrir le passage et avoir l'honneur de donner son nom à cet autre détroit qui serait le pendant de celui de Magellan. Un navire fut en conséquence équipé à ses frais, et Jeannin chargé de donner en secret toutes les instructions au capitaine. C'est là un épisode assez curieux et peu connu de son séjour en Hollande.

La faveur du président auprès de Henri IV dans les

dernières années était grande. Le roi lui demanda à titre de service de se charger d'écrire l'Histoire de son règne, l'assurant « qu'il entendait laisser la vérité en sa franchise, et à l'auteur la liberté entière de l'écrire sans fard ni artifice, et sans lui attribuer, à lui, ce qui était dû à la seule providence de Dieu ou à la vertu d'autrui. » Dans ses derniers projets d'expédition et de guerre à l'étranger, il l'invitait en riant à se pourvoir d'une bonne haquenée pour l'accompagner et le suivre en toute entreprise. — Un jour qu'il y avait eu une indiscrétion commise sur quelque matière d'État, il prenait Jeannin par la main, en disant aux autres membres du Conseil : « Messieurs, c'est à vous de vous examiner; pour moi, je réponds du bonhomme. »

La carrière du président Jeannin semble remplie et comblée dans sa mesure, et pourtant il resterait encore tout un chapitre à y ajouter. Henri IV mort, le président continua d'être un des principaux conseillers de l'État, et pendant près de douze années encore (1610-1622) il ne cessa, sauf un court intervalle marqué par le premier ministère de Richelieu, de servir chaque jour soit dans les finances, dont il eût le maniement en chef, soit dans toutes les affaires si compliquées de la régence et des premières années de la majorité. Ce bonhomme et ce prud'homme, comme on l'appelait, était mis à tout, était consulté sur tout; il figure au premier rang par ses discours et ses travaux ou exposés dans la tenue des États-Généraux de 1614. On voit par une réponse énergique de lui au maréchal de Bouillon (juin 1615) que, malgré son âge, il ne faiblissait pas devant les Grands redevenus factieux, et qu'il leur disait assez haut leurs vérités : « La médisance contre ceux qui sont employés au maniement des affaires publiques, écrivait-il à M. de Bouillon, est un doux et agréable poison qui se coule aisément en nos esprits, et, quand ils en sont une fois infectés, il est malaisé que la vérité pour les défendre y soit reçue. » Il y donne la clef de sa conduite, qui dut consister souvent, en ces temps de trouble et de faiblesse, à tolérer, à souffrir un moindre mal pour en empêcher un pire : « Le commandement n'est pas toujours absolu pendant les minorités. Le soin principal doit être lors de conserver le royaume, la paix et l'autorité royale plutôt avec prudence, en dissimulant, en achetant quelquefois l'obéissance, qu'on acquiert par ce moyen à meilleur prix que s'il y fallait employer la force et les armes, qui mettent tout en confusion... » C'est ainsi que d'après son conseil, au commencement de la régence, la reine avait fait aux Grands des cadeaux et présents « qui étourdirent la grosse faim de leur avarice et de leur ambition; mais elle ne fut pas pour cela éteinte, » a remarqué Richelieu; il aurait fallu recommencer toujours. Le président Jeannin, à la tête des finances, était peut-être moins à sa place que dans une négociation; quelques-uns ont paru en juger ainsi. Supérieur à Sully comme négociateur, il semble qu'il ait été moins bon ministre des finances. Ce serait une question à examiner de près, en tenant compte des circonstances bien différentes où il l'a été. Une lettre de lui en réponse à la reine-mère (mars 1619) le montre toutefois énergique quand il le faut, sévère même envers les personnes qu'il respecte le plus, et ferme sur les principes de loyale et intègre fidélité monarchique. Au reste, pour apprécier l'ensemble de la conduite et du caractère du président Jeannin en ces années, on n'a rien de mieux à faire que de s'en rapporter au témoignage décisif du cardinal de Richelieu, un moment son adversaire, qui le vit de près à l'œuvre, qui lisait et relisait ses Négociations manuscrites durant son exil d'Avignon, et à qui il échappe à son sujet des paroles d'un admiration généreuse :

« On ne saurait assez dire de ses louanges, écrit-il à l'occasion de sa mort; mais il faut faire comme les cosmographes qui dépeignent dans leurs cartes les régions tout entières par un seul trait de plume.

« Jamais il n'embrassa plus d'affaires qu'il n'en pouvait expédier... Jamais il ne flatta son maître; s'est toujours plus étudié à servir qu'à plaire; ne mêla jamais ses intérêts parmi les affaires publiques.

« Ce prud'homme était digne d'un siècle moins corrompu que le nôtre, où sa vertu n'a pas été estimée selon son prix. Il fut le premier de sa maison, laquelle, s'il eût eu des enfants semblables à lui, il eût été glorieux à la France qu'elle n'eût jamais fini. »

Le président, en effet, n'avait qu'un fils, le baron de Montjeu, qui, selon les uns, était un des cavaliers les plus braves et les plus accomplis de la Cour, mais qui n'était guère digne de son père, selon les autres. Ce fils fut tué dans un duel ou combat de nuit pour une maîtresse. Nervèze, une des belles plumes du temps, en fit le sujet d'une Épître consolatoire adressée au père (1612). On dit que celui-ci, malgré sa douleur, prit sur lui de présider le Conseil le jour même de cette mort, comme à l'ordinaire. La fille unique du président, sur laquelle il reporta toutes ses tendresses, avait épouse M. de Castille, qui avait commencé par le commerce, et qui devint un personnage, ambassadeur, intendant des finances, homme de faste et de grand luxe. Le président, lui, n'avait qu'un luxe : il aimait trop à bâtir, et il s'en est accusé comme d'un faible. Une injustice qu'on fit à son gendre détermina le vieillard à sa retraite de la Cour et des affaires; il avait plus de quatre-vingts ans. Il se préparait à aller jouir du repos en sa maison de Montjeu près d'Autun, et d'où l'on a une des plus belles vues sur la ville et le pays, lorsqu'il mourut à Paris, le 31 octobre 1622, disent toutes les biographies;

cependant, comme il y a des lettres de lui qu'on présente comme datées des deux premiers mois de 1623, j'incline à croire que la vraie date de sa mort est des derniers jours de février ou peut-être de mars de cette même année. Je laisse ce point, ainsi que beaucoup d'autres, à fixer aux futurs biographes du président, car il mérite d'en avoir, et les nombreux documents qu'on possède sur son compte ne sont pas tous publiés et recueillis (1).

Pour moi, je n'ai voulu, selon mon habitude, que payer ma dette envers une mémoire à la fois considérable et non toutefois populaire et vulgaire. Il se peut qu'il y ait en France des gens très-bons Français, et même instruits, et qui n'aient jamais eu une idée nette du président Jeannin. Nous aimons trop chez nous les gloires simples, commodes, et qui se résument en un petit nombre de noms consacrés que nous faisons revenir sans cesse et dont nous abusons. Notre passé est riche pourtant, plus riche encore que nous ne le croyons; il suffit d'y pénétrer par une étude un peu courageuse pour en dégager maint personnage antique et d'autant plus frappant de nouveauté. Il me semble que *le Moniteur*, à leur égard, pourrait être comme un Plutarque français continuel : tous les grands serviteurs publics y trouveraient tôt ou tard leur biographie ou

---

(1) Il existe des lettres manuscrites du président Jeannin dans le fonds Godefroy, à la Bibliothèque de l'Institut ; j'en dois l'indication à M. Ludovic Lalanne. M. Claude, de la Bibliothèque impériale, m'a bien voulu donner copie, entre autres pièces, d'une lettre de Jeannin au président de Thou, dont j'ai cité un passage sur la mort de Scaliger. Je dois aussi à M. Rathery la connaissance d'une lettre de Jeannin à Villeroy, écrite vers le temps de la régence. L'ensemble de ces pièces inédites qui ne sont pas toutes d'un égal intérêt, servirait du moins à compléter sur bien des points et à établir la biographie du président. Ce sujet devrait tenter quelque Bourguignon érudit.

leur portrait. Et quelle plus belle image que celle du président Jeannin, de ce vieillard, comme on l'a dit, « si nécessaire au public, exercé par tant de rois, blanchi sous Henri le Grand, usé sous Louis le Juste, » et qui nous apparaît jusqu'à la fin courbé, mais ferme, sous le fardeau des choses de l'État! Je ne fais que lui appliquer ici l'éloge et les expressions mêmes de ses contemporains.

Lundi, 29 mai 1854.

BOSSUET

Lettres sur Bossuet à un Homme d'État, par M. Poujoulat, 1854.

Portrait de *Bossuet*, par M. de Lamartine,
dans *le Civilisateur*, 1854.

La gloire de Bossuet est devenue l'une des religions de la France; on la reconnaît, on la proclame, on s'honore soi-même en y apportant chaque jour un nouveau tribut, en lui trouvant de nouvelles raisons d'être et de s'accroître; on ne la discute plus. C'est le privilége de la vraie grandeur de se dessiner davantage à mesure qu'on s'éloigne, et de commander à distance. Ce qu'il y a de singulier pourtant dans cette fortune et cette sorte d'apothéose de Bossuet, c'est qu'il devient ainsi de plus en plus grand pour nous sans, pour cela, qu'on lui donne nécessairement raison dans certaines controverses des plus importantes où il a été engagé. Vous aimez Fénelon, vous chérissez ses grâces, son insinuation noble et fine, ses chastes élégances; vous lui passeriez même aisément ce qu'on appelle ses erreurs : et Bossuet les a combattues, ces erreurs, non-seulement avec force, mais à outrance, mais avec une sorte de dureté. N'importe! la grande voix du contradicteur vous enlève malgré vous et vous force à vous incliner, sans

égard à vos secrètes attaches pour celui qu'il abat. De
même pour les longues et opiniâtres batailles rangées
qui se sont livrées sur la question gallicane. Êtes-vous
gallican, ou ne l'êtes-vous pas? vous applaudissez, ou
vous poussez un soupir à cet endroit de la carrière,
mais l'ensemble de la course illustre ne garde pas
moins à vos yeux sa hauteur et sa majesté. J'oserai dire
la même chose de la guerre sans trêve que Bossuet a
faite au Protestantisme sous toutes les formes. Tout
protestant éclairé, en faisant ses réserves sur les points
d'histoire, avouera avec respect qu'il n'a jamais rencontré deux pareils adversaires. En politique aussi,
quelque peu partisan que l'on soit de la théorie sacrée
et du droit divin, tel que Bossuet l'institue et le renouvelle, on serait presque fâché que cette doctrine n'eût
pas trouvé un si simple, si mâle, si sincère organe, et
si naturellement convaincu. Un Dieu, un Christ, un
évêque, un roi, — voilà bien dans son entier la sphère
lumineuse où la pensée de Bossuet se déploie et règne :
voilà son *idéal du monde*. De même qu'il y eut dans
l'antiquité un peuple à part, qui, sous l'inspiration et
la conduite de Moïse, garda nette et distincte l'idée
d'un Dieu créateur et toujours présent, gouvernant directement le monde, tandis que tous les peuples alentour égaraient cette idée, pour eux confuse, dans les
nuages de la fantaisie, ou l'étouffaient sous les fantômes de l'imagination et la noyaient dans le luxe exu-
bérant de la nature, de même Bossuet entre les Modernes a ressaisi plus qu'aucun cette pensée simple
d'ordre, d'autorité, d'unité, de gouvernement continuel de la Providence, et il l'applique à tous sans effort
et comme par une déduction invincible. Bossuet, c'est
le génie hébreu, étendu, fécondé par le Christianisme,
et ouvert à toutes les acquisitions de l'intelligence, mais
retenant quelque chose de l'interdiction souveraine, et

fermant exactement son vaste horizon là où pour lui finit la lumière. De geste et de ton, il tient d'un Moïse ; il y mêle dans la parole des actions du Prophète-Roi, des mouvements d'un pathétique ardent et sublime ; il est la voix éloquente par excellence, la plus simple, la plus forte, la plus brusque, la plus familière, la plus soudainement tonnante. Là même où il a son cours rigide et son flot impérieux, il y roule des trésors d'éternelle morale humaine. Et c'est par tous ces caractères qu'il est unique pour nous, et que, quel que soit l'emploi de sa parole, il reste le modèle de l'éloquence la plus haute et de la plus belle langue.

Ces vérités ne sont déjà plus nouvelles : combien de fois ne les avons-nous pas entendues! Les deux Écrits que nous annonçons ne font, chacun à sa manière, que les exposer et les développer. M. de Lamartine a tracé, dès les premières pages de son Étude, un portrait de Bossuet ainsi largement conçu. M. Poujoulat, dans une suite de Lettres adressées à un homme politique étranger, s'attache à montrer que Bossuet n'est pas seulement grand dans les ouvrages célèbres qu'on lit ordinairement de lui, mais qu'il est le même homme et le même génie dans toute l'habitude de sa pensée et dans l'ensemble de ses productions. Écrivain consciencieux, accoutumé aux travaux historiques, à ceux qui touchent à l'histoire de la religion en particulier, M. Poujoulat a la plume grave comme la pensée. Il raconte qu'il a relu à la campagne les OEuvres de Bossuet et qu'il s'est plu, après chaque lecture, à rassembler ses réflexions sous forme de lettres à un ami : on parcourt utilement avec lui la suite des Sermons, des Traités théologiques qui renferment tous de si réelles beautés. Son ouvrage inspire l'estime. Commenter Bossuet est à la longue une tâche difficile et même périlleuse ; les citations qu'on fait parlent d'elles-mêmes et éclairent certaines pages jusqu'à éteindre tout ce qui est à l'entour. M. Poujoulat a échappé assez heureusement à ce danger par une grande bonne foi de développement, par une sincérité de croyance qui lui a permis d'entrer dans la discussion du fond. Discussion peut-être est beaucoup dire; il ne faut pas l'entendre du moins dans un sens historique ou philosophique; il est évident, sur une foule de points qui y prêteraient, que M. Poujoulat écrit dans toute la confiance et la sécurité des convictions françaises, qui ne soupçonnent pas assez la nature et la force des objections mises en avant par une science critique plus indépendante, plus étendue. Mais moralement il retrouve ses avantages; il s'efforce à tout moment de rendre son commentaire utile en l'appliquant à notre temps, à nous-mêmes, aux vices de la société et à la maladie de nos cœurs : « Bossuet est surtout l'homme de l'âge où nous sommes, » pense-t-il; et il en donne les raisons, qui sont plutôt de sa part d'honorables désirs que des faits manifestes et concluants pour tous.

Il serait facile ici de le mettre aux prises avec M. de Lamartine qui, tout en admirant Bossuet, est d'un avis contraire; mais on me permettra plutôt de me détourner quelque temps des commentateurs et des peintres pour aller droit au maître. Il y a sur Bossuet un travail à faire encore, et qui épuisera ce qu'on peut savoir sur lui de positif et de précis. M. de Bausset, il y a quarante ans, a donné de Bossuet une Histoire agréable, riche même de détails, et qui, à certains égards, ne sera pas refaite; mais, sur bien des parties, il y a lieu à plus de recherches et à des investigations que les hommes de lettres distingués et les académiciens s'épargnaient volontiers alors. Or, ces investigations et ces recherches à la fois pieuses et infatigables, un érudit de nos jours, M. Floquet, s'y est livré depuis plusieurs années, et l'*Histoire de Bossuet* qui en résultera n'est pas éloignée de paraître. Ce sera là une base solide et définitive à l'étude et à l'admiration du grand homme. En attendant, j'ai sous les yeux un travail extrêmement recommandable d'un jeune homme de mérite, qui est mort depuis peu. L'abbé Victor Vaillant, ayant à passer sa thèse de docteur à la Faculté des Lettres de Paris en 1851, choisit pour son sujet une *Étude sur les Sermons de Bossuet d'après les manuscrits.* Il montra que ces Sermons, si bien appréciés par l'abbé Maury au premier moment de leur publication (1772), n'avaient point d'ailleurs été donnés alors, ni réimprimés depuis, avec toute l'exactitude qu'on aurait pu exiger. Faisant le procès au premier éditeur, Dom Déforis, avec une sévérité extrême, renouvelée et en partie imitée de celle de M. Cousin envers les premiers éditeurs des *Pensées* de Pascal, l'abbé Vaillant s'appliqua ensuite à quelque chose de plus utile, c'est-à-dire à retrouver l'ordre chronologique des Sermons et des Panégyriques de Bossuet; en y regardant de près, il est parvenu à déterminer les dates, au moins approximatives, pour un bon nombre. Dès aujourd'hui donc, nous pouvons étudier avec certitude Bossuet dans sa première manière; nous pouvons, comme pour le grand Corneille, suivre les progrès et la marche de ce génie qui est allé grandissant et se perfectionnant, mais qui n'a pas eu de déclin et de décadence. J'essayerai de donner idée de cette première manière par quelques exemples.

Bossuet, né à Dijon le 27 septembre 1627, d'une bonne et ancienne famille bourgeoise de magistrats et de parlementaires, y fut élevé au milieu des livres et dans la bibliothèque domestique. Son père, entré en qualité de doyen des conseillers au Parlement de Metz, qui était de création nouvelle, laissa ses enfants aux soins d'un frère qui était conseiller au Parlement de

Dijon. Le jeune Bossuet, qui demeurait dans la maison de son oncle, suivait ses classes au collége des Jésuites de la ville. Il se distingua de bonne heure par une capacité surprenante de mémoire et d'entendement; il savait par cœur Virgile, comme un peu plus tard il sut Homère : « On comprend moins, a dit M. de Lamartine, comment *il s'engoua pour toute sa vie* du poëte latin Horace, esprit exquis, mais raffiné, qui n'a pour corde à sa lyre que les fibres les plus molles du cœur; voluptueux indifférent, etc. » M. de Lamartine, qui a si bien senti les grands côtés de la parole et du talent de Bossuet, a étudié un peu trop légèrement sa vie, et il s'est posé ici une difficulté qui n'existe pas; il n'est fait mention nulle part, en effet, de cette *prédilection inexplicable* de Bossuet pour Horace, *le moins divin de tous les poëtes*. M. de Lamartine aura lu par distraction Horace au lieu d'*Homère*, et il en a pris occasion de traiter Horace, *l'ami du bon sens*, presque aussi mal qu'il a traité autrefois La Fontaine (1). C'est Fénelon (et non Bossuet) qui lisait et goûtait entre tous Horace, qui le savait par cœur, qui le citait sans cesse, qui, dans sa Correspondance des dernières années avec M. Destouches, se fait une sorte d'agréable gageure de battre, de réfuter, de morigéner à tout bout de champ son ami avec des citations bien prises des Satires ou des Épîtres. Encore une fois, Horace n'a rien à faire de particulier avec Bossuet, et il n'y a pas lieu de le mettre en cause à son sujet. La grande préférence païenne de Bossuet, si l'on peut ainsi

---

(1) M. de Lamartine, disons-le une fois pour toutes, est si léger en telle matière de faits, il possède à un si haut degré le don d'inexactitude, qu'il a trouvé moyen, en énumérant les amis de Bossuet, dans son article final (*Constitutionnel* du 25 avril 1854) d'écrire couramment : « Pellisson, *précurseur de Boileau!* La Bruyère, *précurseur de Molière!!!* » On lui passe tout cela, à cause de sa plume de cygne.

parler, a été tout naturellement pour Homère, ensuite pour Virgile : Horace, à son jugement et à son goût, ne venait que bien après. Mais le livre par excellence qui détermina bientôt le génie et toute la vocation de Bossuet, et qui régla tout en lui, fut la Bible : on raconte que la première fois qu'il la lut, il en fut tout illuminé et transporté. Il avait retrouvé la source d'où son propre génie allait découler, comme dans la Genèse un des quatre grands fleuves.

Bossuet fut de bonne heure destiné à l'Église : tonsuré à l'âge de huit ans, il en avait treize à peine quand il fut nommé à un canonicat de la cathédrale de Metz. Son enfance et son adolescence sont ainsi régulières, pures, et toutes dirigées dans l'avenue du temple : « On ne voit pas trace d'un défaut dans son enfance ou d'une légèreté dans sa jeunesse, a dit M. de Lamartine; il semblait échapper sans lutte aux fragilités de la nature, et n'avoir d'autre passion que le beau et le bien (et le vrai). On eût dit qu'il respectait d'avance lui-même l'autorité future de son nom, de son ministère, et qu'il ne voulait pas qu'il y eût une tache humaine à essuyer sur l'homme de Dieu quand il entrerait de plain-pied du siècle dans le tabernacle. » Pourquoi M. de Lamartine, qui trouve au passage de ces vues charmantes et de ces aperçus d'un biographe supérieur, les laisse-t-il fuir par négligence, et les gâte-t-il presque aussitôt?

Bossuet vint à Paris pour la première fois en septembre 1642. On dit que, le jour même de son arrivée, il vit l'entrée du cardinal de Richelieu mourant qui s'en revenait de son voyage et de ses vengeances du Midi, porté dans une chambre mobile couverte d'un drap écarlate. Avoir vu, ne fût-ce qu'un jour, Richelieu tout-puissant dans la pourpre, et bientôt après voir la Fronde, la guerre civile déchaînée et l'anarchie, ce fut pour Bossuet un cours abrégé de politique dont il tira la juste leçon : mieux vaut certes un maître que mille maîtres, et mieux vaut encore que le maître puisse être le roi lui-même que le ministre.

Entré en philosophie au collége de Navarre, il y brilla dans les thèses et les actes publics; il fut un prodige et un ange d'école avant d'être cet aigle que nous admirons. On sait que, prôné à l'hôtel de Rambouillet par le marquis de Feuquières, qui avait connu son père à Metz et qui étendait sa bienveillance sur le fils, le jeune Bossuet y fut conduit un soir pour y prêcher un sermon improvisé. En se prêtant à ces singuliers exercices et à ces tournois où l'on mettait au défi sa personne et son talent, traité comme un virtuose d'esprit dans les salons de l'hôtel de Rambouillet et de celui de Nevers, il ne paraît pas que Bossuet en ait été atteint en rien dans sa vanité, et il n'y a pas d'exemple d'un génie précoce ainsi loué, caressé du monde, et demeuré aussi parfaitement exempt de tout amour-propre et de toute coquetterie.

Il allait souvent à Metz se reposer dans l'étude et dans une vie plus sévère des succès et des triomphes de Paris. Il y devint successivement sous-diacre, diacre, archidiacre et prêtre (1652). Il s'y établit même tout à fait durant six ans environ pour y remplir avec assiduité les fonctions d'archidiacre et de chanoine; il y prêcha les premiers sermons qu'on a de lui, et ses premiers panégyriques. Il y fit ses premières armes de controversiste contre les protestants qui abondaient dans cette province. En un mot, Bossuet se conduisit comme un jeune lévite militant qui, au lieu d'accepter tout d'abord un poste agréable au centre et dans la capitale, aime mieux aller s'aguerrir et se tremper en portant les armes de la parole là où est le devoir et le danger, sur les frontières.

Un des plus anciens sermons de Bossuet, de ceux

qu'il prêcha à Metz dans sa jeunesse, a été signalé par l'abbé Vaillant : c'est le sermon pour le neuvième dimanche après la Pentecôte. Bossuet veut y montrer à la fois la bonté et la rigueur de Dieu, la tendresse et la sévérité de Jésus. Il commence par montrer Jésus attendri au moment où il rentre dans la cité qui va le trahir, et pleurant sur Jérusalem ; puis il le montrera irrité et implacable, se vengeant ou laissant son Père le venger sur les murailles et sur les enfants de cette même Jérusalem. Ce sermon, prêché « selon que Dieu me l'a inspiré, » dit Bossuet en le terminant, a quelque chose de jeune, de vif, de hardi, par endroits de hasardé et presque d'étrange. Il commence avec grandeur et par une large similitude : « Comme on voit que de braves soldats, en quelques lieux écartés où les puissent avoir jetés les divers hasards de la guerre, ne laissent pas de marcher dans le temps préfix au rendez-vous de leurs troupes assigné par le général ; de même, le Sauveur Jésus, quand il vit son heure venue, se résolut de quitter toutes les autres contrées de la Palestine par lesquelles il allait prêchant la parole de vie ; et sachant très-bien que telle était la volonté de son Père qu'il se vînt rendre dans Jérusalem, pour y subir peu de jours après la rigueur du dernier supplice, il tourna ses pas du côté de cette ville perfide, afin d'y célébrer cette Pâque éternellement mémorable et par l'institution de ses saints mystères et par l'effusion de son sang. » Et c'est alors que, tandis que Jésus descend le long de la montagne des Oliviers, il le présente touché au vif dans son cœur d'une tendre compassion, et pleurant sur la ville ingrate dont il voit d'avance la ruine ; puis, tout d'un coup, sans transition et par une brusque saillie qui peut sembler d'une érudition encore jeune, Bossuet s'en prend à l'hérésie des *Marcionites* qui, ne sachant comment concilier en un seul Dieu la bonté et la justice, avaient scindé la nature divine et avaient fait deux Dieux : l'un purement oisif et inutile à la manière des Épicuriens, « un Dieu sous l'empire duquel les péchés se réjouissaient, » le Dieu qu'on a nommé depuis *des bonnes gens;* et, en regard de ce Dieu indulgent à l'excès, ils en avaient forgé un autre tout vengeur, tout méchant et cruel : et aussi, poussant à bout la conséquence, ils avaient imaginé deux Christs à l'image de l'un et de l'autre Père. Après avoir apostrophé en face l'hérétique Marcion (avec les paroles de Tertullien) : « Tu ne t'éloignes pas tant de la vérité, Marcion..., » entrant alors dans son sujet, il établit que cette miséricorde et cette justice subsistent l'une et l'autre, mais ne se doivent point séparer; il va s'attacher à représenter dans un même discours le Sauveur miséricordieux et le Sauveur inexorable, le cœur attendri, puis le cœur irrité de Jésus : « Écoutez premièrement la voix douce et bénigne de cet Agneau sans tache, et après vous écouterez les terribles rugissements de ce Lion victorieux né de la tribu de Juda : c'est le sujet de cet entretien. »

Dès cet exorde on sent un feu singulier, une imagination ingénieuse et exubérante, une érudition un peu subtile qui se prend dès l'abord à une hérésie bizarre; selon le mot de Chateaubriand, on voit « l'écume au mors du jeune coursier. »

Le premier point du discours où l'orateur glorifie la bonté de Jésus, toute conforme à sa vraie nature, est marqué par des bonds et des élans, des termes vifs et impétueux, des mots significatifs qui enfoncent la pensée; un peu d'archaïsme s'y mêle dans l'expression : « Et à ce propos (de la miséricorde), il me souvient, dit l'orateur, d'un petit mot de saint Pierre par lequel il dépeint fort bien le Sauveur à Corneille : Jésus de Nazareth, dit-il, homme approuvé de Dieu, qui passait bien faisant et guérissant tous les oppressés : *Pertransiit benefaciendo*... O Dieu ! les belles paroles et bien dignes de mon Sauveur ! » Et il développe la beauté de ces paroles dans une paraphrase ou strophe pleine d'allégresse. Il se souvient de Pline le Jeune célébrant son Trajan qui parcourait le monde moins par ses pas que par ses victoires : « Et qu'est-ce à dire, à votre avis, que parcourir les provinces par des victoires ? N'est-ce pas porter partout le carnage et la pillerie ? Ah ! que mon Sauveur a parcouru la Judée d'une manière bien plus aimable ! il l'a parcourue moins par ses pas que par ses bienfaits. Il allait de tous côtés guérissant les malades, consolant les misérables, instruisant les ignorants... Ce n'était pas seulement les lieux où il arrêtait, qui se trouvaient mieux de sa présence : autant de pas, autant de vestiges de sa bonté. Il rendait remarquables les endroits par où il passait, par la profusion de ses grâces. En cette bourgade, il n'y a plus d'aveugles ni d'estropiés : sans doute, disait-on, le débonnaire Jésus a passé par là. » Toute cette partie est d'une jeunesse, d'une fraîcheur de tendresse et de miséricorde charmante, et qui sent sa première séve.

Et quand il nous peint Jésus voulant se revêtir d'une chair semblable à la nôtre, et qu'il en expose les motifs d'après l'Écriture, avec quel relief et quelle saillie il le fait ! Il montre ce Sauveur qui cherche avant tout la *misère* et la *compassion*, évitant de prendre la nature angélique qui l'en eût dispensé, *sautant* par-dessus en quelque sorte, et s'attachant à poursuivre, à *appréhender* la misérable nature humaine, précisément parce qu'elle est misérable, s'y attachant et courant après quoiqu'elle s'enfuit de lui, quoiqu'elle répugnât à être revêtue par lui ; voulant pour lui-même une vraie chair, un vrai sang humain, avec les qualités et les faiblesses du nôtre, et cela par quelle raison ? *Afin d'être miséri-*

cordieux. Bien qu'en tout ceci Bossuet ne fasse qu'user des termes de l'Apôtre, et peut-être de ceux de Chrysostome, il s'en sert avec une délectation, un luxe, un goût de redoublement qui déclare la vive jeunesse : « Il a, dit l'Apôtre, *appréhendé* la nature humaine; elle s'enfuyait, elle ne voulait point du Sauveur; qu'a-t-il fait? Il a couru après d'une course précipitée, sautant les montagnes, c'est-à-dire les Ordres des Anges... Il a couru comme un géant à grands pas et démesurés, passant en un moment du Ciel en la terre... Là il a atteint cette fugitive nature; il l'a saisie, *il l'a appréhendée au corps et en l'âme*. » Étudions la jeune éloquence de Bossuet, même dans ses hasards de goût, comme on étudie la jeune poésie du grand Corneille.

Je sais qu'on doit être fort circonspect quand on signale les hardiesses de jeunesse dans le style de Bossuet, car il est de ceux qui ont été hardis longtemps et toujours; je ne crois pourtant pas me tromper en surprenant la surabondance de l'âge en certains endroits. Après avoir, dans la première partie de ce discours, déroulé et comme épuisé toutes les tendresses et les compassions de Jésus-Christ fait à l'image de l'homme, après s'être écrié : « Il nous a plaints, *ce bon frère*, comme ses compagnons de fortune, comme ayant eu à passer par les mêmes misères que nous, » il nous le peint, dans sa seconde partie, se retournant et se courrouçant à la fin contre les endurcissements qu'il éprouve dans l'homme : « Mais *comme il n'y a point de fontaine dont la course soit si tranquille, à laquelle on ne fasse prendre par la résistance la rapidité d'un torrent* : de même le Sauveur, irrité par tous ces obstacles que les Juifs aveugles opposent à sa bonté, semble déposer en un moment toute cette humeur pacifique. » Dès lors, par un contraste soudain, Bossuet s'applique et emploie, comme il dit, tout le reste de son entretien à représenter à ses auditeurs les ruines encore toutes fumantes de Jérusalem. Il se complaît à exposer la prophétie et la menace telle qu'elle sortit d'abord de la bouche de Moïse ; elle est *couchée*, dit-il, au Deutéronome. Il en énumère les circonstances, il la commente, la suit pas à pas en l'accompagnant de ses cris d'aigle ; et quand il a amené les Romains et *l'empereur Tite* devant Jérusalem, quand il est bien sûr qu'elle est investie, qu'elle est entourée de murailles par l'assiégeant, qu'elle est plutôt comme une prison que comme une ville, et que pas un du dedans, comme un loup affamé, n'en peut échapper pour chercher de la nourriture : « Voilà, voilà, Chrétiens, crie-t-il, en triomphant, la prophétie de mon Évangile accomplie de point en point. Te voilà assiégée de tes ennemis, comme mon maître te l'a prédit quarante ans auparavant : « O Jérusalem, te voilà « pressée de tous côtés, *ils t'ont mise à l'étroit, ils t'ont* « *environnée de remparts et de forts!* » Ce sont les mots de mon texte ; et y a-t-il une seule parole qui ne semble y avoir été mise pour dépeindre cette circonvallation, non de lignes, mais de murailles ? Depuis ce temps, quels discours pourraient vous dépeindre leur faim enragée, leur fureur et leur désespoir ?... » Ici encore il me semble que Bossuet jeune excède un peu ; et de même que, dans la première partie, il avait été jusqu'à parler, à propos du Dieu fait homme, des qualités du sang et de la *température du corps*, il va insister dans cette seconde partie sur les horreurs de la famine et les détails infects de la contagion. Il aura des termes encore plus effrayants quand il voudra signifier la sentence finale, la dispersion par le monde de la nation juive, et nous en étaler les *membres écartelés :* « Cette comparaison vous fait horreur, » ajoute-t-il aussitôt, il est vrai ; et cependant il la pousse à bout et ne craint pas de s'y heurter. J'y vois un signe de jeunesse encore : il a quelque cruauté non pas dans le cœur, mais dans le talent (1).

On aura remarqué comme il s'approprie aisément ce dont il parle et ce sur quoi il s'appuie : *mon* Évangile, *mon* texte, *mon* vingt-huitième chapitre du Deutéronome, *mon* maître, *mon* pontife, etc. Il aime ces formes souveraines; il étend la main sur les choses, et, durant le temps qu'il parle, il ne peut s'empêcher de faire l'office du Dieu son maître. Ce n'est point personnalité ni arrogance chez Bossuet, c'est que sa personne propre est absorbée et se confond dans la personne publique du lévite et du prêtre. Il n'est que l'homme du Très-Haut en ces moments.

Un passage de ce discours en donne la date : à l'occasion des discordes civiles qui éclatent dans Jérusalem assiégée et qui font que ces insensés, en rentrant du combat contre l'ennemi commun, en viennent aux mains les uns avec les autres, Bossuet a un retour sur la patrie : « Mais peut-être vous ne remarquez pas que Dieu a laissé tomber les mêmes fléaux sur nos têtes. La France, hélas! notre commune patrie, agitée depuis si longtemps par une guerre étrangère, achève de se désoler par ses divisions intestines. Encore, parmi les Juifs, tous les deux partis conspiraient à repousser l'ennemi commun, bien loin de vouloir se fortifier par son secours ou y entretenir quelque intelligence; le moindre soupçon en était puni de mort sans rémission. Et nous, au contraire... ah! Fidèles, n'achevons pas, épargnons un peu notre honte. » *Et nous, au contraire,...* c'est une allusion au parti qui favorisait les Espagnols, au prince de Condé qui en était devenu l'allié et le général. Quand Bossuet, plus tard, dans son Oraison funèbre du prince, parlera avec tant de répulsion des discordes civiles et *de ces choses dont il voudrait pouvoir se taire éternelle-*

---

(1) Ainsi le comte de Maistre dans ce morceau fameux sur le *Bourreau.* Ce passage de Bossuet en approche et le rappelle.

ment, il rendra un sentiment bien réel et vif qui lui avait arraché dans le temps même ce cri de douleur et d'alarme.

La langue de ce sermon, comme de tous les discours de ces années, est un peu plus ancienne que celle de Bossuet devenu l'orateur de Louis XIV; on y remarque des locutions d'un âge antérieur : « Or encore que nous fassions semblant d'être chrétiens, *si est-ce néanmoins que nous n'épargnons rien,* etc. » Il est dit que l'exemple de la ruine de Jérusalem et de cette vengeance divine, si publique, si indubitable, « doit servir de *mémorial ès siècles des siècles.* » Ailleurs, c'est plutôt dans l'emploi de certains mots rudement concis, et dans le tour presque latin, qu'on sent le contemporain de Pascal : « Car enfin ne vous persuadez pas que Dieu vous laisse *rebeller* contre lui des siècles entiers : sa miséricorde est infinie, mais ses effets ont leurs limites prescrites par sa sagesse : elle qui a compté les étoiles, *qui a borné cet univers dans une rondeur finie,* qui a prescrit des bornes aux flots de la mer, a marqué la hauteur jusqu'où elle a résolu de laisser monter tes iniquités. » On croirait lire un passage du livre des *Pensées.*

J'ai encore beaucoup à dire sur cette première époque de Bossuet, tant à Metz qu'à Paris. Comment était-il de sa personne dans sa jeunesse, à l'âge où il prononçait ces discours, déjà si puissants, avec une autorité précoce qui rayonnait d'une inspiration visible et qui s'embellissait, pour ainsi dire, d'un reste de naïveté? M. de Bausset se l'est demandé et y a répondu autant qu'il l'a pu, en des termes bien généraux : « La nature, dit-il, l'avait doué de la figure la plus noble; le feu de son esprit brillait dans ses regards; les traits de son génie perçaient dans tous ses discours. Il suffit de considérer le portrait de Bossuet, peint dans sa vieillesse par le célèbre Rigaud, pour se faire une idée de ce qu'il avait dû être dans sa jeunesse. » Il cite un peu plus loin le témoignage de l'abbé Ledieu, qui rapporte « que le regard de Bossuet était doux et perçant; que sa voix paraissait toujours sortir d'une âme passionnée; que ses gestes dans l'action oratoire étaient modestes, tranquilles et naturels. » Ces peintures un peu molles et à la Daguesseau n'ont pas suffi, on le conçoit, à M. de Lamartine, qui, avec cette seconde vue qui est accordée aux poëtes, a su apercevoir distinctement Bossuet jeune, adolescent, Bossuet à l'âge d'Éliacin, avant même qu'il eût abordé la chaire et quand il montait seulement les degrés de l'autel :

« Il n'avait pas encore neuf ans, nous dit l'auteur de *Jocelyn* parlant de Bossuet, qu'on lui coupa les cheveux en couronne au sommet de la tête... A treize ans on le nomma chanoine de Metz... Cette tonsure et ce vêtement seyaient à sa physionomie comme à son maintien. On reconnaissait le lévite dans l'adolescent. Sa taille, qui devait grandir beaucoup encore, était élevée pour son âge; elle avait la délicatesse et la souplesse de l'homme qui n'est pas destiné à porter d'autre fardeau que la pensée; qui se glisse avec recueillement, à pas muets, entre les colonnes des basiliques, et que la génuflexion et le prosternement habituel assouplissent sous la majesté de Dieu. *Ses cheveux, de teinte brune, étaient soyeux*; un épi involontaire en relevait au sommet du front une ou deux boucles comme le diadème de Moïse ou comme les cornes du bélier prophétique ; *ces cheveux ainsi plantés*, dont on retrouve le mouvement jusque dans ses portraits d'un âge avancé, donnaient du vent et de l'inspiration à sa chevelure. Ses yeux étaient noirs, pénétrants, mais doux. *Son regard était une lueur continue et sereine* : la lumière ne jaillissait point par éclairs, *elle en coulait par un rayonnement qui attirait l'œil sans l'éblouir*. Son front élevé et plan laissait voir *à travers une peau fine les veines entrelacées des tempes*. Son nez, presque droit, mince, délicatement sculpté, entre la mollesse grecque et l'énergie romaine, n'était ni relevé par l'impudence, ni abaissé par la pesanteur des sens. Sa bouche s'ouvrait largement entre des lèvres fines; *ses lèvres frémissaient souvent sans parler comme sous le vent d'une parole intérieure* que la modestie réprimait devant les hommes plus âgés. Un demi-sourire plein de grâce et d'arrière-pensée muette était leur expression la plus fréquente. On y sentait une disposition naturelle à la sincérité, jamais la rudesse ni le dédain. En résumé général, dans cette physionomie, la grâce du caractère couvrait si complétement la force de l'intelligence, et la suavité y tempérait si harmonieusement la virilité de l'ensemble, qu'on ne s'y apercevait du génie qu'à *l'exquise délicatesse des muscles et des nerfs de la pensée*, et que l'attrait l'emportait sur l'admiration... »

Voilà un Bossuet primitif bien adouci et attendri, ce me semble, un Bossuet qu'on tire bien fort à soi du côté de Jocelyn et de Fénelon, afin de pouvoir dire ensuite : « L'âme évidemment dans ce grand homme était d'une trempe, et le génie d'une autre. La nature l'avait fait tendre, le dogme l'avait fait dur. » Je ne crois pas à cette contradiction chez Bossuet, la nature la plus une et la moins combattue qui nous apparaisse. Mais ce qui pour moi n'est pas moins sûr, c'est que l'illustre biographe traite ici l'histoire littéraire absolument *comme on traite l'histoire dans un roman historique* : on invente légèrement le personnage là où le renseignement fait défaut et où l'intérêt dramatique l'exige. Et sans refuser la louange que méritent certains traits ingénieux et fins de ce portrait, je me permettrai de demander plus sérieusement : Est-il convenable, est-il bienséant de peindre ainsi Bossuet enfant, de caresser ainsi du pinceau, comme on ferait d'une danseuse grecque ou d'un bel enfant de l'aristocratie anglaise, celui qui ne cessa de grandir à l'ombre du temple, cet adolescent sérieux qui promettait le grand homme simple, tout esprit et toute parole? Eh quoi! ne le sentez-vous pas? il y a ici un contre-sens moral. Dans un sermon pour une prise d'habit qu'il prononça dans sa jeunesse, Bossuet parlant de la pudeur des vierges et l'opposant à ce que bien des filles chrétiennes se permettent dans le monde, disait : « Qui pourrait raconter tous les artifices dont elles se servent pour attirer les regards? et encore quels sont ces regards, et puis-je en parler dans cette chaire? Non : c'est assez de vous dire que les regards qui leur plaisent ne sont pas des regards indifférents, ce sont *de ces regards ardents et avides, qui boivent à longs traits sur leurs visages tout le poison qu'elles ont préparé pour les cœurs,* ce sont ces regards qu'elles aiment. » Un orateur, je le sais, n'est pas une vierge; la première condition de l'orateur, même sacré, est d'oser et d'avoir du front : mais quel front que celui de Bossuet! Je puis dire que, dans sa mâle et virile pudeur, il aurait rougi, même enfant, de cette manière d'être regardé pour être peint. Loin, loin de lui ces caresses et ces tours de force physiologiques d'un pinceau qui s'amuse au carmin et aux veines! Allez plutôt voir au Louvre son buste par Coysevox : noble tête, beau port, fierté sans jactance, front haut et plein, siége de pensée et de majesté; la bouche singulièrement agréable en effet, fine, parlante même lorsqu'elle est au repos; le profil droit et des plus distingués : en tout une expression de feu, d'intelligence et de bonté, la figure la plus digne de l'homme, selon qu'il est fait pour parler à son semblable et pour regarder les cieux. Otez de ce visage les rides, répandez-y la fleur de la vie, jetez-y le voile de la jeunesse, rêvez un Bossuet jeune et adolescent, mais ne vous le décrivez pas trop à vous-même, de peur de manquer à la sévérité du sujet et au respect qui lui est dû.

Lundi, 3 juin 1854

BOSSUET

Lettres sur Bossuet à un Homme d'État, par M. Poujoulat, 1854.

Portrait de *Bossuet*, par M. de Lamartine,
dans *le Civilisateur*, 1854.

(FIN.)

Je n'ai dessein pour cette fois encore que de continuer ma vue de Bossuet considéré dans sa première carrière, non pas avant sa renommée (car elle commença de bonne heure), mais avant sa gloire. La religion qu'on a pour lui n'a pas besoin d'être de la superstition, et rien n'empêche de reconnaître les hasards et les inégalités frappantes d'une parole jeune, qui atteindra sitôt d'elle-même à la plénitude de son éloquence. Il y a loin du *Panégyrique de saint Gorgon*, qu'il prêchait à Metz dans les années de son séjour, au *Panégyrique de saint Paul* qui signala les premières années de sa prédication à Paris, et qui est déjà du plus grand de nos orateurs sacrés (1661). Dans le *Panégyrique de saint Gorgon*, le sujet évidemment lui fait faute; on ne sait guère autre chose de ce martyr que son supplice, et l'orateur s'y voit forcé de se rejeter sur l'affreux détail des tortures physiques qu'eut à subir celui qu'il doit célébrer : « Le tyran fait coucher le saint martyr sur un gril de fer, déjà tout rouge par la véhémence de la chaleur, qui aussitôt rétrécit ses nerfs dépouillés... Quel horrible spectacle ! » Et il le décrit, ne faisant grâce d'aucune circonstance. On a deux discours de Bossuet sur le même sujet, ou du moins un discours entier et le précis ou canevas d'un autre qu'il prononça également : c'était un tribut payé à une paroisse de la ville qui était sous l'invocation du saint. Bossuet n'est pas de ces talents ingénieux qui ont l'art de traiter excellemment des sujets médiocres et d'y introduire des ressources étrangères ; mais que le sujet qui s'offre à lui soit vaste, relevé, majestueux, le voilà à son aise, et plus la matière est haute, plus il va se sentir à son niveau et dans sa région. Lorsqu'il eut quitté Metz pour s'établir à Paris, Bossuet en marqua aussitôt l'effet dans son éloquence, et, à le lire dans ses productions d'alors, on éprouve comme le passage d'un climat à un autre. « En suivant les discours de Bossuet dans leur ordre chronologique, a très-bien dit l'abbé Vaillant, nous voyons les vieux mots tomber successivement comme tombent les feuilles des bois. » Les expressions surannées ou triviales, les images rebutantes, les oublis de goût, qui sont encore moins la faute de la jeunesse de Bossuet que de toute cette époque de transition qui précéda le grand règne, disparaissent et ne laissent subsister que cette langue neuve, familière, imprévue, qui ne reculera jamais, comme il l'a dit de saint Paul, devant *les glorieuses bassesses du Christianisme*, mais qui en saura aussi consacrer magnifiquement les combats, le gouvernement spirituel et le triomphe. Appelé souvent à prêcher devant la Cour à dater de 1662, ayant à parler dans les églises ou dans les grandes communautés de Paris, Bossuet y acquit en un instant la langue de l'usage, tout en gardant et développant la sienne; il dépouilla entièrement la province : celle-ci, dans un exercice et une discipline de six années, l'avait aguerri; la Cour ne le polit qu'autant qu'il fallut. Il était orateur complet dès l'âge de trente-quatre ans. Durant huit ou neuf années (1660-1669), il fut le grand prédicateur en vogue et en renom.

Deux opinions se sont produites lorsqu'on imprima pour la première fois les Sermons de Bossuet en 1772 : j'ai déjà indiqué celle de l'abbé Maury, qui plaçait ces Sermons au-dessus de tout ce que la Chaire française avait offert en ce genre; l'autre opinion, qui était celle de La Harpe, et que j'ai vue partagée depuis encore par de bons esprits, était moins enthousiaste et se montrait plus sensible aux inégalités et aux désaccords de ton. On trouverait de quoi justifier l'une et l'autre de ces opinions, à condition que la première l'emportât en définitive, et que le génie de Bossuet, là comme ailleurs, gardât le plus haut rang. Il est très-vrai que, lus de suite, sans avertissement, sans qu'on se dise l'âge, le lieu, les circonstances dans lesquelles ils ont été composés, quelques-uns de ces discours de Bossuet peuvent rebuter ou surprendre des esprits qui aiment à s'appuyer sur la continuité plus égale et plus exacte de Bourdaloue et de Massillon. Par exemple, on ouvre les volumes, et on trouve tout d'abord, l'un après l'autre, quatre sermons ou projets de sermons sur la Fête de Tous les Saints. Le premier, dont on n'a que le canevas, et qui n'est guère qu'un amas de textes et de notes, a été prêché à Metz; le second, qu'on a tout entier, l'a été également. Ce second discours est pénible, quelque peu subtil, et sent l'appareil théologique. Voulant donner idée de la félicité et de la gloire des Saints en l'autre vie, voulant développer les desseins de Dieu dans l'accomplissement de ses élus et comment il les prend, les manie, les prépare et n'arrive que tout à la fin à leur donner le *coup de maître*, l'orateur, qui cherche à se rendre compte à lui-même, établit une dissertation élevée autant et plus qu'il ne prêche un sermon; il dut peu agir cette fois sur les esprits de son auditoire et en être médiocrement suivi. Non qu'il n'y ait de grands traits, de belles et larges comparaisons, et aussi de ces plaintes toujours vraies et toujours émouvantes sur la vie humaine si traversée et si misérable en elle-même, et où il a fallu, dit-il, que Dieu mît de l'adresse et de l'artifice pour nous en cacher les misères : « Et toutefois, ô aveuglement de l'esprit humain! c'est elle qui nous séduit, elle qui n'est que trouble et qu'agitation, qui ne tient à rien, qui fait autant de pas à sa fin qu'elle ajoute de moments à sa durée, et qui nous manquera tout à coup comme un faux ami, lorsqu'elle semblera nous promettre plus de repos. A quoi est-ce que nous pensons? » Mais, malgré ces traits à noter et bien d'autres, ce second sermon pour la Toussaint est pénible, je le répète, un peu obscur, et, si l'on veut retrouver Bossuet tout à fait grand orateur, il faut passer au troisième : ou plutôt, dans une lecture bien faite et bien conseillée de cette partie des OEuvres de Bossuet, on devra omettre, supprimer et le premier sermon et le quatrième, qui ne sont que des canevas informes, ne pas s'arrêter à ce second, qui est difficultueux, et alors on jouira avec fraîcheur de toute la beauté morale et sereine de cet admirable troisième sermon prêché en 1669 dans la chapelle royale, et où Bossuet réfutant Montaigne, achevant et consommant Platon, démontre et rend presque sensibles aux esprits les moins préparés les conditions du seul vrai, durable et éternel bonheur. Et ici remarquez qu'il ne fait pas comme dans le discours de Metz où il songeait bien plus à diviser, à approfondir son sujet qu'à le rendre manifeste; il ne raisonne plus pour lui seul, il pense à ses auditeurs, il ne les perd pas de vue un seul instant : « O largeur, ô profondeur! ô longueur sans bornes, et inaccessible hauteur (du bonheur céleste)! pourrai-je vous renfermer dans un seul discours? Allons ensemble, mes Frères ; entrons en cet abîme de gloire et de majesté. Jetons-nous avec confiance sur cet Océan... » Quand il veut faire comprendre que le vrai bonheur pour l'être intelligent est dans la vue et dans la possession de la vérité, il sent bien qu'on va lui demander : Qu'est-ce que la vérité? et il va s'appliquer à y répondre : « Mortels grossiers et charnels, nous entendons tout corporellement; nous voulons toujours des images et des formes matérielles. Ne pourrai-je aujourd'hui éveiller ces yeux spirituels et intérieurs, qui sont cachés bien avant au fond de votre âme, les détourner un moment de ces images vagues et changeantes que les sens impriment, et les accoutumer à porter la vue de la vérité toute pure? Tentons, essayons, voyons. » — Le second *point* est tout moral et très-beau. Pour donner une forte idée des plaisirs véritables dont jouissent les bienheureux, l'orateur se dit ainsi qu'à ses auditeurs : « Philosophons un peu avant toutes choses sur la nature des joies du monde. » Et il va tâcher de faire sentir par ce qui manque à nos joies ce qui doit entrer dans celles d'une condition meilleure : « Car c'est une erreur de croire qu'il faille indifféremment recevoir la joie de quelque côté qu'elle naisse, quelque main qui nous la présente... De toutes les passions, la plus pleine d'illusion, c'est la joie. » *Demandons-nous toujours : D'où nous vient-elle et quel en est le sujet? Où nous mène-t-elle, et en quel état nous laisse-t-elle?* Si elle passe si vite, elle n'est point la vraie. Le bonheur d'un être (grand principe, selon Bossuet) ne doit jamais se distinguer de la perfection de cet être; le vrai bonheur digne de ce nom est l'état où l'être est le plus selon sa nature, où il est le plus lui-même, dans sa plénitude et dans le contentement de ses intimes désirs. Montaigne (il le nomme en chaire) a beau dire, il a beau tenir en échec la foi, rabaisser la nature humaine, et la comparer aux bêtes en lui donnant souvent le dessous : « Mais dites-moi, subtil philosophe, qui vous riez si finement de l'homme qui s'imagine être quelque chose, compterez-vous encore pour rien de connaître Dieu? Connaître une première nature, adorer son éternité, admirer sa toute-puissance, louer sa sagesse, s'abandonner à sa providence, obéir à sa volonté, n'est-ce rien qui nous distingue des bêtes? » Il le presse, il le pousse; le spirituel sceptique n'a jamais eu affaire à un si rude interrogateur, ni senti l'éclair d'un glaive si voisin de ses yeux : « Et donc! que les éléments nous redemandent tout ce qu'ils nous prêtent, pourvu que Dieu puisse aussi nous redemander cette âme qu'il a faite à sa ressemblance. Périssent toutes les pensées que nous avons données aux choses mortelles; mais que ce qui était né capable de Dieu soit immortel comme lui? Par conséquent, homme sensuel qui ne renoncez à la vie future que parce que vous craignez les justes supplices, n'espérez plus au néant; non, non, n'y espérez plus : voulez-le, ne le voulez pas, votre éternité vous est assurée. »

Quant au bonheur même dont il voudrait nous donner directement l'idée, bonheur tout spirituel et tout intérieur de l'âme dans l'autre vie, il le résume dans une expression qui termine tout un développement heureux, et il le définit : « la raison toujours attentive et toujours contente. » Prenez *raison* dans le sens le plus vif et le plus lumineux, la pure flamme dégagée des sens

Par ces exemples, que je pourrais multiplier, on voit

bien la marche et le progrès rapide du génie de Bossuet. Comme tous les inventeurs, il a eu quelques premiers hasards à vaincre et des tâtonnements, chez lui encore impétueux. Je me rappelle qu'autrefois M. Ampère, dans ses leçons du Collége de France, voulant caractériser ces trois grands moments de l'Éloquence de la Chaire parmi nous, le moment de la création et de l'installation puissante par Bossuet, le moment du plein développement avec Bourdaloue, et enfin l'époque de l'épanouissement extrême et de la fertilité d'automne sous Massillon, y rattachait les antiques noms devenus symboles qui consacrent les trois grands moments de la scène tragique en Grèce. De ces noms il en est deux du moins qui peuvent, en effet, se rappeler ici sans disparate : il y a quelque chose de la grandeur et de la majesté d'Eschyle aussi bien que de Corneille en Bossuet, de même qu'il peut paraître quelque chose d'Euripide comme de Racine en Massillon.

Bossuet est un talent antérieur d'origine et de formation à Louis XIV, mais pour son achèvement et sa perfection il dut beaucoup à ce jeune roi. On a essayé plus d'une fois de refuser et de ravir à Louis XIV son genre d'influence utile et d'ascendant propice sur ce qu'on a appelé son siècle : depuis quelque temps, on semblait cependant revenu de cette contestation injuste et exclusive, lorsqu'un grand écrivain de nos jours, M. Cousin, l'a tout d'un coup renouvelée, et a voulu encore une fois dépouiller Louis XIV de sa meilleure gloire pour la reporter tout entière sur l'époque antérieure. M. Cousin a une manière commode pour exagérer et agrandir les objets de son admiration : il abat ou abaisse ce qui est alentour. C'est ainsi que pour exalter Corneille, en qui il voit Eschyle, Sophocle, tous les tragiques grecs réunis, il sacrifie et diminue Racine ; c'est ainsi que, pour mieux célébrer l'époque de

Louis XIII et de la Régence qui succéda, il déprime le règne de Louis XIV; que, pour glorifier les Poussin et les Le Sueur, dont il parle peut-être avec plus d'enthousiasme et d'acclamation que de connaissance directe et de goût senti et véritable, il blasphème et nie l'admirable peinture flamande; il dit de Raphaël qu'il ne touche pas, qu'il ne fait que jouer autour du cœur, *Circum præcordia ludit.* En un mot, M. Cousin est volontiers l'homme des partis pris, des idées préconçues, ou plutôt encore il est l'homme de son tempérament et de sa propre nature. Il se prend résolûment pour point de départ de ce qu'il préfère; son goût personnel entraîne tout son jugement dans une seule et même verve. Il abonde et déborde chaque fois dans son propre sens, et ne rentre ensuite dans le juste que lorsqu'on lui a opposé de tous côtés des contradictions et des digues, et qu'on l'a forcé à se réduire, à se modérer. Il est allé, dans la question présente, jusqu'à soutenir que ce Louis XIV qui le gêne n'a été tout à fait lui-même et n'a, en quelque sorte, commencé à dominer et à régner qu'après l'influence épuisée de M. de Lyonne et de Colbert, deux élèves de Richelieu et de Mazarin; voilà le grand règne reculé de dix ou quinze ans, et la minorité du monarque singulièrement prolongée par un coup d'autorité auquel on ne s'attendait pas (1). M. Poujoulat,

---

(1) C'est dans l'Avant-Propos du volume intitulé *Madame de Longueville* que M. Cousin a dit : « L'influence de Louis XIV se fait sentir assez tard. Il n'a pris les rênes du Gouvernement qu'en 1661, et d'abord il a suivi son temps, il ne l'a pas dominé; il n'a paru réellement lui-même que lorsqu'il n'a plus été conduit par Lyonne et Colbert, les derniers disciples de Richelieu et de Mazarin. C'est alors que gouvernant presque seul et supérieur à ce qui l'entourait, il a mis partout l'empreinte de son goût, etc., etc. » — L'idée de faire régner et gouverner M. de Lyonne en lieu et place de Louis XIV est surtout des plus singulières. Quoi ! parce que M. Mignet, en publiant les *Négociations relatives à la Succession d'Espagne*, a montré par une

en prenant ces assertions très au sérieux et sans se permettre jamais d'en sourire, les a combattues avec avantage. Bossuet, ce me semble, nous offre en particulier un des plus grands et frappants exemples du genre de bienfaits que le siècle de Louis XIV dut au jeune astre de son roi dès le premier jour. Distingué par la reine Anne d'Autriche, devenu vers la fin son prédicateur de prédilection, Bossuet avait d'abord dans le talent quelque luxe d'esprit, quelques-unes de ces subtilités abondantes et ingénieuses qui tenaient au goût du jour. Ainsi, prêchant devant la reine-mère en 1658 ou 1659 le *Panégyrique de sainte Thérèse*, Bossuet, excité peut-être par les recherches de style de la sainte espagnole, et développant à plaisir un passage de Tertullien qui dit que Jésus, avant de mourir, voulut *se rassasier par la volupté de la patience*, ne craindra pas d'ajouter : « Ne diriez-vous pas, Chrétiens, que, selon le sentiment de ce Père, toute la vie du Sauveur était un *festin* dont *tous les mets étaient des tourments?* festin étrange selon le siècle, mais que Jésus a jugé digne de son goût! Sa mort suffisait pour notre salut; mais sa mort ne suffisait pas à ce *merveilleux appétit* qu'il avait de souffrir pour nous. » Voilà bien du bel-esprit qui tient encore au genre à la mode sous la Régence. Mais admis à parler

---

suite de dépêches que M. de Lyonne était un très-habile secrétaire d'État des Affaires étrangères, voilà que vous en faites un homme qui retarde l'avènement réel de Louis XIV, et qui provisoirement le détrône dans votre esprit! Jamais on n'a plus abusé du parti à tirer des papiers d'État que de les faire servir à une telle conclusion. Mais la vue de tous papiers posthumes et inédits cause à M. Cousin une sorte d'éblouissement. Louis XIV dans ses *Mémoires*, parlant de M. de Lyonne à la date de sa mort, se contente de dire : « En 1671, un ministre mourut qui avait la charge de secrétaire d'État, ayant le département des Affaires étrangères. Il était homme capable, mais non pas sans défauts; il ne laissait pas de bien remplir ce poste, qui est très-important. Je fus quelque temps à penser à qui je ferais avoir sa charge... » C'est ainsi que s'exprime un roi.

devant le jeune roi, il apprit vite à corriger ce genre de saillies et à les réprimer. Louis XIV, lorsqu'il entendit pour la première fois Bossuet, le goûta beaucoup et eut envers lui un procédé charmant, bien digne d'un jeune roi qui a encore sa mère : il fit écrire au père de Bossuet, à Metz, *pour le féliciter d'avoir un tel fils.* Qui ne sent pas cette délicatesse n'est pas fait non plus pour sentir le genre d'influence que put avoir ce jeune prince sur l'imagination vaste et l'esprit si sensé de Bossuet. Louis XIV eut de tout temps la parole la plus juste, de même qu'il avait, dit-on, la rectitude et la symétrie dans le coup d'œil. Il y avait en lui, il y avait autour de lui quelque chose qui avertissait de ne pas excéder, de ne rien forcer. Bossuet, en parlant en sa présence, sentit, pour un certain goût élevé, qu'il avait en face de soi un régulateur. Je ne veux rien dire que d'incontestable : Louis XIV bien jeune a été utile à Bossuet pour lui donner de la proportion et toute sa justesse. Le grand orateur sacré continua de ne devoir qu'à lui-même et à l'esprit qui le remplissait ses inspirations et son originalité.

Il y a un fait qui se peut vérifier : dans cette suite des Sermons de Bossuet qui ont été rangés, non pas dans l'ordre chronologique où il les a composés, mais selon l'ordre de l'année chrétienne, en commençant par la Toussaint et l'Avent et en finissant par delà la Pentecôte, voulez-vous à coup sûr mettre la main sur un des plus beaux et des plus irréprochables, prenez l'un quelconque de ceux dont il est dit : *Prêché devant le roi.*

Je ne puis m'empêcher encore d'exprimer une pensée. Oh ! quand il parle si à son aise de Louis XIV, de Louis XIII et de Richelieu, donnant bien haut la supériorité à ce qu'il préfère et à ce qu'il croit qui lui ressemble, je m'étonne que M. Cousin ne se soit jamais posé une seule fois cette question : « Qu'aurait gagné, qu'aurait perdu mon propre talent, ce talent que l'on compare tous les jours à celui des écrivains du grand siècle, qu'aurait-il gagné ou perdu, cet admirable talent (J'oublie que c'est lui qui parle), si j'avais eu à écrire ou à discourir, ne fût-ce que quelques années, en vue même de Louis XIV, c'est-à-dire de ce bon sens royal calme, sobre et auguste? Et ce que j'y aurais gagné ou perdu dans ma verve et mon éloquence, ne serait-ce pas précisément ce qui y fait excès et aussi ce qui y manque en gravité, en proportion, en mesure, en parfaite justesse, et, par conséquent, en véritable autorité? » Car il y avait en Louis XIV et dans l'air qui l'environnait je ne sais quoi qui obligeait à ces qualités et à ces mérites tous ceux qui entraient dans la sphère du grand règne, et c'est en ce sens qu'on peut dire qu'il les leur conférait.

Il n'y a nul doute que, si Bossuet avait poursuivi cette carrière de sermonnaire qu'il remplit de 1664 à 1669, il n'eût gardé le sceptre et que Bourdaloue ne fût venu dans l'estime générale qu'après et un peu au-dessous. Et pourtant, peut-être, cette égalité solide, forte et continue de Bourdaloue, sans tant d'audace ni d'éclat, atteignait-elle plus sûrement la masse moyenne des auditeurs. Je ne fais qu'indiquer cette idée que je crois vraie, et qui ne revient pas tout à fait à ce que dit un biographe souverainement inexact : « On compara *avec passion*, dit M. de Lamartine parlant de Bossuet et de Bourdaloue, ces deux émules d'éloquence. *A la honte du temps*, le nombre des admirateurs de Bourdaloue dépassa en peu de temps celui des enthousiastes de Bossuet. La raison de cette préférence d'une argumentation froide sur une éloquence sublime est dans la nature des choses humaines. Les hommes de stature moyenne ont plus d'analogie avec leur siècle que les hommes démesurés n'en ont avec leurs contemporains. Les orateurs qui argumentent sont plus facilement compris par la foule que les orateurs qui s'enthousiasment; il faut des ailes pour suivre l'orateur lyrique... » Cette théorie faite toute exprès à la plus grande gloire des *orateurs lyriques* et des *hommes démesurés* est ici en défaut. M. de Bausset a remarqué au contraire, comme une espèce de singularité, qu'il ne vint à l'idée de personne alors de prendre Bossuet et Bourdaloue pour sujet de parallèle, et de balancer leur mérite et leur génie, comme on le faisait si souvent pour Corneille et pour Racine; ou du moins, si on les compara, ce ne fut que très-peu. *A l'honneur* et non *à la honte du temps*, le goût et le sentiment public se rendirent compte de la différence. Bossuet, dans la sphère supérieure de l'épiscopat, demeurait l'oracle, le docteur, un Père moderne de l'Église, le grand orateur qui intervenait aux heures funèbres et majestueuses; qui reparaissait quelquefois dans la chaire à la demande du monarque, ou pour solenniser les Assemblées du Clergé, laissant chaque fois de sa parole un souvenir imposant et mémorable. Cependant Bourdaloue continua d'être pour le siècle le prédicateur ordinaire par excellence, celui qui donnait un Cours continuel de Christianisme moral et pratique, et qui distribuait à tous fidèles sous la forme la plus saine le pain quotidien. Bossuet a dit quelque part dans un de ses sermons : « S'il n'était mieux séant à la dignité de cette chaire de supposer comme indubitables les maximes de l'Évangile que de les prouver par raisonnement, avec quelle facilité pourrais-je vous faire voir, etc. » Là où Bossuet eût souffert de s'abaisser et de s'astreindre à une trop longue preuve et à une argumentation suivie, Bourdaloue, qui n'avait pas les mêmes impatiences de génie, était sans doute un ouvrier apostolique plus efficace à la longue et plus approprié dans sa constance. Le siècle dans lequel tous deux vivaient eut le mérite de faire cette distinction, et d'apprécier chacun sans les opposer l'un à l'autre : et aujourd'hui ceux qui triomphent de cette opposition et qui écrasent si aisément Bourdaloue avec Bossuet, l'homme de talent avec l'homme de génie, parce qu'ils croient se sentir eux-mêmes de la famille des génies, oublient trop que cette éloquence chrétienne était faite pour édifier et pour nourrir encore plus que pour plaire ou pour subjuguer.

Maintenant, il est juste de dire que dans ces Sermons ou discours prononcés par Bossuet de 1661 à 1669 et au delà, — dans presque tous, il y a des endroits admirables, et qui pour nous autres lecteurs de quelque ordre que nous soyons, sont tout autrement émouvants que les Sermons lus aujourd'hui de Bourdaloue. Dans le *Panégyrique de saint Paul* tout d'abord, quelle prise de possession du sujet par le fond, par le côté le plus intime et le plus hardi, le plus surnaturel! Paul est *d'autant plus puissant qu'il se sent plus faible;* c'est sa faiblesse qui fait sa force. Il est l'Apôtre sans art d'une sagesse cachée, d'une sagesse incompréhensible, qui choque et qui scandalise, et il n'y mettra ni fard ni artifice :

« Il ira en cette Grèce polie, la mère des philosophes et des orateurs ; et, malgré la résistance du monde, il y établira plus d'églises que Platon n'y a gagné de disciples par cette éloquence qu'on a crue divine. Il prêchera Jésus dans Athènes, et le plus savant de ses sénateurs passera de l'Aréopage en l'école de ce barbare. Il poussera encore plus loin ses conquêtes : il abattra aux pieds du Sauveur la majesté des faisceaux romains en la personne d'un proconsul, et il fera trembler dans leurs tribunaux les juges devant lesquels on le cite. Rome même entendra sa voix, et un jour cette ville maîtresse se tiendra bien plus honorée d'une lettre du style de Paul, adressée à ses citoyens, que de tant de fameuses harangues qu'elle a entendues de son Cicéron.

« Et d'où vient cela, Chrétiens? C'est que Paul a des moyens pour persuader que la Grèce n'enseigne pas, et que Rome n'a pas appris. Une puissance surnaturelle qui se plaît de relever ce que les superbes méprisent s'est répandue et mêlée dans l'auguste simplicité de ses paroles. De là vient que nous admirons dans ses admirables Épîtres une certaine vertu plus qu'humaine qui persuade contre les règles, ou plutôt qui ne persuade pas tant qu'elle captive les entendements ; qui ne flatte pas les oreilles, mais qui porte ses coups droit au cœur. De même qu'on voit un grand fleuve qui retient encore, coulant dans la plaine, cette force violente et impétueuse qu'il avait acquise aux montagnes d'où il tire son origine : ainsi cette vertu céleste, qui est contenue dans les Écrits de saint Paul, même dans cette simplicité de style conserve toute la vigueur qu'elle apporte du Ciel d'où elle descend. »

Il n'y a rien après de telles beautés.

Prenons maintenant tout autre sermon prêché depuis à la Cour, celui sur l'*Ambition* (1666), sur l'*Honneur* (1666), sur l'*Amour des plaisirs* (1662), des beautés du même ordre éclatent partout. Sur l'ambition et sur l'honneur, il dit en face de Louis XIV tout ce qui pouvait prévenir l'idolâtrie future et prochaine dont il fut l'objet, si elle avait pu être combattue. Il recherche par les exemples d'un Néron ou d'un Nabuchodonosor « ce que peut faire dans le cœur humain cette terrible pensée de ne voir rien sur sa tête. C'est là que la convoitise, dit-il, va tous les jours se subtilisant et *se renviant pour ainsi dire sur elle-même*. De là naissent des vices inconnus... » Et sur cet homme petit en soi et honteux de sa petitesse, qui travaille à s'accroître, à se multiplier, qui s'imagine qu'il incorpore tout ce qu'il amasse et ce qu'il acquiert : « Tant de fois comte, tant de fois seigneur, possesseur de tant de richesses, maître de tant de personnes, ministre de tant de conseils, et ainsi du reste : toutefois, qu'il se multiplie tant qu'il lui plaira, il ne faut toujours pour l'abattre qu'une seule mort... Dans cet accroissement infini que notre vanité s'imagine, il ne s'avise jamais de se mesurer à son cercueil, qui seul néanmoins le mesure au juste. » Le propre de Bossuet est d'avoir ainsi du premier coup d'œil toutes les grandes idées qui sont les bornes fixes et les extrémités nécessaires des choses, et qui suppriment les intervalles mobiles où s'oublie et se joue l'éternelle enfance des hommes.

Pour qu'il ne soit pas dit que je ne cherche chez lui que les leçons aux grands et aux puissants, dans ce même sermon sur l'*Honneur*, où il énumère et poursuit les différentes sortes de vanités, il n'oublie pas les hommes de lettres, les poëtes, ceux aussi qui, à leur manière, se disputent le renom et l'empire : « Ceux-là pensent être les plus raisonnables qui sont vains des dons de l'intelligence, les savants, les gens de littérature, les beaux-esprits. A la vérité, Chrétiens, ils sont dignes d'être distingués des autres, et ils font un des plus beaux ornements du monde. Mais qui les pourrait supporter lorsque aussitôt qu'ils se sentent un peu de talent, ils fatiguent toutes les oreilles de leurs faits et de leurs dits, et parce qu'ils savent arranger des mots, mesurer un vers ou arrondir une période, ils pensent avoir droit de se faire écouter sans fin et de décider de tout souverainement? *O justesse dans la vie, ô égalité dans les mœurs, ô mesure dans les passions*, riches et véritables ornements de la nature raisonnable, quand est-ce que nous apprendrons à vous estimer?... » Éternelle Poétique, principe, entretien et règle supérieure des vrais talents, vous voilà établie en passant dans un sermon de Bossuet, au moment même où Despréaux essayait de vous retrouver de son côté dans ses Satires. Mais combien la source découle de plus haut et dérive d'une région plus fixe chez Bossuet que chez les Horace et les Despréaux !

Comme particularité littéraire, il est à noter que dans ces Sermons de Bossuet il y a de très-beaux endroits qu'on rencontre répétés jusqu'à deux et trois fois.

d'un discours à l'autre. De ce nombre, je citerai tout un développement moral sur l'inconstance des choses humaines et la bizarrerie de la fortune, qui déjoue à chaque fois toutes les précautions des plus prudents et des plus sages : « Si loin que vous puissiez étendre votre prévoyance, jamais vous n'égalerez ses bizarreries : vous penserez vous être muni d'un côté, la disgrâce viendra de l'autre; vous aurez tout assuré aux environs, l'édifice manquera par le fondement; si le fondement est solide, un coup de foudre viendra d'en haut, qui renversera tout de fond en comble. » Ce lieu-commun éloquent se retrouve à la fois dans le troisième sermon sur la *Toussaint* dont j'ai parlé, dans le sermon sur l'*Amour des plaisirs*, et dans celui sur l'*Ambition* avec quelque variante : « O homme, ne te trompe pas, l'avenir a des événements trop bizarres, et les pertes et les ruines entrent par trop d'endroits dans la fortune des hommes, pour pouvoir être arrêtées de toutes parts. Tu arrêtes cette eau d'un côté, elle pénètre de l'autre, elle bouillonne même par-dessous la terre... » Après tout, Bossuet est un orateur; si peu qu'il cherche son art, il en possède et en connaît toute la pratique comme un Démosthène; ce beau morceau, qui a l'air d'être brusque et soudain, il sait bien qu'il est beau, il le garde et le met en réserve pour le répéter dans l'occasion. — On remarque aussi, jusque dans ses sermons de la grande époque, des expressions non pas surannées, mais d'une énergie propre et qui n'est pas de l'acception commune : « Notre siècle *délicieux*, qui ne peut souffrir la dureté de la Croix; » pour notre siècle *ami des délices*. — « C'est vouloir en quelque sorte *déserter* la Cour que de combattre l'ambition. » *Déserter*, c'est-à-dire, *dévaster, rendre déserte* (*solitudinem facere*). — « Il y a cette différence entre la raison et les sens, que les sens font d'abord leur impression : leur opéra-

tion est prompte, leur attaque brusque et *surprenante*. »
Surprenante est pris ici au sens propre et physique, et
non dans le sens plus réfléchi d'étonner et d'émerveiller. Mais pardon de nous arrêter sur ces détails d'Academie avec Bossuet.

Dans les premières années de son séjour à Paris, il
préluda dans le genre de l'Oraison funèbre. On a celle
qu'il prononça pour le Père Bourgoing, général de l'Oratoire (1662), et pour Nicolas Cornet, grand-maître de
Navarre, et le maître chéri de Bossuet en particulier
(1663). Il y a des beautés dans ces deux discours; on
cite souvent, de l'Oraison funèbre du Père Bourgoing,
un beau morceau sur l'institution de l'Oratoire. Dans
l'Oraison funèbre de M. Nicolas Cornet, les questions
de la Grâce et du libre arbitre qui agitaient alors l'Église
sous les noms de Jansénisme et de Molinisme sont admirablement définies, et Bossuet, par la manière libre dont
il les expose, montre à quel point il est dégagé des partis et combien il plane. L'arbitre gallican, en ces matières périlleuses, est trouvé. Toutefois, ce qui frappe dans
ces deux Oraisons funèbres, surtout dans la dernière,
c'est un notable désaccord entre le ton et le sujet. Nous
qui ne sommes pas de la maison de Navarre, nous ne
pouvons entrer ainsi à toutes voiles dans cette gloire de
Nicolas Cornet et dans cette apostrophe à ses *grandes
Mânes*. Bossuet a besoin de sujets amples et élevés; en
attendant qu'il lui en vienne, il agrandit et rehausse
ceux qu'il traite; mais il y paraît quelque disproportion.
Il tonnait un peu dans le vide en ces moments, ou plutôt dans un espace trop étroit : sa voix était trop forte
pour le vaisseau.

Il devait être plus à l'aise et se sentir plus au large
en célébrant la reine Anne d'Autriche, dont il prononça
quelques années après l'Oraison funèbre (1667); mais,
chose singulière! ce discours où Bossuet avait dû ré-

pandre les reconnaissances de son cœur et déployer déjà ses magnificences historiques n'a pas été imprimé.

Enfin la mort de la reine d'Angleterre vint lui offrir (1669) le plus majestueux et le plus grandiose des sujets. Il lui fallait la chute et la restauration des trônes, la révolution des empires, toutes les fortunes diverses assemblées en une seule vie et pesant sur une même tête : il fallait à l'aigle la vaste profondeur des cieux, et en bas tous les abîmes et les orages de l'Océan. Mais notons encore un service que Louis XIV et son règne rendirent à Bossuet : ces grands sujets, il les aurait eus également dans les époques désastreuses et à travers les Frondes et les discordes civiles, mais il les aurait eus épars, en quelque sorte, et sans limites : Louis XIV présent avec son règne lui donna le cadre où ces vastes sujets se limitèrent et se fixèrent sans se rétrécir. Dans l'époque auguste et si définie au sein de laquelle il parlait, Bossuet, sans rien perdre de son étendue ni de ses hardiesses de coup d'œil à distance, trouvait partout autour de lui ce point d'appui, cette sécurité, et cet encouragement ou avertissement insensible dont le talent et le génie lui-même ont besoin. Bossuet mettait sans doute sa certitude avant tout dans le Ciel; mais, orateur, il redoublait d'autorité et de force calme en sentant que sous lui, et au moment où il la pressait du pied, la terre de France ne tremblait plus.

Je ne fais que m'arrêter au seuil avec Bossuet : d'autres publications, je l'espère, me fourniront des occasions nouvelles et m'exciteront aussi à le suivre en quelques-unes de ses autres œuvres. J'aurais pu parler avec plus de détail du livre de M. Poujoulat : l'auteur l'aurait désiré peut-être, et certes il le méritait pour son utile et consciencieux travail. Mais il me pardonnera de ne pas entrer avec lui dans des discussions qui ne seraient que secondaires : je loue trop l'esprit général de son livre et aussi j'approuve trop l'ensemble de l'exécution, pour vouloir instituer une critique en forme sur quelques parties. Cette fois donc, en présence d'un si grand sujet et au pied de la statue, qu'il me suffise d'avoir donné d'un ciseau timide ce que j'appelle une première *atteinte*.

Mercredi, 14 juin 1854.

MAUCROIX

L'AMI DE LA FONTAINE.

Ses *Œuvres diverses* publiées par M. Louis Paris (1).

Aujourd'hui nous revenons tout simplement à un disciple d'Horace. Le chanoine Maucroix, l'ami et le camarade de La Fontaine, n'était pas autre chose, et il avait quelques-uns des traits délicats du maître. Il était de ceux qui, par nature et par goût, n'ont rien de plus cher que les douceurs d'une vie particulière et obscure, d'un loisir animé par l'amitié, embelli par les lettres, égayé d'un peu de poésie, et le plus souvent rempli par la paresse. Il avait joui en son temps et dans sa saison d'une certaine célébrité poétique; on le citait pour ses madrigaux, pour ses épigrammes; il y eut un couplet de lui qui se chantait partout en 1663. Il fut ensuite principalement renommé et illustre pour la beauté de ses traductions, dont il a fait un bon nombre, tant du grec que du latin. J'ai une quinzaine de volumes rangés

(1). 2 vol., chez Techener, 1854. — Cet article sur *Maucroix* a été renvoyé au mercredi parce que le *Moniteur* du lundi 12 juin avait publié mon Rapport sur les primes à décerner aux ouvrages dramatiques. (Voir ce Rapport dans l'*Appendice* à la fin du volume.)

en ce moment sur ma table, et qui sont de la plume de ce paresseux qui vécut, il est vrai, quatre-vingt-huit ans.

Ce qui nous paraît le mieux valoir aujourd'hui, après quelques-uns de ses vers, ce sont ses lettres. M. Louis Paris, estimable frère du spirituel académicien, vient de donner en deux volumes le recueil des *Œuvres diverses* de Maucroix, qui sont en partie composées de productions inédites, lettres et vers; il a fait précéder son recueil d'une Étude complète sur la vie et les ouvrages de l'auteur, et il a bien mérité par là de notre histoire littéraire. Il est possible à tout le monde aujourd'hui de se bien représenter le genre d'existence et le caractère du bon Maucroix, qui est un des derniers types, et les plus polis, de la grâce et de la naïveté du vieux temps.

Ce camarade de La Fontaine, qui était de deux ans plus âgé que lui, naquit le 7 janvier 1619, à Noyon en l'Ile-de-France. Fils d'un procureur, il commença peut-être à Château-Thierry ses études, et certainement les continua et les termina à Paris. Au sortir des écoles, il se trouva être de la fleur de cette jeunesse d'alors qui allait occuper le jeu pendant une quinzaine d'années jusqu'à la Fronde et au delà, jusqu'à l'avénement de Louis XIV. Lié avec les Conrart, les d'Ablancourt, les Patru, et suivant de près leurs traces, il donnait la main aux Tallemant, aux Pellisson et à cette bande de beaux-esprits galants ou malins. Il se destinait d'abord au barreau, mais il le suivait moins pour les affaires que pour les hors-d'œuvre et les gais propos; il était du cercle de ceux qui se rangeaient autour de Patru près du pilier où présidait habituellement cet oracle familier du beau langage : Patru n'était cicéronien qu'en plaidant. Maucroix ne plaida en tout que cinq ou six fois dans sa jeunesse, et plus tard, dans sa vie d'église, il ne monta jamais en chaire. « Quoiqu'il eût, dit d'Olivet, une grâce infinie à prononcer, cependant sa timidité naturelle et l'horreur qu'il avait pour la chicane le dégoûtèrent bientôt de son métier. » Il quitta Paris d'assez bonne heure pour aller à Reims et y être attaché à M. de Joyeuse, lieutenant du roi au gouvernement de Champagne, en qualité de secrétaire ou d'homme d'affaires, on ne dit pas bien sous quel titre, mais certainement sur un pied d'agréable domesticité. Maucroix eut alors sa grande aventure de cœur. M. de Joyeuse avait une fille qui avait de l'esprit et de la beauté; Maucroix la voyait se former et grandir : « Comme ce garçon est bien fait, a beaucoup de douceur et beaucoup d'esprit, et fait aussi bien des vers et des lettres que personne, à quinze ans elle eut de l'inclination pour lui. » C'est Tallemant qui nous peint ainsi son ami, et qui nous raconte l'historiette romanesque. Mademoiselle de Joyeuse était une trop grande dame pour que Maucroix pût prétendre même à se déclarer. Aussi son amour et sa douleur, dans les élégies qu'il composa d'abord, prennent-ils un caractère de regret, de résignation et de sacrifice auquel nos bons aïeux ne nous ont pas accoutumés, et qui ne sera guère dans l'habitude de Maucroix lui-même. Il est amoureux, il est fidèle, dit-il, mais ce n'est point en vertu d'un téméraire espoir :

> Que la terre à mes pieds s'ouvre pour m'abîmer,
> Si je cherche en l'aimant que le bien de l'aimer !
> C'est là tout mon désir; car enfin si je l'aime,
> C'est seulement pour elle, et non pas pour moi-même.
> Jaloux, de mon bonheur si bien persuadés,
> Voyez si vos soupçons ne sont pas mal fondés,
> Si l'on peut m'accuser de la moindre licence,
> Et si jamais Amour fut si plein d'innocence.
>
> . . . .
> C'est toujours trop pour moi, quoi qu'elle puisse faire,
> Et, si peu que m'accorde une telle beauté,
> Elle me donne plus que je n'ai mérité.

Quand je pense aux grandeurs dont l'éclat l'environne
De sa témérité mon courage s'étonne,
Je doute du beau feu dont je me sens épris,
Et ne puis croire encor d'avoir tant entrepris.

Ces vers ont de la douceur, de la sensibilité, et un ton de passion tendre dont Maucroix fut capable une fois dans sa vie. Cependant on songeait à marier mademoiselle de Joyeuse. Elle fut fiancée au marquis de Lénoncourt, et Maucroix, au même moment où il étouffait secrètement sa douleur, était chargé par l'amant et fiancé, qu'éloignait un devoir militaire, de faire des vers élégiaques destinés à la jeune épouse. Ce serait un moyen de se venger de son rival en pareil cas que de lui faire de mauvais vers ; Maucroix n'y songea pas, il fit de son mieux et comme pour lui : seulement il exhala ensuite son dépit contre ce rival dans une épigramme.

Je ne me charge pas de répéter ici l'historiette de cet amour de Maucroix, raconté au long par Tallemant jusque dans ses circonstances les plus naïves. Lénoncourt, le premier fiancé, ayant été tué au siége de Thionville (1643), un second se présenta et fut plus heureux. Mademoiselle de Joyeuse devint la marquise de Brosses, et Maucroix, soit à Paris où il était allé se distraire, soit de retour à Reims où il retrouva l'objet de son mal, gardait un beau reste d'attache et de sentiment. Ce fut sur ces entrefaites qu'il quitta décidément non pas le monde, mais la carrière laïque, et qu'il se décida à acheter une prébende vacante qui le rendit chanoine de la cathédrale de Reims : il avait vingt-huit ans. Il ne faudrait pourtant pas voir là dedans une retraite par désespoir, un acte de sacrifice comme on le raconte d'un Rancé ou d'un Comminges : Maucroix n'avait point une si grande fermeté ni élévation de sentiments ; en pensant au canonicat, il cherchait une vie agréable, un arrangement honnête et facile, et la suite de ses relations avec la marquise de Brosses le prouva trop bien. Cependant, disons à son honneur que lorsque la marquise, ayant épuisé ses coquetteries à la Cour et en tous lieux, délaissée de son mari, frappée dans sa beauté, se voyant malade et dépérissante, cherchait un lieu où s'abriter, ce fut à Reims, chez MM. de Maucroix, le nôtre et son frère, qu'elle fut recueillie, qu'elle reçut les derniers soins et qu'elle mourut, aussi bien que sa mère, qui y était morte également.

« Elle souffrit longtemps, nous dit Tallemant des Réaux en parlant de cette fin de vie de la marquise, il (Maucroix) souffrait assurément plus qu'elle : je n'ai jamais vu un homme si affligé, et, à cause de lui, je me suis réjoui de la mort de cette belle, parce qu'il était en un tel état que je ne savais ce qui en serait arrivé. Il a été plus de quatre ans à s'en consoler, et il n'y a eu qu'une nouvelle amour qui l'ait pu guérir... » La preuve n'est pas la plus forte qu'on puisse alléguer en fait de fidélité, mais il faut prendre ces natures naïves et de la famille de La Fontaine comme elles sont. Après des années, un jour qu'il était accusé d'être volage et peu profond dans ses sentiments, Maucroix en convient d'assez bonne grâce : « A propos, écrivait-il à une femme d'esprit qui l'attaquait là-dessus, vous me reprochez que bien souvent ç'ont été les sens qui ont emporté mon cœur; pour cette fois-là (*Il parle d'une liaison nouvelle*), vous ne devinez pas trop mal, ma chère; quand il y a un peu d'amour en campagne, cela arrive assez souvent : car, quoi! est-ce qu'on verrait une aimable chose et qu'on n'oserait s'en approcher un peu? Voyez-vous, le corps est si près de l'esprit, on ne saurait quasi les séparer... » Voilà du La Fontaine en prose, mais Maucroix ajoutait comme correctif (et il semble tout à fait au ton de sa lettre qu'on l'entend causer) : « Mais là, là, voici bien de quoi convaincre toutes celles qui voudraient m'accuser de légèreté. Par le plus grand bonheur du monde j'ai recouvré un portrait de la personne que j'ai la mieux aimée, combien y a-t-il? plus de quarante ans! ce sont bien des ans! j'en fais faire une copie, la copie est presque achevée : elle ressemble fort à l'original, qui ressemblait fort à la belle. J'en ai une joie, je ne m'en sens pas... Toutes mes plaies se sont rouvertes... » Il le dit un peu en badinant, et sans se gêner, pour ajouter tout aussitôt à la gauloise : « Vous me faites mourir, vous autres prudes; vous purifiez trop toutes choses, vous voulez que le bon vin soit sans lie. »

Toute part faite à ce qui n'est qu'enjouement de propos et badinage épistolaire, Maucroix n'est donc ni un modèle de constance et de sentiment, ni un exemple de régularité ecclésiastique : n'allez pas en conclure qu'il fut un homme de scandale, ni encore moins un homme irréligieux. Ces nuances ou plutôt ces distinctions très-nettes et très-intimes sont essentielles pour caractériser l'esprit des temps. Les défauts de Maucroix, comme ceux de La Fontaine, étaient purement naturels, et jusque dans leur malice ou leur licence gardaient de la *bonhomie*. Prenez au contraire l'abbé de Chaulieu, de vingt ans plus jeune que Maucroix, et qui mourut onze ans après lui, ayant également poussé très-loin sa carrière, et vous aurez l'épicurien à la fois de pratique et de système, celui qui, au milieu de ses refrains bachiques ou de ses nonchalances voluptueuses, raisonnera sur la mort en des vers philosophiques selon les principes d'Épicure tour à tour, ou selon ceux du déisme. Voltaire a hérité du manteau de Chaulieu; il n'aurait rien eu de commun avec Maucroix. Entre Chaulieu et Maucroix il y a place pour le dix-huitième siècle, qui commence : Maucroix est resté en deçà; il tiendrait plutôt de Regnier et de nos bons aïeux. Il s'oublie, il s'amuse, il se laisse aller aux goûts divers de l'humeur et de la nature, mais sans un système bien réfléchi. Qu'une grave maladie le prenne, comme cela lui arriva à Paris, où il se trouvait au printemps de 1682 en qualité de membre de l'Assemblée du Clergé, et voilà tout aussitôt cet homme de société, de gaieté et, jusqu'à un certain point, de plaisir, le voilà tout changé; il a des regrets, il se repent, il se réconcilie : « Je commence à sortir, écrit-il au chanoine Favart, si souvent confident de ses légèretés et de ses jeux; j'ai été aujourd'hui à la messe, c'est la troisième que j'ai entendue depuis ma maladie mortelle : car, mon enfant, j'ai été mort sûrement; on ne peut aller plus loin sans toucher au but. Le Seigneur veut que je vive encore : sa volonté soit faite! Il faudra encore une fois prendre des résolutions contre la mort. Vous serez bien étonné quand vous me reverrez : vous verrez de terribles réformes. » Quand Maucroix traduisait dans son français large, facile et pur, les Homélies d'Asterius ou de saint Jean-Chrysostome et un Traité de Lactance qu'on venait de recouvrer, il faisait certainement quelque chose d'aussi contraire que possible à certains petits vers qu'on a de lui; et pourtant il n'était pas hypocrite, il ne parodiait rien en idée, il payait une dette publique à l'état qu'il avait embrassé et à des croyances qu'il n'avait jamais songé à mettre en question.

Maucroix, en un mot, tenait de La Fontaine, dont il fut comme un second exemplaire conservé en province, avec moins de génie, avec plus de prose, mais avec presque toutes les autres qualités. Et pour le définir lui-même dès à présent au moyen de La Fontaine et par l'idée qu'il nous en donne, citons ce qu'on lit à la dernière page de l'espèce de registre, assez peu intéressant, d'ailleurs, qu'on appelle les Mémoires de Maucroix ; mais ce témoignage si simple et si naturellement rendu a bien du prix :

> « Le 13 avril 1695, mourut à Paris mon très-cher et très-fidèle ami M. de La Fontaine ; nous avons été amis plus de cinquante ans, et je remercie Dieu d'avoir conduit l'amitié extrême que je lui portais jusques à une si grande vieillesse, sans aucune interruption ni aucun refroidissement, pouvant dire que je l'ai toujours tendrement aimé, et autant le dernier jour que le premier. Dieu, par sa miséricorde, le veuille mettre dans son saint repos! C'était l'âme la plus sincère et la plus candide que j'aie jamais connue : jamais de déguisement, je ne sais s'il a menti en sa vie. C'était au reste un très-bel esprit, capable de tout ce qu'il voulait entreprendre : ses Fables, au sentiment des plus habiles, ne mourront jamais, et lui feront honneur dans toute la postérité... »

Ce sont ces Fables et tout ce côté de génie auquel Maucroix n'atteignit et n'aspira jamais ; il avait du reste le bel esprit, les grâces, la candeur. Il a fait d'assez jolis vers, doux ou railleurs, mais sans haleine. Ami de Tallemant des Réaux presque autant que de La Fontaine, il aimait l'historiette, l'anecdote, le bon conte, mais il s'arrêtait en chemin et n'allait pas jusqu'à le mettre en vers. Il était né paresseux, et la province ne diminua pas cette disposition. Ses vers portent le cachet de la date à laquelle il quitta Paris. Règle générale : pour les poëtes et gens de lettres qui se retirent en province après un premier éclat (je parle toujours de la province telle qu'elle était alors, aujourd'hui j'admets que tout est changé), pour ces esprits et ces talents qui ne se renouvellent pas, qui se continuent seulement et qui vivent jusqu'à la fin sur le même fonds, il faut toujours en revenir, pour les bien connaître, à la date de leur floraison première. La date de la fleur de Maucroix, son beau moment parisien, est vers 1647 et un peu auparavant ; à ses débuts, il se rattachait à la littérature poétique de Godeau, de Maynard, surtout de Racan. Maucroix jeune, et encore avocat, a fait ce qu'on appelait des *airs*, des chansons ou stances qui devaient charmer sous la régence d'Anne d'Autriche, et qui se chantaient sur le luth ; par exemple :

> Amants, connaissez les belles,
> Si vous voulez être heureux :
> Elles ne font les cruelles
> Que pour allumer vos feux.
>
> Si votre fière maîtresse
> Fait voir un petit courroux,
> Profitez de sa faiblesse ;
> Elle souffre plus que vous.
>
> Quand tout bas elle soupire,
> N'en soyez pas interdit :
> Écoutez ce qu'on veut dire,
> Et non pas ce que l'on dit..

Il y a ainsi de Maucroix en sa jeunesse quantité de couplets, épigrammes, madrigaux, épîtres familières, desquels il aurait pu dire comme Pline le Jeune envoyant à un ami ses *hendécasyllabes :* « Ce sont de petits vers dans lesquels tour à tour je raille, je badine, je suis amoureux, je me plains, je soupire, je me fâche. » Il aurait eu grand besoin, comme Pline, de demander pardon des légèretés et des endroits libres, en se couvrant des illustres exemples d'hommes réputés graves dont les mœurs, dit-on, valaient mieux que les paroles; mais il n'aurait pu ajouter, comme le docte et ingénieux Romain, qu'il avait été, dans sa manière, tantôt plus *serré*, tantôt plus *élevé* et plus *étendu* (*modo pressius, modo elatius*): Maucroix n'est jamais ni resserré ni élevé; il a du naturel et une certaine douceur de rêverie, il n'a pas de force ni de travail. Ses trois pièces les meilleures sur le ton soutenu sont une Ode à Conrart, une Ode à Patru, et des Stances dans le genre de celles de *la Retraite* de Racan. Ce sont trois pièces qui sont imitées d'Horace, de Malherbe; le poëte y redit, en

13.

l'affaiblissant, ce que ce dernier avait dit de la mort, qui n'épargne personne. Pourtant Maucroix mêle à ses souvenirs littéraires, et aux imitations dont il s'appuie, un sentiment de mollesse qui lui est particulier et qui n'est pas sans charme. Il disait de Malherbe : « Il a beaucoup d'élévation, mais il n'a presque ni douceur ni tendresse. Son grand travail, en quelques endroits qu'il a tâché de polir, ne sert qu'à mieux faire voir qu'il n'est point naturel. » Maucroix, en deux ou trois pièces, a précisément ce naturel joint au poli, et qui fait de lui plutôt un disciple de Racan. On conçoit qu'il ait dit de Virgile : « Virgile est ma folie, et je soutiendrai jusqu'à la mort que ses *Géorgiques* sont le plus bel ouvrage qui soit jamais sorti de la main des Muses. » On le conçoit surtout en lisant la pièce suivante, où respire avec l'amour des champs une sagesse tranquille, et dont j'interromprai à peine la citation complète par une ou deux remarques :

> Heureux qui sans souci d'augmenter son domaine
> Erre, sans y penser, où son désir le mène,
>   Loin des lieux fréquentés!
> Il marche par les champs, par les vertes prairies,
> Et de si doux pensers nourrit ses rêveries,
>   Que pour lui les soleils sont toujours trop hâtés.
>
> Et couché mollement sous son feuillage sombre,
> Quelquefois sous un arbre il se repose à l'ombre,
>   L'esprit libre de soin ;
> Il jouit des beautés dont la terre est parée ;
> Il admire des cieux la campagne azurée,
> Et son bonheur secret n'a que lui de témoin.

Un charmant vers, et qui sent l'ami des *Géorgiques*.

> Il se remet aux Grands des soins du ministère,
> Et laisse au Parlement à se plaindre ou se taire
>   De nos malheurs divers.
> Son cœur est à l'abri des tempêtes civiles,
> Et ne s'alarme point quand, pour piller nos villes,
> D'escadrons ennemis il voit ses champs couverts.

Ici le nonchaloir et la philosophie sembleraient aller jusqu'à une égoïste indifférence pour les maux de tous : avec un peu de travail, Maucroix aurait rendu sa pensée sans prêter à ce reproche. Je continue :

> Il rit de ces prudents qui, par trop de sagesse,
> S'en vont dans l'avenir chercher de la tristesse
> Et des soucis cuisants :
> Le futur incertain jamais ne l'inquiète,
> Et son esprit content, toujours en même assiette,
> Ne peut être ébranlé, même des maux présents.

Très-bien ! voilà ce qu'il voulait dire, et ce que la fin de la précédente strophe ne rendait qu'imparfaitement.

> Cependant vers leur fin s'envolent ses années,
> Mais il attend sans peur des fières Destinées
> Le funeste décret;
> Et quand l'heure est venue et que la mort l'appelle,
> Sans vouloir reculer et sans se plaindre d'elle,
> Dans la nuit éternelle il entre sans regret.

Ce dernier vers est plus philosophique, ce semble, qu'il n'appartient à Maucroix; il lui est venu plutôt ici par imitation de l'antiquité, et il n'y mettait pas, on peut le croire, la force de sens et toute l'intention épicurienne qu'y aurait données Chaulieu.

En tout, ce sont là de belles Stances qui se rapportent au temps de la Fronde, des débats politiques du Parlement et de l'invasion des Espagnols en Champagne. J'ai un jour proposé que, dans une édition des *poésies* de Malherbe, on ajoutât quatre ou cinq pièces de Racan et de Maynard comme étant des productions, si l'on peut dire, de la même *Flore lyrique :* ces Stances de Maucroix mériteraient d'y avoir place à côté de Racan.

La suite des lettres de Maucroix, publiées aujourd'hui pour la première fois par M. Louis Paris, nous apprend tout ce qu'on peut désirer, sinon sur les principaux événements de sa vie, du moins sur sa personne et son caractère. Dans son agréable paresse de Reims, Maucroix eut pourtant quelques occasions de voyages, de luttes, et des instants de carrière publique. Le surintendant Fouquet, à qui il était fort recommandé par Pellisson, et qui aimait à se donner tous les gens d'esprit pour créatures, avait envoyé Maucroix à Rome sous le titre d'abbé de Cressy, et en qualité d'agent diplomatique à demi accrédité, à demi secret : le but précis de la mission est resté assez obscur. C'est pendant qu'il était à Rome que Maucroix reçut de La Fontaine ce récit moitié vers et moitié prose qui contient la description des *Fêtes de Vaux*, et qui était une sorte de dépêche poétique tout en l'honneur du surintendant (août 1661). On sait l'éclat et la catastrophe du lendemain : Maucroix en eut le contre-coup. Au nombre des charges que l'on amassait ou que l'on construisait contre Fouquet, la mission de Maucroix à Rome fut incriminée; rappelé sur-le-champ, il eut à répondre devant la Commission de justice. Questions et réponses ont disparu ; mais on en a idée par les factums et mémoires de Fouquet. Revenu après cet orage à ses loisirs de Reims, Maucroix, comme le pigeon voyageur rentré au nid, se promit bien de s'y tenir coi et ne plus quitter ses amis ni ses compères :

> Voilà nos gens rejoints ; et je laisse à juger
> De combien de plaisirs ils payèrent leurs peines.

Maucroix renonça dès lors à toute vue d'ambition; le chœur, le préau à onze heures, et son jardin, voilà désormais le cercle habituel de sa vie. Cette fâcheuse fin de son voyage à Rome lui en gâta tout le plaisir s'il en eut, et on ne le voit jamais revenir ensuite sur ses impressions d'Italie; il semble n'avoir nullement rempli la recommandation de La Fontaine, qui lui écrivait à la fin de sa lettre sur les *Fêtes de Vaux :* « Adieu, charge ta mémoire de toutes les belles choses que tu verras au lieu où tu es. »

Malgré son vœu d'être en repos, Maucroix eut quelques devoirs à remplir pendant certaines années : le Chapitre le choisit pour l'un de ses deux sénéchaux, et le chargea de défendre ses intérêts, ses prérogatives. Le sénéchal siégeait de droit au premier rang parmi les conseillers de ville. L'archevêque de Reims, qui fut le prédécesseur de M. Le Tellier, était le cardinal Antoine Barberin, dont le gouvernement ecclésiastique à Reims se compliqua de prétentions, de luttes et de démêlés sans nombre. Maucroix en a consigné le récit dans des Mémoires qui sont pour nous de peu d'intérêt : ce sont des querelles de Chapitre à prélat, une vraie guerre de *Lutrin,* moins la gaieté. Des intérêts sérieux et respectables y étaient pourtant mêlés, et Maucroix, pendant les deux ans qu'il fut en charge (1667-1669), répondit à la confiance de ceux qui l'y avaient porté. Il fut pour la ville comme pour le Chapitre un homme de bon conseil. Il défendit ce qu'il croyait le bien public avec ardeur et sincérité; il ne craignit même point, par sa fermeté, de se faire des ennemis. Voilà un côté de Maucroix administrateur qu'on ne trouverait pas chez La Fontaine.

Le seul épisode de la carrière publique de Maucroix, qui mérite d'être rappelé un peu plus au long, c'est le rôle qu'il remplit à Paris à la fameuse Assemblée du Clergé de 1682, laquelle s'ouvrit, comme on sait, par le sermon de Bossuet sur l'*Unité de l'Église*, et qui aboutit à la déclaration des quatre articles de l'Église gallicane. Cette assemblée avait pour chef et conducteur Bossuet, et, on peut dire, pour meneurs l'archevêque de Paris M. de Harlay, et l'archevêque de Reims M. Le Tellier. Celui-ci avait toute confiance en Maucroix. Le chanoine de Reims n'était pas de l'Académie, mais il en eût été certes depuis longtemps s'il eût résidé dans la capitale; il était connu pour la beauté de sa plume : on avait fort admiré sa traduction des Homélies de saint Jean-Chrysostome. Maucroix, le paresseux et l'homme de loisir, ne put donc éluder les honneurs ni les charges; il se vit nommé secrétaire général de l'Assemblée. Le voilà de toutes les séances et des commissions, y rédigeant les procès-verbaux avec élégance. Les lettres qu'il écrit durant le temps de ce séjour à Paris à son ami le chanoine Favart nous peignent à ravir et au naturel sa situation d'esprit : « Vous connaîtrez, si je ne me trompe, au style de cette lettre, dit-il dès les premiers jours, que je suis un peu sombre; il est vrai que je le suis : que sert de dissimuler? Les affaires graves ne sont guère mon fait : quatre petits tours de préau valent bien mieux que tout cela... » Ce sont des cérémonies, des harangues et députations sans fin, des compliments en corps qu'on va faire au roi sur ses victoires :

« Mon ami, tout le monde va ici en masque; tout le monde, c'est-à-dire moi, et peut-être que les autres n'en font pas moins : c'est bien longtemps avant le Carnaval! Pour moi, malgré les honneurs mondains, je trouve que la liberté est la meilleure de toutes les choses d'ici-bas : quand la retrouverai-je? quand vivrai-je à ventre déboutonné? quand querellerai-je quelqu'un tout à mon aise, à l'ombre? »

Et pourtant, comme il est sincère, il convient qu'il ne s'ennuie pas trop; car, s'il est paresseux, il est curieux aussi; il aime les anecdotes, il ne hait pas les nouveaux venus, s'ils sont agréables :

« Vous croyez peut-être que je me divertis ici comme un compère? rien moins! Je ne m'ennuie pas pourtant : cette Assemblée donne tant de connaissances! Si on voulait passer la journée en visites, on la passerait, et doucement : toujours nouveaux visages, honnêtes gens d'ailleurs, surtout fort civils, il ne s'y peut y ajouter; diantre! vous me trouverez accru d'une merveilleuse dose d'*honnêteté*. »

Mais c'est à Reims, sa dernière et véritable patrie, c'est au *benoît préau* qu'il en revient toujours, à la jolie maison qu'il se fait arranger et qu'on lui prépare (« Car j'aime la jeunesse, dit-il, aussi bien en maison qu'en autre chose »); c'est à son jardin, à ces allées qu'il y veut « toujours propres, toujours nettes et sablées comme celles de Versailles pour le moins; » c'est à tout cela que va de lui-même son désir et son vœu : « La contrainte n'est pas mon fait, je n'aime que la liberté; je ne l'ai pas haïe jusques ici, je l'aimerai à l'avenir encore davantage. » Il le redit de mille agréables façons :

« Somme toute, notre cher, les honneurs sont beaux, mais la liberté est admirable. Nous irons faire la révérence à Sa Majesté et lui dire *tout ci tout ça; qu'il est un grand prince, qu'il a pris une belle ville*... Ne sait-il pas tout cela aussi bien que nous? — Un prélat, que Dieu bénisse! m'a dit hier que l'Assemblée pourrait bien finir vers le mois de janvier. Le Seigneur puisse l'avoir doué du don de prophétie! — « Mais n'êtes-vous pas bien? que vous faut-il? de la « paille jusqu'au ventre! plus d'honneurs mille fois que vous n'en « méritez! » Il est vrai, et par delà! Mais je ne suis pas chez moi. Je deviens bossu à force de faire des révérences. Ce n'est pas là mon air. Il nous faudrait aller promener à Cormontreuil comme des compères. La grande lumière ne m'éclaire pas, elle m'éblouit : mes yeux ne sont par accoutumés à tant de clartés. Avec tout cela, j'ai de fort agréables moments ici. »

On a tout Maucroix au naturel dans ces lettres où il écrit moins qu'il ne cause; je n'omets que les historiettes qui se glissent trop gaiement sous sa plume les jours où, sortant de l'Assemblée, il avait causé avec Tallemant des Réaux : il se hâte d'en régaler ses amis de Reims. Mais la fatigue inaccoutumée d'une telle vie se fît bientôt sentir à Maucroix; il tomba gravement malade avant la fin de la session, et il vit en face la mort.

On a les lettres charmantes encore, mais plus réservées, plus résignées, qu'il écrit pendant sa convalescence : c'est certainement du christianisme qui se réveille dans le cœur de Maucroix ; mais, avec le retour à la santé, il s'y mêle bien de l'Horace encore :

« ... Je ne suis pas fâché, non, de n'être pas mort : je ne suis pas si dénaturé que cela. Si Dieu, qui est le maître, m'eût voulu tirer d'ici, il eût fallu obéir avec toute la soumission dont j'étais capable ; mais je suis assez content de revoir le soleil, même d'entendre les carrosses qui me rompent la tête ; ombre, livres et petits repas consumeront ce qu'il plaira à Dieu qu'il me reste de vie, et un peu de griffonnage (1) ! »

Tel était l'ami de La Fontaine, de celui qui disait sans doute un peu à cause de lui :

Il n'est cité que je préfère à Reims...

Et en vérité, quelle langue délicieuse que celle de ces lettres, cette langue fine et pure, et du meilleur terroir de la France ! que d'atticisme, à la vieille mode, dans ces jolis mots qui y sont négligemment semés !

Je parlerai peu des traductions de Maucroix, bien qu'elles fussent très-estimées dans le temps. Il a traduit beaucoup de grec, et il avoue qu'il n'est pas *grand grec*. Il a traduit du Cicéron en toute connaissance de cause et avec une prédilection particulière. En traduisant, il s'arrête plus au sens général qu'aux paroles ; quand il rencontre dans son auteur une pensée qui lui paraît subtile ou forcée, il ne se fait aucun scrupule de la retrancher ou de l'adoucir. Sa manière, qui se rapporte bien à celle des traducteurs de son siècle, qui ont Perrot d'Ablancourt pour chef, est large, facile, coulante, naturelle : « Il n'y a rien de gêné, disait Boileau

---

(1) M. Louis Paris paraît croire qu'il faut écrire *hombre* le jeu de cartes, au lieu d'*ombre* ; mais j'aime mieux ce dernier sens tout naturel et si d'accord avec les goûts de Maucroix, *umbratilis vita*.

d'une des traductions de Maucroix; tout y paraît libre et original. » Maucroix aimait cette habitude et ce train de traduire, même lorsqu'il l'appliquait à des matières assez ingrates : « Pour écrire, disait-il, il me faudrait un grand fonds de science et peu de paresse. Je suis fort paresseux, et je ne sais pas beaucoup. La traduction répare tout cela. Mon auteur est savant pour moi : les matières sont toutes digérées; l'invention et la disposition ne me regardent pas : je n'ai qu'à m'énoncer. » S'il avait vécu à Paris, sa plume élégante et qui cherchait des sujets où s'employer, eût peut-être aspiré à l'histoire, l'histoire écrite en beau style et traitée comme on l'entendait alors : « Je me serais hasardé à composer une histoire de quelqu'un de nos rois. » Mais vivant en province, loin des secours et des riches dépôts, il finit par s'accommoder très-bien de cet obstacle à un plus grand travail, et sauf quelques heures d'étude facile dans le cabinet, il passa une bonne partie de sa vie à l'ombre dans son jardin, au jeu, aux agréables propos et en légères collations.

C'est là qu'il recevait Boileau et Racine lorsque ceux-ci faisaient quelque voyage de ce côté à la suite du roi; et, à l'époque de la mort de La Fontaine, Boileau rappelait à Maucroix le souvenir de ces visites dans une lettre touchante et plus sensible qu'on ne l'attendrait du sévère critique : « ... Le loisir que je me suis trouvé aujourd'hui à Auteuil m'a comme transporté à Reims, où je me suis imaginé que je vous entretenais dans votre jardin, et que je vous revoyais encore, comme autrefois, avec tous ces chers amis que nous avons perdus, et qui ont disparu *velut somnium surgentis*. Je n'espère plus de m'y revoir. » C'est à Maucroix aussi que La Fontaine, près de mourir, écrivait cette dernière lettre que chacun sait par cœur, tant elle a été citée de fois, et qui le peint dans la candeur de sa pénitence : « ... Voilà deux

mois que je ne sors point, si ce n'est pour aller un peu
à l'Académie, afin que cela m'amuse. Hier, comme j'en
revenais, il me prit au milieu de la rue du Chantre une
si grande faiblesse, que je crus véritablement mourir.
O mon cher, mourir n'est rien : mais songes-tu que je
vais comparaître devant Dieu? Tu sais comme j'ai vécu.
Avant que tu reçoives ce billet, les portes de l'Éternité
seront peut-être ouvertes pour moi. » Tous ces souvenirs servent à fixer l'image de Maucroix, et le recommandent dans l'avenir. Il ne mourut qu'en 1708, à l'âge
de quatre-vingt-neuf ans, « ayant conservé jusque dans
cette extrême vieillesse toute sa belle humeur, et toute
sa fermeté d'esprit jusqu'au dernier soupir. » On a beaucoup cité ces quatre vers qu'il fit en 1700, quand il avait
quatre-vingts ans passés :

> Chaque jour est un bien que du Ciel je reçoi,
> Je jouis aujourd'hui de celui qu'il me donne;
> Il n'appartient pas plus aux jeunes gens qu'à moi,
> Et celui de demain n'appartient à personne.

C'est comme la moralité de l'immortelle fable de son
ami, *le Vieillard et les trois Jeunes Hommes.*

Le nom de Maucroix est devenu inséparable de celui
de cet ami; il l'est surtout maintenant qu'on a la plupart de ses vers et les lettres charmantes qui valent
mieux. On l'y voit l'un des derniers Gaulois, mais un
Gaulois poli, offrant en lui un composé naturel de Regnier, de Racan et d'Horace, tout cela à petites doses;
tenant trop sans doute de Tallemant et de La Monnoye
pour certaines gaietés de propos; s'arrêtant du moins
pour le fond avant Chaulieu, avant l'intention d'être
hardi; rachetant le trop de nature et d'abandon par
une bonhomie sincère; en un mot, une figure à part
qui n'a rien de trop disparate, mais qui n'est pas la
moins souriante parmi les chanoines d'autrefois.

Lundi, 19 juin 1854.

SAINT-MARTIN

LE PHILOSOPHE INCONNU.

Voici un homme des plus singuliers dans la littérature et la philosophie du dix-huitième siècle; il a publié ses ouvrages sans nom d'auteur ou sous le seul titre de *Philosophe inconnu*, d'*Amateur des choses sacrées;* ses livres ont été peu lus, mais sa personne et sa parole ont été fort goûtées de quelques-uns; il a eu son influence vers la fin : pour nous aujourd'hui il a surtout une signification de contraste, d'opposition, de protestation dans le courant d'idées alors régnantes. Son rôle longtemps silencieux, ç'a été d'être spiritualiste et adorateur du divin au milieu du débordement des doctrines naturalistes ou matérielles. En face du monde encyclopédique, il s'est lui-même défini *le défenseur officieux de la Providence.* Il est jusqu'à un certain point le précurseur de De Maistre, mais dans un esprit et avec un souffle assez différent. En un mot, M. de Saint-Martin mérite une étude ou du moins une première connaissance, même de la part des profanes comme nous qui n'aspirent point à pénétrer dans ce qu'il a d'obscur, d'occulte et de réservé, dit-on, aux seuls initiés. Nous le prendrons un peu comme nous avons pris en notre temps M. Ballanche, c'est-à-dire comme une noble nature, une douce et belle âme qui a de sublimes perspectives dans le vague, des éclairs d'illumination dans le nuage; qui excelle à pressentir sans jamais rien préciser, et sait atteindre en ses bons moments à des aperçus d'élévation et de sagesse.

On a beaucoup écrit de nos jours pour déterminer la doctrine et le caractère de Saint-Martin. Un de nos anciens amis, M. Guttinguer, avait donné autrefois une fleur de *Pensées choisies*, tirées surtout des derniers ouvrages du philosophe : c'est une manière commode, mais un peu trompeuse, d'attirer vers Saint-Martin, qui de près est bien plus compliqué que ne l'annonçait ce choix aimable. M. Moreau, de la bibliothèque Mazarine, apportant sur ce sujet une critique exacte et bienveillante, a depuis considéré Saint-Martin dans le fond même et le principe de ses doctrines, et s'est attaché à montrer comment il avait servi la vérité à son heure, et en quoi aussi il y avait manqué, en quoi c'était un chrétien peu orthodoxe, un hérésiarque qui en rappelle quelques-uns du temps d'Origène (1). Plus récemment, dans un travail philosophique non moins intéressant et des plus complets, où il a puisé aux meilleures sources biographiques, M. Caro a repris à fond et a exposé l'ensemble de cette existence et de cette doctrine singulière en son temps (2). En pressant les idées de son auteur, il les a rapprochées des systèmes qui y ont le plus de rapport dans le passé. Sans prétendre m'engager si avant, je profiterai de tout cela, et surtout d'un

---

(1) *Réflexions sur les Idées de Louis-Claude de Saint-Martin, le théosophe, suivies de fragments d'une Correspondance inédite entre Saint-Martin et Kirchberger*, par L. Moreau. (Paris, chez Jacques Lecoffre, 1850.)

(2) *Essai sur la Vie et la Doctrine de Saint-Martin le Philosophe inconnu*, par E. Caro (Paris, chez Hachette, 1852.)

manuscrit autographe de Saint-Martin, que je ne crains pas d'appeler son meilleur ouvrage. Ce manuscrit intitulé *Mon Portrait historique et philosophique*, et qui des mains de la famille a passé dans celles de M. Taschereau, à qui j'en dois communication, se compose d'une suite de pensées et de souvenirs tracés par Saint-Martin dans les dernières années, et ne s'arrête que peu avant sa mort. Ce sont ses Mémoires à bâtons rompus, ses Confessions : « Je ne me suis laissé aller, dit-il, à composer de pièces et d'idées détachées ce Recueil historique, moral et philosophique, que pour ne pas perdre les petits traits épars de mon existence; ils n'auraient pas mérité la peine d'en faire un ouvrage en règle, et je ne donne à ce petit travail que des minutes très-rares et très-passagères, croyant devoir mon temps à des occupations plus importantes. Le vrai avantage qu'il me procurera, c'est de pouvoir de temps à autre me montrer à moi-même tel que j'ai été, tel que j'aurais voulu être, et tel que je l'aurais pu si j'eusse été secondé. » Imprimé en grande partie dans le premier volume des *Œuvres posthumes* de Saint-Martin (1807), ce manuscrit renferme pourtant de nombreux articles encore inédits, la plupart concernant des personnes alors vivantes; l'éditeur, par cette raison, avait dû les supprimer. Aujourd'hui, ce n'est plus que de l'histoire. En le lisant de suite, on peut se faire une idée très-juste de l'homme, de ses sentiments, de ses délicatesses, de ses scrupules ou de ses ravissements de pensées, de ses petitesses aussi. Le dirai-je? Saint-Martin, connu et abordé de la sorte, cesse tout à fait d'être dangereux; il n'est plus même très-imposant, mais il devient presque toujours plus touchant et plus aimable.

Il naquit dans le doux pays de Touraine, à Amboise, sur le Grand-Marché, le 18 janvier 1743, d'une famille noble : « Je suis le quatrième rejeton du soldat aux gardes, le plus ancien chef connu de la famille ; depuis cette tige jusqu'à moi, nous avons toujours été fils uniques pendant les quatre générations ; il est probable que ces quatre générations n'iront pas plus loin que moi. » Et en effet Saint-Martin ne se maria jamais. En écrivant ce premier détail de famille, il attachait une certaine idée au chiffre de *quatre;* il croit avoir eu plusieurs exemples de ce qu'il appelle les *rapports quaternaires*, qui ont eu de l'importance pour lui et qui ont marqué dans sa vie d'intelligence : il avait ainsi sa théorie particulière et sa religion des nombres. Il sent bien que de tels rapprochements peuvent paraître à d'autres superstitieux ou futiles, et il ajoute qu'il ne les note par écrit que pour lui seul.

Il fit ses études au collége de Pont-Levoy et montra des goûts assez littéraires qui ne demandaient qu'à être cultivés. Il avait le corps débile bien que sain, une organisation chaste, tendre et aisément timorée. Son père, d'ailleurs respectable et attentif, ne le comprit pas et le contraignit ; lui qui sera si ami de la vérité, il lui arriva, tout enfant, de mentir quelquefois à son père par crainte. Il avait le sentiment filial très-profond, très-développé : « Le respect filial a été dès mon enfance, disait-il, un sentiment sacré pour moi. J'ai approfondi ce sentiment dans mon âge avancé, il n'a fait que se fortifier par là. Aussi je le dis hautement, quelques souffrances que nous éprouvions de la part de nos père et mère, songeons que sans eux nous n'aurions pas le pouvoir de les subir et de les souffrir, et alors nous verrons s'anéantir pour nous le droit de nous en plaindre ; songeons enfin que sans eux nous n'aurions pas le bonheur d'être admis à discerner le juste de l'injuste ; et, si nous avons occasion d'exercer à leur égard ce discernement, demeurons toujours dans le respect envers eux pour ce beau présent que nous avons reçu par leur organe et qui nous a rendus leurs juges. »

Les premières lectures firent sur lui une impression profonde : « C'est à l'ouvrage d'Abbadie intitulé *l'Art de se connaître soi-même*, que je dois mon détachement des choses de ce monde. Je le lisais dans mon enfance au collége avec délices, et il me semblait que même alors je l'entendais ; ce qui ne doit pas infiniment surprendre puisque c'est plutôt un ouvrage de sentiment que de profondeur de réflexion. » A dix-huit ans, au milieu des confusions philosophiques que les livres lui offraient, il lui arriva de dire : « *Il y a un Dieu, j'ai une âme, il ne me faut rien de plus pour être sage.* — Et c'est sur cette base-là, ajoute-t-il, qu'a été élevé ensuite tout mon édifice. » Ce fut à la campagne, à la maison d'*Athée* qui lui venait de sa mère, qu'il éprouva une autre vive impression de lecture ; il vient de parler des jeux de son enfance : « J'y ai joui aussi bien vivement, nous dit-il, dans mon adolescence, en lisant un jour dans une prairie à l'âge de dix-huit ans les *Principes du Droit naturel* de Burlamaqui. J'éprouvai alors une sensation vive et universelle dans tout mon être que j'ai regardée depuis comme l'introduction à toutes les *initiations* qui m'attendaient. » Burlamaqui, en découvrant à Saint-Martin les bases naturelles de la raison et de la justice dans l'homme, pourrait toutefois s'étonner d'avoir été un *initiateur* dans le sens particulier dont il s'agit ici. Il m'est impossible de ne pas noter en passant cette disposition de Saint-Martin à tirer de toutes choses signe, indice et présage. Comme il lui arriva plus tard de vendre cette maison d'*Athée* qui était du côté de Beauvais-sur-Cher, il lui semble voir là dedans un rapport avec sa destinée qui a été de rompre avec les *athées :* un pur jeu de mots ! Il est ainsi disposé à voir partout des échos, des figures, des emblèmes ; c'est un penchant naturellement superstitieux et qui le mènera à ses crédulités futures (1).

Il avait perdu sa mère, mais il trouva dans une belle-mère une tendresse inaccoutumée : « J'ai une belle-mère à qui je dois peut-être tout mon bonheur, puisque c'est elle qui m'a donné les premiers éléments de cette éducation douce, attentive et pieuse qui m'a fait aimer de Dieu et des hommes... Ma pensée était libre auprès d'elle et l'eût toujours été si nous n'avions eu que nous pour témoins; mais il y en avait un dont nous étions obligés de nous cacher comme si nous avions voulu faire du mal. » L'amitié plus terrestre et plus positive de son père et de sa sœur arrêtait les élans naïfs de Saint-Martin; il se sentait comprimé en leur présence et n'osait s'ouvrir à eux de sa vocation et de ses pensées. Ce qu'il sentit là dans la famille, il le sentira bientôt à plus forte raison devant tout son siècle. Ce ne fut que dans les dernières années de sa vie qu'il s'enhardit peu à peu et se dilata.

Quand on a dit de Saint-Martin qu'il était spiritualiste, on n'a pas dit assez; il était de la race du petit nombre de ceux qui sont nés pour les choses divines; en des temps plus soumis, il eût marché dans les voies de l'auteur de l'*Imitation*. Il disait : « Tous les hommes peuvent m'être utiles, il n'y en a aucun qui puisse me suffire; il me faut Dieu. » Son second besoin était de

---

(1) Ainsi encore, il a lu dans un *Discours sur les Ordres sacrés*, de Godeau, évêque de Vence, que la première division des temples, celle qui contenait l'autel, s'appelait βῆμα : « Ce nom *Béma*, dit-il aussitôt, sonne trop bien à mon oreille par ses rapports avec mon chérissime *Boehm*, pour que je ne m'expose pas au ridicule d'en faire la remarque. » Si ce n'est qu'une rencontre fortuite et une assonance qu'il prend plaisir à noter à la façon des poëtes et rimeurs, il n'y a rien à dire, mais je crains qu'il n'y ait vu des sens profonds. Et s'il a rêvé sur ces choses de première vue et où sa rêverie nous saute aux yeux, comment n'aurait-il pas rêvé ailleurs?

communiquer ce qu'il croyait si bien posséder, et de tout *diviniser* autour de lui. Il se sentait pour cela une force infinie d'émanation et d'onction dans l'intimité. Sa destinée divine, comme il l'appelle, lui semblait douce et belle si on l'eût laissé faire ; mais les obstacles ici-bas n'ont jamais manqué.

Son père voulut le faire entrer dans la magistrature et l'y faire avancer vivement, parce qu'un grand-oncle, M. Poncher, était conseiller d'État, et que Saint-Martin, en se pressant, aurait pu hériter de sa place : mais il dit un jour à son père, plus gaiement qu'il ne se le permettait d'habitude : « Voici la marche que cela suivra ; j'entrerai d'abord dans la magistrature inférieure, puis je serai conseiller au Parlement, puis maître des requêtes, puis intendant, puis conseiller d'État, puis ministre, puis exilé. Je voudrais tout uniment commencer le roman par la queue, et entrer dans cette carrière en m'en exilant. » Réponse très-spirituelle et fine : Saint-Martin, quand il osait dans le monde, avait beaucoup de ces paroles (1).

Il fut six mois dans la magistrature, en qualité d'avocat du roi au siége présidial de Tours ; il en souffrait cruellement, et il nous a exprimé à nu ses angoisses :

« Dans le temps qu'il fut question de me faire entrer dans la magistrature, j'étais si affecté de l'opposition que cet état avait avec mon genre d'esprit, que de désespoir je fus deux fois tenté de m'ôter la vie. C'est peut-être la faiblesse qui me retint, mais sans doute c'est encore plus la main suprême qui me soignait de trop près pour me lais-

(1) Ce serait à croire, si les dates permettaient de le supposer, qu'en répondant ainsi à son père, Saint-Martin faisait allusion à un événement très-présent en Touraine, à la situation de M. Choiseul exilé à son château de Chanteloup à la porte d'Amboise : mais il fit cette réponse plusieurs années auparavant, et pour se rendre si bien compte des temps divers d'une carrière ministérielle, il lui suffisait des disgrâces récentes et des exils de M. de Machault, de M. d'Argenson et du cardinal de Bernis.

ser aller à cet égarement, et qui probablement voulait que je servisse à quelque chose dans ses plans. Aussi, au bout de six mois, trouvai-je le moyen de sortir de cette effroyable angoisse.

« Je n'oublierai point que, pendant les six mois que j'ai été dans la magistrature, j'avais beau assister à toutes les plaidoiries, aux délibérations, aux voix et au prononcé du président, je n'ai jamais su une seule fois qui est-ce qui gagnait ou qui est-ce qui perdait le procès, excepté le jour de ma réception, où on avait arrangé un petit plaidoyer que l'on était convenu d'avance de couronner. Je ne crois pas qu'il soit possible de laisser faire à quelqu'un un pas plus gauche que celui que je fis en entrant dans cette carrière. Dieu sait que je versai des larmes plein mon chapeau le jour de cette maudite réception où mon père assista à mon insu dans une tribune : si je l'avais vu, cela m'eût coupé tout à fait la parole. »

Le poëte anglais William Cowper, âme tendre et mystique comme l'était Saint-Martin, obligé par le devoir de sa charge de se produire un jour en public devant la Chambre des lords, en reçut un ébranlement de terreur qui égara quelque temps sa raison (1).

Une crainte tout à fait puérile donna à Saint-Martin la force de déterminer son père à le laisser quitter la charge que des considérations de famille lui avaient fait prendre. Le régiment de Chartres venait en garnison à Tours. L'embarras et la honte de paraître en robin devant le régiment inspirèrent à Saint-Martin un courage inaccoutumé; il quitta brusquement un état qu'il abhorrait et où, sans cet incident, il serait peut-être resté par faiblesse. Il décida son père à le faire entrer dans l'armée; on mit en œuvre M. de Choiseul qui s'y prêta. Saint-Martin pensait qu'il lui serait plus facile dans cette profession militaire, et durant les loi-

(1) Saint-Martin était si incapable de tout ce qui est affaires et du positif de la vie, qu'il a pu dire au vrai, et cette fois avec sourire : « J'ai un tel éloignement des affaires d'intérêt et des discussions avec les gens de finances et de commerce, que quand j'ai seulement une lettre de change à faire payer et qu'il faut la présenter, donner mon acquit et toucher ma somme, j'appelle cela un procès. »

sirs de la paix, de cultiver, en les cachant, ses inclinations studieuses. M. de Choiseul plaça le jeune Saint-Martin dans le régiment de Foix. Ce régiment, par le plus grand des hasards, se trouva le seul des deux cents régiments de France où le jeune officier pût rencontrer la veine mystique après laquelle il aspirait vaguement. M. de Choiseul était loin de se douter qu'il faisait cette belle action en y plaçant Saint-Martin; mais celui-ci a toujours regardé le ministre comme le premier instrument de son bonheur. Il voyait aussi je ne sais quelle raison secrète et mystérieuse dans ce titre de régiment de *Foix*, qu'il décomposait de manière à en faire un hiéroglyphe tout à son gré (*Foi*-X). Toujours chez Saint-Martin un coin primitif de superstition et, pour tout dire, de puérilité; ses hautes qualités fleuriront sur une tige quelque peu infirme.

Quel dommage, se dit-on en l'étudiant, que cette belle et douce et si bénigne nature n'ait pas trouvé d'abord un bon guide, une main sûre et une plus large voie! Au lieu de cela, il va tomber entre des mains équivoques et à demi ténébreuses : « Après le duc de Choiseul, écrit-il naïvement, c'est Grainville, premier capitaine de grenadiers au régiment de Foix, qui a été l'instrument de mon entrée dans les hautes vérités qu'il me fallait. C'était en 1765, quelques jours après mon arrivée dans le régiment : je n'étais pas très-jeune, il me distingua entre mes camarades et vint à moi sur la place du château Trompette. Il me fit quelques questions auxquelles je répondis de mon mieux selon les faibles connaissances que j'avais; il fut content néanmoins, et dans peu de jours on m'ouvrit toutes les portes que je pouvais désirer. » Ces portes, c'étaient celles d'une société occulte et d'une certaine franc-maçonnerie dont le juif Martinez de Pasqualis était le maître. Les principaux officiers du régiment de Foix y étaient affiliés. Saint-Martin y apporta un zèle pur et candide, aucun esprit de critique, la docilité de l'agneau ; il ne douta point de la réalité des opérations plus ou moins magnétiques dont il fut témoin. Il lui arriva seulement, à la vue de toutes ces cérémonies et de ces cercles qui sentaient la cabale, de dire au maître avec le bon sens du cœur : « Comment, maître, il faut tout cela pour prier le bon Dieu ? » Il reconnaît d'ailleurs avoir eu des obligations inexprimables à Martinez de Pasqualis, qu'il appelle un homme extraordinaire pour les lumières, « le seul homme vivant de sa connaissance dont il n'ait pas fait le tour. »

Voilà donc le tendre et pieux Saint-Martin fourvoyé, on peut le dire, et tombé dans le souterrain de ses débuts. Singulier siècle, où l'incrédulité, l'athéisme, aux meilleurs jours un déisme agressif, le naturalisme toujours, se promenaient en plein soleil, et où le sentiment religieux et divin, ainsi refoulé dans l'ombre, allait se prendre à des sortiléges ou à des fantômes ! Qu'on se figure le jeune Saint-Martin, âgé de vingt-trois ans, à cette date où il devint l'innocente proie d'une doctrine secrète. Il était d'une organisation délicate et frêle : « On ne m'a donné de corps qu'en projet, disait-il agréablement. — J'étais né un roseau presque cassé, ou une faible mèche qui fumait encore. » Il manquait d'activité vitale et était d'une extrême sensibilité de nerfs. Les jambes étaient débiles, la tête paraissait un peu trop grosse pour le corps ; mais il avait une figure charmante, et des yeux dont une femme lui disait qu'ils étaient *doublés d'âme*. Tout annonçait en lui la chasteté et la pudeur : « Dans mon enfance et dans ma jeunesse, dit-il, j'ai eu une figure et des yeux assez remarquables pour m'avoir attiré des regards et même des éloges embarrassants pour moi qui étais timide, notamment à Nantes, de la part de mesdames de la Musanchère et de

Menou; et cela en pleine table ; et quelquefois dans les rues de la part des passants. Mais le vrai est que lorsque je me suis regardé dans un miroir, sans me trouver laid j'étais bien loin de me trouver tel que je semblais être pour les autres, et je me suis persuadé que leur imagination faisait la moitié des frais. » Les femmes du temps ne s'épargnaient pas à dire à ce jeune mystique « qu'il serait aimable s'il le voulait. » Il n'en tenait compte : « Les femmes même les plus honnêtes, dit-il, n'ont pas pu deviner ce que c'était que mon cœur ; voilà pourquoi elles n'ont pas pu se l'approprier. » Et il en donnait pour raison que ce cœur était *né sujet du royaume évangélique;* et sur ces cœurs-là les sens ni la tête n'y peuvent rien ; il ne leur faut que le pur amour.

Un jour, il avait vingt-deux ans, il allait rejoindre le régiment de Foix à Bordeaux; se trouvant dans une auberge, à Poitiers, avec une officier d'un autre corps qui avait trente-six ans, il fut d'un étonnement extrême de voir cet homme faire encore le galant auprès du sexe et le séducteur; il ne pouvait se persuader qu'à trente-six ans ces façons de jeunesse ne fussent point mises de côté pour des soins plus sérieux, et il dit à ce sujet des choses d'une grande innocence peut-être, mais d'une belle et pure élévation. Il remarque que ce n'est pas tout à fait une illusion à la première jeunesse de croire ainsi que l'âge mûr, par rapport à elle, est déjà vieux et doit se comporter comme tel : ce sont nos vanités, nos amours-propres, nos passions acquises et déjà tournées en vices, qui le plus souvent prolongent les légèretés d'un âge dans un autre ; *le coup-d'œil plus pur de la jeunesse* ne s'y trompe pas, en nous montrant ces séductions premières comme devant cesser plus tôt et ne pas abuser l'homme plus longtemps.

Il a dit ailleurs avec une grande pénétration morale,

et en rectifiant pour ainsi dire les âges de la vie, en les rétablissant dans leur première intégrité et dans leur véritable direction :

« ... L'enfance ne s'annonce-t-elle pas par la rectitude du jugement et le sentiment vif de la justice ?

« Si cette tendre plante était mieux cultivée, la jeunesse ne serait-elle pas pour elle le plein exercice de cette vertu ? »

« L'âge mur, celui des vastes et profondes connaissances ? La vieillesse, celui de l'indulgence et de l'amour ? »

Cette vue en faveur de la jeunesse le menait à dire encore que, dans les relations de maître à élève, l'élève, quand il était bon, était celui des deux qui valait le mieux, surtout quand il n'avait pas eu le malheur de se gâter l'esprit par les systèmes. Et la raison qu'il en trouvait, c'est que l'élève se donne toujours tout entier, tandis que le maître se réserve par un côté et se dissimule toujours.

Mais on voit quelle nature suave et pure c'était que Saint-Martin, jeune officier au régiment de Foix, à l'âge de vingt-trois ans, et quel contraste il faisait avec les mœurs et les sentiments de son siècle. Ce n'était pas, comme l'avait été Vauvenargues, un jeune stoïque croyant fermement aux vérités morales et se fondant sur les points élevés de la conscience pour fuir le mal et pour pratiquer le bien, ce n'était point une âme héroïque condamnée par le sort à la souffrance et à la gêne de l'inaction : c'était une âme tendre, timide, ardente, pleine de désirs pieux et fervents, inhabile au monde et à ces scènes changeantes où elle ne voyait que des échelons et des figures, avide de se fondre dans l'esprit divin qui remplit tout, de *frayer* sans cesse avec Dieu, de le faire passer et parler en soi, une âme née pour être de la famille des chastes et des saints, de l'ordre des pieux acolytes, et à qui il ne manquait que son grand-prêtre.

On ne pouvait être moins propre à l'état militaire que ne l'était Saint-Martin : « J'ai reçu de la nature, disait-il, trop peu de physique pour avoir la bravoure des sens. — J'abhorre la guerre, j'adore la mort. » En restant quelque temps au service, il faisait le plus grand sacrifice aux volontés de son père. Il quitta le régiment en 1771, à Lille, pendant un semestre : « Ces semestres que j'allais toujours passer à Bordeaux déplaisaient un peu à M. Langeron (le colonel) ; j'étais même obligé de jouer au fin avec lui et avec mon père pour cultiver mes grands objets dans ce pays-là, comme si j'eusse eu de mauvais desseins : témoin l'affaire des recrues pour lesquelles je supposai une mission. » Ces *grands objets* en vue desquels il se permettait de légers mensonges étaient la culture des sciences occultes et ses liaisons avec les initiés de Bordeaux ; mais nous éviterons absolument de parler de ce que nous ignorons.

Une fois retiré du service, Saint-Martin vécut dans le monde et dans la belle société du dix-huitième siècle ; il voyagea en France et à l'étranger, en Angleterre, en Italie ; il vit Rome, mais à son point de vue. Il résida à diverses reprises à Lyon, où il y avait, comme à Bordeaux, un foyer de mysticité et de je ne sais quelles sciences secrètes. Tout en admettant sans contrôle et sans critique le merveilleux qui faisait le fond et l'attrait de ce genre d'opérations, Saint-Martin, plus tourné au moral, ne se livrait pas sans réserve à des procédés où la curiosité s'irritait sans cesse et où le cœur profitait si peu ; et lorsqu'en 1792, à Strasbourg, il lui fut donné auprès d'une amie, madame Boechlin, de connaître les ouvrages allemands de Jacob Boehm, qu'il appelle *le Prince des philosophes divins*, il crut pouvoir renoncer absolument à toute cette physique périlleuse et pleine de piéges, pour ne plus cultiver que la méditation intérieure.

Dans l'intervalle, il fit imprimer plusieurs ouvrages dont le premier, composé à Lyon, fut publié en 1775, sous le titre *Des Erreurs et de la Vérité* ou *les hommes rappelés au Principe universel de la Science*. Il y prend position contre la philosophie du jour : « J'ai été moins l'ami de Dieu, dit-il, que l'ennemi de ses ennemis, et c'est ce mouvement d'indignation contre les ennemis de Dieu qui m'a fait faire mon premier ouvrage. » Mais ce livre qui allait à défendre la Providence et les premiers principes ne porta point et fut comme non avenu. Voltaire, à qui le maréchal de Richelieu en avait parlé avec éloges, écrivait à d'Alembert (22 octobre 1776) : Votre doyen (1) m'avait vanté un livre intitulé *les Erreurs et la Vérité;* je l'ai fait venir, pour mon malheur. Je ne crois pas qu'on ait jamais rien imprimé de plus absurde, de plus obscur, de plus fou, et de plus sot. Comment un tel ouvrage a-t-il pu réussir auprès de monsieur le doyen ? » De tous les livres que Saint-Martin composa et publia en ces années du règne de Louis XVI, il n'en est qu'un seul, *l'Homme de Désir*, imprimé en 1790, qui appelle l'attention des profanes et à la fois des sincères par des beautés vives jaillissant au sein des obscurités et par des espèces d'effusion ou d'hymnes affectifs annonçant un précurseur. Il aurait pu y mettre en épigraphe cette pensée de lui : « J'ai vu, au sujet des vérités si importantes pour l'homme, qu'il n'y avait rien de si commun que les envies, et rien de si rare que le désir. » Quand on songe que ce dernier ouvrage, *l'Homme de Désir*, paraissait en regard des *Ruines* de Volney, on sent que le siècle, à ce moment extrême, était en travail, et qu'en même temps qu'il

---

(1) Le duc de Richelieu était de l'Académie depuis 1720.

donnait son dernier mot comme négateur et destructeur, il lui échappait une étincelle de vie qui, toute vague qu'elle était, disait que l'idée religieuse ne pouvait mourir.

Mais le jour d'éclat de Saint-Martin (et il en eut un) n'était pas encore venu. Voyons-le donc dans le monde où il vivait alors et comme un des témoins les plus discrets et les plus originaux de la société de ce temps. Le vieux siècle blasé se faisait mystique au besoin, par curiosité, par ennui. Le maréchal de Richelieu, la marquise de Coislin, le duc de Bouillon, la duchesse de Bourbon, le duc d'Orléans (Égalité), quantité de princes russes, tout ce monde aristocratique aimait à connaître, à rencontrer M. de Saint-Martin, homme de qualité, ancien militaire et, vers la fin, chevalier de Saint-Louis, très-protégé des Montbarey ; et Saint-Martin, doux, poli, curieux, naïf, toujours digne pourtant, s'y prêtait, sans s'exagérer auprès d'eux son genre d'action et d'influence : « J'abhorre l'esprit du monde, disait-il, et cependant j'aime le monde et la société ; voilà où les trois quarts et demi de mes juges se sont trompés. Il y a un très-joli mot de lui sur les gens du monde qu'il faut prendre au vol pour les convertir : « Les gens des grandes villes et surtout des villes de plaisir et de frivolité comme Paris, sont des êtres qu'il faudrait en quelque sorte tirer à la volée, si l'on voulait les atteindre. Or, ils volent mille fois plus vite que les hirondelles ; et en outre ils ont grand soin de ne vous laisser qu'une lucarne si petite, qu'à peine avez-vous le temps de les voir passer : et c'est cependant tout ce que vous avez de place pour tirer. Puis, si vous les manquez, ils triomphent. » Et il s'en faisait l'application à lui-même.

Il démêlait très-finement le naturel et la portée des femmes, et, tout en les estimant à quelques égards meilleurs que l'homme et en les entendant volontiers dans leurs confidences, il les jugeait dangereuses là où elles l'étaient, et ne se laissait point consumer ni absorber : « La femme a en elle un foyer d'affection qui la travaille et l'embarrasse ; elle n'est à son aise que lorsque ce foyer-là trouve de l'aliment ; n'importe ensuite ce que deviendra la mesure et la raison. Les hommes qui ne sont pas plus loin que le noviciat sont aisément attirés par ce foyer, qu'ils ne soupçonnent pas être un gouffre. Ils croient traiter des vérités d'intelligence, tandis qu'ils ne traitent que des affections et des sentiments ; ils ne voient pas que la femme passe tout, pourvu qu'elle trouve l'harmonie de ses sentiments ; ils ne voient pas qu'elle sacrifie volontiers à cette harmonie de ses sentiments l'harmonie des opinions... Tenons-nous en garde contre les fournaises. » Il disait cela, bien que le meilleur de ses amis fût une femme, madame Boechlin, de Strasbourg. Mais, en faisant une exception pour elle, il pensait aux femmes de Paris quand il écrivait cette pensée qu'on vient de lire ; il avait en vue celles dont il a dit encore : « J'ai comparé quelquefois les dames tenant cercle et recevant les flagorneries des hommes à un Grand-Turc, et ces hommes frivoles et oisifs aux sultanes de son sérail lui faisant la cour et encensant tous ses caprices... ; tant le pouvoir rongeur de la société a changé les rapports et la nature des choses ! » Pour lui, au milieu de toutes ses douceurs de commerce et d'insinuation, il gardait toujours quelque chose de la dignité virile.

Quoi qu'il en soit, le beau monde recherchait beaucoup M. de Saint-Martin dans ce demi-incognito philosophique et divin où il vivait ; les princesses françaises et allemandes se le disputaient, dans un temps où il avait son logement au Palais-Bourbon. Un jour, en 1780 ou 1781, la maréchale de Noailles arrivait au Luxembourg, où il dînait, pour conférer avec lui sur le livre *des Erreurs et de la Vérité* qu'elle avait lu et qu'elle ne comprenait pas bien, non plus que nous ne le faisons nous-même : « Elle arriva, dit Saint-Martin, le livre sous le bras et rempli de petits papiers pour marque. Je sais que je n'entrai pas grandement en matière avec elle, et que même je lui expliquai les lettres F. M. (Franc-Maçonnerie) d'une manière cocasse et ridicule que je me suis reprochée depuis. La personne qui était en tiers avec nous ne me laissait pas assez libre sur mon vrai sérieux pour que je le fusse aussi sur ma vraie gaieté; mais cela n'est point une excuse. » — Le maréchal de Richelieu voulait faire causer Saint-Martin avec Voltaire de retour à Paris et qui mourut justement dans la quinzaine : « Je crois, dit ingénument Saint-Martin, que j'aurais eu plus d'agrément et plus de succès auprès de Rousseau, mais je ne l'ai jamais vu. Quant au maréchal, j'ai eu plusieurs conférences avec lui, tant chez lui que chez la marquise de La Croix, et je lui ai trouvé une judiciaire assez juste. Je pense même que, s'il avait eu vingt ans de moins, nous aurions pu nous entretenir avec plus de fruit. Mais son âge et sa surdité étaient de trop puissants obstacles, et *je l'ai laissé là.* » Ces paroles d'ailleurs nous montrent bien le rôle que s'accordait à lui-même Saint-Martin au milieu de cette société incrédule, mais qui commençait, depuis Jean-Jacques, à ne plus l'être systématiquement. Il cherchait à opérer sur les âmes par voie individuelle et par une douce persuasion; il était obligé le plus souvent de semer, comme il disait, *là même où il n'y avait pas de terre.* Ce travail n'avait rien d'ingrat pour lui. Il se faisait apôtre à sa manière; c'était un amateur et un volontaire de la philosophie divine qui faisait ses recrues à petit bruit. « La principale de mes prétentions était de persuader aux autres que je n'étais autre chose qu'un pêcheur pour qui Dieu avait des bontés infinies. » Sa douceur, son amabilité, son procédé modeste et qui ne se découvrait avec effusion que dans l'intimité, ne laissaient pas de recouvrir un grand orgueil naïf. Bien qu'il confessât qu'il n'était qu'un *demi*-esprit, qu'un *demi*-élu, et qu'il reconnût ce qui lui manquait en puissance et en véritable magie morale pour combattre des hommes *complets* en mollesse et en corruption, il se croyait l'émule des plus grands opérateurs apostoliques dans le passé, et il inclinait même à penser tout bas que sur certains points il était allé plus loin qu'aucun d'eux. C'est là une sorte de danger auquel n'échappent pas ces âmes humbles et douces, lorsqu'elles prétendent agir et marcher toutes seules dans les sentiers du divin, et faire œuvre d'apôtre et de pape en ce monde : il se trouve qu'il y a un énorme Léviathan d'orgueil caché et dormant au fond de leur lac tranquille (1). — Et qu'il ne vienne pas nous dire que ce qu'il sent est *plus beau que de l'orgueil*, ce n'en est que le plus subtil et le plus spécieux déguisement.

Je ne prétends point flatter ici Saint-Martin et je tiens

(1) J'en ai eu sous les yeux plus d'un exemple, et le bon Ballanche tout le premier. Au moment de sa mort (12 juin 1847), j'écrivis pour moi seul alors ce qui me revient en ce moment : « Ballanche vient de mourir ; il a eu en partage une douce gloire, et il en a joui. Il me rappelle ce verset de l'Écriture (Matthieu, V, 4) : *Beati mites, quoniam ipsi possidebunt terram!* — Ce n'est pas qu'il n'y eût, par moments, bien de l'ambition et un gros orgueil au fond de ce doux Ballanche : il se croyait par éclairs un révélateur et un précurseur de je ne sais quel dogme futur qui serait plus vrai que tous ceux du passé ; mais le plus souvent le Léviathan dormait au fond du lac comme son doux maître. — Un jour, me parlant de Chateaubriand, Ballanche me disait : « Ne croyez-vous pas, Monsieur, que le règne de « la *phrase* est passé ? » Il pensait bien, sans le dire, que son propre règne à lui, le règne de l'*idée* commençait. » — Tout ceci n'est pas hors de propos quand il s'agit de Saint-Martin, dont la douceur et l'humilité sont du même ordre et doivent être sujettes aux mêmes réserves.

à le montrer tel que je le conçois et qu'il m'apparaît après une longue connaissance plutôt qu'après une étude bien régulière. S'il se sépare de son siècle par la pureté morale et par une vive pensée de spiritualité divine, il en participe sur d'autres points essentiels de sa doctrine, et il en porte le cachet. Témoin des désordres et du relâchement du haut Clergé d'alors, jugeant du sacerdoce par ce qu'il en voit, et ne soupçonnant pas ce que la persécution prochaine peut y régénérer, il est au fond un ennemi, et il se croit d'avance l'héritier et le successeur. Il est hostile et volontiers méprisant à l'Église, et il croit à sa propre petite Église qu'il voit déjà en idée dominante et universelle. Lorsque arrive la Révolution avec ses rigueurs et ses spoliations fatales, persuadé de l'idée que c'est une expiation divine, il a une pitié médiocre pour les personnes. Les horreurs dont il est témoin, et dont il s'estime préservé tout exprès par une sollicitude particulière de la Providence, ne l'émeuvent qu'assez légèrement, et n'interrompent qu'à peine le cours de ce qu'il appelle sa *délicieuse* carrière spirituelle : « En réfléchissant, dit-il en un endroit, sur les rigueurs de la justice divine qui sont tombées sur le peuple français dans la Révolution, et qui le menacent encore, j'ai éprouvé que c'était un décret de la part de la Providence; que tout ce que pouvaient faire dans cette circonstance les hommes de désir, c'était d'obtenir par leurs prières que ces fléaux les épargnassent, mais qu'ils ne pouvaient atteindre jusqu'à obtenir de les empêcher de tomber sur les coupables et sur les victimes. » Les *hommes de désir*, en ceci, me paraissent prendre leur parti des douleurs publiques un peu trop commodément.

Cette hostilité à l'Église établie et déjà persécutée, cet orgueilleux sentiment rival qu'on ne s'attendrait guère à trouver chez un homme de paix et d'humilité, se dé-

sarmera un peu vers la fin de sa carrière. Ce qu'il faut
lui demander en attendant, avant de pousser plus loin
le récit de sa vie et pour nous bien persuader qu'il
mérite l'examen et l'attention de tous, ce sont es pensées du cœur, les mouvements puisés dans la sublime
logique de l'amour; car c'est à quoi il était le plus sensible et le plus propre :

« J'ai été attendri un jour jusqu'aux larmes, dit-il, à ces paroles d'un prédicateur : *Comment Dieu ne serait-il pas absent de nos prières, puisque nous n'y sommes pas présents nous-mêmes?* »

« Quand j'ai aimé plus que Dieu quelque chose qui n'était pas Dieu, je suis devenu souffrant et malheureux : quand je suis revenu à aimer Dieu plus que toute autre chose, je me suis senti renaître, et le bonheur n'a pas tardé à revenir en moi. »

« Tout consiste pour l'homme à enrôler tous ses désirs sous le grand étendard; combien de fois me suis-je dit cela, et combien de fois y ai-je manqué? »

« J'aurais peut-être été bien malheureux sur la terre si j'avais eu ce que le monde appelle *du pain;* car il ne m'aurait rien manqué. Or, il faut ici-bas qu'il nous manque quelque chose pour que nous y soyons à notre place. »

« Heureux ceux qui n'écrivent qu'avec leurs larmes ! »

« Quand je n'ai eu à combattre que des erreurs, je me suis senti tout de feu; quand j'ai eu à combattre des passions, je me suis trouvé tout de glace. J'ai remarqué que lorsqu'on ne discutait que des erreurs, la lumière se montrait de plus en plus; j'ai remarqué que quand on se battait avec des passions, la fureur et les ténèbres ne faisaient que s'accroître. Telle qu'est la semence, telle est la récolte, et cela dans tous les genres. »

Ce sont là des paroles d'or. Quand ses pensées viennent bien, c'est élevé, distingué et fin; ce n'est point au sens commun qu'il vise, c'est au sens distingué; c'est celui-là seul qui convient à ses inclinations et à la mesure qui lui a été donnée :

« J'ai vu que les hommes étaient étonnés de mourir et qu'ils n'étaient point étonnés de naître : c'est là cependant ce qui mériterait le plus leur surprise et leur admiration. »

« C'est une chose douloureuse de voir les hommes ne s'apporter réciproquement (dans la société) que le poids et le vide de leurs jours, pendant qu'ils ne devraient tous s'en apporter que les fruits et les fleurs. »

« Ceux que j'appelle réellement mes amis, je voudrais les voir à toutes les heures et à tous les instants, car ce n'est que par un usage continu de l'amitié qu'elle peut montrer tout ce qu'elle est, et rendre tout ce qu'elle vaut. Ceux qui me nomment quelquefois leur ami et qui n'ont pas ces mêmes idées et ces mêmes désirs sont simplement des amis *de surface*. »

« C'est un grand tort aux yeux des hommes que d'être un tableau sans cadre, tant ils sont habitués à voir des cadres sans tableaux. »

Je ne veux pas abuser avec Saint-Martin des pensées détachées, sachant qu'il a dit, de celles mêmes qu'il écrivait : « Les pensées détachées ne conviennent qu'aux esprits très-faibles ou qu'aux esprits très-forts; mais, pour ceux qui sont entre ces extrêmes, il leur faut des ouvrages suivis qui les nourrissent, les échauffent et les éclairent tout à la fois. » Saint-Martin n'ayant écrit aucun ouvrage qu'un lecteur ordinaire puisse lire de suite, il faut bien en venir aux pensées et aux extraits avec lui pour en donner quelque idée au monde. Lavater, en louant le meilleur ouvrage de Saint-Martin, *l'Homme de Désir*, avouait ingénument qu'il ne l'entendait pas tout entier : « Et dans le vrai, dit Saint-Martin, Lavater eût été fait pour tout entendre, s'il avait eu des *guides*. Mais, faute de ce secours, il est resté dans le royaume de ses vertus, qui est peut-être plus beau et plus admirable que celui de la science. » Ces *guides* qu'on ne nomme pas nous manquant comme à Lavater, nous sommes forcés de faire comme lui et, faute de plus de science, de rester, s'il se peut, dans le royaume des vertus. Aimable théosophe du règne de Louis XVI, c'est surtout comme moraliste élevé que nous vous prenons !

Au commencement de la Révolution, Saint-Martin jouissait d'une espèce de célébrité qui avait son côté sombre pour les trois quarts et aussi son côté lumineux; les uns l'ignoraient encore tout à fait, les autres commençaient à le connaître et à le révérer. Lorsqu'en 1791 l'Assemblée nationale dressa une liste de noms, parmi lesquels on devait choisir un gouverneur au Prince Royal, Saint-Martin fut fort étonné de se voir porté sur cette liste; il y était à côté de Sieyès, de Condorcet, de Bernardin de Saint-Pierre, de Berquin : véritable image de l'amalgame et de la confusion d'idées du siècle. Plus tard, Saint-Martin se ressouvenait d'avoir été proposé à ces fonctions si différentes, un jour qu'il montait sa garde, au printemps de 1794, au pied de la tour du Temple où était renfermé le royal enfant.

Il me reste à bien montrer le rôle philosophique de Saint-Martin au milieu de la Révolution française, l'explication providentielle qu'il en donne, et qui, avec moins d'inclémence et moins d'éloquence aussi, ne fait toutefois qu'annoncer et présager la solution de De Maistre. C'est dans les années qui suivirent la Terreur et dans le triomphe des institutions idéologiques dites de l'an III que Saint-Martin eut son jour et son heure d'utilité publique, et, si l'on peut dire, sa fonction sociale, lorsque âgé de cinquante-deux ans, élève aux Écoles normales, il engagea son duel avec la philosophie régnante dans la personne de Garat, et que l'homme modeste atteignit le brillant sophiste au front. Ce jour-là, sans y avoir songé, il sortit de l'ombre, il tira nettement le glaive et se dessina tout entier. La philosophie du siècle, au plus beau de son installation et de sa victoire, avait reçu son premier coup, la première blessure dont elle mourra.

Lundi, 26 juin 1854

SAINT-MARTIN

LE PHILOSOPHE INCONNU.

(FIN)

On ne peut se dissimuler que Saint-Martin, avant la Révolution, n'ait été un théosophe d'une espèce particulière et suivant le grand monde. Il y avait eu un temps, au commencement du siècle, où les grandes dames avaient auprès d'elles leur bel-esprit, puis un autre temps où elles avaient leur géomètre, puis leur philosophe; vers la fin, quelques princesses avaient renchéri sur ces goûts de luxe et avaient voulu avoir leur théosophe. Saint-Martin était celui de la duchesse de Bourbon ; il logeait dans son palais ; quand la dame d'honneur était absente, c'était lui qui faisait les honneurs de la table. Il convient lui-même « qu'un de ses torts a été de se laisser un peu trop *mondifier* par les différentes circonstances commodes, agréables et flatteuses qu'il a rencontrées dans sa vie. » On pourrait s'étonner, après cela, de l'extrême facilité et de l'ouverture naturelle avec laquelle il prit la Révolution française, si l'on ne savait combien les idées chères à certains esprits l'emportent auprès d'eux sur les intérêts et les agréments.

Il faut dire qu'il n'était pas à Paris dans les premiers moments de cette Révolution, et qu'il ne la vit d'abord que de loin dans l'arc-en-ciel des promesses et dans l'auréole. Il était en 89 à Strasbourg, dans un petit monde mystique comme cette ville en a eu à diverses époques; il voyait tous les jours celle qu'il appelle sa meilleure amie, madame Boechlin; il formait le projet de se réunir encore plus entièrement à elle en logeant dans la même maison; il venait même de réaliser ce projet depuis deux mois, en 1791 ; il allait entamer la lecture de Jacob Boehm et suivait tout un roman idéal, tout un rêve de vie intérieure accomplie, lorsqu'une maladie de son père l'appela à Amboise et le rejeta dans la réalité : « Au bout de deux mois (de cette réunion dans un même logement), il fallut, dit-il, quitter mon paradis pour aller soigner mon père. La bagarre de la fuite du roi me fit retourner de Lunéville à Strasbourg, où je passai encore quinze jours avec mon amie; mais il fallut en venir à la séparation. Je me recommandai au magnifique Dieu de ma vie pour être dispensé de boire cette coupe; mais je lus clairement que, quoique ce sacrifice fût horrible, il le fallait faire, et je le fis en versant un torrent de larmes. L'année suivante, à Pâques, tout était arrangé pour retourner près de mon amie ; une nouvelle maladie de mon père vient encore comme à point nommé arrêter tous mes projets. » On ne peut s'empêcher de remarquer que Saint-Martin ici nous présente une simple contrariété de sa vie intérieure comme un malheur horrible, et cela en regard de cette véritable infortune publique de Louis XVI et de Marie-Antoinette, qu'il se contente d'appeler une *bagarre*. Un esprit, ainsi tourné à son propre sens et à la poursuite d'une félicité intime, ne fut donc pas un témoin très-attentif ni très-rigoureux du détail de la Révolution ; il n'en prit que ce qui allait à ses vues et ce qui favorisait ses espérances (1).

Il passa à Paris une partie de l'année 1792. Le vendredi 3 février, paraissant aux Tuileries comme député de la Société philanthropique au roi, il se confirma plus que jamais dans le sentiment de remercier Dieu de deux choses : la première, de ce qu'il y avait des chefs ; la seconde, de ce qu'il ne l'était pas. Dans le printemps

---

(1) Si l'on en veut une preuve que j'ose dire inimaginable, on n'a qu'à lire la pensée suivante où l'illusion pacifique, jointe à la préoccupation de soi et à la confiance qu'on a d'être l'objet spécial de la prédilection divine, passe tous les degrés :

« Je me suis senti tellement né pour la paix et pour le bonheur, et j'ai eu de si fréquentes expériences que l'on m'avait même dès ce monde comme environné du lieu de repos, que j'ai eu la présomption de croire que dans tous les lieux que j'habiterais il n'arriverait jamais de bien grands troubles ni de bien grands malheurs. Ceci s'est vérifié pour moi non-seulement dans plusieurs époques de ma jeunesse, mais aussi dans mon âge avancé, lors de la Révolution de la France. J'écris ceci l'an quatrième de la Liberté, le 25 juillet 1792. Jusqu'à ce moment je n'ai été témoin d'aucun des désastres qui ont désolé ma patrie dans cette circonstance, quoique je n'aie pas voulu quitter le royaume malgré les instances qui m'en ont été faites, notamment par madame de Rosenberg, qui voulait m'emmener avec elle à Venise. J'ai traversé en outre trois fois presque tout le royaume pendant ces temps de trouble, et la paix s'est trouvée partout où j'étais (excepté l'aventure du Champ-de-Mars de l'été de 1791, pendant laquelle j'étais à Paris) ; tout cela me fait croire que, sans oser me regarder comme un préservatif pour mon pays, il sera cependant garanti de grands maux et de désastres absolus tant que je l'habiterai ; non pas, comme je viens de le dire, que je me croie un préservatif, mais c'est parce que je crois que l'on me préserve moi-même, attendu que l'on sait combien la paix m'est chère, et combien je désire l'avancement du règne de mon Dieu... »

Vous croyez peut-être que la suite des événements va le détromper : pas le moins du monde. Il ajoute un post-scriptum daté de 1801 ou de 1802, dans lequel il paraît vouloir démontrer que partout où il s'est trouvé dans l'intervalle depuis juillet 1792 jusqu'à la paix d'Amiens, toutes choses se sont passées pour le mieux là où il était de sa personne, même à Paris le 10 août.

et l'été de cette année 92, il vécut à Petit-Bourg, où il écrivait en prose un poëme hiéroglyphique et baroque intitulé *le Crocodile;* il le termina le 7 août 1792, « à une heure après midi, dans le petit cabinet de son appartement de Petit-Bourg, donnant sur la Seine. » Il est dommage que cette date circonstanciée, qu'il note avec complaisance, ne se rattache pas à une œuvre plus digne de souvenir. Une des plus singulières aberrations de Saint-Martin était de croire que ce *Crocodile*, avec un peu plus de travail et moins de négligence, et, comme il dit, avec une *lessive* de plus, aurait pu devenir un *bijou*. Saint-Martin paraît avoir eu une veine, une nuance de gaieté en causant; il y revient sans cesse pour l'expliquer; mais, plume en main, cette gaieté disparaît et fait place à une plaisanterie lourde le plus souvent et du plus mauvais goût. Le rire, en général, va peu aux mystiques; on se figure malaisément un Fénelon jovial et en belle humeur. Saint-Martin ne gagne rien à s'approcher du genre de son compatriote Rabelais.

Il se trouvait à Paris dans la journée du 10 août et dans les journées suivantes; il fut témoin des canonnades et des massacres, et paraît surtout sensible à la protection singulière dont le couvrit la Providence en ces journées : il avait des papiers d'affaires à retirer et à envoyer chez son père, et il ne cessa de circuler dans Paris sans qu'il lui arrivât malheur. Il attribue le sang-froid et la sérénité dont il jouit alors, et qui ne lui venait point de sa nature physique, à ses bonnes lectures spirituelles et à de vives prières qu'il avait faites pendant toute la nuit du 10. Revenant habiter à Paris l'année suivante, vers octobre 1793 : « J'ai la douce consolation, dit-il, d'y éprouver que l'on peut trouver Dieu partout, que partout où on trouve son Dieu on ne manque de rien, on ne craint rien, on est au-dessus de tout, enfin que l'on peut obtenir toutes les connaissances qui nous sont nécessaires sur notre propre conduite si on les demande avec confiance. »

Dans l'intervalle, étant retourné à Amboise, il perdit son père le 11 janvier 1793. Il a parlé de la Révolution française, dans quelques-uns de ses écrits, en des termes grandioses et magnifiques : il est bon de voir comment il la prend et l'accueille dans le détail, avec une entière simplicité :

« Pendant la Révolution de France, dit-il, me trouvant à Amboise qui est mon lieu natal et ma commune domiciliaire, je me rendis comme les autres, avec les citoyens de ma compagnie, dans les bois de Chanteloup, au mois de thermidor l'an II de la République, pour y travailler à couper, porter et brûler de la bruyère, dont les cendres sont employées à faire de la poudre à tirer. Pendant le repas, j'allai me reposer à l'écart au pied d'un arbre, et là je ne pus m'empêcher de réfléchir à la bizarrerie des destins de l'homme en ce bas-monde, en me voyant par l'effet de la Révolution isolé de tous les rapports que j'ai dans l'Europe par mes objets d'étude, et de toutes les personnes qui me font l'amitié de désirer ma présence, et forcé au contraire à venir passer mon temps à travailler de mes bras au milieu d'une forêt pour concourir à l'avancement de la Révolution. Je l'ai fait néanmoins avec plaisir, parce que le mobile secret et le terme de cette Révolution se lient avec mes idées et me comblent d'avance d'une satisfaction inconnue à ceux mêmes qui se montrent les plus ardents. Cela n'empêche pas qu'il me venait quelquefois sur le terrain, pendant mon travail, quelques réflexions par rapport au *blut* » (c'est-à-dire, sans doute, la séparation de la pure farine d'avec le mauvais mélange).

Peu de temps après avoir été sur la bruyère de Chanteloup, il servit de témoin, et, comme on dirait en temps ordinaire, de parrain à un enfant mâle qui naquit à un brave homme d'Amboise. Il nomma le petit nouveau-né *André-Régulus :* « le premier nom pour ses parents, dit-il, et le second pour la République, ne connaissant pas dans l'histoire un patriote plus grand et plus fait pour servir de modèle que ce citoyen romain. » On voit à quel point il entrait aisément dans les idées du temps et ne trouvait rien de ridicule à ces réminiscences romaines. La nouvelle de la victoire de Fleurus par Jourdan (26 juin 1793) le comble de joie, et il en consigne l'expression dans son Journal en homme qui, à cette date déjà bien sanglante, était pour la Révolution tout entière, sans marquer ses réserves :

> « De même qu'on a fait apporter aux prêtres leurs lettres de prêtrise, et aux nobles leurs lettres de noblesse, de même nous ne devrons accorder la paix à nos ennemis qu'autant que tous les rois faux auront apporté leurs lettres de royauté. La fameuse bataille de Fleurus, gagnée par Jourdan sur Cobourg dans la première décade de messidor l'an II, doit ajouter en ce genre un grand poids à nos prétentions : cette victoire me paraît un des plus beaux pas qu'ait faits la Révolution. »

Les crimes du dedans frappaient pourtant Saint-Martin, mais ils ne l'épouvantaient et ne le révoltaient pas autant, ce semble, qu'ils auraient dû le faire pour une âme aussi délicate et aussi sensible; il nous en donne naïvement la raison, lorsqu'il avoue que le sort de tant d'émigrés traqués de toutes parts et sans asile ne laisse pas de lui paraître véritablement lamentable : « Moi-même, dit-il, j'ai été embarrassé un moment de résoudre cette question; mais, comme j'ai cru à la main de la Providence dans notre Révolution, je puis bien croire également qu'il est peut-être nécessaire qu'il y ait des victimes d'expiation pour consolider l'édifice; et sûrement alors je ne suis pas inquiet sur leur sort, quelque horrible que soit dans ce bas monde celui que nous leur voyons éprouver. » Tant qu'il ne s'agissait que du renversement des fortunes, il en prenait son parti encore plus facilement, et il allait même par instants jusqu'à désirer quelque chose au delà de ce qu'il voyait : « Le bien-être terrestre, disait-il, m'a paru si bien un obstacle au progrès de l'homme, et la démolition de son royaume en ce monde un si grand avantage pour lui, qu'au milieu des gémissements qu'occasionnait le renversement des fortunes pendant la Révolution par une suite de la maladresse et de l'ignorance de nos législateurs, je me suis souvent trouvé tout prêt à prier que ce genre de désordres s'augmentât encore, afin de faire sentir à l'homme la nécessité de s'appuyer sur son véritable soutien dans tous les genres. » Dans cette disposition où il se trouvait quelquefois de prier le Ciel pour que les maux de fortune allassent encore plus loin, il était néanmoins obligé de convenir que la Convention, par certains de ses décrets (notamment par son décret final sur la contribution de guerre), lui laissait bien peu à désirer, et qu'elle agissait exactement comme si elle eût voulu combler ses intentions et ses souhaits d'un dépouillement absolu de chacun (1).

Quoique Saint-Martin eût beaucoup moins à se plaindre qu'un autre de la Révolution et qu'il ait pu dire que jusqu'à une certaine heure elle l'avait traité en enfant gâté, il avait assez à en souffrir pour pouvoir récriminer contre elle s'il l'avait voulu et si son caractère l'y eût porté. Au printemps de 1794, le décret sur les nobles le força de quitter Paris où il avait passé l'hiver, et où il remplissait régulièrement ses devoirs civiques : il dut se retirer dans sa commune d'Amboise. Il y fut nommé presque aussitôt commissaire pour la confection du Catalogue des livres nationaux : il vit dans cette hum-

(1) En matière de propriété, Saint-Martin avait une doctrine trèslarge et qui ne diffère guère de celles que nous avons vu professer de nos jours par quelques-unes des écoles socialistes les plus avancées : « Quoique ma fortune souffre beaucoup de la Révolution, disait-il, je n'en persiste pas moins dans mon opinion sur les propriétés ; j'y peux comprendre particulièrement les rentes. Rien n'est plus éloigné de la *racine* que cet usage abusif du signe représentatif de la propriété : aussi je le trouve bien plus faux que la propriété même. Tous nos profits, tous nos revenus, devraient être le fruit de notre travail et de nos talents ; et ce renversement des fortunes opéré par notre Révolution nous rapproche de cet état naturel et vrai, en forçant tant de monde à mettre en activité leur savoir-faire et leur industrie. »

ble fonction une occasion d'être utile, si petite qu'elle fût : « Ma besogne bibliographique a été reçue et approuvée au Comité d'instruction publique, sauf quelques observations... C'est une pitié que cette besogne-là, ajoutait-il, et cependant il a fallu m'y donner comme si elle était importante et profitable pour mon esprit. Mais ce qui m'a soutenu, c'est la persuasion que notre Révolution ayant un grand but et un grand mobile, on doit s'estimer heureux toutes les fois qu'on se trouve pour quelque chose dans ce grand mouvement, surtout quand c'est de cette manière-là, où il ne s'agit ni de juger les humains, ni de les tuer. » La veille du jour où l'on apprit à Amboise la chute de Robespierre, Saint-Martin se sentit sollicité d'un ardent besoin de prier : « Je repassais dans mon esprit les horreurs du règne où nous étions, et dont je pouvais à tout moment éprouver personnellement les cruels effets : je me résignais en conséquence à l'arrestation, à la fusillade, à la noyade, et je disais à Dieu que partout là je me trouverais bien, parce que je sentais et je croyais que j'y serais avec lui. Quand j'appris la nouvelle du lendemain, je tombai de surprise et d'admiration pour l'amour de ce Dieu envers moi ; car je vis qu'il avait pris de bon œil ce sacrifice que je lui avais fait, tandis que, lors même que je le lui offrais, il savait bien qu'il ne m'en coûterait rien. » Il apprit ensuite qu'il y avait eu vers la fin un mandat d'arrêt lancé contre lui ; il ne le sut qu'un mois après et quand toute menace avait cessé.

Ce régime de Robespierre lui arrache quelques-unes de ces paroles d'indignation comme nous les désirons de lui et de tout homme de cœur. Son optimisme ici et cette espèce de béatitude que nous lui avons vue en quelques moments expire ; et avec cela il ne désespère jamais, il n'abdique pas son idée d'avenir et ne laisse pas échapper ce qu'il estime le fil conducteur :

« J'ai vu la plupart de mes concitoyens très-alarmés aux moindres dangers qui à tout moment menacent l'édifice de notre Révolution; ils ne peuvent se persuader qu'elle soit dirigée par la Providence, et ils ne savent pas que cette Providence laisse aller le cours des accessoires qui servent de voile à son œuvre, mais que quand les obstacles et les désordres arrivent jusqu'auprès de son œuvre, c'est alors qu'elle agit et qu'elle montre à la fois ses intentions et sa puissance; aussi, malgré les secousses que notre Révolution a subies et qu'elle subira encore, il est bien sûr qu'il y a eu quelque chose en elle qui ne sera jamais renversé. »

Il y a de la force dans cette vue-là, soit qu'on l'ait comme Joseph de Maistre en son belvédère de Savoie ou de Lausanne, soit qu'on l'ait comme Saint-Martin de plus près et à bout portant.

Et de plus, on sent dès à présent la différence d'esprit entre lui et M. de Maistre. Saint-Martin croit qu'il y a dans la Révolution française autre chose encore qu'une destruction et qu'un jugement de Dieu, et qu'elle a introduit quelque élément nouveau dans le monde. Nous y reviendrons tout à l'heure.

Après la Terreur, il se retira quelque temps à sa maison de campagne de Chaudon et ne songea qu'à y vivre caché, selon sa maxime « qu'un sage (au sens complet qu'il donnait à ce mot) était un homme qui prenait autant de soin à cacher ce qu'il avait, que les autres en prennent pour montrer ce qu'ils n'ont pas. » Il en fut tiré à la fin de 1794 (frimaire, an III) lorsqu'il fut nommé par son district pour aller assister comme élève aux leçons des Écoles normales que le gouvernement conventionnel venait d'instituer. Il hésitait d'abord à accepter, craignant que cela ne le dissipât et ne le jetât, comme il disait, dans l'*externe*, tandis qu'il sentait de plus en plus le goût des voies intérieures et silencieuses; puis il pensa qu'il était peut-être appelé par là à rendre témoignage de sa doctrine et à briser quelque lance contre l'ennemi : « Il est probable, pensait-il, que l'objet qui m'amène à l'École normale est pour y subir une nouvelle épreuve spirituelle dans l'ordre de la doctrine qui fait mon élément... Je serai là comme un métal dans le creuset, et probablement j'en sortirai plus fort et plus persuadé encore qu'auparavant des principes dont je suis imprégné dans tout mon être. » Il accepta donc, vint à Paris se loger rue de Tournon, au ci-devant hôtel de l'empereur Joseph II, et suivit de là les cours des Écoles qui se tenaient au Jardin des Plantes.

Au premier rang de ces cours les plus en vogue aux Écoles normales, il y avait celui de Garat, intitulé *De l'analyse de l'Entendement humain.* Garat, homme de talent, littérateur distingué et disert, mais esprit vague et peu précis, professait la doctrine du jour, celle de Condillac, qui se réduisait à la sensation pour tout principe : il simplifiait l'homme outre mesure, et répandait sur des explications, qui n'en étaient pas, un certain prestige, je ne sais quel luxe académique et oratoire. Il y avait des jours destinés aux conférences, et où les élèves prenaient la parole ou lisaient des objections. Dans la séance du 9 ventôse (27 février 1795), Saint-Martin s'enhardit. Il avait déjà parlé à une précédente séance et obtenu quelques amendements qu'il demandait sur ces expressions exagérées, *faire nos idées, créer nos idées,* etc., qu'il voulait qu'on réduisît à leur juste valeur et sans préjudice pour la faculté intérieure naturelle qui seule avait réellement ce pouvoir. A cette nouvelle séance, il demanda, par une lettre motivée qu'il lut à haute voix, trois nouveaux amendements à la doctrine du professeur : 1° sur le *sens moral* dont il réclamait la reconnaissance nette et distincte et le rétablissement formel dans une bonne description de la nature humaine; 2° sur la nécessité d'une première parole accordée ou révélée à l'homme dès la naissance du monde, et sur la vérité de ce mot de Rousseau que *la parole a été une condition indispensable pour l'établissement même de la parole;* 3° sur la matière *non pensante*, et qu'il fallait remettre à sa place bien loin de ce sublime attribut :

« Je fus mal reçu par l'auditoire, dit-il, qui est dévoué en grande partie à Garat à cause des jolies couleurs de son éloquence et de son système des sensations. Malgré cela on me laissa lire jusqu'au bout, et le professeur ne me répondit que par des assertions et des raisons collatérales, de manière que mes trois observations restent encore dans leur entier, et je puis dire qu'il s'y trouve des bases neuves que je n'aurais pas eues sans cette circonstance. Garat avait l'air de souhaiter que je me fisse connaître davantage et que j'entrasse plus amplement en matière, mais je ne m'y sentis nullement poussé, et je me contentai d'avoir lancé mon trait... »

Ce n'était qu'une première escarmouche. Garat, en revoyant ses leçons dans le Compte-Rendu imprimé des séances, fit comme beaucoup d'orateurs; il recomposa à neuf sa réponse, y mit ce qu'il n'avait pas dit, et s'y donna tout l'avantage. Saint-Martin répondit par une Lettre qui est une pièce importante, et qui aurait pu porter pour épigraphe cette pensée de lui : « J'ai vu la marche des docteurs philosophiques sur la terre, j'ai vu que, par leurs incommensurables divagations lorsqu'ils discutaient, ils éloignaient tellement la vérité, qu'ils ne se doutaient seulement plus de sa présence; et, après l'avoir ainsi chassée, ils la condamnaient par défaut. » Saint-Martin, dans ce débat, forcé à regret de se produire et de parler devant la galerie, le prend d'emblée avec Garat sur le pied non plus d'un élève, mais d'un maître : on reconnaît l'homme qui a longtemps médité sur les plus grands et les plus intimes problèmes de notre nature, et qui souffre d'avoir à en démontrer les premiers éléments. Il démêle l'espèce de jeu de mots et d'escamotage à l'aide duquel l'école de Condillac se flattait d'expliquer tout l'homme : « Vous êtes tellement plein de votre système des sensations, que ce ne sera pas votre faute si tous les mots de nos langues, si tout notre dictionnaire enfin ne se réduit pas un jour au mot *sentir*. Toutefois, quand vous auriez ainsi simplifié le langage, vous n'auriez pas pour cela simplifié les opérations des êtres. » Il se pose nettement au nom des spiritualistes contre les idéologues : « Les spiritualistes, dit-il, sont spécialement et invariablement opposés aux idéologues qui voudraient que nous fissions nos idées avec nos sensations, tandis qu'elles nous sont seulement transmises par nos sensations. » Il attaque l'idée matérialiste qui est le fond de la doctrine adverse, et la force à reculer. Garat avait dit en opposition à l'universalité des idées morales ou autres idées premières : « Je ne connais rien d'universel, à la rigueur, que l'univers. » Saint-Martin le presse sur ce mot et lui en demande compte : « Malgré l'opposition que vous annoncez contre le matérialisme, vous avez cependant été entraîné à dire, comme ses sectateurs, *que vous ne connaissiez rien d'universel, à la rigueur, que l'univers*, tandis qu'il y a quelque chose en vous de bien plus universel que cet univers, savoir votre pensée. »

Je ne me charge pas ici d'entrer dans les points particuliers du débat, ni de voir si, parmi les assertions de Saint-Martin, il n'en est point de bien vagues et de bien fuyantes aussi, et si, parmi celles de Garat, il n'en est pas qui eussent pu se défendre dans un meilleur et plus véritable sens : ce qui est manifeste, c'est que Garat et les idéologues de seconde main qui se croyaient maîtres du jeu ont, ce jour-là, rencontré leur maître à l'improviste dans Saint-Martin. Il les définit, il les raille, il les persifle même sur cette dextérité et cette adresse d'exposition dont leur doctrine a grand besoin ; il établit avec un haut et paisible dédain la différence profonde qu'on doit faire entre un Condillac et un

Bacon, deux noms que l'on affectait toujours d'associer ; il replace celui-ci sur le trône de la science, parmi les princes légitimes de l'esprit humain. Après avoir parlé, puisqu'il le faut, de Condillac, de ce fameux *Traité des sensations*, de cette statue « où tous nos sens naissent l'un après l'autre, et qui semble être la dérision de la nature, laquelle les produit et les forme tous à la fois, » il en vient à la lecture qu'il a faite également de Bacon : « Quelle impression différente j'en ai reçue! s'écrie-t-il. Rien ne m'y repousse, tout m'y attraye. Quoique Bacon me laisse beaucoup de choses à désirer, il est néanmoins pour moi, non-seulement moins repoussant que Condillac, mais encore cent degrés au-dessus. Condillac me paraît auprès de lui en philosophie, ce qu'en fait de physique Comus est auprès de Newton. » — Qu'il y ait en tout ceci une pointe exagérée de polémique et d'insulte à l'égard de Condillac, on le voit sans peine, mais elle était de bonne guerre et de généreuse audace en plein camp ennemi.

Garat, depuis cette contradiction à laquelle il était peu fait, parut rarement dans sa chaire. Les Écoles normales finirent avant terme, n'ayant rempli qu'imparfaitement leur objet, et Saint-Martin put se comparer au petit berger prédestiné qui avait atteint Goliath au front.

Faisons d'ailleurs comme Saint-Martin, et rendons toute justice à Garat. Lorsqu'en 1801 parut la nouvelle édition des Séances des Écoles normales, où se trouve l'exposé du débat, on fit des difficultés pour y laisser insérer cette Lettre, et Garat fut des premiers à intervenir pour lever tous obstacles à la publication de l'écrit qui était contre lui (1).

---

(1) Il resterait pour moi un point à éclaircir. Cette publication de

Dans le cours de cette même année (1795), Saint-Martin publia sa *Lettre à un Ami, ou Considérations politiques, philosophiques et religieuses sur la Révolution française*, avec cette épigraphe tirée des *Nuits* d'Young : « Le Ciel dispose toutes choses pour le plus grand bien de l'homme. » Cette brochure fut peu lue; mais, éclairée pour nous aujourd'hui par le livre des *Considérations* de M. de Maistre, elle a une grande valeur comme indication et comme présage; il n'en faut point séparer l'*Éclair sur l'Association humaine*, qui parut deux ans après (1797).

On peut remarquer dans ces écrits de Saint-Martin sur la Révolution française deux portions distinctes : l'une qui est de la plus belle et de la plus incontestable philosophie religieuse (du moment qu'on admet les données d'une telle philosophie); l'autre qui est particulière, mystique et systématique, et toute personnelle à l'auteur.

Lorsque Saint-Martin croit que les **vérités** religieuses n'ont qu'à gagner à la grande épreuve que la société française traversait au moment où il écrit, il est dans le vrai de sa haute doctrine. Selon lui, l'âme humaine, toute déchue et altérée qu'elle est, est le plus grand et le plus invincible témoin de Dieu; elle est un témoin bien autrement parlant que la nature physique, tellement que le vrai athée (s'il y en a) est celui qui, portant ses regards sur l'âme humaine, en méconnaît la grandeur et en conteste l'immortelle spiritualité. Le propre

---

1801 est-elle la première édition de la Lettre de Saint-Martin à Garat? Cette Lettre ne fut-elle pas imprimée dans le temps même (1795), vers l'époque où elle dut être composée? Fut-elle lue seulement alors, en tout ou en partie, à l'issue de quelque conférence et devant le public des Écoles normales, pour produire son effet de réfutation? Ce qui paraît sûr, c'est que Saint-Martin, qui avait eu d'abord l'auditoire assez mal disposé pour lui, finit par avoir les rieurs de son côté.

de l'âme de l'homme, tant elle a conservé de royales marques de sa hauteur première, est de ne vivre que d'admiration, « et ce besoin d'admiration dans l'homme suppose au-dessus de nous une source inépuisable de cette même admiration qui est notre aliment de première nécessité. » Après avoir établi quelques principes de cet ordre, Saint-Martin a donc confiance que ce témoin perpétuel de Dieu, l'âme de l'homme, gagnera à l'épreuve présente, et que le miroir sera plutôt nettoyé qu'obscurci. Sa profession de foi sur la Révolution française est simple, elle est celle d'un croyant : il pense que la Providence s'en mêle soit directement, soit indirectement, et par conséquent il ne doute pas que cette Révolution n'atteigne à son terme, *puisqu'il ne convient pas que la Providence soit déçue et qu'elle recule :*

« En considérant la Révolution française dès son origine et au moment où a commencé son explosion, je ne trouve rien à quoi je puisse mieux la comparer qu'à une image abrégée du Jugement dernier, où les trompettes expriment les sons imposants qu'une voix supérieure leur fait prononcer, où toutes les puissances de la terre et des cieux sont ébranlées...

« Quand on la contemple, cette Révolution, dans son ensemble et dans la rapidité de son mouvement, et surtout quand on la rapproche de notre caractère national, qui est si éloigné de concevoir et peut-être de pouvoir suivre de pareils plans, on est tenté de la comparer à une sorte de féerie et à une opération magique : ce qui a fait dire à quelqu'un qu'il n'y aurait que la même main cachée qui a dirigé la Révolution, qui pût en écrire l'histoire.

« Quand on la contemple dans ses détails, on voit que, quoiqu'elle frappe à la fois sur tous les Ordres de la France, il est bien clair qu'elle frappe encore plus fortement sur le Clergé... »

Plein de respect pour l'idée de sacerdoce, qui est à ses yeux peut-être la plus haute de toutes, Saint-Martin trouve tout simple que les individus de cet Ordre aient été les premiers atteints et châtiés, de même que cette *Révolution du genre humain* a commencé par les *Lys* de France : « Comme aînés, dit-il, ils devaient être les premiers corrigés. »

Je ne fais qu'indiquer ces manières de voir qui nous sont devenues depuis lors familières par le langage si net et si éclatant de M. de Maistre ; mais Saint-Martin y mêle des idées et des sentiments qui lui sont propres et qui ont beaucoup moins de netteté. Au fond, il est adversaire et rival du christianisme constitué et établi dans l'Église; il a tout bas son ordre trouvé, sa religion à lui, son règne de Dieu qui doit en partie réparer le monde et réintégrer l'homme dans un état de presque divine félicité, lui rendre même des facultés tout à fait merveilleuses et des lumières présentement surnaturelles. Il voit dans la Révolution française une sorte de Jugement dernier qui doit hâter cette sorte de restauration religieuse et de théocratie libérale, qu'il appelle, qu'il ne définit pas, mais qui sera le triomphe plus ou moins complet de sa doctrine secrète. Il tend à refaire, avec les hommes, des *dieux*. Selon lui, il ne tiendra qu'à chaque homme restauré de redevenir un *roi-mage* faisant miracle tout le long du jour. C'est à sa manière un *millénaire*, un *utopiste* à imagination pieuse ; et les beaux résultats qu'il se peint à l'avance, le futur âge d'or de sa philosophie divine, cette espèce d'Éden plus ou moins retrouvé dès ici-bas, quelles que soient les épreuves de la crise dernière, ne lui paraissent pas trop chèrement payés. — Lui, de tous les hommes le moins semblable assurément à Condorcet, il lui arrive de rêver et de délirer comme lui. Toute la différence, c'est qu'il délire plus divinement.

Il me suffit de dénoncer ce côté chimérique et personnel, qui se mêle à d'autres idées élevées et vraiment dignes de n'y être pas compromises. Saint-Martin comprend au reste qu'il a eu des malheurs d'expression et des duretés apparentes (1), des torts d'indiscrétion et de

---

(1) Dans sa *Lettre sur la Révolution française*, il parle des prêtres,

négligence dans l'exposition de ses idées, et il s'explique par là leur peu d'effet et d'action sur les contemporains. L'amour-propre est si ingénieux, même chez les plus humbles, que cet aveu de son tort et l'explication qu'il en donne vont tourner encore à la glorification de son rôle réservé et de son utopie chérie :

> « Il y a, confesse-t-il, dans quelques-uns de mes ouvrages plusieurs points qui sont présentés avec négligence, et qui auraient dû l'être avec beaucoup de précaution pour ne pas réveiller les adversaires. Tels sont les articles où je parle des prêtres et de la religion, dans ma *Lettre sur la Révolution française*, et dans mon *Ministère de l'Homme-Esprit*. Je conçois que ces points-là ont pu nuire à mes ouvrages, parce que le monde ne s'élève pas jusqu'au degré où, s'il était juste, il trouverait abondamment de quoi se calmer et me faire grâce, au lieu qu'il n'est pas même assez mesuré pour me faire justice. Je crois que les négligences et les imprudences où ma paresse m'a entraîné en ce genre ont eu lieu par une permission divine, qui a voulu par là écarter les yeux vulgaires des vérités trop sublimes que je présentais peut-être par ma simple volonté humaine, et que ces yeux vulgaires ne devaient pas contempler. » — « Le monde et moi, disait-il encore pour se consoler, nous ne sommes pas du même âge. »

Laissons le prophète, et ne voyons que le philosophe d'une belle âme et d'infiniment d'esprit dans ces matières morales déliées. Les dernières années de Saint-Martin se passèrent tantôt à Paris, tantôt à la campagne, à méditer, à écrire, à traduire Boehm, à revoir ses amis de l'émigration et de la haute société qui rentraient peu à peu et se ralliaient après l'orage. Il lui semblait que les horizons s'étendaient et s'élargissaient chaque jour, à mesure que la Révolution s'apaisait et tendait à son

---

alors persécutés, sans ménagement et avec des expressions qui ne s'oublient pas ; il leur reproche, par exemple, d'avoir rempli les temples d'images, « et par là d'avoir *égaré et tourmenté la prière*, tandis qu'ils ne devaient s'occuper qu'à lui tracer un libre cours ; » il les appelle les *accapareurs des subsistances de l'âme*, etc. De telles expressions, si on les isolait, donneraient de Saint-Martin une idée fausse, et calomnieraient son cœur.

déclin. Les *grands objets* s'annonçaient à lui d'une manière de plus en plus imposante et douce, et proportionnée à son état présent : « J'ai mille preuves réitérées que la Providence ne s'occupe, pour ainsi dire, qu'à me ménager. » Il était d'ailleurs tellement inapplicable et impropre aux choses positives, que dans le second trimestre de l'an IV, ayant été porté sur la liste du jury pour le tribunal criminel de son département, il crut devoir se récuser par toutes sortes de raisons qui, si elles étaient admises, paralyseraient la société : « Je ne cachai point mon opinion ; je dis tout haut que, ne me croyant pas le droit de condamner un homme, je ne me croyais pas plus en droit de le trouver coupable, et que sûrement, tout en obéissant à la loi qui me convoquait, je me proposais de ne trouver jamais les informations et les preuves assez claires pour oser disposer ainsi des jours de mon semblable. » Ces observations parvinrent aux autorités, et on ne le porta plus depuis sur la liste. A force de vouloir tout deviner dans le passé et dans l'avenir, de tels hommes ne voient plus rien de certain autour d'eux ; ils croient savoir au juste ce qui se passait dans le Paradis terrestre et ce qu'était Adam avant son sommeil, ce que redeviendra l'homme après sa réparation, et ils n'entendent rien aux conditions les plus indispensables et les plus immédiates de l'ordre social et du bon ménage politique. Ce n'est point avec des personnages de cette trempe qu'un chef d'État fera jamais un Code civil.

L'utilité de Saint-Martin était toute dans la conversation intime, dans la discussion fine des questions religieuses et morales qui s'agitaient alors. Je ne trouve pas qu'à cet égard ses contemporains distingués aient assez songé à profiter de lui. M. de Chateaubriand, par exemple, qu'il eut occasion de voir vers l'époque d'*Atala* et du *Génie du Christianisme*, et à qui il adressa de belles observations critiques dans son *Ministère de l'Homme-Esprit* (observations que M. de Chateaubriand ne lut jamais), n'avait gardé de Saint-Martin qu'un souvenir inexact et infidèle; il lui est arrivé de travestir étrangement, dans un passage des Mémoires, la rencontre qu'il eut avec lui; et lorsqu'il eut été averti par moi-même que Saint-Martin avait parlé précisément de cette rencontre et en des termes bien différents, il ne répara qu'à demi une légèreté dont il ne s'apercevait pas au degré où elle saute aujourd'hui à tous les yeux. Il parle de lui absolument comme si c'était un sorcier avec qui on l'eût fait dîner (1). Saint-Martin vit La Harpe depuis sa conversion; il le trouva plus sincère qu'éclairé; mais cette connaissance eut peu de suite. Ainsi pour le prétendu athée Lalande, ainsi pour l'illuminé Cazotte; les divers articles de Saint-Martin sur ces personnages et sur plusieurs autres seraient curieux à extraire : « Bernardin de Saint-Pierre, de l'Institut, dit-il, me paraît un excellent homme. Nous avons dîné ensemble chez nos bonnes amies Maisonneuve. Il est toujours persuadé de la perfection de la nature, et il travaille à en peindre les Harmonies. Je voudrais bien savoir comment il s'y prendra pour nous peindre les harmonies de la colique, du buhon-upas,

---

(1) Voici le petit récit de Saint-Martin, si parfaitement simple, et si honorable pour M. de Chateaubriand :

« Le 27 janvier 1803, j'ai eu une première entrevue avec M. de Chateaubriand, dans un dîner arrangé pour cela chez M. Neveu à l'École polytechnique (alors au Palais-Bourbon). J'aurais beaucoup gagné à le connaître plus tôt : c'est le seul homme de lettres honnête avec qui je me sois trouvé en présence depuis que j'existe; e encore n'ai-je joui de sa conversation que pendant le repas : car aussitôt après parut une visite qui le rendit muet pour le reste de la séance, et je ne sais quand l'occasion renaîtra, parce que le Roi de ce monde a grand soin de mettre des bâtons dans les roues de ma carriole. Au reste, de qui ai-je besoin, excepté de Dieu?... »

du serpent à sonnettes et de tous les insectes malfaisants. »

Saint-Martin se séparait profondément de Bernardin de Saint-Pierre en ce que, religieux comme lui, il croyait de plus à la chute, à une nature gâtée et corrompue et portant l'empreinte du mal; il croyait en un mot que, dans l'univers tel qu'il est, il y a et il y aura toujours quantités de *désharmonies*, jusqu'à ce que le maître, le divin réparateur vienne remonter la lyre et en rajuster les cordes sacrées. — La douleur, dans l'homme et hors de l'homme, lui paraissait le cri universel, et il eût dit volontiers avec l'Apôtre : « Toutes les créatures soupirent et sont comme dans le travail de l'enfantement, attendant avec grand désir la manifestation des enfants de Dieu. »

Il se rapprochait et se séparait de Rousseau par bien des points. Il a pour lui un grand attrait et un grand faible : « En lisant Rousseau, dit-il, et voyant que c'est un homme qui dit si bien, on est tenté de penser que c'est un homme qui ne peut que dire vrai. D'ailleurs il ne vous laisse pas toujours le temps d'y regarder : il vous entraîne, il garde si bien tous les passages que vous ne pouvez vous échapper de lui. » Il lui envie cette puissance et cette fermeté de talent qu'il n'avait pas, mais il se sent d'une région plus noble et plus élevée : « Rousseau, dit-il, frappait plus bas que moi. » Il diffère de lui surtout en ce qu'il croit essentiellement à un Dieu qu'on ne salue pas seulement, qu'on ne se borne pas à proclamer, mais qu'on aime et qu'on prie : « A force de dire, *Notre Père*, espérons que nous entendrons un jour dire, *Mon fils*. » Voilà ce que l'orgueil de Rousseau eût repoussé.

Agé d'environ soixante ans, Saint-Martin sentait intérieurement les approches de sa fin et ne continuait pas moins de cultiver ses relations d'amitié : « J'arrive à un âge et à une époque, disait-il, où je ne puis plus frayer qu'avec ceux qui ont ma maladie. Or, cette maladie est le *spleen* de l'homme. Ce *spleen* est un peu différent de celui des Anglais; car celui des Anglais les rend noirs et tristes, et le mien me rend intérieurement et extérieurement tout couleur de rose. » Le doux vieillard avait la mélancolie riante. Il voyait dans la mort comme l'aurore d'une seconde et meilleure naissance. Il prenait part cependant à la restauration de la société qui se faisait autour de lui, et y voyait le doigt de la Providence (1). Le rétablissement du culte en particulier, loin de l'irriter, l'attendrit, ce qui est un bon signe moral; citons deux passages qui sont un correctif nécessaire à ce qu'on a dit, et qui font foi d'une impression salutaire :

« Vers la fin de 1802, j'assistai au mariage du jeune d'Arquelaï. Son père, octogénaire et mourant, se fit apporter au pied de l'autel, et vint joindre ses bénédictions à celles du prêtre. Quinze jours après, le père mourut, et j'assistai à la cérémonie funèbre dans le même lieu où j'avais assisté à celle du mariage. Lorsque je vis le fils jeter de l'eau bénite sur le cercueil, je fus frappé jusqu'au vif du tableau de cette chaîne de bénédictions tantôt douces, tantôt déchirantes, qui lie toute la famille humaine et qui la liera jusqu'à la fin des choses. Ceci serait un sujet inépuisable de magnificences divines. »

Et cet autre passage encore :

« Un jour, à Saint-Roch, j'assistai au renouvellement des vœux du baptême que l'on fit faire aux enfants des deux sexes qui avaient fait leur première communion dans la quinzaine de Pâques. Cette céré-

---

(1) Cependant il disait assez spirituellement des plus grands hommes d'alors, de ceux même en qui il voyait des agents et instruments providentiels destinés à mener à bon terme la Révolution : « Ils se tromperont s'ils se croient arrivés. Je les regarde au contraire comme des postillons qui ont fait leur poste ; mais ils ne sont que des *postillons de province*, il en faudra d'autres pour nous faire arriver au but du voyage, qui est de nous faire entrer dans la *Capitale* de la Vérité. (Mars 1801.) »

monie me causa beaucoup d'attendrissement et me parut propre à opérer, même sur les gens âgés, de très salutaires impressions. En général, lorsque l'on considère l'Église dans ses fonctions, elle est belle et utile. »

Il est vrai qu'il ajoute « qu'elle ne devrait jamais sortir de ces limites-là, et que par ce moyen elle deviendrait naturellement une des voies de l'esprit. »

Il mourut subitement dans le joli pays d'Aulnay, chez son ami le sénateur Lenoir-Laroche, le 13 octobre 1803. — Dans ce souvenir rapide que je viens de lui consacrer et dont j'ai cru qu'il était digne, je ne vais point jusqu'à conseiller de relire aucun ouvrage de lui : « Ceux qui ont de l'âme, disait-il, prêtent à mes ouvrages ce qui leur manque : ceux qui ne les lisent point avec leur âme leur refusent même ce qu'ils ont. » S'il disait cela en son temps et à l'heure de la publication, que sera-ce à plus de cinquante ans de distance? Ce qu'il appelle l'*âme* même n'y suffit pas : il faut un effort philosophique qui laisse souvent le lecteur à moitié du chemin. Mais ce que je désirerais vivement, c'est que le manuscrit que j'ai sous les yeux, *Mon portrait historique et philosophique*, qui n'a été imprimé que tronqué et très-incomplet, s'imprimât dans toute sa suite (à part huit ou dix Pensées qu'il faudrait absolument retrancher comme étant de trop mauvais goût); on aurait alors un Saint-Martin à l'usage de tout le monde, à l'usage de ceux qui hantent Gui Patin comme de ceux qui lisent Platon; un peu singulier, un peu naïf, agréable, touchant, élevé, communicatif, parfois bien crédule, nullement dangereux : on aurait enfin ce qui plaît toujours dans un auteur et ce qu'on aime à y rencontrer, un homme et un homme simple.

Lundi, 3 juillet 1854.

VICQ D'AZYR

Le médecin Vicq d'Azyr a été un des écrivains les plus distingués du règne de Louis XVI. Il représente une phase nouvelle et un progrès social dans la science qu'il cultivait avec succès ; il contribua plus que personne en son moment à la rendre facile, accessible, même élégante de forme, en la laissant sérieuse et solide ; à la tirer des écoles, sans la rendre pour cela frivole et sans la profaner. Il fut peut-être le premier médecin qui pratiqua son art à Paris sans porter perruque. La médecine, avant lui, avait des chaires, il lui créa une tribune, et les avantages de cette tribune ont paru jusqu'ici supérieurs aux inconvénients. Vicq d'Azyr fut le grand promoteur d'une Société ou Académie de médecine sans préjugés, vraiment moderne d'esprit et de méthode, ouverte même aux plus récentes lumières, et prête à répondre aux consultations du Gouvernement sur tous les objets et toutes les questions qui intéressent la santé publique. Doué des dons naturels de la personne, de la physionomie et de la figure, de la séduction de l'organe et de l'agrément de la parole, il brilla au premier rang comme professeur et comme orateur académique ; à ce dernier titre, il a sa place encore aujourd'hui parmi ceux qui, tout en les louant, ont su peindre les hommes. Jugé digne de succéder à Buffon pour son fauteuil à l'Académie française, choisi pour son médecin par la reine Marie-Antoinette, Vicq d'Azyr embrasse dans sa courte et brillante carrière tout l'espace qui fut accordé à ce règne de Louis XVI depuis Turgot jusqu'au 21 janvier : après en avoir partagé et secondé dans sa mesure toutes les réformes et les espérances, il survit peu à cette ruine, à celle des Académies dont il était membre, et de la Société savante dont il était l'âme; il périt comme une victime morale, sous une impression visible de deuil et de terreur. Cuvier, Cabanis, Lalande, Lemontey, Moreau (de la Sarthe) et d'autres encore ont parlé de Vicq d'Azyr avec détail; je n'ai qu'à choisir dans les traits qu'ils me présentent, et à m'attacher plus particulièrement en lui à l'écrivain et au littérateur.

Félix Vicq d'Azyr, né en avril 1748 à Valognes en Normandie, d'un père médecin, commença ses études dans sa ville natale et vint les achever à Caen, où il fut condisciple en philosophie de Laplace, le grand géomètre. Le professeur de philosophie, M. Adam, se glorifiait tout naturellement dans la suite d'avoir eu ces deux disciples, et Vicq d'Azyr, quand on lui en parlait, répondait en souriant : « M. Adam ne sait pas combien nous nous sommes donné de peine, M. de Laplace et moi, pour oublier ce qu'il nous a appris. » Après une certaine hésitation entre la carrière ecclésiastique et celle de la médecine, Vicq d'Azyr choisit cette dernière, et vint dès 1765 à Paris s'y dévouer avec ardeur. C'est en suivant les leçons d'Antoine Petit qu'il prit un goût particulier pour l'anatomie, pour cette anatomie physiologique qui sera sa science de prédilection. En 1772, il entra en licence à la Faculté de Paris, et, tout en amassant des connaissances, non moins avide de les répandre et de les voir se réfléchir en autrui, il ouvrit des Cours qui eurent beaucoup de succès. C'est ici qu'il convient de le peindre dans sa jeunesse, car c'est un portrait de jeunesse qui sied surtout à Vicq d'Azyr. Entre tous ceux qui l'ont loué, je prendrai le moins connu aujourd'hui, mais qui me semble avoir parlé de lui le plus naturellement et sans oublier de mêler aux couleurs quelques légères ombres :

« Avant de dire ce qu'il a fait pour la nature, disait le médecin Lafisse dans un éloge de Vicq d'Azyr prononcé en 1797, voyons ce qu'elle fit pour lui. Elle l'avait doué d'une taille avantageuse, d'une figure agréable, intéressante et modeste. Son œil était spirituel, son regard noble, sa parole douce; il avait le maintien réservé, l'abord honnête et quelquefois un peu froid. A beaucoup de pénétration il joignait une grande justesse de jugement, une mémoire excellente, des vues élevées et de vastes conceptions. Il exprimait ses idées avec clarté parce qu'il les disposait avec ordre. Quoiqu'il eût de la fermeté dans le caractère, il s'y mêlait quelque faiblesse : aimant les louanges, il paraissait les négliger; sensible aux contrariétés, il avait l'art de se contraindre, mais sa rougeur le trahissait, et les impressions étaient durables. Insinuant sans flatterie, souple sans bassesse, adroit sans artifice, il sut toujours profiter habilement des circonstances et ne se compromit jamais. Les affections de son cœur étaient douces, les mouvements de son esprit impétueux. Deux grosses passions avaient en lui subjugué toutes les autres : l'une était celle de s'instruire, et l'autre de se distinguer... »

Vicq d'Azyr avait gardé, même au milieu de ses succès académiques, un vif sentiment de ces premiers Cours qu'il avait professés dans sa jeunesse et dans lesquels il s'était épanoui tout entier : « C'est un bel art, disait-il, que celui de l'enseignement. Quand, en effet, l'homme offrit-il à l'homme le témoignage le plus flatteur de son respect? Ce fut sans doute lorsqu'il se tut pour écouter son semblable, pour recueillir ses paroles, pour se pénétrer de son esprit. » Et lorsque ces marques de respect et d'attention sont accordées à l'extrême jeunesse d'un homme studieux et déjà savant, la jouissance chez celui-ci est plus grande; l'amour-propre s'y décore de chaleur et de sympathie. Dans son Éloge de M. de Lamure, Vicq d'Azyr parlant des succès de ce professeur de Montpellier, raconte que lorsqu'on félicitait M. de Lamure déjà vieux sur l'intérêt de ses Cours, celui-ci répondait : « C'était dans ma jeunesse qu'il fallait m'entendre. » Et Vicq d'Azyr à ce propos, ramené de quatorze ans en arrière à ses propres souvenirs, ne peut s'empêcher de s'écrier :

> « Combien, en effet, cette jeunesse dont on se méfie tant n'a-t-elle pas opéré de prodiges ! Combien est féconde cette chaleur qu'elle met à tout ! Infatigable et généreuse, elle ne recueille que pour répandre. S'agit-il d'enseignement? par combien de moyens le jeune homme que de grands talents y appellent, frappe à la fois l'attention de son auditoire ! comme on aime le contraste de son savoir avec son âge, et celui de son ardeur avec sa modestie ! Sa mémoire est riche en images que son imagination embellit; son discours est plein d'enthousiasme; il ne récite pas, mais il peint. Avec quelle perfection il expose l'enchaînement des connaissances acquises ! avec quelle force il poursuit l'erreur ! avec quel respect il prononce les grands noms, même ceux de ses contemporains ! l'envie n'a point encore pénétré dans son cœur. Celui qu'une longue expérience a formé, l'emporte sans doute par la précision des idées; il a rassemblé plus de faits, et la vérité lui est mieux connue : on y parvient plus difficilement avec l'autre, mais on la désire plus vivement, et il sait mieux la faire aimer. L'un, élevé au faîte de la gloire, ne voit que du repos dans l'enseignement; son langage est froid et sérieux; pourquoi s'agiterait-il? il n'a plus de souhait à former. L'autre est loin du but, il se hâte de l'atteindre; l'un marche et l'on avance avec lui. »

On croit entendre ici cet accent, ce *Chant du départ* qui anime et entraîne les générations au début en toute carrière. Chacun volontiers, en se mettant en marche, croit commencer sa campagne d'Italie.

Vicq d'Azyr pourtant rencontra à cet âge des obstacles, et il ne sut pas toujours les prévenir et les éluder. Il avait ouvert ses premiers Cours libres et gratuits d'anatomie pendant les vacances de 1773 : à la rentrée des Écoles, comme les professeurs de la Faculté devaient enseigner aux mêmes heures, on lui proposa de changer les siennes, et il refusa. En conséquence l'amphithéâtre lui fut fermé. Mais peut-être n'était-ce que le prétexte. Antoine Petit, pour le dédommager, le choisit pour son suppléant dans la chaire d'anatomie du Jardin des Plantes, et Vicq d'Azyr y retrouvait le même public, la même affluence; mais cette fois ce fut Buffon, intendant du Jardin des Plantes, qui, destinant cette chaire à Portal plus ancien et plus connu, ne permit pas à Vicq d'Azyr de continuer. Vicq d'Azyr, louant Buffon à qui il succédait dans l'Académie française, ne se souviendra plus de ce tort, si c'en était un.

A défaut de l'appui de Buffon, une circonstance fortuite et assez romanesque amena Vicq d'Azyr à des relations particulières avec Daubenton. Une jeune fille, nièce de madame Daubenton, ayant été saisie d'un évanouissement près d'une salle d'étude où était Vicq d'Azyr, celui-ci accourut, prodigua ses soins à la jeune malade, et lui inspira un soudain intérêt qui se consacra bientôt par un mariage : ce mariage dura peu, et la mort de la jeune femme laissa Vicq d'Azyr veuf, et libre de nouveau, ce qui ne nuisit pas à ses succès dans le monde : mais il avait acquis l'amitié de Daubenton et les moyens, grâce à lui, d'étendre ses recherches d'anatomie sur les animaux étrangers.

Ces premières fatigues, ces luttes premières portèrent une précoce atteinte à la santé de Vicq d'Azyr, qui était délicate sous son vernis brillant. Un crachement de sang inspira des inquiétudes; on l'envoya respirer l'air natal, et là, sur ces côtes de Normandie, il s'appliqua à l'étude anatomique des poissons; il fit des études analogues sur les oiseaux. Les Mémoires de Vicq d'Azyr lui ouvrirent les portes de l'Académie des sciences dès 1774, et il recevait vers le même temps le bonnet de docteur de la Faculté de Paris.

Ici, et sans plus m'astreindre à le suivre dans les divers embranchements de sa carrière scientifique, j'arrive au grand fait et à l'institution qui recommande surtout sa mémoire. Louis XVI venait de monter sur le trône, et ce début d'un règne bienfaisant était signalé par des calamités que les anciens auraient prises pour des présages. En 1774, une épizootie terrible ravageait les provinces du Midi. Turgot, contrôleur général, demanda, vers la fin de cette année, à l'Académie des sciences qu'elle voulût bien nommer deux commissaires pour se transporter sur les lieux; il désirait qu'un physicien et un médecin fissent ce voyage. L'Académie chargea le seul Vicq d'Azyr de ce double emploi; il avait vingt-six ans. Il partit, exécutant sa mission avec vigueur, sagacité et courage. Partout où il le crut nécessaire, il n'hésita pas à sacrifier les animaux malades pour préserver ceux qui étaient sains, et il fit de larges hécatombes. Le point de départ de la Société royale de Médecine fut dans cette mission confiée à Vicq d'Azyr. Au retour, on jugea indispensable de maintenir des correspondances, de recueillir et de comparer les observations, tant sur ce sujet que sur plusieurs autres qui intéressent la santé publique. Lassone, premier médecin du roi en survivance, avait à ce titre l'examen des remèdes secrets; il avait l'administration des eaux minérales et médicinales. Il désira qu'une Société de médecins partageât avec lui cette surveillance, et fût chargée régulièrement de cet examen. Le coup d'œil supérieur de Turgot et son zèle pour tout perfectionnement ne pouvaient que favoriser un tel projet; ses successeurs pensèrent de même. Il était de l'intérêt de la haute administration d'avoir une sorte de Conseil médical consultatif, libre des préjugés et de la routine, dégagé des lenteurs d'écoles, prévenant sans entêtement les abus de l'empirisme, ou en accueillant,

s'il y avait lieu, les bons résultats, et prêt à répondre,
à donner un avis sur quantité de questions à l'ordre du
jour. En publiant en 1776 son *Exposé des moyens curatifs et préservatifs* à employer dans les épizooties,
Vicq d'Azyr avertissait les observateurs dont on sollicitait le zèle, de vouloir bien communiquer leurs travaux à la *Société et Correspondance royale de Médecine*,
qui venait d'être établie par le roi : « Cette Société,
était-il dit, présidée par M. de Lassone, s'assemble
tous les mardis de chaque semaine, et on lui fait parvenir des Mémoires en les adressant à M. Vicq d'Azyr,
premier Correspondant, sous l'enveloppe de M. le Contrôleur général. » C'était alors M. de Clugny, car Turgot
était déjà remplacé.

Tant que la Société de Médecine fut peu considérable,
et qu'elle ne consista qu'en une Commission de huit
médecins, établie pour correspondre avec les médecins
des provinces sur tout ce qui avait rapport aux maladies épidémiques et épizootiques (Arrêt du Conseil du
29 avril 1776), on la laissa faire ; mais dès qu'on s'aperçut qu'elle prenait de l'extension, et que cette Société,
créée originairement pour s'occuper des bêtes, en venait à se mêler non moins activement de ce qui tient à
la santé des hommes, la Faculté de médecine de Paris
prit l'alarme, et fit ce que feront toujours les vieilles
corporations en face des institutions nouvelles. Un docteur sonna l'alarme et dénonça à la Faculté l'établissement naissant à peine, et qui semblait menaçant déjà ;
c'était un vieux Romain qui avait vu s'élever de loin les
murs de Byzance, et il la voulait traiter comme Carthage. Des membres de la Société royale, qui étaient
à la fois docteurs de la Faculté, protestèrent aussitôt
de l'attachement qu'ils avaient pour cette Faculté, leur
mère commune, et déclarèrent que si un seul de ses
droits, une seule de ses prérogatives était en jeu, ils

n'hésiteraient pas et renonceraient sur-le-champ à la Société. On nomma des commissaires, on fit des démarches auprès de M. de Lassone, qui éluda poliment leurs demandes, et la Faculté se décida alors, par l'organe de son doyen, à présenter une Requête au roi contre l'établissement nouveau, et à former opposition auprès du Parlement à l'enregistrement de toutes lettres patentes tendant à légitimer une institution quelconque de ce genre, avant d'avoir été elle-même entendue. La guerre était engagée.

Je ne la suivrai pas dans ses diverses phases. Nous qui sommes aujourd'hui témoins de la parfaite concorde et de l'union toute fraternelle qui règne entre la Faculté de médecine, fille régénérée de l'ancienne, et l'Académie de médecine, digne héritière et représentation vivante de l'ancienne Société royale, nous aurions peine à comprendre l'excès de vivacité, d'injures et de calomnies qui se dépensa dans cette querelle entre ceux qu'on appelait les *Facultaires* et les *Sociétaires* (1776-1779). L'enregistrement des lettres patentes concernant l'établissement de la Société (1er septembre 1778), porta au comble l'indignation des docteurs de vieille roche. Plusieurs même de ceux qui faisaient partie de la Société, M. Bouvart en tête, envoyèrent leur démission et se rangèrent au giron de la mère offensée. La Faculté au désespoir en vint à suspendre ses fonctions pendant trois mois. La plupart de ses docteurs refusèrent de consulter, soit au lit des malades, soit par écrit, avec les médecins dits *Sociétaires*. Une nuée de pamphlets et de pasquinades, dignes des beaux temps de la guerre autrefois déclarée par Gui Patin et consorts contre le gazetier Renaudot, sortit de toutes parts, et, à cette heure la plus sereine du dix-huitième siècle, rappela les âges les plus poudreux du quartier latin.

Je viens de parcourir un certain nombre de ces pamphlets, dialogues, comédies en vers ou en prose; il n'y a que de l'injure sans sel, sans esprit et sans gaieté. Les principaux membres de la Société y sont crûment traités comme des coquins et des intrigants, et Vicq d'Azyr y est moins ménagé que personne. Pour n'en citer qu'un échantillon, voici ce qu'on lit dans un *Dialogue entre Pasquin et Marforio*, composé aussi bien que bon nombre de ces pamphlets d'alors, par Le Roux des Tillets, jeune médecin de la Faculté et des plus ardents, ancien ami intime de Fourcroy qu'il ne laisse pas de déchirer, et s'acharnant aussi sur Vicq d'Azyr. Pasquin, après avoir bien couru le monde, s'étant fait médecin, est censé avoir assisté à une des premières séances solennelles de la Société royale (12 janvier 1779); il a été édifié de tout ce qu'il a vu et entendu. Mais, à la porte, un sage enchanteur, sous la forme d'un vieillard respectable, l'arrête : c'est Franklin (on mettait alors Franklin à toute espèce d'usage et d'emploi). D'un coup de baguette, l'enchanteur rétablit la réalité des objets et retourne en un clin d'œil la tapisserie. Il ne reste plus que des lambeaux suspendus au-dessus de quelques siéges sur lesquels les noms se trouvent écrits :

MARFORIO.
Sans doute ces lambeaux signifiaient quelque chose?

PASQUIN.
Au-dessus de Vicq d'Azyr était un puits sur lequel on avait placé en écusson une massue (à cause des immolations de bestiaux) avec un couteau en sautoir, appuyé sur un bel échantillon de mine d'argent. Dans le fond du puits qui était transparent, on apercevait le Bouc de la fable, dont les cornes très-prolongées formaient une échelle, au haut de laquelle était une Fortune que le Renard poursuivait : chaque échelon portait une légende.

MARFORIO.
Les as-tu retenues?

PASQUIN.
Oui, je crois m'en souvenir. On lisait : *Maladie dangereuse, soin*

de l'amour et de l'amitié, ingratitude. Premier degré de ma fortune.

Prosecteur qui m'instruit, libelle infâme dont il se charge, expiation de l'iniquité. Deuxième degré.

Tendresse d'un professeur, réputation élevée à l'ombre de la sienne, oubli, morsures cruelles. Troisième degré.

Poissons disséqués, mémoires, lauriers académiques. Quatrième degré.

Commission pour consoler et guérir, massacre, compilation épidémique. Quatrième degré.

Compagnie écumée, bon grain mêlé à l'ivraie. Société établie. Sixième degré.

Intrigue, calomnie, etc., etc., jusqu'à la Fortune (1).

Vicq d'Azyr eut le bon goût de ne jamais répondre à ces attaques inspirées par l'envie, et de ne point paraître s'en apercevoir. La diffamation alors ne l'effrayait pas; il la méprisait avec ce courage facile que donne la jeunesse, et qui se fondait sur une confiance encore entière dans l'opinion des honnêtes gens. Il avait pour principe que « la critique amère elle-même est une arme absolument inutile pour la conviction, et qui est presque toujours plus dangereuse pour celui qui s'en sert que pour ceux contre lesquels elle est dirigée. » Dans les Éloges académiques qu'il eut aussitôt à prononcer en qualité de Secrétaire perpétuel, et dès 1778, il se plaît à rendre justice à la Faculté alors toute bouillante et irritée. Dans son premier Éloge, qui fut celui d'un hono-

---

(1) Dans une autre brochure qui a pour titre : *Lettre de M. Andry à M. Le Vacher de La Feutrie, doyen de la Faculté de Médecine de Paris,* Vicq d'Azyr est traité plus gaiement; dans un parallèle développé il est comparé à Cromwell : « Mille traits de ressemblance vous rapprochent : ambition démesurée, hypocrisie profonde, etc., etc. Cromwell a voulu éteindre la race de ses rois, tu as voulu détruire la Faculté; il n'a pris que le titre modeste de *Protecteur,* tu t'es contenté de celui de *Secrétaire de la Société,* etc., etc. » Mais il ne faudrait pas croire que tout cela ait été dit au sérieux; la lettre mise sous le nom d'Andry, membre de la Société royale, n'est faite que pour ridiculiser tout le monde, et Andry lui-même; cette lettre est encore de Le Roux des Tillets.

rable académicien de Béziers (M. Bouillet), parlant de la confiance qui n'est due en fait de médecine qu'aux hommes vraiment savants et vertueux : « Et où peut-on en trouver un plus grand nombre que dans cette capitale, disait-il, où une Faculté respectable par son antiquité, recommandable par la pureté de sa doctrine, célèbre par les grands médecins qu'elle a produits et par ceux qu'elle possède aujourd'hui dans son sein, continue de s'occuper avec la plus grande activité du soin de former des sujets dignes d'une École aussi illustre ! » De telles paroles prononcées par lui le 27 janvier 1778, au moment où la querelle s'envenimait, était la plus délicate vengeance ; elles devaient être goûtées et applaudies d'un public composé de plus en plus de gens du monde, et qui en avait les mœurs. Vicq d'Azyr ne se départit pas un seul instant de cette mesure et de cette décence parfaite, à côté d'adversaires furieux (1).

Il a d'ailleurs marqué avec précision en plusieurs de ses Éloges le point essentiel du débat et les motifs raisonnables et fondés de l'institution dont il était l'organe. Ainsi dans l'éloge du médecin portugais Sanchez, il le montre ne puisant à l'Université de Coïmbre ou même à celle de Salamanque que des connaissances in-

---

(1) Dans son Éloge de M. Navier, médecin et chimiste à Châlons-sur-Marne, prononcé le 16 mars 1781, parlant d'une polémique que soutint cet académicien et dont il aurait pu se dispenser, Vicq d'Azyr disait avec la conscience d'un homme qui a éprouvé le venin des libellistes : « Ceux qui travaillent avec courage à l'édifice des sciences peuvent-ils donc ignorer qu'il y a une classe d'hommes uniquement occupés à détruire, qui mettent toute leur gloire à troubler celle des autres, toute leur jouissance à les affliger, toute leur adresse à les distraire, dont on est sûr de triompher en n'engageant point le combat, et avec lesquels toute autre victoire compromettrait celui qui ne craindrait pas de souiller ses mains en cueillant de semblables lauriers? » Je regrette qu'il ait mis le *laurier*, mais l'idée est bien juste.

complètes : « Il n'y avait point trouvé, dit-il, cet enseignement dont la précision peut seule satisfaire un esprit juste. Les sciences accessoires à la médecine, telles que la chimie, l'anatomie, l'histoire naturelle, y étaient surtout très-négligées : mais on y savait tout ce que les Grecs, les Latins et les Arabes ont écrit sur ces divers sujets; et, si l'on y avait connu la nature aussi bien que les livres, M. Sanchez n'aurait pas cherché ailleurs les principes qui lui manquaient. Comment peut-on encore ignorer quelque part que les recherches les plus profondes, la lecture la plus assidue, ne sont que des moyens d'instruction dont l'application seule fait le mérite, et que se tourmenter pour devenir érudit, sans avoir d'autre talent et sans se proposer d'autres vues, c'est passer sa vie à aiguiser une arme dont on ne doit jamais se servir? » Jusqu'ici, en parlant des Universités de la Péninsule, Vicq d'Azyr n'avait en vue que de loin l'Université de Paris, bien autrement pratique et avancée pour la branche médicale; mais il y songeait manifestement et il y faisait une allusion qui devait être sentie de tous, lorsqu'il ajoutait :

« Semblable aux vieillards qui racontent avec enthousiasme ce qu'ils ont vu dans leur jeunesse et qui refusent d'apprendre ce que les modernes ont découvert, la plupart des anciens Corps enseignants prodiguent des éloges aux âges qui les ont précédés, et se traînent péniblement après le leur. Est-il donc impossible de prévenir cette décadence qui est un produit lent, mais assuré, du temps, et dont l'homme semble communiquer le germe à tout ce qui sort de ses mains? Observons la nature : toujours jeune parce qu'elle renouvelle toujours ses productions, ne semble-t-elle pas nous dire : « Mortels, « renouvelez donc aussi les vôtres, si vous voulez qu'elles conservent « leur gloire avec leur existence! » Les fondateurs de plusieurs républiques ont eu raison d'exiger qu'elles revissent, à certaines époques, leur code de législation et qu'elles y fissent les changements prescrits par les circonstances. Il devrait en être de même de l'enseignement; et cependant, d'un bout de l'Europe à l'autre, notre enfance est gouvernée par de vieux usages, par des lois surannées qui ont été faites pour d'autres hommes et pour un autre siècle. »

On voit bien, par ces appels éclairés et éloquents, le genre d'impulsion et d'initiative qui est propre à Vicq d'Azyr. Dans l'Éloge de M. de Lassone, il indiquera plus directement encore, et par une exacte définition, le caractère qui doit distinguer les *Académies* d'avec les *Facultés* ou *Colléges* :

« Les Académies, disait-il en parlant des Sociétés médicales de Londres et d'Édimbourg, les Académies de ce genre et les Facultés ou Colléges de médecine ont toujours formé des corps distincts. Les professeurs doivent, en effet, posséder tout entière la science qu'ils enseignent; mais ils n'ont point à veiller à ses progrès. Il faut qu'à une mémoire sûre ils joignent une élocution facile et un jugement exercé ; il faut que leurs idées s'offrent comme à volonté et dans le plus grand ordre à leur esprit. Dans les Académies savantes, ce sont, au contraire, des vérités nouvelles qu'on cherche à découvrir, et celui qui invente ne se plie pas sans peine à des lois que la convention a dictées. En partant du même point, les deux hommes que je compare marchent en deux sens opposés. L'un remonte aux éléments, à l'origine des sciences, et des temps modernes il se porte vers l'antiquité ; l'autre, par des chemins nouveaux, s'élance vers l'avenir. L'un instruit l'enfance, il forme la jeunesse ; l'autre parle à l'homme, dont il élève l'âme et dont il fortifie la raison. Les Colléges et les Académies occupent donc le cercle entier de la vie humaine, où ils se touchent sans se confondre, parce que leur objet est différent. »

Telle était la manière à la fois modérée et victorieuse par laquelle Vicq d'Azyr répondait aux requêtes et représentations de la Faculté de Paris, qui demandait purement et simplement au roi le monopole absolu de l'enseignement et de l'examen médical, et qui disait : « Ordonnez qu'il n'y ait plus, comme il n'y a jamais eu, qu'un Corps de médecine enseignant dans votre capitale; et ce Corps, jouissant de son institution, redoublera de zèle et méritera de plus en plus la protection et les bontés de son roi. » L'ancien régime se réformait de lui-même et se rajeunissait par parties; bon gré mal gré, de bonne composition ou par la force, l'ère des corporations allait finir. Dans une unité plus parfaite de l'État, les grandes institutions publiques succéderont. Vicq d'Azyr, enlevé avant l'âge, manqua à cette fondation et à cette renaissance complète sous le Consulat, ou plutôt on peut dire qu'il y assista encore dans la personne de ses amis et confrères survivants, nourris du même esprit, les Thouret et les Fourcroy.

Les séances de la Société royale, qui s'étaient tenues d'abord au Collége de France, furent bientôt établies au Louvre sous les auspices du trône, et il n'y eut plus rien à désirer pour l'autorité et pour l'éclat de l'institution utilement libérale et nouvelle. Vicq d'Azyr, qui en était le plus bel ornement, y attirait une foule élégante par ses Éloges. A les lire aujourd'hui, on a besoin, pour en comprendre tout le succès, de se replacer en scène, au vrai point de vue, et de se représenter cet auditoire mobile, sensible aux moindres allusions, avide de connaissances faciles, riche d'espérances en tout genre, des plus complaisants à l'admiration, et qui savait très-bien s'éprendre d'une correction ornée à défaut d'une plus haute éloquence. N'oublions jamais non plus la personne de l'orateur, sa grâce à bien dire et les nuances qui se marquaient dans sa voix. Les nombreux Éloges de Vicq d'Azyr ne portent pas tous sur des sujets importants ni sur des hommes supérieurs ; mais dans tous, même dans les plus tempérés, on sent des parties vives, l'art de connaître et de faire aimer les hommes. Il y a bien des années que, lisant de suite ce recueil des Notices historiques de Vicq d'Azyr, simple étudiant alors et en chemin d'être médecin moi-même, mais hésitant encore entre plusieurs velléités ou vocations, il m'a été donné d'en saisir le doux intérêt et le charme ; en passant de l'un à l'autre de ces personnages, je sentais varier mes propres désirs ; chacun d'eux me disait quelque chose ; l'idée dominante que l'auteur avait en vue et qu'il exprimait dans la vie de chacun de ces savants m'apparaissait tour à tour et venait me tenter, même lorsque cette idée dominante n'était que des plus modestes : car il y a cela de particulier dans la touche de Vicq d'Azyr, qu'une sorte de sympathie y respire et que le coloris léger n'y dérobe jamais le fonds humain.

Un des premiers grands Éloges qu'il eut à prononcer fut celui de Haller, lu le 20 octobre 1778; il y peint assez bien le savant robuste et athlétique; le Buffon suisse, cette espèce d'Hercule de la science physiologique, opiniâtre, actif, ambitieux, universel. Il nous l'adoucit en quelques endroits d'une manière agréable, et qui n'est pas toujours fausse. Il le montre jeune à Leyde, suivant les leçons de Boerhaave et d'Albinus : « Mais ce qui lui inspira surtout, dit-il, le goût de l'anatomie et la passion du travail, ce fut la vue du superbe cabinet de Ruysch, où, au milieu de tant d'organes préparés d'une manière surprenante, au milieu de sujets qui y avaient, en quelque sorte, recouvré une nouvelle vie, il aperçut un vieillard nonagénaire, desséché par les ans, mais toujours laborieux et actif, qui, paraissant comme un Enchanteur au milieu de ces merveilles, semblait avoir joint au secret de les conserver celui de s'immortaliser lui-même. » Il y a de ces heureux détails, de ces choses bien dites en passant, dans les Éloges de Vicq d'Azyr. Une scène tout à fait dans le goût du temps est celle des deux amis Gessner et Haller, que Vicq d'Azyr nous représente ensemble herborisant sur une haute montagne :

« Un jour, après avoir épuisé leurs forces dans une herborisation très-pénible, M. Gessner tomba de fatigue et s'endormit au milieu d'une atmosphère glacée. M. de Haller vit avec inquiétude son ami livré à un sommeil que le froid aurait pu rendre funeste; il chercha comment il pourrait le dérober à ce danger. Bientôt ce moyen se présenta à sa pensée, ou plutôt à son cœur : il se dépouilla de ses vêtements, il en couvrit Gessner, et, le regardant avec complaisance, il jouit de ce spectacle sans se permettre aucun mouvement, dans la crainte d'en interrompre la durée. Que ceux qui connaissent les charmes de l'amitié se peignent le réveil de Gessner, sa surprise et leurs embrassements ; que l'on se représente enfin, au milieu d'un désert, cette scène touchante et si digne d'avoir des admirateurs. »

Ici le mauvais goût, la veine attendrie se fait trop sentir. Ce ne fut certes point un des passages les moins applaudis : Vicq d'Azyr semblait proposer aux peintres de l'école sentimentale et aux amateurs de l'Arcadie helvétique un tableau du genre de celui qui représente *deux Canadiens au tombeau de leur enfant*.

Je touche à un défaut littéraire grave dans la manière de Vicq d'Azyr : son goût n'est pas toujours très-sévère, ni très-sain ; il sacrifie à la fausse sensibilité. Ainsi encore, à propos des expériences de Haller sur l'œuf du poulet, si le physiologiste, étendant ses considérations aux autres animaux, conclut que le fœtus appartient entièrement à la femelle, et qu'elle a, par conséquent, la plus grande part à la reproduction de l'espèce, Vicq d'Azyr, regardant son élégant auditoire, s'empressa d'ajouter : « Ce système plaira sans doute au sexe qui nous prodigue dans l'âge le plus tendre tant de caresses et de soins, et auquel nous devons un juste tribut d'amour et de reconnaissance. » Il se glisse aisément jusque dans les exposés des savants d'alors, dès qu'ils veulent réussir et plaire, des tons et des intentions de Florian et de Legouvé.

Haller se maria trois fois :

« Ces trois mariages, dit Vicq d'Azyr, se sont succédé rapidement, et les deux Odes sur la mort de ses deux femmes, placées à la suite l'une de l'autre dans ses Poésies, offrent une contradiction apparente. Mais un savant qui se renferme dans sa bibliothèque, loin de toute société, peut-il se passer d'une compagne qui rende sa solitude aimable ? N'ayons pas, au reste, l'air de le justifier d'une suite d'actions honnêtes : cette délicatesse rigoureuse, que trois mariages semblent offenser, a souvent elle-même besoin d'indulgence. »

Ici Vicq d'Azyr sait être à la fois délicat et fin en songeant à son auditoire, et sans sortir des plus justes tons.

C'est par des exemples qu'il y a ainsi moyen de rendre sensible à tous l'ensemble de mérites et de défauts qui fait le cachet du style académique de Vicq d'Azyr et qui tient à la date en même temps qu'à l'homme. On me permettra d'y revenir et de ne point brusquer un talent brillant, étendu et flexible, que la dureté du sort tranchera assez tôt.

Lundi, 10 juillet 1854.

VICQ D'AZYR

(FIN)

« Elle était étonnante l'influence que les principaux médecins exerçaient dans ce temps-là en France sur leurs malades de la haute société, et surtout sur les personnes du sexe ; elles avaient pour eux une confiance tendre et soumise, et leur admiration sans bornes était accompagnée des attentions les plus recherchées. Je ne saurais comparer les sentiments de ces dames pour leurs médecins qu'à ceux que leurs grand'mères avaient, à la fin du siècle de Louis XIV, pour leurs directeurs; et, dans le fait, la préférence que de nos jours le corps avait obtenu sur l'âme explique assez ce déplacement d'affections. » C'est en ces termes qu'un moraliste de société, le duc de Lévis, commence un chapitre assez piquant sur les médecins qui étaient en vogue vers 1774; et au nombre des conditions requises alors pour réussir, indépendamment des talents propres à la profession, il met un esprit délié, la connaissance et l'usage du monde, des manières agréables : « Mais, avant tout, il fallait qu'ils eussent ou qu'ils feignissent un *cœur sensible.* » On retrouve quelque chose de ce soin et de cette prétention dans les

Éloges de Vicq d'Azyr. A-t-il à parler (13 août 1779) d'un médecin et chirurgien irlandais, David Macbride, il insistera particulièrement sur les qualités que doit réunir un médecin des femmes et particulièrement un accoucheur :

« Nées, dit-il, pour la peine autant que pour le plaisir, dévouées en quelque sorte à l'éducation et au bonheur des hommes, destinées à leur fournir le premier aliment et à leur prodiguer les premiers soins, exposées à un grand nombre d'infirmités et de maladies dont cette noble fonction est la source, les femmes ont toujours eu l'intérêt le plus vif à s'occuper de leur santé et à choisir un médecin habile. Celui dont elles ont jugé la *sensibilité* et les connaissances proportionnées à leur tempérament et à leur caractère; celui auquel elles ont révélé les secrets d'une constitution faible et délicate; celui qu'elles ont en même temps chargé de la conservation de leurs enfants, et des mains duquel elles les ont reçus, est devenu pour ainsi dire nécessaire à leur existence; le perdre est un malheur qu'elles ressentent vivement : que l'on juge d'après cette réflexion des regrets que la mort de M. Macbride excita parmi les dames les plus respectables de Dublin... »

Dans ce petit couplet en l'honneur des femmes et dont le docteur de Dublin n'était que le prétexte, Vicq d'Azyr songeait aux médecins en vogue à Paris et dont le nom circulait dans l'auditoire ; il songeait certainement à Lorry, l'un des plus savants et des plus gracieux docteurs d'alors, l'un des principaux appuis de la Société royale naissante, et duquel, ayant à prononcer l'Éloge quelques années après (31 août 1784), il dira :

« ... Il plaisait sans efforts. Il n'avait pas besoin, pour paraître affable, d'étudier ses gestes, de donner à un corps robuste des attitudes contraintes, d'adoucir l'éclat de sa voix, de réprimer la fougue de sa pensée, de cacher les impulsions d'une volonté absolue (c'était une allusion sans doute à quelque confrère moins favorisé) : la nature l'avait fait aimable; c'est-à-dire qu'en lui donnant de la saillie, de la finesse et de la gaieté, elle y avait joint cette *sensibilité*, cette douceur, sans lesquelles l'esprit est presque toujours incommode pour celui qui s'en sert, et dangereux pour ceux contre lesquels il est dirigé. Son aménité se peignait dans ses manières, dans ses discours, dans ses conseils... Ce caractère devait surtout plaire aux femmes. Douées d'une sensibilité exquise et exposées à un grand nombre de souffrances, elles sont surtout intéressées à chercher un consolateur dans leur médecin. M. Lorry eut la plus grande part à leur confiance... »

C'était de ce même M. Lorry qu'une femme de qualité disait, en le recommandant à une de ses amies : « Ce pauvre M. Lorry, il est si au fait de tous nos maux, que l'on dirait qu'il a lui-même accouché. » Ce mot familièrement spirituel n'est pas, comme bien l'on pense, dans le discours de Vicq d'Azyr : celui-ci, en effet, observe les tons, respecte les nuances, fait entendre ce qu'il ne dit pas, et, répondant aux détracteurs de M. Lorry qui l'accusaient de trop efféminer la science et d'amollir le caractère de la profession en vue du succès : « Mais s'il ne devait cet accueil, remarquait-il, qu'aux impressions d'une âme douce et compatissante, à cette pénétration, à cette sagacité particulières qui font deviner aux uns ce que les autres n'apprennent que par de longs discours, à cet art d'interroger la nature sans soulever le voile de la décence et sans alarmer la pudeur, combien ces considérations ajouteraient à notre estime pour M. Lorry ! »

On dit volontiers du mal de la rhétorique, et à moi-même cela a pu m'arriver quelquefois : pourtant dans ces genres officiels et où la cérémonie entre pour quelque chose, dans ces sujets que l'on ne choisit pas et que l'on ne va point chercher par goût, mais qui sont échus par le sort et imposés avec les devoirs d'une charge, il y a un art, une méthode et des procédés de composition qui soutiennent et qui ne sont nullement à dédaigner ; si on peut les dénoncer et les blâmer par instants en les voyant trop paraître, on souffre encore plus lorsqu'ils sont absents et qu'au lieu d'un orateur on n'a plus devant soi qu'un narrateur inégal, à la merci de son sujet, avec tous les hasards de la superfluité ou de la sécheresse. Vicq d'Azyr laisse trop voir, sans doute ses intentions et ses moyens; son art n'est pas de ceux qui se dérobent : chez lui pourtant ce qu'on est en droit d'appeler la rhétorique ne se sépare jamais de l'idée et de l'emploi même du talent.

Il a dans son talent une qualité dont rien ne dispense et ne tient lieu, je veux dire la fertilité. Il ne se refuse en chemin aucun des développements qui se présentent, et on pourrait croire qu'il les recherche; mais il les fournit toujours avec aisance, et il les remplit sans s'épuiser. Quand ces développements concernent l'art même dont il traite et les sciences dont il est l'organe, ce ne sont point à proprement parler des lieux-communs, ce sont des parties intégrantes et naturelles de son sujet. Ainsi, dans l'Éloge de M. Navier, je distingue un passage sur les épidémies dans les campagnes, un autre sur les caractères odieux du crime d'empoisonnement : ainsi dans l'Éloge de M. de Lassone, un passage sur les maladies des vieilles filles; dans l'Éloge de M. Lorry, une description des maux de nerfs et vapeurs : ce sont là des ressources et des secours qui naissent du fonds, et qu'il appartient ensuite au narrateur habile de bien disposer et de mettre en valeur. Mais ce qui semble moins nécessaire et ce qui est une richesse tout à fait heureuse chez Vicq d'Azyr, ce sont les vues morales qu'il mêle continuellement à ses récits. Nous l'avons vu parler de la jeunesse avec feu et sympathie, en s'identifiant avec elle; il ne parle pas moins bien de l'âge mûr et de la vieillesse. Dans son Éloge de Gaubius, médecin et professeur de Leyde, il nous le montre survivant à ses autres collègues contemporains, et, jusque dans les chaires voisines de la sienne, n'étant plus entouré que de disciples, réunissant enfin toutes les jouissances d'une vieillesse robuste, savante et respectée ; et il continue par cette réflexion pleine de charme :

> « Il est donc dans les différents âges de la vie des consolations et des récompenses pour ces hommes courageux qui se dévouent tout entiers au travail et à l'étude. L'ardente jeunesse se presse de vivre ; elle prodigue des années pour quelques moments de gloire, et jamais elle ne se plaint lorsqu'elle a frappé ce but. Dans l'âge mûr on commence à jouir du passé, on connaît mieux la valeur du présent et l'on espère encore de l'avenir. Dans la vieillesse, à mesure que l'existence physique s'éteint, l'homme illustré par ses talents voit s'accroître la vaste carrière de la célébrité ; le court avenir qui lui reste se confond aisément avec celui que la postérité lui prépare, et s'agrandit par cette compensation heureuse ; tout l'invite à se rappeler avec délices les époques les plus brillantes de son histoire, et peut-être l'habitude que l'on a de vivre, jointe à cette douce illusion, est-elle plus que suffisante dans ces derniers moments pour détourner l'idée importune et fatigante d'une mort prochaine. »

On peut se demander (et il le faut même pour avoir une idée précise de l'homme) quels étaient les sentiments philosophiques de Vicq d'Azyr sur la mort, sur la vie, sur Dieu, sur la Providence, toutes questions que les hommes de son temps étaient si prompts et si décisifs à trancher. Rien n'autorise à penser qu'à cet égard il se séparât bien nettement de la plupart des médecins et des savants du dix-huitième siècle ; mais ce qui ressort de plusieurs de ses Discours, c'est que du moins il ne prenait aucune part au fanatisme négatif dont plus d'un était atteint, et que Condorcet, par exemple, professait. Il est tel passage singulier et significatif où Vicq d'Azyr semble même demander grâce autour de lui pour l'idée de Providence, et où il essaye de l'introduire. Ainsi, dans ce même Éloge de Gaubius, montrant ce médecin qui se prodigue avec dévouement dans une épidémie à Amsterdam et qui échappe cependant au danger, il ajoute : « C'est une sorte de miracle que de voir les médecins placés dans le foyer de la contagion, tout couverts, pénétrés même de ses miasmes, échapper souvent à ses coups. Ces différents virus étant du nombre de ceux qui agissent sur les nerfs, n'est-il pas vraisemblable que ces organes raffermis par le courage et fortifiés par un bon régime s'accoutument peu à peu à leurs impressions, de manière à pouvoir enfin les braver? Ou, si cette raison ne paraît pas suffisante, *pourquoi se refuserait-on à croire que la Providence couvre de son égide* une classe d'hommes qui sont les instruments de sa bienfaisance au milieu des fléaux de l'humanité? » Il est évident qu'il y a ici un faux respect humain qui tient en échec et qui arrête l'instinct naturel de Vicq d'Azyr. Dans un temps où le souffle général et le cri d'alentour eussent été pour la Providence, il n'eût pas pris tant de précautions, et il n'eût pas hésité. De même pour l'immortalité et pour l'avenir des destinées humaines : rendant compte, dans son Éloge de Buffon, des *Époques de la Nature* et rappelant l'hypothèse finale du grand naturaliste lorsqu'il peint la lune déjà refroidie et lorsqu'il menace la terre de la perte de sa chaleur et de la destruction de ses habitants : « Je demande, s'écrie-t-il, si cette image lugubre et sombre, si cette fin de tout souvenir, de toute pensée, si cet éternel silence n'offrent pas quelque chose d'effrayant à l'esprit; je demande si le désir des succès et des triomphes, si le dévouement à l'étude, si le zèle du patriotisme, si la vertu même, qui s'appuie si souvent sur l'amour de la gloire, si toutes ces passions, dont les vœux sont sans limites, n'ont pas besoin d'un avenir sans bornes? Croyons plutôt que les grands noms ne périront jamais; et, quels que soient nos plans, ne touchons point aux illusions de l'espérance; sans elles, que resterait-il, hélas! à la triste humanité? » Immortalité purement nominale et bien vaine! Voyons-y du moins un symptôme. Vicq d'Azyr aurait aimé à croire à l'immortalité de l'être, de même qu'il aurait incliné à se confier en la Providence : c'était une velléité de son cœur et de son talent; il chérissait l'espérance. C'est tout ce qu'on peut dire de lui au milieu des doctrines positives et naturalistes qu'il tempérait et variait dans l'expression, sans les presser d'ailleurs autrement et sans les modifier au fond.

Pour en revenir aux qualités littéraires de ses Éloges, il n'est pas seulement touchant et affectueux, il est souvent spirituel et fin. Dans l'Éloge de Lieutaud, de ce docteur peu avenant qui fait contraste aux grâces de Lorry, et qui avait gardé même à la Cour un *reste d'esprit professorial*, il le montre néanmoins habile. Avant d'être à Versailles et pendant qu'il pratiquait la médecine à Aix, Lieutaud avait lu avec des yeux sévères un Traité de Sénac, premier médecin du roi; il envoya ses réflexions critiques à un libraire de Paris pour les publier, mais avec permission de les communiquer auparavant à l'auteur qu'elles intéressaient. Sénac, averti, profita des remarques, et en même temps il s'empressa d'informer Lieutaud qu'il avait obtenu pour lui la place de médecin à l'infirmerie royale à Versailles. Lieutaud, cela est tout simple, ne publia point sa réfutation : « Tous les deux firent alors ce qu'ils se devaient, nous dit Vicq d'Azyr, et ils en retirèrent les avantages qui sont l'effet nécessaire d'une justice réciproque. Il n'est pas permis de soupçonner les intentions des hommes qui se font mutuellement du bien. »

Il y a aussi dans sa manière quelques traits de force et d'énergie. Par exemple, dans l'Éloge de M. de Montigny, amateur des sciences et des arts et administrateur éclairé, il nous le fait voir dans sa jeunesse tout près d'entrer dans une Compagnie célèbre (1) qui façonnait tous ses membres à son usage, mais contrarié heureu-

(1) Celle des Jésuites.

sement dans son désir et se félicitant plus tard d'avoir échappé au danger des sectes, dont le grand inconvénient, dit Vicq d'Azyr, est « de ne voir dans le monde entier que deux partis, l'un pour lequel on ose tout, et le parti opposé contre lequel on se permet tout. » Lemontey admirait fort ces traits et plusieurs autres qui prouvent également l'écrivain aguerri.

Je sais des juges plus sévères et qui, sans avoir étudié de bien près Vicq d'Azyr, le rejettent à première vue et le rabaissent beaucoup trop dédaigneusement en ne le prenant que par ses défauts fleuris. A ces juges impétueux et qui sont sujets à secouer du geste la balance, il y aurait, s'ils daignaient écouter, à opposer maint passage excellent de ton, irréprochable de pensée et de goût : tel est, dans l'Éloge de M. de Lassone, ce morceau exquis sur Fontenelle et que peu de personnes ont lu, car l'Éloge de Lassone n'a pas même été recueilli dans les OEuvres de Vicq d'Azyr :

« Plusieurs médecins, dit-il, se sont vantés d'avoir compté Fontenelle parmi leurs malades, quoique ce philosophe si paisible et qui a vécu si longtemps n'ait dû que rarement avoir besoin des secours de notre art : M. de Lassone se félicitait seulement de l'avoir eu pour protecteur dans sa jeunesse, et pour ami dans un âge plus avancé. Il n'oublia jamais les avis que ce respectable vieillard lui avait donnés et qu'on ne saurait répéter trop souvent : « Empêchez, s'il se peut,
« lui disait Fontenelle, que vos amis ne vous louent à l'excès ; car le
« public traite à toute rigueur ceux que leurs partisans servent trop
« bien. Profitez, s'il y a lieu, de la critique sans y répondre, et sans
« vous en offenser ; car sa blessure en elle-même est légère, elle ne
« s'aigrit que par le mouvement. Surtout ne soyez d'aucune secte.
« et n'affaiblissez pas la cause de la vérité par la colère. Souvenez-
« vous que la sagesse consiste plus souvent à se taire qu'à parler ; car
« il est toujours temps de penser, mais il ne l'est pas toujours de
« dire ce qu'on pense. Fidèle à ces principes, suivez votre goût pour
« les Lettres, et vous obtiendrez des gens de bien une sanction sans
« laquelle les plus grands talents n'ont rien qui soit digne d'être
« envié. »

Certes, celui qui fait ainsi parler les grands esprits, et

qui met dans leur bouche un sens si juste avec des paroles si complètes, est lui-même de leur postérité à bien des égards, et, si on ne le cite qu'au second rang, il ne fait pas d'injure au premier.

Faut-il maintenant s'étonner qu'à la mort de Buffon, l'Académie française, ou plutôt la société parisienne tout entière qui allait entendre les Éloges de Vicq d'Azyr comme elle allait applaudir au Lycée les leçons de La Harpe, aient désigné d'une commune voix l'éloquent médecin pour succéder au roi des naturalistes et pour le célébrer? Ce jour, pour Vicq d'Azyr, fut peut-être le plus beau de sa vie, et ce fut une des dernières fêtes brillantes de l'ancienne société française. Le jeudi 11 décembre 1788, malgré la rigueur de l'hiver, l'affluence était considérable au Louvre; le prince Henri de Prusse faisait partie de l'assemblée. Saint-Lambert, directeur de l'Académie, recevait Vicq d'Azyr et lui répondait; l'abbé Delille couronnait la séance par la lecture de deux morceaux de son poëme de *l'Imagination*.

Vicq d'Azyr, selon la remarque de Grimm, prit, en louant Buffon, le parti le plus sûr et le plus fait pour être approuvé généralement; ce fut de l'analyser avec suite, avec étendue; il y mêla de l'éclat, et en quelques endroits il sut s'élever sur les pas de son modèle. Ce qui manque pourtant à ce discours, c'est l'originalité; Vicq d'Azyr s'y montre ouvert à tous les courants d'opinions et de jugements de son siècle. Mais le sujet principal est bien embrassé et développé; Buffon y est caractérisé par *cet amour du grand* qui le distingue en toutes choses. Il y est apprécié à sa hauteur comme savant : « Pour savoir tout ce que vaut M. de Buffon, il faut, messieurs, l'avoir lu tout entier. » On a dit de nos jours que Buffon n'avait été apprécié à ce titre de savant et non plus seulement d'écrivain que depuis une quinzaine d'années. Ceux qui parlent ainsi n'avaient pas présent au souvenir le remarquable passage où Vicq d'Azyr commente ce mot de Buffon : « Voilà ce que j'aperçois par la vue de l'esprit, » et où il le montre dans ses diverses théories faisant en effet tout ce qu'on peut attendre de l'esprit, devançant l'observation, et arrivant au but sans avoir passé par les sentiers pénibles de l'expérience. M. de Humboldt lui-même, qui a dit en son *Cosmos :* « Buffon, écrivain grave et élevé, embrassant à la fois le monde planétaire et l'organisme animal, les phénomènes de la lumière et ceux du magnétisme, a été dans ses expériences physiques plus au fond des choses que ne le soupçonnaient ses contemporains; » M. de Humboldt, en parlant ainsi, avait oublié l'hommage éclairé rendu à Buffon par Vicq d'Azyr, et que le sien propre ne fait que confirmer par des raisons scientifiques nouvelles (1).

Toute la fin de ce discours sur Buffon était consacrée à la louange des amis dont le grand naturaliste s'était entouré dans la dernière année de sa vie, c'est-à-dire de madame Necker, de M. Necker redevenu ministre, et en qui reposaient en ce moment les destinées de la France. Vicq d'Azyr entre à pleines voiles dans ces espérances et ces illusions que presque tous partageaient alors, et, y joignant le tribut d'une imagination naturellement bienveillante, il ne voit devant lui que des pronostics de bonheur. Il célébrait avec effusion en Louis XVI « le chef d'une nation éclairée, régnant sur un peuple de citoyens; roi par la naissance, mais de plus, par la bonté de son cœur et par sa sagesse, le bienfaiteur de ses peuples et le restaurateur de ses États. »

La reine elle-même venait, à la mort de Lassone, de

---

(1) Voir aussi sur Buffon supérieur comme physicien et homme de science, la dixième des *Lettres sur l'Origine des Sciences*, par Bailly (1777); et les *Observations faites dans les Pyrénées*, par Ramond (1789), p. 312.

choisir Vicq d'Azyr pour son médecin; tout le favorisait, et, à peine arrivé à l'âge de quarante ans, il se voyait, dans toutes les directions, au sommet de la plus belle et de la plus enviable carrière. Je n'ai point parlé de lui comme savant, comme anatomiste; ceux qui sont compétents en ces matières lui accordent de l'étendue, des vues comparatives, et une faculté de généralisation qui ne nuisait nullement chez lui à l'examen du détail et à ses travaux particuliers comme observateur. Déjà il avait indirectement répondu (dans son Éloge de M. de Lamure) à ceux qui lui reprochaient de se trop répandre : « Pourquoi, dit froidement la critique, faire tant de choses à la fois? Mais est-on le maître de fixer sur un seul point l'activité d'un esprit qui s'applique à tout? qui sait s'il ne faut pas que plusieurs efforts concourent en même temps à l'agrandir; si cet état violent n'est pas indispensable pour que les grandes combinaisons s'opèrent? et pourquoi voudrait-on que la jeunesse et la vigueur de l'âme obéissent à des lois que nul n'a droit de leur dicter? » Vicq d'Azyr avait à un haut degré le sentiment de la connexion et de la solidarité des sciences : en ce sens il avait l'esprit éminemment académique et encyclopédique, et, s'il nous paraît de loin aujourd'hui avoir été avant tout de la famille de ceux qui sont des messagers publics et des organes applaudis, nul ne peut dire de cet homme de talent sitôt moissonné, qu'il n'eût pas été aussi, à d'autres moments, un investigateur heureux et un inventeur.

Cependant la scène change; dans cette existence d'un éclat croissant et d'une gloire jusque-là facile, les ombres vont s'introduire et se mêler par degrés et de plus en plus au tableau. En devenant médecin de la reine en 1789, Vicq d'Azyr va entrer dans tout un ordre de troubles, d'inquiétudes et de confidences pour lesquels il n'était pas assez fortement trempé. Nous ne pouvons que deviner le rôle qu'il tint en ces trois années agitées et périlleuses, depuis le 5 octobre jusqu'au 10 août. On ne se défie pas d'un médecin, il a ses entrées à toute heure; les notes, les avis passaient sans cesse par le canal de Vicq d'Azyr et allaient de la reine à ses amis ou de ceux-ci à la reine. On en a la preuve dans les Mémoires du ministre américain en France, Gouverneur Morris. En janvier 1790, Morris a-t-il à faire parvenir au roi un avis sur la marche à suivre, en désapprouvant son idée de se rendre à l'Assemblée pour y déclarer qu'il se met lui-même à la tête de la Révolution, ce qui paraît à Morris d'une faible et dangereuse politique : « Cette note, dit-il dans son Journal, fut remise à la reine par son médecin Vicq d'Azyr. » Deux ans après, en janvier 1792, Morris est-il sur le point de partir pour Londres : « Vicq d'Azyr, le médecin de la reine, est venu ce matin, dit-il encore, pour me demander de la part de Leurs Majestés de communiquer au roi et à la reine tout ce que je pourrai apprendre en Angleterre de nature à les intéresser. » Ce ne sont que des indications, mais qui donnent le sens de tout un rôle suivi que l'on peut assez conjecturer.

Vicq d'Azyr sentait bien, dans ces diverses démarches, qu'il pouvait quelquefois se compromettre : il tâchait de concilier le zèle et la prudence. En servant la reine il obéissait à l'affection, au respect. Il était libéral à la Cour, on peut le penser, et plus optimiste qu'il n'était permis de l'être alors; la reine l'appelait d'un ton de reproche aimable : *Mon philosophe*. Vicq d'Azyr, lié avec un grand nombre des promoteurs et des meneurs de la Révolution, ne se rendait à l'évidence qu'à l'extrémité; il persistait à ne pas voir les choses aussi en noir qu'elles se prononçaient et éclataient de toutes parts à bien des yeux, et il ne désespérait qu'à son corps défendant pour ainsi dire. Tel du moins je me le figure.

Il poursuivait en apparence et avec le même zèle ses travaux de savant, et continuait de remplir ses fonctions de Secrétaire de la Société royale. L'Éloge de Franklin qu'il prononça en ces années (14 mars 1791) eut de la célébrité; on en a retenu le début : « Un homme est mort, et deux mondes sont en deuil... » Cet Éloge, qui n'a jamais été imprimé, fut le *Chant du cygne* de l'orateur. Les dangers croissants de la famille royale, ces douleurs de chaque jour dont il était témoin et dépositaire, laissaient des empreintes profondes dans l'âme de Vicq d'Azyr et ébranlaient sa sensibilité; il s'y voyait à son tour immiscé et compromis. Après le 10 août, ses craintes s'accrurent et l'envahirent. Il semblait avoir à l'avance décrit et prédit son état moral, lorsqu'en mars 1784, dans l'Éloge de Sanchez, médecin de la cour en Russie sous Iwan et devenu victime des révolutions de palais, il avait dit : « M. Sanchez, honoré de la confiance intime de la régente, ami du maréchal Munnich, accusé de liaisons avec madame Gloxin..., M. Sanchez avait plusieurs raisons pour se croire au nombre des proscrits. Depuis ce moment, point de repos, point de sommeil; il croyait toujours voir un glaive arrêté sur sa tête. M. Sanchez était naturellement faible, non de cette faiblesse qui se prête aux impressions du vice et qui fait oublier la vertu, mais de celle qui se laisse accabler par le malheur et qui reste sans force au milieu de l'infortune. » En d'autres temps Vicq d'Azyr avait montré plus d'un genre de courage : il avait fait preuve du courage du médecin en combattant hardiment l'épizootie de 1774 et en se plongeant, pour les purger, dans les foyers d'infection; il avait fait preuve de courage civil lors de la fondation de la Société royale, en tenant tête de si bonne grâce aux attaques et aux assauts de la Faculté irritée : mais ici, dans un état social sans garanties et où toutes les passions sauvages étaient déchaînées, il se trouva faible et sans défense devant un nouveau genre de périls. Son imagination tendre, aux prises avec des tableaux constamment funestes, s'en imbut et se terrifia. C'est le témoignage qu'ont rendu de lui tous les contemporains. L'Académie française, comme toutes les sociétés savantes, était menacée d'une prochaine suppression. A la fin de juin 1793, l'abbé Morellet avait été fait directeur, et Vicq d'Azyr chancelier; ils furent les derniers officiers de l'ancienne Académie, qui se vit bientôt après supprimée, par décret du 8 août. Il fallut pourvoir à l'inventaire et à la remise des registres et papiers : « Marmontel (Secrétaire perpétuel) était absent, nous dit Morellet; le chancelier Vicq d'Azyr, frappé d'une terreur extrême, assez bien fondée sur l'aversion des patriotes pour la reine dont il était le médecin, ne se serait montré pour rien au monde. La corvée retombait donc sur moi, et je me rendis au Louvre... »

La terreur de Vicq d'Azyr nous est encore mieux attestée par une pièce authentique qui est de sa main et dont je dois communication à M. Dubois (d'Amiens), Secrétaire perpétuel de l'Académie de médecine, l'un des successeurs de Vicq d'Azyr et conservateur actuel de ses papiers. La Convention nationale avait invité tous les citoyens à recueillir eux-mêmes dans leurs caves le nitre ou salpêtre nécessaire pour la fabrication de la poudre de guerre. Le Comité de salut public avait publié une Instruction à ce sujet. Vicq d'Azyr, membre et, je crois, président de la Commission chargée de surveiller la préparation du salpêtre dans la section du Muséum, aspirait à se signaler par son zèle dans cette fonction patriotique, et désirait racheter par là ce qu'on pouvait lui reprocher pour ses antécédents royalistes. Il adressa donc, soit à la Convention, soit aux membres du Comité de salut public, une Lettre dont il existe quantité de brouillons de sa main; aucune rédaction ne lui paraissait assez républicaine, assez emphatique, et *à la hauteur*, comme on disait, des circonstances. Je donnerai ici l'une de ces versions, qui montre à quel point ces grands mots tout chargés de foudre cachent souvent de timides pensées; plus l'auteur tremble, et plus il grossit sa voix :

« Citoyens représentants, écrivait Vicq d'Azyr, vous avez dit un mot, et le sol de la liberté, labouré d'une manière nouvelle, produit une abondante moisson de salpêtre. Ce sol s'est soulevé tout entier contre les tyrans. Dans chacun de ses points reposait une portion du feu vengeur qui doit les frapper, et de chacun de ses points aussi s'élève le tribut redoutable dont la foudre républicaine va se grossir. Semblable à ce météore terrible qui, formé de mille courants divers, menace du haut de la nue les sommets escarpés et semble être destiné par la nature à maintenir l'égalité physique sur le globe, la foudre révolutionnaire qui est en vos mains, et que dirige habilement votre génie, continuera de renverser les trônes, fera tomber les têtes superbes qui voudraient s'élever au-dessus du niveau que vous avez tracé; elle établira l'égalité politique et (l'égalité) morale, qui sont les bases de notre liberté sainte... »

Voilà jusqu'où l'exaltation de la peur et l'espoir de se faire pardonner de Couthon, Saint-Just et consorts, pouvaient conduire le ci-devant médecin de la reine, un écrivain académique élégant.

Une leçon littéraire à tirer de ceci, c'est que bien des gens, tribuns ou poëtes, veulent se donner des airs féroces en temps de révolution, ils ne sont qu'ampoulés.

Pardonnons ici à la faiblesse humaine et passons. Vicq d'Azyr ne vit pas la chute de Robespierre. Obligé d'assister à la fête de l'Être Suprême et d'accompagner le bataillon de sa section, il y reçut sa dernière atteinte morale et y contracta, sous un soleil ardent, la maladie dont il mourut, le 20 juin 1794, à l'âge de quarante-six ans. Dans le transport de la fièvre, il ne cessait de parler du Tribunal révolutionnaire ; il croyait voir Bailly, Lavoisier, tous ses amis immolés l'appeler sur l'échafaud : « Ce délire d'un mourant, a dit éloquemment Lemontey, montra au jour ce qu'était alors en France le sommeil des gens de bien. »

Vicq d'Azyr est trop oublié, ou du moins, si son nom reste connu, ses ouvrages le sont trop peu. Ses Éloges, en y comprenant quelques-uns de ceux qui n'ont pas été recueillis, pourraient donner lieu à une réimpression qui ferait honneur, ce me semble, à la littérature médicale. J'ose recommander cette idée au Secrétaire perpétuel de l'Académie de médecine, qui a déjà rendu un semblable hommage à Pariset. En résumé, il y a de l'intérêt dans les Éloges de Vicq d'Azyr, un peu trop de fleurs, et pourtant de la ressemblance et de la vérité. C'est fertile, ce n'est jamais sec. Il se distingue avec avantage du style épigrammatique de d'Alembert et du style opaque de Condorcet. Il a la physionomie et le sourire.

Lundi, 17 juillet 1854

AGRIPPA D'AUBIGNÉ

Il y a depuis quelque temps comme un concours ouvert sur d'Aubigné. Le duc de Noailles n'a pu entamer l'*Histoire de Madame de Maintenon*, sans faire une grande place à ce vigoureux aïeul et sans l'asseoir au seuil de son sujet. M. Géruzez a consacré à d'Aubigné une notice intéressante dans ses élégants *Essais d'histoire littéraire*. M. Sayous, dans ses *Études sur les Écrivains français de la Réformation*, a donné sur d'Aubigné des jugements étendus, confirmés par des témoignages nouveaux; puisant à des sources domestiques, il a ajouté sur lui à ce qu'on savait déjà. M. Léon Feugère a également rencontré d'Aubigné dans ses consciencieux travaux sur les prosateurs du seizième siècle, et s'est arrêté devant lui avec complaisance. Un des derniers numéros du *Bulletin du Bibliophile* (janvier et février 1854) contient une analyse complète et détaillée, qu'a faite M. le vicomte de Gaillon, du poëme de d'Aubigné, *les Tragiques*, poëme si dur à lire d'un bout à l'autre et dont on ne cite d'ordinaire que des fragments. Aujourd'hui enfin, voilà qu'un investigateur d'un zèle éprouvé, M. Ludovic Lalanne, publie pour la première fois (1) un texte plus exact et véritablement naturel des

(1) Bibliothèque Charpentier, rue de l'Université, 39.

Mémoires de d'Aubigné, qui ne se lisaient jusqu'à présent que dans une version arrangée et rajeunie : il a mis à la suite du texte tous les fragments tirés de l'*Histoire universelle* du même auteur, qui se rapportent à sa vie. Mais j'allais oublier qu'un des hommes les plus compétents en matière de langue comme en toute fine et curieuse érudition, M. Mérimée, prépare une édition du *Baron de Fœneste*, ce pamphlet spirituel et souvent énigmatique de d'Aubigné, un de ces écrits qui ressemblent à l'os de Rabelais et qu'il faut briser pour en pouvoir goûter la moelle. On voit qu'il ne manquera bientôt plus rien à l'étude du caractère et de l'écrivain : il en sera, à cet égard, de d'Aubigné comme de Pascal, on aura tout dit sur lui, et pour et contre, et alentour; on l'aura embrassé dans tous les sens.

Pour moi qui me suis occupé de d'Aubigné il y a vingt-sept ans pour la première fois quand je traversais le seizième siècle, je ne dirai aujourd'hui que ce qui me semble nécessaire pour présenter cette forte figure en son vrai jour, sans exagérer ni ses vertus, ni sa pureté, ni ses mérites, mais sans rien oublier non plus d'essentiel en ce qui le distingue. Entré dans l'arène vers le temps où le vieux Montluc en sortait, et de cinquante ans plus jeune, il offre dans les rangs calvinistes, et aussi dans la série des écrivains militaires, une sorte de contre-partie de ce chef catholique vaillant et cruel. D'Aubigné nous représente un type accompli de la noblesse ou plutôt de la gentilhommerie protestante française, brave, opiniâtre, raisonneuse et lettrée, guerroyant de l'épée et de la parole, avec un surcroît de point d'honneur et un certain air de bravade chevaleresque ou même gasconne qui est à lui. Né le 8 février 1551, en Saintonge, d'une mère qui mourut en le mettant au monde, et d'un père énergique qui l'éleva sans mollesse et sans ménagement, il fut appliqué de bonne heure aux lettres et langues anciennes, et en même temps on l'initia à l'idée qu'il avait à venger les chefs et martyrs de sa cause, injustement immolés. Son père, passant avec lui à Amboise où les têtes des conjurés étaient encore exposées aux potences, lui mit la main sur la tête et lui fit faire, dès l'âge de huit ans et demi, une sorte de serment d'Annibal. Tout en apprenant du latin, du grec, de l'hébreu, et en se rompant aux mâles études, l'enfance et la première jeunesse de d'Aubigné furent telles, et si fréquemment débauchées et libertines, qu'en tout autre siècle il eût probablement dérivé et donné dans cette espèce d'incrédulité qu'on désigne sous le nom de scepticisme, et que les mauvaises mœurs insinuent si aisément : mais au seizième siècle, ces courants amollissants et dissolvants n'existaient pas, et les dissipations même, dans leur violence et leur crudité grossière, n'empêchaient pas de respirer l'air ardent des croyances diverses et des fanatismes. D'Aubigné s'accoutuma donc à assembler en sa nature passionnée bien des contraires qui, en d'autres temps, n'eussent pas tenu bon et n'eussent point résisté en lui avec cette hauteur et cette âpreté. Il raisonnait fort et se raillait bien haut de ce qu'il appelait des superstitions, et il croyait aux songes, aux revenants, et quelque peu à la magie : il associait la guerre, la controverse, l'érudition, le bel-esprit, la satire railleuse et cynique, une langue toujours prompte et effrénée, et à la fois la crainte d'un Dieu terrible et toujours présent, et aussi par instants la consolation d'un Dieu très-doux. Il gardait au cœur, en toutes ses licences, un coin de puritain qui persista sans jamais tuer le vieil homme, et qui gagna seulement avec l'âge. Il dut à sa race, à sa trempe d'éducation et au rude milieu où il fut plongé, de conserver, à travers ses passions contradictoires et qu'il combattait très-peu, un fonds de moralité qui étonne et qui ne fait souvent que leur prêter une plus verte séve : nature généreuse après tout, témoin subsistant d'un siècle plus robuste et plus endurci que les nôtres, et qui nous en rend au hasard et avec saillie les caractères les plus heurtés.

Ses petits *Mémoires*, destinés à ses enfants, et qu'on publie aujourd'hui dans un texte plus exact, c'est-à-dire dans une langue plus inégale qu'on ne les avait précédemment, ne doivent point, si l'on veut prendre de lui une entière idée, se séparer jamais de la grande *Histoire* à laquelle il renvoie sans cesse, et où il se montre par ses meilleurs et ses plus larges côtés. Cette *Histoire universelle* de d'Aubigné, son grand ouvrage sérieux, et qui semble indigeste à première vue, ne le paraît plus autant lorsqu'on y pénètre, et mérite plus d'une sorte de considération. Il est un point qu'il ne faut jamais oublier avec d'Aubigné, et qui est à retenir surtout quand on le compare, pour le style et le jet de la plume, avec Saint-Simon : c'est qu'il est un homme de lettres bien plus que Saint-Simon ne l'a jamais été. Je me hâte de m'expliquer. D'Aubigné n'avait pas vingt ans qu'il fut saisi du démon de la poésie, de cette poésie française qui était alors en vogue, et qui régnait par Ronsard et ses amis. Il y paya tribut par des sonnets jetés dans le même moule ; amoureux, il composa ce qu'on appelle son *Printemps*, c'est-à-dire un recueil de vers plus ou moins tendres ou légers ; il convient qu'il y avait moins de politesse et de correction que de verve et de *fureur*. D'Aubigné prit surtout à Ronsard son ton mâle et fier ; c'était un amateur à la suite de la Pléiade, spirituel et vigoureux. Cependant, jeune, à la Cour de Charles IX, et ensuite auprès de Henri III, pendant la captivité du roi de Navarre, d'Aubigné était compté au premier rang des beaux esprits galants et à la mode ; il composait pour les divertissements de Cour des ballets, mascarades ou opéras; il avait mille ingénieuses inventions; il était de cette Académie royale de Charles IX et de son successeur, qui, dans ses beaux jours, s'assemblait au Louvre, dont plusieurs dames faisaient partie, et où l'on traitait des questions platoniques et subtiles. On y faisait de la musique, et aussi de la grammaire; on y agitait des problèmes de langue, de versification; on y comparait les styles, et d'Aubigné (dans un passage inédit, cité par M. Sayous) nous fait voir Henri III juge délicat des choses de l'esprit :

> « Henri III savait bien dire quand on blâmait les écrits qui venaient de la Cour de Navarre de n'être pas assez *coulants* : « Et moi, disait-
> « il, je suis las de tant de vers qui ne disent rien en belles et beau-
> « coup de paroles; ils sont si coulants que le goût en est tout aussitôt
> « écoulé : les autres me laissent la tête pleine de pensées excellentes,
> « d'images et d'emblèmes, desquels ont prévalu les Anciens. J'aime
> « bien ces vins qui ont corps, et condamne ceux qui ne cherchent
> « que le coulant à boire de l'eau. »

Tout en se piquant, et avec raison, de n'être point coulant de style et d'être plutôt rude et fort de choses, d'Aubigné ne s'interdisait pas d'être recherché et alambiqué au besoin en certaines de ses productions poétiques. Quand on loue en lui l'écrivain énergique et franc, qu'on n'oublie donc point qu'il n'a pas été (comme cela est arrivé à d'autres guerriers qui ont pris la plume) un écrivain tout naturel et involontaire; il savait ce qu'il faisait et était du double métier. Ce n'est pas un Gaulois resté pur. Au fond, d'Aubigné dans sa jeunesse avait été un Académicien à la mode de son temps.

L'*Histoire universelle* de d'Aubigné, dont Henri IV est le centre et le pivot, avait été entreprise ou projetée par le conseil de ce roi, qui, ce semble, n'aurait pas été fâché d'avoir pour historiens, d'une part le calviniste d'Aubigné, et d'autre part l'ancien ligueur Jeannin:

l'un, racontant plutôt les faits de guerre et de parti, l'autre, exposant les choses d'État et de conseil; mais bientôt Henri IV, soit qu'un jésuite, le Père Cotton, lui eût fait sentir les inconvénients ainsi que d'Aubigné le donne à entendre, soit qu'il se méfiât assez par lui-même de *cette satirique langue* de d'Aubigné, comme il l'appelait, Henri IV insista peu sur sa recommandation première et sur les encouragements qu'il avait promis; d'Aubigné attendit à la mort de ce roi pour se remettre à l'œuvre, et il s'y remit, on le doit reconnaître, dans un esprit digne d'une aussi généreuse entreprise. Henri IV, dans les *Mémoires* particuliers de l'auteur, nous est montré par d'assez vilains côtés et qui tendraient à le rapetisser; on l'y voit atteint et accusé d'envie, d'avarice : il n'est rien de tel dans la grande *Histoire*, et ces petits griefs personnels et de domesticité s'évanouissent : d'Aubigné y replace le héros et le politique à sa juste hauteur, et l'ayant perdu, le regrettant avec larmes, il lui redevient publiquement favorable et fidèle. Qui n'a vu, au temps de notre jeunesse, quelque vieux Vendéen ou soldat de l'armée de Condé, mécontent, chagrin, satirique, irrité contre Louis XVIII de ce qu'il avait trop donné du côté de la philosophie ou de la Révolution, et qui, dès que le roi fut mort, le pleura? Ou plutôt qui n'a vu l'un de ces braves guerriers et intrépides serviteurs de l'Empire, mais serviteurs vers la fin moroses et grondeurs envers leur grand chef trop infatigable, et qui, dès qu'ils l'eurent perdu et vu tomber, retrouvèrent l'enthousiasme pur et le culte? Tel est le sentiment qui anime d'Aubigné prenant la plume de l'historien. C'est un grondeur et un mécontent par humeur que d'Aubigné; il était inapplicable en grand et n'aurait su devenir tout à fait homme d'État ni principal capitaine; il était né ce que nous appelons de nos jours un homme d'opposition : pourtant, dès qu'on le presse et qu'on lui met la main au cœur, comme il est fier de son Henri IV, du « grand roi que Dieu lui avait donné pour maître, » dont les pieds lui ont servi si souvent de chevet! et comme il n'oublie pas que c'est une gloire qui compte devant la postérité, de lui avoir sauvé la vie en deux ou trois mémorables occasions!

Cette *Histoire* in-folio qui commence à la naissance de Henri IV et qui se termine à la fin du siècle et à l'Édit de Nantes, se compose de trois tomes qui furent imprimés successivement en 1616, 1618, 1620. L'auteur n'y perd jamais de vue un plan de composition et même une symétrie extérieure qu'il s'est imposée : c'est ainsi qu'il termine tous ses livres (et il y en a cinq dans chaque tome) par un traité de paix, ou, quand la paix fait faute, par quelque édit ou trêve qui y ressemble : il tient à couronner régulièrement chaque fin de livre par ce *chapiteau*. En même temps les chapitres qui précèdent ce dernier sont invariablement consacrés aux affaires du dehors, Orient, Midi, Occident, Septentrion, et il établit entre ces sortes de chapitres, d'un livre à l'autre, des corrélations et correspondances. Il comprend la dignité du genre qu'il traite; il est des particularités honteuses ou incertaines que l'histoire doit laisser dans les satires, pamphlets et *pasquins*, où les curieux les vont chercher : d'Aubigné, qui aime trop ces sortes de pasquins ou de satires, et qui ne s'en est jamais privé ailleurs, les exclut de son *Histoire universelle*, et, s'il y en introduit quelque portion indispensable, il s'en excuse aussitôt : ainsi en 1580, à propos des intrigues de la Cour du roi de Navarre en Gascogne, quand la reine Marguerite en était : « J'eusse bien voulu, dit-il, cacher l'ordure de la maison ; mais, ayant prêté serment à la vérité, je ne puis épargner les choses qui instruisent, principalement sur un point qui, depuis Philippe de Commynes, n'a été guère bien connu par ceux qui ont écrit, pour n'avoir pas fait leur chevet au pied des rois… » Quand il s'étend longuement sur certaines particularités purement anecdotiques, il s'en excuse encore; il tient à ne pas trop excéder les *bordures de son tableau;* il voudrait rester dans les proportions de l'histoire : mais il lui est difficile de ne pas dire ce qu'il sait de neuf et d'original; et d'ailleurs, s'il s'agit de Henri IV, n'est-il pas dans le plein de son sujet, et n'est-il pas en droit de dire comme il le fait : « *C'est le cœur de mon Histoire?* »

Dans une Histoire contemporaine comme celle qu'il écrit et où il est témoin et quelquefois acteur, il lui est difficile de ne point parler de soi; il n'évite pas ces sortes de digressions ou d'*épisodies,* selon qu'il les appelle; il s'y complaît même; toutefois, malgré le coin de vanité et d'amour de gloire, qui est sa partie tendre, il a soin le plus souvent de ne pas se nommer, et ce n'est qu'avec quelque attention qu'on s'aperçoit que c'est lui, sous le nom tantôt d'un écuyer, tantôt d'un mestre de camp, qui est en cause dans ces endroits, et qui donne tel conseil, qui tient tel discours. La modestie, au moins une modestie relative, est suffisamment observée.

Dans son *Histoire,* d'Aubigné affecte de ne vouloir qu'exposer et raconter, et de ne point porter de jugements; il s'impose la loi de ne donner louange ni blâme : il lui suffit de faire parler les choses. La vérité, à son sens, ressortira suffisamment des descriptions. Aussi, au milieu d'une certaine impartialité pour les personnes et malgré la réserve apparente, l'esprit général du livre est tout entier celui de la cause qu'il a embrassée; le Calvinisme français nobiliaire et militaire, celui de ces gentilshommes sans repos, tout cousus en leurs cuirasses de fer, et qui retiennent jusqu'à la fin de l'ancienne austérité, a trouvé en lui son historien. D'Aubigné combine cet esprit de secte avec son admiration pour Henri IV, car il nous a peint le roi de Navarre bien plus que le roi de France; il ne touche que de loin à ce dernier. Après l'entrée dans Paris, il ne le suit que peu; on sent que lui-même est déjà retiré et cantonné dans ses provinces. Il est même touchant, au simple point de vue de l'histoire, de contempler chez lui la Réforme triste et blessée, et qui s'en va peu à peu mourir d'avoir produit et enfanté comme une mère ce roi glorieux, ce cher ingrat, qui se détache d'elle et dont elle reste fière cependant (1). L'unité du livre de d'Aubigné, l'esprit et l'âme de sa composition, si on la cherche, est là, dans cette impression générale qui se marque en avançant.

Les guerres civiles n'épouvantent point d'Aubigné; bien qu'il y abhorre la cruauté lâche et l'assassinat, bien qu'en racontant quelques exploits dont se vantaient les massacreurs de la Saint-Barthélemy, il lui échappe de dire énergiquement : « Voici encore un acte qui ne peut être garanti qu'autant que vaut la bouche des tueurs; » bien qu'il déteste autant que personne ces atroces conséquences des factions parricides, il aime la chose même qui s'appelle luttes et combats entre Français pour cause religieuse; il en est fier, et non attristé; il s'y sent dans son élément; il a bien soin de marquer les époques des grandes guerres de ce genre, conduites avant 1570 sous le prince de Condé et l'amiral de Coligny; il traite comme enfants et nés d'hier ceux qui ne font commencer ces grandes guerres que depuis la Journée des Barricades, quand elles ont recommencé en effet. Parlant d'un brave tué à l'une des premières affaires, en 1589 : « Le roi de Navarre, dit-il, perdit à

---

(1) Je ne parle (bien entendu) que de la Réforme simplement en France, et de la Réforme considérée comme parti politique.

ce siége le mestre de camp Cherbonnières, esprit et cœur ferré, *homme digne des guerres civiles...* » D'Aubigné dit cela comme on dirait en d'autres temps : « homme digne de servir contre les ennemis de la France. » L'idée de religion particulière et de secte l'emportait chez lui sur celle de nationalité et de patrie; et c'est ici qu'on reconnaît combien Henri IV fut un roi vraiment roi, supérieur à son premier parti, et d'un tout autre horizon.

Mais l'historien et l'écrivain gagnent chez d'Aubigné à ces erreurs passionnées. Son texte est pénible à lire d'une manière continue; il se plaint quelquefois, lui d'humeur si libre, d'avoir à *traîner ce pesant chariot de l'Histoire*, et le lecteur en porte sa part avec lui. Il semble même accorder volontiers à ceux de ses lecteurs qui ne se plaisent point à un endroit du livre de courir à un autre, et de *iouer du pouce* comme il dit; tout cela est vrai, et cependant si l'on chemine avec lui et si l'on s'attache à sa suite, on est dédommagé, on a mieux que des faits originaux et singuliers, on rencontre de belles, d'admirables scènes. Une des plus louées est celle de l'amiral de Coligny et de sa femme, en 1562, après le massacre de Vassy et les autres massacres auxquels celui-ci donna le signal, et qui excitèrent les chefs réformés à prendre les armes. L'amiral de Coligny, retiré à Châtillon-sur-Loing avec ses frères et autres principaux du parti, hésitait encore : ce vieux capitaine trouvait le passage de ce Rubicon si dangereux qu'il avait résisté un soir par deux fois à toutes les raisons que lui avaient apportées les siens de s'émouvoir et de tirer l'épée, « quand il arriva, nous dit d'Aubigné, ce que je veux donner à la postérité non comme un intermède de fables, bienséantes aux poëtes seulement, mais comme une histoire que j'ai apprise de ceux qui étaient de la partie. Ce notable seigneur, deux heures après avoir donné le bonsoir à sa femme, fut réveillé par les chauds soupirs et sanglots qu'elle jetait : il se tourne vers elle, et après quelques propos il lui donna occasion de parler ainsi. »

Suit un discours de madame l'Amirale (Charlotte de Laval), tenu au milieu de la nuit dans ce lit patriarcal des ancêtres, et tel que, la situation étant donnée, ne pourrait rien trouver de plus émouvant un Corneille ou mieux un Shakspeare (1) :

« C'est à grand regret, monsieur, disait-elle, que je trouble votre repos par mes inquiétudes ; mais, étant les membres de Christ déchirés comme ils sont, et nous de ce corps, quelle partie peut demeurer insensible? Vous, monsieur, n'avez pas moins de sentiment, mais plus de force à le cacher. Trouverez-vous mauvais de votre fidèle moitié si, avec plus de franchise que de respect, elle coule ses pleurs et ses pensées dans votre sein? Nous sommes ici couchés en délices, et les corps de nos frères, chair de notre chair et os de nos os, sont les uns dans les cachots, les autres par les champs à la merci des chiens et des corbeaux : ce lit m'est un tombeau puisqu'ils n'ont point de tombeaux ; ces linceuls me reprochent qu'ils ne sont pas ensevelis... »

Elle finit par le presser de ne plus tarder et de se mettre en avant au nom du sang versé : « L'épée de chevalier que vous portez est-elle pour opprimer les affligés ou pour les arracher des ongles des tyrans?... » Mais c'est la réponse de l'Amiral qui est belle de tristesse, de prévoyance et de prophétie ; tout un abrégé de sa destinée tragique s'y dessine ; il répond :

« Puisque je n'ai rien profité par mes raisonnements de ce soir sur

---

(1) Se rappeler le discours de Porcie à Brutus dans le *Jules César* : « Dites-moi, Brutus, a-t-on fait pour nous cette exception aux liens du mariage que je ne connaîtrais point les secrets qui vous appartiennent? Ne suis-je un autre vous-même qu'avec des exceptions et des réserves, pour vous tenir compagnie à table, faire l'agrément de votre couche et causer quelquefois avec vous? N'occupé-je donc que les avenues de votre affection? Si je n'ai rien de plus, Porcia est la maîtresse de Brutus et non pas son épouse.... »

la vanité des émeutes populaires, la douteuse entrée dans un parti non formé, les difficiles commencements (et il revient ici à l'énumération des obstacles)...; — puisque tant de forces du côté des ennemis, tant de faiblesse du nôtre ne vous peuvent arrêter, mettez la main sur votre sein, sondez à bon escient votre constance, si elle pourra digérer les déroutes générales, les opprobres de vos ennemis et ceux de vos partisans, les reproches que font ordinairement les peuples quand ils jugent les causes par les mauvais succès, les trahisons des vôtres, la fuite, l'exil en pays étrange...; votre honte, votre nudité, votre faim, et qui est plus dur, celle de vos enfants. Tâtez encore si vous pouvez supporter votre mort par un bourreau, après avoir vu votre mari traîné et exposé à l'ignominie du vulgaire; et, pour fin, vos enfants, infâmes valets de vos ennemis accrus par la guerre, et triomphants de vos labeurs. Je vous donne trois semaines pour vous éprouver, et quand vous serez à bon escient fortifiée contre de tels accidents, je m'en irai périr avec vous et avec nos amis. »

« L'Amirale répliqua : « *Ces trois semaines sont achevées :* vous ne serez jamais vaincu par la vertu de vos ennemis, usez de la vôtre et ne mettez point sur votre tête les morts de trois semaines. Je vous somme, au nom de Dieu, de ne nous frauder plus, ou je serai témoin contre vous en son Jugement. »

Religion égarée, fanatisme opiniâtre sans doute, et sourd aux raisons de prudence et d'humaine sagesse; appel, sous le nom du Christ, à la vengeance du sang par le sang; générosité pourtant et grandeur d'âme, comme il en est en tout sacrifice absolu de soi : c'est ce qui respire en cette scène nocturne, digne des plus grands peintres, et d'Aubigné, qui en a senti toute l'émotion, nous l'a conservée et, on peut dire, nous l'a faite de manière à n'être point surpassé. *Ces trois semaines sont achevées*, de la réplique, est un mot sublime.

D'Aubigné n'est pas sans se faire l'objection sur la cruauté inhérente aux guerres civiles, et qui les déshonore, si quelque chose les pouvait honorer. Le nom du baron des Adrets, de ce chef cruel entre tous les partisans protestants du Midi, était et est resté en exécration. Un jour que d'Aubigné à Lyon, en 1574, rencontre le vieux baron, qui alors avait changé de parti, il prend sur lui de lui adresser trois questions : 1° pourquoi il avait usé d'une cruauté si peu convenable à sa grande valeur? 2° pourquoi il avait quitté un parti dans lequel il était si accrédité? et 3° pourquoi rien ne lui avait réussi depuis ce changement, toutes les fois qu'il avait été employé contre ses anciens amis? Le baron des Adrets répond à tout en homme d'esprit, à qui les raisons spécieuses ne manquent pas; mais quand il est pressé sur la troisième demande. Pourquoi il avait été moins heureux à la guerre depuis son changement de parti? il ne trouve ici qu'une courte réponse qu'il fit avec un soupir : « Mon enfant, dit-il, rien n'est trop chaud pour un capitaine qui sent que son soldat n'a pas moins d'intérêt que lui à la victoire : avec les Huguenots, j'avais des soldats; depuis, je n'ai eu que des marchands qui ne pensent qu'à l'argent; les autres étaient sevrés de crainte, sans peur, *soudoyés de vengeance, de passion et d'honneur;* je ne pouvais fournir de rênes pour les premiers, ces derniers ont usé mes éperons. » Je n'ai fait qu'éclaircir un peu cette réponse du baron, au risque de l'affaiblir. La pensée de d'Aubigné, c'est que dans le beau temps du Calvinisme militaire en France, tout le monde combattait avec le même feu, avec un égal intérêt; quand le chef manquait de vivres ou d'argent, il n'avait, pour retenir son monde, qu'à leur promettre un prochain combat de plus. D'Aubigné voyait dans ce dévouement et cette vaillance une preuve du bon droit : « Il arrive peu souvent, pensait-il, que l'injustice ait les meilleures épées de son côté, *parce que c'est la conscience qui émeut la noblesse* et la porte aux extraordinaires dépenses, labeurs et hasards. » D'Aubigné, si on l'avait pressé, eût peut-être été dans l'embarras de fixer ce beau temps où l'épée de la noblesse était toujours pour le parti le plus juste; dans les souvenirs de la fin de sa vie, il confond involontairement ce temps idéal avec celui de sa jeunesse, le bel âge pour tous : quand il devint vieux, il ne fut pas des derniers à crier à la décadence. Il y a un point qu'il n'a pas assez vu, parce que ses passions le lui cachaient : c'est combien vite les guerres civiles corrompent et dénaturent les caractères; il n'a voulu voir, sur son propre exemple, que le côté par où elles les trempent.

Il intervient plus d'une fois dans son *Histoire* par des discours qu'il est censé tenir à son prince; il aime cette partie oratoire et y excelle; il la traite en homme de talent et en écrivain. Un de ses plus beaux discours est celui qu'il adresse au roi de Navarre captif à Paris, en 1575, pour l'exhorter à la fuite, à se dérober aux mollesses et aux dangers dont il est environné, et à reprendre son rang dans le parti, à la tête de ses affectionnés serviteurs. La reine-mère, « soupçonnant le vigoureux esprit et le corps laborieux de son gendre, » l'avait entouré de gardes vigilantes et l'amusait d'amourettes. On lui laissait de plus entrevoir la lieutenance générale du royaume, et, retenu par tous ces leurres, Henri hésitait à briser ses liens. Un soir que les deux seuls serviteurs fidèles qui étaient restés près de lui, d'Aubigné, son écuyer, et Armagnac, son premier valet de chambre, découragés eux-mêmes et se disposant bientôt à partir sans dire adieu, veillaient une dernière fois à son chevet; comme il était malade et tremblant de fièvre sous ses rideaux, ils l'entendirent soupirer et chanter un psaume, au couplet qui déplore l'éloignement des fidèles amis; Armagnac alors pressa l'autre, c'est-à-dire d'Aubigné, de prendre cette occasion pour parler hardiment. Le conseil fut suivi aussitôt, et, le rideau ouvert, voici les propos que ce prince entendit :

« Sire, disait d'Aubigné, est-il donc vrai que l'esprit de Dieu travaille et habite encore en vous? Vous soupirez à Dieu pour l'absence de vos amis et fidèles serviteurs, et en même temps ils sont ensemble soupirant pour la vôtre et travaillant à votre liberté ; mais vous n'avez que des larmes aux yeux, et eux les armes aux mains ; ils combattent vos ennemis et vous les servez ; ils les remplissent de craintes véritables, et vous les courtisez pour des espérances fausses ; ils ne craignent que Dieu, vous une femme, devant laquelle vous joignez les mains quand vos amis ont le poing fermé ; ils sont à cheval, et vous à genoux ; ils se font demander la paix à coudes et à mains jointes ; n'ayant point de part en leur guerre, vous n'en avez point en leur paix. Voilà *Monsieur* (le duc d'Alençon) chef de ceux qui ont gardé votre berceau... N'êtes-vous point las de vous cacher derrière vous-même, si le cacher était permis à un prince né comme vous ? *Vous êtes criminel de votre grandeur et des offenses que vous avez reçues :* ceux qui ont fait la Saint-Barthelemy s'en souviennent bien, et ne peuvent croire que ceux qui l'ont souffert l'aient mise en oubli. Encore si les choses honteuses vous étaient sûres, etc. »

Voilà un discours tout à fait dans le goût et le ton de ceux des meilleurs historiens de l'antiquité, ferme, pressé, plein d'oppositions et d'antithèses pour les pensées comme pour les mots : un tel discours retravaillé et refait après coup est certes d'un écrivain, et, si d'Aubigné a mis de la négligence et du laisser-aller dans les intervalles, il a dû porter tout son soin sur ces parties de prédilection.

Il ne se montre pas moins orateur et moins à son avantage en une autre circonstance mémorable où il eut à parler devant de nombreux témoins. C'était au moment où la Ligue se déclara en armes contre Henri III (1585), et où la division se mit ouvertement dans le parti catholique. Le roi de Navarre convoqua tous les chefs de son propre parti à Guîtres près Coutras. L'assemblée fut convoquée un matin dans une grande salle du prieuré, au nombre de soixante personnes dont étaient quelques mestres de camp et, parmi eux, d'Aubigné. Le roi de Navarre parla d'abord et posa cette première question : si, dans les circonstances présentes et nouvelles, les Huguenots devaient avoir les mains croisées durant le débat des ennemis, envoyer tous leurs gens de guerre dans les armées du roi sans en faire montre (ce qui était l'opinion de plusieurs), ou s'ils devaient prendre séparément les armes pour secourir le roi en leur propre nom, et profiter de toutes occasions pour s'affermir? Le vicomte de Turenne, depuis duc de Bouillon, opina le premier : c'était un homme de grands discours et habile à donner des infinités de raisons à l'appui des conclusions qu'il embrassait; ayant été récemment accusé d'avoir été trop prompt à la dernière levée de boucliers, son point de départ, cette fois, fut qu'il fallait changer de méthode, mettre de son côté le droit et l'apparence, éviter avant tout l'odieux : « Si vous vous armez, disait-il, le roi (Henri III) vous craindra; s'il vous craint, il vous haïra; s'il vous hait, il vous attaquera; s'il vous attaque, il vous détruira. » Par ces raisons subtilement déduites et enchaînées, il concluait qu'il fallait introduire, *faire couler* les gens de guerre dans les armées royales et servir de la sorte sans enseignes déployées : « Le roi devra sa délivrance à notre vertu, et sacrifiera sa haine passée à notre humilité. » Cet avis allait l'emporter, et la majorité semblait s'y ranger lorsqu'un mestre de camp, c'est-à-dire d'Aubigné, commandé de parler à son tour, s'exprima en sens contraire et changea la face de la délibération.

Ce discours de d'Aubigné est de toute fierté et de toute beauté; il le faut lire en entier dans l'original. Je n'en citerai que les traits principaux. On en voit le thème : il s'indigne pour les siens, pour les hommes de sa cause, à cette seule idée de se faufiler dans l'armée royale; ce serait abjurer le passé :

« Ce serait, dit-il en commençant, fouler aux pieds les cendres de nos martyrs et le sang de nos vaillants hommes, ce serait planter des potences sur les tombeaux de nos princes et grands capitaines morts, et condamner à pareille ignominie ceux qui, encore debout, ont voué leurs vies à Dieu, que de mettre ici en doute et sur le bureau avec quelle justice ils ont exercé leurs magnanimités; ce serait craindre que Dieu même ne fût coupable ayant béni leurs armes, par lesquelles ils ont traité avec les rois selon le droit des gens, arrêté les injustes brûlements qui s'exerçaient de tous côtés, et acquis la paix à l'Église et à la France... Je dis donc que nous ne devons point être seuls désarmés quand toute la France est en armes, ni permettre à nos soldats de prêter serment aux capitaines qui l'ont prêté de nous exterminer, leur faire avoir en révérence les visages sur lesquels ils doivent faire trancher leurs coutelas, et de plus les faire marcher sous les drapeaux de la Croix blanche qui leur ont servi et doivent servir encore de quintaine (point de mire) et de blanc. Savez-vous aussi les différentes leçons qu'ils apprennent en l'un et en l'autre parti? Là, ils deviennent mercenaires : ici, ils n'ont d'autres loyers que la juste passion; là, ils goûtent les délices : ici, ils observent une milice sans repos. Les arts sont émus par la gloire, et surtout ceux de la guerre. Montrerons-nous à notre jeune noblesse l'ignominie chez nous, et l'honneur chez les autres?... »

Tout ceci est plein de réminiscences latines, et d'une langue de renaissance encore plus que gauloise : elle n'en est pas moins belle et originale de combinaison et de mélange. Il continuait sur ce ton élevé : « Oui, il faut montrer notre humilité; faisons donc que ce soit sans lâcheté; demeurons capables de servir le roi à son besoin et de nous servir au nôtre, et puis *ployer devant lui, quand il sera temps, nos genoux tout armés, lui prêter le serment en tirant la main du gantelet,* porter à ses pieds nos victoires et non pas nos étonnements. » Et reprenant à la fin et retournant à contre-pied le raisonnement du vicomte de Turenne :

« Je conclus ainsi : Si nous nous désarmons, le roi nous méprisera; notre mépris le donnera à nos ennemis : uni avec eux, il nous attaquera et ruinera désarmés; ou bien, si nous nous armons, le roi nous estimera; nous estimant, il nous appellera : unis avec lui, nous romprons la tête à ses ennemis. »

« Il échappa au roi de Navarre sur la fin de ce discours de s'écrier : « Je suis à lui! » Telle était alors l'ardeur de ce jeune prince. »

Ces parties étudiées et brillantes, à la Tite-Live, prouvent une chose, c'est qu'il y avait en d'Aubigné beaucoup moins de hasard et de verve à bride abattue qu'on n'est habitué à le supposer : ce qui n'empêche pas que d'autres parties considérables de l'ouvrage ne portent le cachet de la précipitation et de l'incorrection. Ses récits proprement dits, même aux endroits qu'il entend le mieux, tels que les combats et batailles, manquent souvent de la lumière et de l'exposition indispensable. Il est trop plein et trop près de son sujet pour nous l'expliquer, et il parle à des gens qui alors l'entendaient à demi mot. Pour nous, lecteurs d'aujourd'hui, à qui échappent un bon nombre des termes, des qualifications en usage et des métaphores courantes qu'il emploie, autant vaudrait donner dans une forêt de piques que de nous jeter dans ses récits d'Arques ou de Coutras, si on n'avait pas d'autre narration plus distincte pour en prendre idée. Il nage et flotte dans ses mêlées, et on s'y noie en le suivant. Quand on a beaucoup lu ces auteurs du seizième siècle et des précédents, après qu'on a rendu justice à toutes les qualités de couleur, d'abondance, de franchise, de naïveté ou de générosité première qu'ils ont volontiers; après qu'on a payé un tribut de regret sincère à ce qui s'est, à cet égard, retranché depuis et perdu, il reste pourtant une qualité qui est nôtre, qui est celle de tout bon écrivain depuis Pascal, et qu'on arrive à goûter, à estimer, j'ose dire à bénir de plus en plus; qualité bien humble et bien essentielle, imposée désormais aux médiocres comme aux plus grands, et que Vauvenargues a appelée le vernis des maîtres, je veux parler de la *netteté*. D'Aubigné en est le plus souvent dépourvu. En revanche sa petite-fille, madame de Maintenon, en sera un modèle exact et charmant; elle en aura pour deux.

Lundi, 24 juillet 1854.

AGRIPPA D'AUBIGNÉ

(FIN)

Il est difficile aux historiens qui ont été en partie témoins de ce qu'ils racontent, d'observer avec rigueur les lois de la composition; il leur est difficile, surtout quand ils sont d'une certaine humeur, de s'effacer tout à fait et d'éviter de dire : *J'étais là, telle chose m'advint.* On ne se plaint pas de d'Aubigné s'il en agit ainsi assez souvent; le caractère et le mérite de son Histoire est précisément de sentir sa source et d'avoir sa saveur originale. Dès les débuts, parlant de L'Hôpital, « homme de grand'estime, » qui succède au chancelier Olivier dans sa charge, d'Aubigné ajoute que ce fut *quoiqu'il eût été des conjurés d'Amboise;* et il donne ses preuves. Les actes originaux de l'entreprise d'Amboise avaient été déposés entre les mains du père de d'Aubigné; le *seing* de L'Hôpital, sa signature y était tout du long à côté de celle de Dandelot et des autres principaux réformés. Un jour d'Aubigné brûla ces papiers de peur d'être jamais tenté d'en faire usage, surtout à l'égard de L'Hôpital qui avait depuis désavoué le parti : « J'ai brûlé ces pièces, disait-il, de peur qu'elle ne me brûlassent. » Mais il les avait montrées auparavant à plusieurs personnes de marque. Son témoignage subsiste donc ; car si d'Aubigné médit volontiers, il n'est pas menteur, et sur un point de déclaration aussi formelle sa parole compte. Un fait demeure bien constant : L'Hôpital dans un premier moment avait incliné du côté des Réformés au point de se rallier à eux et de leur donner même des gages; ses Édits subséquents de tolérance s'expliquent mieux de la sorte, et, quand on veut suivre ce grand magistrat dans sa carrière publique, il y a une borne extrême au point de départ qu'il ne faut pas perdre de vue et qui nous est indiquée par d'Aubigné.

D'Aubigné a cela de l'historien et même du chroniqueur, qu'il est curieux. Nous savons ce que c'est qu'être curieux en pareil cas par l'exemple de Froissart, qu'on a vu dans ses voyages s'attacher à tous ceux qu'il rencontre et qui peuvent lui apprendre quelque particularité sur les grands faits d'armes et les entreprises. D'Aubigné, passionné qu'il est, entêté d'une cause, chatouilleux, railleur, un peu vain, n'est pas tout à fait dans les conditions d'un curieux accompli et à qui rien ne coûte pour s'insinuer et pour apprendre. Et toutefois il en a aussi le désir, et il est homme à faire des frais pour se contenter là-dessus. S'agit-il des exploits du vaillant chef dauphinois Montbrun, qui dans une rude affaire a eu l'honneur de triompher des bataillons suisses, alors réputés presque invincibles :
« Deux jours après, écrit d'Aubigné, je trouvai un jeune capitaine suisse au mont du Chat avec une petite troupe qui ne portait que l'épée. Lui ayant demandé d'où venaient les compagnons, il me répondit ainsi en mauvais français : « Nous venons de la bataille de « M. de Montbrun. Jules César, le roi François et lui « ont défait notre nation. » Cela me fit le suivre quel-

que temps pour apprendre de lui une partie de ce que j'en écris. »

Ici, on voit d'Aubigné se détourner de son chemin et suivre les gens qui savent, pour apprendre d'eux ce qu'il écrira un jour. Il est vrai qu'il s'agit dans le cas présent de Montbrun, un des vaillants selon le cœur de d'Aubigné, un de ceux qui honorent le plus l'idéal qu'il a en vue, c'est-à-dire la chevalerie des guerres civiles.

Toute Histoire consciencieuse exige bien des recherches et des enquêtes, bien des labeurs et des dépenses. d'Aubigné nous dit que Henri IV, dans le temps où il lui avait conseillé d'écrire cette Histoire, avait promis une somme raisonnable pour les voyages, pour la reconnaissance des lieux et des villes où s'étaient livrés les combats ; mais, les promesses étant demeurées sans effet, et après la mort de ce roi, ce fut à l'historien même à se pourvoir, à s'enquérir de toutes manières. Dans un Appendice à son second tome, il se plaint de n'avoir point reçu tous les renseignements et mémoires qu'il espérait, « quoiqu'il n'y ait province en France, dit-il, où nous n'ayons fait voyager. » Il s'en prend aux fils et héritiers des capitaines jadis en renom, qui n'ont point répondu à son appel et qui ne l'aident point à élever son monument en l'honneur des pères ; il leur en fait honte comme à des descendants dégénérés. Il apostrophe ceux qui ne rougissent point des vertus et grandeurs paternelles, et qui se sentent de force à en soutenir l'héritage ; il les supplie de lui tendre la main et de lui prêter secours. Ce n'est pas seulement aux nobles et aux chevaliers qu'il s'adresse : « Je demande aussi à tous ceux qui savent les noms de plusieurs simples soldats que j'ai marqués comme j'ai pu, pour avoir commencé l'impulsion dans un combat, servi de guide à une brèche, ou mis le premier le genou sur les créneaux ou retranchements, qu'il leur plaise m'aider de tels noms sans avoir égard à la pauvre extraction et condition; car ceux-là montent davantage qui commencent de plus bas lieu. » On retrouve dans ces paroles et dans cette sollicitude de d'Aubigné le vieux compagnon et le vieux brave qui sait que le jeu des armes égale tout. Dans ces parties accessoires de son ouvrage, et où il se permet toutes sortes de fleurs de rhétorique et de licences oratoires, il laisse bien voir aussi le sentiment d'élévation et d'enthousiasme qu'il y porte; et pour revenir à un rapprochement que bien des endroits justifieraient, il y a en lui, chroniqueur et historien, quelque chose d'un Froissart passionné.

Sa passion ne l'empêche pas de rendre justice aux ennemis et adversaires quand ils tombent; et celui qui s'est montré pamphlétaire envenimé dans la *Confession de Sancy*, implacable insulteur dans *les Tragiques*, parle de Charles IX et de Henri III dans son Histoire en des termes qui ne sont que modérés : « Voilà la fin de Henri troisième, dit-il après l'assassinat de Saint-Cloud, prince d'agréable conversation avec les siens, amateur des Lettres, libéral par delà tous les rois, courageux en jeunesse, et lors désiré de tous; en vieillesse, aimé de peu; qui avait de grandes parties de roi, souhaité pour l'être avant qu'il le fût, et digne du royaume s'il n'eût point régné : c'est ce qu'en peut dire un bon Français. »

Mézeray a beaucoup profité de ces jugements et de ces couleurs de d'Aubigné, et le courant de son Histoire en est tout grossi.

D'Aubigné a de bons résumés sur les hommes, de bons jugements rapides. Parlant du connétable de Montmorency, blessé à mort dans la bataille de Saint-Denis à l'âge de soixante-quatorze ans; après quelques détails sur l'action, il dit : « Il faut venir au Connétable, lequel le lendemain mourut chargé de six coups, en âge, en lieu et condition honorables; grand capitaine, bon serviteur, mauvais ami; profitant des inventions, labeurs et pertes d'autrui, agissant par ruses, mais à leur défaut usant de sa valeur. » A la mort du second prince de Condé (1588), il exprime en ces termes les regrets du parti : « Longtemps après, le parti des Réformés sentit cette perte comme d'un prince pieux, de bon naturel, libéral, d'un courage élevé, imployable partisan (*inflexible chef de parti*), et qui eût été excellent capitaine pour les armées réglées et florissantes; car ce qui lui manquait aux guerres civiles était qu'estimant les probités de ses gens à la sienne, il pensait les choses faites quand elles étaient commandées, et n'avait pas cette rare partie, principale au roi de Navarre, d'*être présent à tout.* »

Cette qualité qu'avait Henri IV, ce roi *conquérant du sien*, de tout faire, de tout voir par soi-même, et d'être infatigable comme César et comme tous les grands hommes, cette nature de *diable à quatre* est bien sentie et rendue par d'Aubigné. Dans un très-bon chapitre du dernier tome, intitulé *du Déclin de la Ligue*, l'historien en vient à un double portrait des deux chefs, du roi de Navarre et de Mayenne, et celui-ci, en cédant le pas au vainqueur, n'est pas du tout sacrifié :

« Le duc de Mayenne avait une probité humaine, une facilité et libéralité qui le rendait très-agréable aux siens ; c'était un esprit judicieux et qui se servait de ses expériences, qui mesurait tout à la raison, un courage plus ferme que gaillard, et en tout se pouvait dire capitaine excellent.

« Le roi avait toutes ces choses, hormis la libéralité; mais en la place de cette pièce, sa qualité arborait des espérances de l'avenir qui faisaient avaler les duretés du présent. Mais il avait, par-dessus le duc de Mayenne, une promptitude et vivacité miraculeuse et par delà le commun. Nous l'avons vu mille fois en sa vie faire des réponses à propos sans ouïr ce que le requérant voulait proposer. Le duc de Mayenne était incommodé d'une grande masse de corps qui ne pouvait supporter ni les armes ni les corvées : l'autre, ayant mis tous les siens sur les dents, faisait chercher des chiens et des chevaux pour commencer une chasse ; et, quand ses chevaux n'en pouvaient plus, forçait une sandrille (1) à pied. Le premier faisait part de cette pesanteur et de ses maladies à son armée, n'entreprenant qu'au prix que sa personne pouvait supporter; l'autre faisait part aux siens de sa gaieté, et ses capitaines le contrefaisaient par complaisance et par émulation. »

Et continuant le portrait de celui qu'il connaissait si bien pour l'avoir servi de près, d'Aubigné insiste sur ce que Henri IV, dans sa grande promptitude d'esprit, était servi par deux sens dont la nature l'avait merveilleusement doué, l'ouïe et la vue, qu'il avait perspicaces, aiguisées et sûres à un degré inimaginable : d'Aubigné en cite des exemples. Il nous donne aussi cette maxime qu'avait Henri IV, et qui faisait de lui un homme de guerre pratique si excellent, « qu'il se fallait bien garder de croire que l'ennemi eût mis ordre à ce qu'il devait, et qu'un bon capitaine devait essayer les défauts de l'adversaire en les tâtant. »

Un des plus beaux et des plus incontestables endroits de l'Histoire de d'Aubigné en sa dernière partie est la scène de Saint-Cloud et ce qui s'y passe aussitôt après la mort de Henri III (1589). Par le fait de cette mort, Henri IV « se trouvait roi plus tôt qu'il n'avait pensé et désiré, et demi-assis sur un trône tremblant. » Les catholiques, à peine accoutumés à leurs nouveaux alliés protestants, s'agitaient en divers sens et pouvaient se croire déliés; les protestants, d'autre part, voyaient leur roi tout d'un coup promu au terme de ses espé-

---

(1) *Sandrille*, je ne trouve ce mot dans aucun vocabulaire. Un érudit de mes amis suppose que ce doit être une femelle de sanglier, une petite laie. — Selon une autre explication qui m'est donnée, il faudrait lire *sourille*, et ce serait la portée d'une laie.

rances, mais par cela même sollicité et mis en demeure de les abandonner sur la religion. Henri IV, dans le premier moment, voyant que tout bronchait déjà autour de lui, se retira dans un cabinet avec deux gentilshommes des siens, La Force et d'Aubigné, et, les prenant par la main, les consulta. La Force s'étant excusé, d'Aubigné fit alors un de ces discours dont il aime à se ressouvenir, et où il résume avec énergie et talent tout l'esprit d'une situation et d'une crise : « Sire, vous avez plus de besoin de conseil que de consolation; ce que vous ferez dans une heure donnera bon ou mauvais branle à tout le reste de votre vie, et vous fera roi ou rien. Vous êtes circuit de gens qui grondent et qui craignent, et couvrent leurs craintes de prétextes généraux. » Et il lui conseille de ne point se soucier de ceux qui menacent de changer de parti si lui-même il ne change sur l'heure de religion : « Gardez-vous bien de juger ces gens-là sectateurs de la royauté pour appui du royaume, ils n'en sont ni fauteurs ni auteurs... Quand votre conscience ne vous dicterait point la réponse qu'il leur faut, respectez les pensées des têtes qui ont gardé la vôtre jusques ici ; appuyez-vous, après Dieu, sur ces épaules fermes, et non sur ces roseaux tremblants à tous vents ; gardez cette partie saine à vous, et dedans le reste perdez ce qui ne se peut conserver. » De quoi s'agit-il présentement? de *trier* aussitôt parmi les catholiques ceux qui sont plus attachés à la royauté qu'au pape; une bonne partie de ces catholiques sont tout prêts et s'offrent à servir, le maréchal de Biron en tête; cela suffit : « Serénez votre visage, usez de l'esprit et du courage que Dieu vous a donnés, voici une occasion digne de vous. » La raison par laquelle il conclut est celle qui est la meilleure pour appuyer tous conseils de ce genre, et qui est le grand renfort des arguments : « N'ignorez pas que vous êtes le plus fort ici ; voilà plus de deux cents gentilshommes de votre Cornette dans ce jardin, tous glorieux d'être au roi ; si votre douceur accoutumée et bienséante à la dignité royale et les affaires présentes n'y contredisaient, d'un clin-d'œil vous feriez sauter par les fenêtres tous ceux qui ne vous regardent point comme leur roi. »

La suite des scènes est pleine d'intérêt. Le roi appelle le maréchal de Biron : « Mon cousin le maréchal, c'est à cette heure qu'il faut que vous mettiez la main droite à ma couronne... » Et Biron de ce pas et sans phrase va prendre le serment des Suisses. Cependant d'O, à la tête de plusieurs gentilshommes catholiques, vient porter la parole et sommer en quelque sorte Henri IV, en recueillant la couronne, d'en accepter en même temps toutes les conditions : la première est de rentrer au giron de l'Église; c'est à ce prix qu'il dépouillera du coup le roi de Navarre et ses misères pour revêtir d'emblée le bonheur et l'excellence d'un roi de France. A ce discours développé et politiquement déduit, Henri IV, après un moment de pause, et ayant pâli de colère ou de crainte (et comme cela lui arrivait toutes les fois qu'il était intérieurement ému), répondit :

« Parmi les étonnements desquels Dieu nous a exercés depuis vingt-quatre heures, j'en reçois un de vous, Messieurs, que je n'eusse pas attendu. Vos larmes sont-elles déjà essuyées ? La mémoire de votre père et les prières de votre roi depuis trois heures sont-elles évanouies, avec la révérence qu'on doit aux paroles d'un ami mourant?... Il n'est pas possible que tout ce que vous êtes ici consentiez à tous les points que je viens d'entendre : me prendre à la gorge sur le premier pas de mon avénement! à une heure si dangereuse, me penser raîner à ce qu'on n'a pu forcer tant de simples personnes, parce qu'ils ont su mourir ! Et de qui pouvez-vous attendre une telle mutation en la créance, que de celui qui n'en aurait point?... Oui, le roi de Navarre, comme vous dites, a souffert de grandes misères et ne s'y est pas étonné : peut-il dépouiller l'âme et le cœur à l'entrée de la royauté?... J'appelle des jugements de cette compagnie à elle-même quand elle y aura pensé... Ceux qui ne pourront attendre une plus mûre délibération, je leur baille congé librement pour aller chercher leur salaire sous des maîtres insolents. J'aurai, parmi les catholiques, ceux qui aiment la France et l'honneur. »

« Givry entre sur cette conclusion, ajoute d'Aubigné, et avec son agréable façon prit la jambe du roi, et puis sa main, dit tout haut : « Je viens de voir la fleur de votre brave noblesse, Sire, qui réservent à pleurer leur roi mort quand ils l'auront vengé ; ils attendent avec impatience les commandements absolus du vivant : vous êtes le roi des braves, et ne serez abandonné que des poltrons. »

Cette brusque arrivée et la nouvelle que les Suisses venaient prêter leur serment mirent fin aux fâcheuses paroles, et Henri IV, coupant court à ceux qui hésitaient, n'eut plus qu'à faire acte de roi de France. Mais que tout cela est vivement, rapidement présenté dans le récit de d'Aubigné, et tout à fait à la française !

Quand on voit ces belles et sérieuses parties dans l'historien, on se demande pourquoi il n'a pas mieux réussi dans sa carrière totale et politique, pourquoi il n'a pas servi avec plus de suite; et c'est ici qu'il faut en revenir au caractère et à l'humeur de l'homme. Cette humeur prenait souvent en d'Aubigné la forme de la conviction et du dévouement à la cause des Églises réformées; il était de ceux qui, sous Henri IV, firent tant qu'ils purent de l'agitation et de l'opposition calviniste dans les provinces de l'Ouest. Henri IV s'en irrita plus d'une fois; d'Aubigné nous le dit dans ses Mémoires, et raconte même comment, en une dernière circonstance, il évita de bien peu la Bastille. En revoyant d'Aubigné et en causant avec lui, Henri IV retrouvait pourtant de sa vieille affection pour l'homme, pour le compagnon. Un jour qu'il avait écouté ses excuses et ses raisons, qui consistaient à prétendre rester d'autant plus fidèle à la cause des faibles et des vaincus, Henri IV lui demanda s'il connaissait le président Jeannin, et sur ce que d'Aubigné répondit que non, le roi poursuivit : « C'est celui sur la cervelle duquel toutes les affaires de la Ligue se reposaient ; voilà les mêmes raisons desquelles il me paya ; je veux que vous le connaissiez, je me fierais mieux en vous et en lui qu'en ceux qui ont été doubles. »

Et toutefois, nous qui avon récemment étudié le président Jeannin, nous savons trop bien en quoi il différait essentiellement de d'Aubigné : celui-ci, par point d'honneur, par bravade, par une sorte de crânerie ou d'esprit de contradiction qu'il était homme ensuite à soutenir à tout prix, excédait sans cesse ce que le devoir seul et la fidélité aux engagements eussent conseillé. Le président Jeannin avait une force de prudence et de patience qui manqua tout à fait à l'autre pour être un homme d'État et un homme politique, bien que d'Aubigné eût d'excellents instants et de vifs éclairs de conseil.

Ces défauts ou saillies de caractère nous mèneraient de même à comprendre en quoi d'Aubigné n'était (entre les hommes restés fidèles à sa même religion) ni un Du Plessis-Mornay, ni un Sully. Du Plessis-Mornay, sous sa conviction persévérante, avait dans la volonté quelque chose de plus souple, et Sully, bien que grondeur et souvent rude à son maître, avait une solidité, un sens pratique continu, une régularité opiniâtre et esclave de la discipline, toutes vertus que d'Aubigné ne connut jamais. d'Aubigné était de cette race cassante qui ne se refuse jamais un coup de langue, *et qui pour un bon mot va perdre vingt amis* ou compromettre une utile carrière. Avec infiniment plus de moralité assurément que Bussy-Rabutin ou que Bonneval, il a comme eux une faculté de satire et de riposte dont il abuse ; sa réplique a volontiers un air de défi qu'il vous jette à la tête, en sous-entendant à peine : « Prenez-le comme vous voudrez. »

Et puisque j'en suis à rassembler autour de lui les noms qui peuvent servir à le mesurer et à le définir, je dirai encore qu'il participe à cette démangeaison de Henri Estienne et de ces gens d'esprit pétulants qui se donnent avant tout la satisfaction d'imprimer leurs fantaisies, sauf à s'attirer bientôt des affaires sur les bras et à ne trop savoir comment en sortir. En un mot, il n'est pas seulement de l'ancienne race féodale et frondeuse qui se relève et regimbe sous le niveau, il est déjà de la race qui écrit et qui imprime.

Après la mort de Henri IV, d'Aubigné prit tout à fait l'attitude de mécontent, d'homme en disgrâce, d'ennemi déclaré des nouveautés; la vieillesse séyait à ce visage de plus en plus altier et chagrin. Ayant pris part à toutes les menées et révoltes du parti qui signalèrent les premières années du règne de Louis XIII, mécontent des siens pour le moins autant que de la Cour, il jugea prudent à un moment de sortir de France et de se réfugier à Genève. Il y contracta, à l'âge de soixante et onze ans, un second mariage avec une noble veuve de la maison des Burlamaqui. Dans le temps même où il traitait de cette union, il recevait avis qu'il y avait sentence de mort portée contre lui en France; ce lui fut une occasion d'éprouver sa fiancée, qui répondit en femme des anciens jours : « Je suis bien heureuse d'avoir part avec vous à la querelle de Dieu; ce que Dieu a conjoint, l'homme ne le séparera point. » Il continua de vieillir en écrivant, en discutant ou raillant, en payant l'hospitalité des Suisses par des conseils d'ingénieur et de vieux soldat. Sa femme disait de lui, dans une lettre qui nous le peint le même jusqu'à la fin : « La grande promptitude de Monsieur n'est point amoindrie avec l'âge, ni son excellent esprit, à qui il donne quelquefois plus de liberté que les affaires de ce temps ne permettent. Je lui dis souvent qu'il est temps d'arrêter sa plume; ce sera du soulagement pour lui et pour ses amis. Il a eu ces jours passés une bourrasque à cause du livre de F... (*le baron de Fœneste*), augmenté de nouveau, qui n'a pas été bien pris en ce lieu-ci, où les personnes pensent trois fois une chose avant que de la mettre en effet une. J'espère que le bruit sera autre, mais ce n'a pas été sans peine. » Il y eut un Arrêt du Conseil (12 avril 1630) concluant à la suppression du livre ; l'imprimeur fut condamné à la prison et à l'amende, et l'auteur à être admonesté. D'Aubigné, qui n'était à sa place nulle part, se trouvait un réformé trop intraitable pour la France, trop libertin pour Genève. Il y mourut le 9 mai 1630, dans sa soixante-dix-neuvième année.

La postérité qui s'inquiète peu des souffrances des hommes et des traverses qu'ils ont eu à supporter dans leur vie; qui les prend, quand elle a à s'occuper d'eux, par leur ensemble, et qui aime à les voir sous leurs aspects principaux, a fait à d'Aubigné une belle place et de plus en plus distincte. Elle lui sait gré avant tout d'être un peintre, et de ce don énergique et coloré de la parole par lequel elle est mise en vive communication avec le passé. Sans se dissimuler quelques exagérations de ton et les jactances ou les fougues de pinceau, elle reconnaît en lui la force, la conviction, l'honneur, ce qui rachète bien des défauts et des faiblesses; elle l'accepte volontiers, malgré les contradictions et les disparates, comme le représentant de ce vieux parti dont il avait le culte et dont il cherche à rehausser la mémoire. Le duc de Mayenne, interrogé un jour par des amis de d'Aubigné sur la manière dont s'était passé le combat d'Arques et sur ce qui avait précipité la victoire; après quelques essais d'explication, et se sentant trop pressé, finit par répondre : « Qu'il dise que c'est la vertu de la vieille phalange huguenote et de gens qui de père en fils sont apprivoisés à la mort. » D'Aubigné, qui prend au pied de la lettre la réponse du duc de Mayenne, s'est donné pour tâche dans son Histoire de raconter les exploits et de produire les preuves de cette vertu guerrière, d'en retracer l'âge héroïque dans ses diverses phases : c'est sa page à lui, c'est son coin dans le tableau de son siècle; et il l'a traité avec assez d'impartialité en général, avec assez de justice rendue au parti contraire, pour qu'on lui accorde à lui-même tous les honneurs dus finalement à un champion de la minorité et à un courageux vaincu. A la première vue, il a une physionomie grandiose et une ride austère qui étonne, et qui semble accuser en lui et en ses contemporains une race plus forte que celle d'aujourd'hui. Telle fut, en l'abordant, mon impression première et de jeune homme il y a plus de vingt-cinq ans; ce qui me faisait dire avec Virgile parlant du laboureur qui découvre de grands ossements dans le sillon :

> Grandiaque effossis mirabitur ossa sepulcris.

Telle est encore aujourd'hui mon impression réfléchie, après cette seconde étude; et je redirai avec une légère variante, et en usant cette fois de vers de Lucrèce :

> Et genus humanum multo fuit illud in arvis
> Durius, ut decuit, tellus quod dura creasset.

« Les hommes de ce temps étaient beaucoup plus vigoureux et durs que ceux d'aujourd'hui, ce qui devait être parce que le sol qui les avait portés avait plus de dureté et de vigueur. »

Lundi, 31 juillet 1854.

SYLVAIN BAILLY

Il y a quelque chose qui, dans une Étude sur Bailly, dominera toujours sa vie et ses ouvrages : c'est sa mort, son courage *calme et céleste* (1), sa patience, ce mot simple et sublime, le seul tressaillement suprême qui échappa à sa conscience de juste et d'homme de bien. Mais ce n'est pas aujourd'hui ce qui nous rappelle vers lui : ces scènes orageuses, tant célébrées, sont entrées dans toutes les mémoires, et l'époque qui les précède ou plutôt qui les embrasse, et durant laquelle Bailly remplit un rôle si honorable, a été tellement et tant de fois racontée et peinte, que les personnages qui y figurent sans cesse finissent presque par lasser nos yeux et par s'user. Ce qui peut *intéresser* avec plus de *nouveauté* dans Bailly, c'est l'écrivain, l'historien élégant et noble de l'Astronomie, l'ingénieux auteur de systèmes défendus avec grâce, avec goût, et où lui-même il mêle un sourire. Bailly est un des esprits les plus lettrés de son temps, un de ceux qui font le plus d'honneur à cette époque tempérée de Louis XVI, que je me plais depuis quelque temps à parcourir. C'est ce côté aussi

(1) L'expression est de M. de Talleyrand parlant de Bailly dans une séance de l'Institut en 1796.

que j'aimerais chez lui à mettre en lumière, en m'appuyant et m'en rapportant, pour ce qui est de la science, à ce qu'a dit M. Arago dans sa Notice très-complète. Bailly, premier élève de Buffon et digne correspondant de Voltaire, tel est à peu près mon sujet d'aujourd'hui.

Sylvain Bailly descendait d'une famille d'artistes et de peintres, originaire du Berry, et où l'on était de père en fils *garde des tableaux du roi*, au Louvre; lui-même il eut ce titre, qui se joignait à ceux de membre de trois Académies. Le *Catalogue* ou *Inventaire de Bailly*, très-connu sous ce nom des amateurs de tableaux, et auquel on se réfère souvent, a été dressé par le grand-père de Bailly, peintre et graveur. Le père de Sylvain Bailly était à la fois peintre et auteur dramatique, homme d'esprit et de plaisir, qui faisait des parodies, de petits opéras comiques et toutes sortes de bluettes pour la scène italienne; je ne sais si le nom de baptême de *Sylvain*, qui fut donné à son fils, ne vient pas d'une de ces réminiscences pastorales. Il aimait tendrement ce fils, en qui il ne voyait qu'un facile successeur. Né en septembre 1736, aux galeries du Louvre, vers le cul-de-sac du Doyenné, l'enfant croissait à son gré et fut laissé à ses bons instincts naturels : « La douceur aimable et la touchante docilité de son caractère, nous dit Lemontey, en firent l'idole de sa famille; elle ne put se résoudre à se séparer de lui, ni à chagriner son enfance par de pénibles études. Il n'apprit point le latin. » Ce qui ne veut pas dire que Bailly n'en ait appris plus tard ce qui lui était nécessaire pour comprendre les livres de science écrits en cette langue, et pour choisir à ses divers ouvrages des épigraphes bien appropriées; mais il manqua d'un premier fonds classique régulier et sévère, et ce défaut, qui qualifie en général son époque, contribua à donner ou à laisser quelque mollesse à sa manière, d'ailleurs agréable et pure. Le père de Bailly se borna d'abord à lui faire apprendre le dessin sans en faire un peintre ; en matière d'art, Bailly se distingua, dit-on, par le goût et le coup d'œil plus que par la main. Il eut les premiers penchants très-littéraires ; il composa des tragédies qu'il montra au comédien Lanoue. L'une de ces tragédies était un *Clotaire* où l'on voyait un maire du palais massacré par le peuple : on l'a du moins raconté ainsi depuis. Lanoue eut la franchise de conseiller au jeune homme de garder ses tragédies en portefeuille, et Bailly, qui s'appliquait déjà aux mathématiques, tourna bientôt décidément du côté des sciences. La rencontre qu'il fit de l'abbé de La Caille dans une société le rendit élève de ce savant homme en astronomie.

Mais de tout temps Bailly garda un goût, je dirai même un faible pour les Lettres proprement dites. On a publié de ses chansons et de ses vers de jeunesse : *Prologue pour la fête de madame Martinot, joué le 24 juin 1755* ; *Prologue pour la fête de madame la présidente Audiguier, joué le 23 août 1755*, etc., etc. Ces gentillesses et ces délassements de société se prolongent même après que l'observateur des satellites de Jupiter semble avoir abjuré la bagatelle en disant :

> Je sais priser mes rapsodies ;
> A Phébus j'ai fait mes adieux.
> On dit que le Ciel nous inspire :
> Mais c'est en parcourant les Cieux
> Que j'ai perdu pinceaux et lyre.

Il ne les perdit jamais entièrement ; il a de tout temps des impromptus comme celui-ci :

> Vous me croyez donc tous aux Cieux,
>   Étranger sur la terre ?
> Non, mes astres sont deux beaux yeux
>   Qu'anime un feu sincère, etc.

Bailly, à quarante ans, s'amusait à faire une comédie du *Soupçonneux*, en trois actes et en vers (1), simplement pour se délasser de ses grands travaux. On a de lui enfin un *Éloge de Gresset*, composé à une époque encore plus avancée de sa carrière, dans lequel il se livre à une admiration un peu exagérée pour *Vert-Vert*, et où il donne une assez jolie analyse du *Méchant*. Celui qui venait de développer dans une belle et lumineuse narration la marche et les progrès de la plus parfaite des sciences, cette série et cette gradation ascendante des grands hommes, Hipparque, Copernic, Galilée, Kleper et Newton, celui-là même s'amuse à noter le ton qui différencie les poésies fugitives des divers siècles ; comme quoi Chapelle, plus *débauché* que *délicat*, a peint un siècle où les mœurs n'étaient pas déguisées, et où le langage gardait de la grossièreté dans la franchise ; comment Chaulieu, venu après, appartenait à une époque plus polie, où *l'on était déjà aimable*, où *l'on était encore passionné* ; comment Gresset, enfin, n'a plus retrouvé ces sources du génie de Chaulieu : « Il est venu, dit Bailly, lorsque la galanterie penchait vers son déclin. Les passions, multipliées avec la société, s'étaient amincies comme le métal brillant et ductile étendu sur des surfaces ; il y avait moins de liberté et plus de conventions dans la société : l'esprit et le goût en étaient une, et la gaieté moins libre commençait à lui céder l'empire. Il retrouva la grâce, la légèreté qui sont inséparables de notre nation, et la philosophie qui naissait pour suppléer à tout ce que nous perdions. » Tout ceci est d'ailleurs très-bien dit, et avec une délicatesse que les astronomes écrivains n'ont pas toujours eue. Loin de moi l'idée de rien conclure contre Bailly de

---

(1) Lemontey dit en trois actes : Mérard de Saint Just dit en cinq actes et en vers de dix syllabes.

cette diversité et de cette flexibilité de talent ! On voit cependant qu'il n'aura rien d'austère, qu'il est de l'école scientifique fleurie qui se rattache à Fontenelle et à Mairan; et, sans aller jusqu'à dire qu'il y a du petit goût dans Bailly, ce que son *Histoire de l'Astronomie* démentirait, j'oserai affirmer (car on peut parler avec lui la langue des tableaux) qu'il y a un peu de mollesse dans ses couches de fond, et que, dans certaines vues de développement et de lointain qu'offre ce bel ouvrage, il y a des parties qui, à les presser, se trouveront plutôt élégantes et spécieuses que solides.

Élève de l'abbé de La Caille, Bailly partagea les derniers travaux et les calculs de cet habile et infatigable observateur. Il contribua bientôt pour sa part à l'avancement de la science par ses propres recherches sur les satellites de Jupiter. Ces recherches de Bailly (1762-1766) seront toujours son premier, son principal titre de gloire scientifique, a dit M. Arago.

« L'envie de m'instruire et d'être utile en m'exerçant, a dit Bailly lui-même avec une grande modestie, me fit concevoir le projet de déterminer les inégalités de Jupiter, en supposant toutes les causes de perturbation que l'on peut soupçonner.

« L'entreprise était grande, et j'avoue qu'elle surpassait peut-être mes forces ; mais j'avais alors deux maîtres (Clairaut et l'abbé de La Caille) dont les lumières m'auraient conduit au but que je me proposais, et j'avais devant moi tout le temps nécessaire pour vaincre les obstacles par des études relatives. Les sciences ont perdu ces deux hommes illustres dans la force de leur âge ; une mort prématurée a terminé leurs travaux et leurs succès, et m'a privé des ressources sur lesquelles j'avais fondé mes espérances. Je me suis trouvé comme un aveugle laissé sans guide au milieu d'une route presque inconnue. »

Il paraît que Bailly n'était point du tout un aveugle et qu'il s'acquitta de son entreprise de manière à perfectionner sur un point la science newtonienne, à faire rentrer sous la loi universelle de l'attraction une province restée jusque-là assez rebelle. Cependant on ne voit pas qu'il se soit engagé depuis dans aucun travail considérable et original de ce genre. Sa vocation prononcée et de plus en plus manifeste, était d'exposer les découvertes d'autrui et d'écrire l'histoire des inventeurs. Membre de l'Académie des sciences depuis 1763, il aspirait à en devenir le Secrétaire.

Bailly avait un penchant décidé pour le genre de l'Éloge et de la Notice sous forme académique, alors dans sa fleur et dans sa nouveauté. Savant déjà illustré dans la haute carrière, on le voit concourir en 1767 et en 1769 pour les Éloges de Charles V et de Molière, proposés par l'Académie française, et obtenir un accessit et une mention ; en 1768, il concourut pour l'Éloge de Pierre Corneille à l'Académie de Rouen et obtint également un accessit. Dans le volume où sont renfermés plusieurs morceaux de ce genre, je ne trouve de vraiment digne de lui que la Notice sur l'abbé de La Caille, juste tribut du disciple envers un maître, et l'Éloge de Leibnitz, couronné par l'Académie de Berlin en 1768 : il y explique avec étendue et facilité ce génie universel et souverainement conciliateur de Leibnitz, le moins ressemblant de tous (dans ces hauteurs) à celui de Pascal, lequel au contraire se plaît à opposer en tout point les deux rivages, à les tailler à pic, et à creuser l'abîme qui les sépare. Bailly ne fait pas la comparaison, mais il la fait naître chez ceux qui, sachant leur Pascal, rencontrent un Leibnitz aussi largement exposé.

Le premier volume de l'*Histoire de l'Astronomie*, traitant de l'Astronomie ancienne depuis son origine jusqu'à l'établissement de l'École d'Alexandrie, parut en 1775; Bailly s'y montre pour la première fois dans toute sa maturité comme écrivain. Les tomes suivants parurent en 1779, 1782, 1787. L'ouvrage a de la beauté comme édifice, comme monument; il est d'une grande ordonnance. Lemontey veut y voir un tableau du genre de ceux que Bailly s'était accoutumé à contempler dans les galeries du Louvre. Il faut y voir plutôt une noble construction, conçue en idée et en présence de l'*Histoire naturelle* de Buffon : des discours généraux en tête, puis une narration suivie, faite pour être lue et, jusqu'à un certain point, entendue de tous, des gens du monde comme des savants; la discussion des faits, les preuves ou éclaircissements étaient rejetés dans une seconde partie du volume, plus particulièrement destinée aux astronomes et aux savants, mais nullement inaccessible au reste des lecteurs, pour peu qu'ils fussent attentifs et curieux. Dans ses *Époques de la Nature*, qui parurent en 1778, Buffon, ayant exposé sa théorie d'une terre originairement plus chaude qu'elle ne l'est aujourd'hui, plaçait le premier berceau de la civilisation chez un peuple primitif et antérieur à toute histoire connue, qui aurait habité le centre du continent de l'Asie. Dans cette contrée, selon lui favorisée entre toutes alors, et à l'abri des inondations comme des volcans, un peuple heureux et sage aurait, durant un long cours de siècles insensibles, vécu en paix et cultivé les hautes sciences; et ce ne seraient que les restes de cette science primordiale, après la ruine et la dispersion du peuple fortuné, ce n'en seraient que les débris que l'on découvrirait ensuite chez les Chaldéens, chez les Indiens, chez les Chinois, tous peuples dépositaires plutôt qu'inventeurs :

« Mais je dois renvoyer ici, ajoutait Buffon, à l'excellent ouvrage que M. Bailly vient de publier sur l'ancienne Astronomie, dans lequel il discute à fond tout ce qui est relatif à l'origine et au progrès de cette science : on verra que ses idées s'accordent avec les miennes; et d'ailleurs il a traité ce sujet important avec une *sagacité de génie* et une profondeur d'érudition qui méritent des éloges de tous ceux qui s'intéressent au progrès des sciences. »

Buffon rencontrait là en effet une de ses idées favorites chez Bailly, et il la saluait : celui-ci dans ce premier ouvrage n'avait toutefois présenté que par un aperçu rapide, et comme par intervalles, sa supposition d'un ancien peuple qu'on ne nommait pas, premier inventeur naturel des sciences, et duquel les autres peuples d'Asie n'auraient été que des héritiers plus ou moins incomplets et ignorants.

Voltaire de son côté, qui recevait le premier volume de l'*Histoire de l'Astronomie,* de Bailly, s'empressait de lui répondre gaiement :

« J'ai bien des grâces à vous rendre, monsieur ; car ayant reçu le même jour un gros livre de médecine et le vôtre, lorsque j'étais encore malade, je n'ai point ouvert le premier ; j'ai déjà lu le second presque tout entier, et je me porte mieux.

« Vous pouviez intituler votre livre *Histoire du Ciel,* à bien plus juste titre que l'abbé Pluche, qui, à mon avis, n'a fait qu'un mauvais roman...

« Je vois dans votre livre, monsieur, une profonde connaissance de tous les faits avérés et de tous les faits probables. Lorsque je l'aurai fini, je n'aurai d'autre empressement que celui de le relire : mes yeux de quatre-vingt-deux ans me permettront ce plaisir. Je suis déjà entièrement de votre avis sur ce que vous dites qu'il n'est pas possible que différents peuples se soient accordés dans les mêmes méthodes, les mêmes connaissances, les mêmes fables et les mêmes superstitions, si tout cela n'a pas été puisé chez une nation primitive qui a enseigné et égaré le reste de la terre. Or il y a longtemps que j'ai regardé l'ancienne dynastie des Brachmanes comme cette nation primitive. »

Voltaire en revenait à ses moutons, à sa prédilection pour les Brachmanes, qu'il tenait pour plus d'une raison à opposer à d'autres sages anciens ; il faisait semblant de croire que c'était là l'idée de Bailly, laquelle était tout autre en effet, et qui dépossédait les Brachmanes indiens, tout aussi bien que les sages Chinois, de la science primitive originale, pour en doter un autre peuple plus ancien et sans nom. Bailly s'en expliqua par lettre auprès de Voltaire, lequel répliqua à son tour et résista par toutes les raisons que le bon sens trouve au premier abord, et que le sien rendait si piquantes et si gaies ; il répugnait à admettre que l'Age d'or des sciences, et de l'astronomie en particulier, eût été se loger d'emblée en Sibérie :

« J'ose toujours, monsieur, vous demander grâce pour les Brachmanes. Ces Gangarides, qui habitaient un si beau climat et à qui la nature prodiguait tous les biens, devaient, ce me semble, avoir plus de loisir pour contempler les astres que n'en avaient les Tartares-Kalcas et les Tartares-Usbecks...

« Il ne nous est jamais venu de la Scythie européenne et asiatique que des tigres qui ont mangé nos agneaux. Quelques-uns de ces tigres, à la vérité, ont été un peu astronomes quand ils ont été de loisir, après avoir saccagé tout le nord de l'Inde ; mais est-il à croire que ces tigres partirent d'abord de leurs tanières avec des quarts de cercle et des astrolabates? Rien n'est plus ingénieux et plus vraisemblable, monsieur, que ce que vous dites des premières observations qui n'ont pu être faites que dans des pays où le plus long jour est de seize heures et le plus court de huit ; mais il me semble que les Indiens septentrionaux, qui demeuraient à Cachemire, vers le trente-sixième degré, pouvaient bien être à portée de faire cette découverte. »

Bailly ne se tint pas pour réfuté ; on avait touché à une idée qui lui était plus chère qu'une observation astronomique, parce qu'elle était moins certaine et fille de sa conjecture et de sa fantaisie. Il adressa donc à Voltaire des *Lettres sur l'origine des Sciences et sur celle des Peuples de l'Asie* ; ce volume, en tête duquel on lisait les lettres de Voltaire à l'auteur, parut en 1777. N'ayant pas cru faire assez, Bailly revint encore sur ce sujet dans de nouvelles *Lettres sur l'Atlantide de Platon et sur l'ancienne Histoire de l'Asie*, qui ne parurent qu'en 1779, après la mort de Voltaire, mais qui lui étaient également adressées comme s'il était toujours présent. C'était une heureuse occasion pour Bailly, déjà adopté si magnifiquement par Buffon, de devenir le correspondant de Voltaire, et d'entreprendre publiquement de le convertir à une opinion qui était celle du grand naturaliste. Il devenait de la sorte le médiateur entre eux; il y avait dans ce rôle de quoi flatter l'amour-propre et dessiner un personnage. Bailly, qui sentit le bonheur de cet à-propos et qui en profita, n'y donna d'ailleurs qu'avec grâce, légèreté, et en homme tout à fait d'esprit.

Il importe, pour le suivre dans sa discussion ingénieuse, de nous bien poser la question dans ses termes généraux, et M. Henri Martin, doyen de la Faculté de Rennes, qui s'occupe avec une critique profonde de l'Histoire des sciences de l'antiquité nous y aidera : « La dernière moitié du dix-huitième siècle, dit M. Martin (1), a vu, non pas naître, mais se développer avec une faveur toute nouvelle deux hypothèses peu conciliables, et pourtant acceptées alors avec enthousiasme par les mêmes esprits, parce qu'elles dérivent d'une même source, de la passion pour le nouveau et l'inconnu, savoir : l'hypothèse du progrès indéfini de l'humanité, et l'hypothèse d'un Age d'or des sciences mathématiques et physiques près du berceau du genre humain. En effet, dans le temps même où Turgot traçait pour l'humanité le programme d'une marche ascendante et d'un progrès indéfini, que Condorcet devait développer avec une sorte de fanatisme et pousser aux dernières limites, jusqu'à dire que la mort pour l'homme pourrait se retarder indéfiniment, Buffon, Bailly se reportaient en arrière vers un âge d'une date non assignable, dans lequel ils plaçaient je ne sais quel peuple sage, savant, inventeur à souhait, et créaient un véritable Age d'or pour des imaginations d'acadé-

---

(1) Dans la *Revue archéologique*, XIe année (1854), à l'occasion d'un Mémoire posthume de M. Letronne, composé par ce savant dans sa jeunesse et quand il partageait encore quelques-unes des illusions scientifiques du XVIIIe siècle.

miciens. Les Gessner, les Florian n'opéraient qu'en petit pour les imaginations de femmes et d'enfants, pour les amoureux, les cœurs tendres et les têtes légères ; ils faisaient un Age d'or de petits bergers. Mais les grands bergers astronomes de Bailly, sur le haut plateau de l'Asie, ou peut-être plus loin encore vers le Nord (en ce temps où le Nord n'avait point de glaces), étaient bien autre chose : ils avaient amassé durant des milliers d'années, et dans des conditions naturelles plus faciles, toute une science égale peut-être à la nôtre, ou même supérieure, et que nous autres modernes nous avons été réduits pour notre compte à réinventer péniblement à la sueur de nos fronts. Bailly ne disait pas ces choses avec cette netteté d'abord dans son *Histoire de l'Astronomie*, mais il allait le dire dans les Lettres qui en étaient le développement et l'épisode : et sous l'effort érudit et pesant de Dupuis, qui sera à Bailly ce que Condorcet est à Turgot, le système prendra une consistance tout autrement formidable encore. Hâtons-nous de dire que Bailly ne paraît nullement avoir songé à en faire une arme contre la tradition ni contre des croyances révérées, comme plus tard cela se vit dans l'arsenal de Dupuis où s'arma Volney; Bailly, plaidant entre Buffon et Voltaire, ne songeait qu'à défendre avec agrément et vraisemblance une opinion qui lui avait souri en étudiant les anciens peuples, à tirer tout le parti possible d'un jeu de la science et de l'imagination, et à satisfaire ce besoin d'un Age d'or en grand, qui était un des caractères optimistes de son temps et de son propre esprit.

Il commence par bien insister sur ce que les anciens peuples indiens, chaldéens, chinois, conservent certaines connaissances astronomiques communes qui semblent plutôt les *débris* que les *éléments* ou les commencements d'une science. Il distingue spirituellement

20.

entre l'esprit qui conserve et celui qui invente : « Il n'y a point d'invention sans recherche, point de génie sans mouvement. L'invention dépend essentiellement d'une certaine inquiétude de l'esprit qui sans cesse tire l'homme du repos, où il tend sans cesse à revenir. » Il y a un degré d'ignorance et de stagnation qni, selon lui, ne peut exister avec l'esprit inventeur : « Quand je verrai dans la ménagerie de Versailles un éléphant qui ne produit pas, j'en conclurai que c'est un animal étranger, né sous un ciel plus chaud. Quand je trouverai chez un peuple une connaissance qui n'aura été précédée d'aucun germe, ni suivie d'aucuns fruits, je dirai que cette connaissance a été transplantée et qu'elle appartient à une nation plus avancée et plus mûre. » Bailly a, ce me semble, une idée peu juste, en vertu de laquelle il juge très-défavorablement de ces peuples anciens et les déclare incapables des inventions scientifiques, qu'il estime peut-être supérieures elles-mêmes à ce qu'elles étaient en effet : quand il voit chez eux des fables accréditées et prises au pied de la lettre, il croit que tout cela a dû commencer par être une poésie allégorique, et que ce n'est que par une sorte de corruption et de décadence qu'on en est venu à prêter graduellement à ces fables une consistance qu'elles n'avaient pas d'abord dans l'esprit des inventeurs : en un mot, il croit à une sorte d'analyse antérieure à une réflexion philosophique préexistante à l'enfance et à l'adolescence humaines si aisément riches de sensations et toutes fécondes en images. Et, par exemple, il lui semble qu'on a commencé par inventer ces emblèmes ingénieux de Vénus, de l'Amour, des Grâces, en sachant que ce n'étaient que des emblèmes, absolument comme du temps de Voltaire ou de Lucien ; et ce serait ensuite la grossièreté des descendants qui s'y serait sottement méprise ; on se serait mis à adorer tout de bon ce qui n'avait été dans le principe qu'un jeu concerté et intelligent des poëtes. Bailly a beau faire, on ne peut se détacher de l'esprit de son temps : il rêve et place un dix-huitième siècle idéal à l'origine des choses, il en fait sa mesure de jugement, et là où il ne le retrouve plus, il dit qu'il y a eu décadence.

Il a d'ailleurs des aperçus moraux pleins de finesse sur ce qu'il appelle l'Age d'or. En même temps qu'il admet que le souvenir du Déluge se montre partout comme un fait historique conservé par la tradition et dont l'idée funeste ne serait point venue naturellement à l'homme, il reconnaît que le souvenir de l'Age d'or peut être le produit d'une imagination heureuse et complaisante qui jette des reflets sur le passé, et pourtant il répugne à y voir une pure fiction : « J'y vois les embellissements de l'imagination, dit-il, mais j'y crois découvrir un fond réel. C'est l'objet des vœux et des regrets du monde : des regrets supposent nécessairement une perte un changement, un ancien état détruit. » Il analyse ce qui pour chacun en particulier, à mesure qu'on avance dans la vie, peut s'appeler l'Age d'or : « Qui ne regrette pas, s'écrie-t-il, le temps de sa jeunesse? qui ne chérit pas les tableaux riants qu'elle a laissés dans le souvenir. C'est l'âge des illusions; c'est le temps où la nature puissante grave des traits profonds, mais où en même temps elle peint avec des couleurs si douces et si chères. La maison qu'on a habitée était si belle, les hommes si bons, les amis si sûrs, les femmes si sincères et si touchantes! Cette maison était environnée d'un air plus pur, le soleil y était ardent comme l'amitié, le ciel aussi tranquillle que le fond des cœurs. Voilà le véritable Age d'or ; chaque homme a eu le sien. Si les poëtes étaient des vieillards, l'Age d'or ne serait que l'image de cette jeunesse toujours regrettée. » Mais aux générations qui se succèdent il faut quelque chose de plus, pour qu'elles consentent à voir l'Age d'or dans le passé, sur la foi des vieillards; il faut, selon Bailly, que la race ait été transplantée : « On peuplait jadis plus qu'on ne fait aujourd'hui; on vivait plus difficilement, parce que la terre était moins cultivée : de là la nécessité d'envoyer au loin des colonies, de chasser hors de l'habitation nationale des essaims nombreux, comme font encore de nos jours les abeilles. Les hommes, en se multipliant ainsi, se sont rapprochés; la guerre est née de leur rencontre, et la destruction a suppléé bientôt l'usage incommode des colonies. Les abeilles sont le seul peuple qui l'ait conservé, parce qu'elles n'ont point encore imaginé l'excellent remède de se détruire dans sa patrie pour s'éviter l'ennui de vivre dans une terre étrangère. » Et revenant à son point de départ d'un plateau supérieur primitivement peuplé en Asie : « Un de ces essaims d'hommes, dit-il, s'est avancé vers l'Inde. La jeunesse, bannie de son pays, ne l'a point quitté sans douleur; elle a trouvé un ciel plus beau, une terre plus fertile, mais ce n'était pas le sol natal; ce n'était plus ce ciel dont la lumière avait d'abord frappé sa vue; ce n'était plus cette terre où l'on avait commencé à vivre, cette terre témoin des soins paternels, des jeux de l'enfance, où l'on avait reçu les premières impressions du plaisir et du bonheur. Les yeux se tournaient sans cesse vers cette première patrie; et lorsque la jeunesse eut produit une génération nouvelle, on en parlait à ses enfants, on leur peignait, on leur exagérait sans doute tout ce qu'ils avaient perdu... » Et Bailly arrive à conclure que l'Age d'or, cette fable séduisante, n'est que *le souvenir conservé d'une patrie abandonnée, mais toujours chère :* « Les nations où ce souvenir se retrouve ont été transplantées; ce sont des colonies d'une nation plus ancienne. » Tout ceci est ingénieux, sinon évident; et Bailly, pour le dire, a deviné quelques-uns des tons de Bernardin de Saint-Pierre, à une date ou ce dernier n'avait encore publié aucun de ses grands ouvrages.

Après avoir plus ou moins établi qu'il se rencontre chez les anciens peuples connus de l'Asie des ressemblances d'idées, d'institutions, et particulièrement de notions ou mesures astronomiques qui sont d'une singularité frappante, Bailly se demande d'où peut provenir une telle similitude, et il ne voit pour l'expliquer qu'un de ces trois moyens : ou une communication libre et facile de ces anciens peuples entre eux ; ou une invention spontanée et directe, dérivant essentiellement de la nature humaine en chacun, ou enfin une origine, une parenté supérieure et commune à tous : et il discute ces trois suppositions.

Sans l'y suivre en détail, il est impossible de ne pas noter le tour piquant, la manière vive et tout à fait légère dont il se gouverne en ces graves sujets. Sur le premier point, par exemple, dont il veut se débarrasser, sur cette communication de peuple à peuple qui lui paraît un moyen d'explication insuffisant, voici comment il débute en sa cinquième Lettre :

« Est-ce donc une chose si facile, monsieur (c'est toujours à Voltaire qu'il s'adresse), que la communication des idées ? Avez-vous jamais vu un Moliniste ramener un disciple de Jansénius ? Les partisans et les adversaires du Commerce des blés divisent notre capitale ; ils soupent ensemble, ils disputent, ils se fâchent ; mais je ne vois pas qu'ils fassent beaucoup de conquêtes les uns sur les autres. Le temps, loin de nous éclairer, nous rend plus opiniâtres. Les idées, les systèmes, après une longue possession, deviennent un patrimoine que l'on défend avec chaleur. Un jeune homme, fort de raisons et de vérités, a-t-il jamais fait changer l'opinion d'un vieillard ? L'abbé de Molières est mort en combattant sur les ruines du système de Descartes. De pareils combats ressemblent à ces chocs d'armées qui ne décident rien, et après lesquels les deux partis chantent le *Te Deum*.

« Il faut l'avouer, nous sommes nés pour les préjugés, bien plus que pour la vérité; la vérité même n'est opiniâtre que lorsqu'elle est devenu préjugé... Les idées nouvelles, faibles parce qu'elles sont naissantes, n'ont pas la force de pénétrer, et, pour se placer, elles attendent des têtes neuves... Machinalement ou physiquement, l'homme est imitateur ; mais si la nature a voulu qu'il fût porté par un penchant secret, par une force assez grande, à faire tout ce qu'il voit faire, elle a voulu lui conserver son originalité par l'amour-propre... »

Ce n'est plus là une discussion à la Foncemagne, c'est même plus vif qu'une conversation d'*Anacharsis* chez Barthélemy. Bailly semble avoir pris un peu de Galiani avant d'écrire. Il voulait être lu de tous, et il le fut. Rien ne ressemble moins au maire de Paris de la fin et à l'idée à la fois honorable et monotone (quand elle n'est pas tragique) qui en est restée.

A travers ces digressions et ces détours, Bailly arrive, et cherche à amener avec lui son lecteur, ou Voltaire qui le représente, à sa pensée favorite d'un peuple perdu, mais nécessaire, auteur d'un système astronomique complet et dont on n'a retrouvé que des fragments. Cependant, pour établir convenablement un tel peuple sous la latitude qu'il imagine, une autre condition devient encore indispensable : c'est que cette latitude ait été autrefois d'une température meilleure, et par conséquent que notre globe se soit depuis lors considérablement refroidi, ainsi que le veulent Buffon et Mairan. Voltaire, qui se sentait ainsi conduit et promené d'hypothèse en hypothèse, résistait en plaisantant; il avait dès l'abord écrit à Bailly : « J'étais toujours persuadé que le pays des belles nuits était le seul où l'astronomie avait pu naître; l'idée que notre pauvre globe avait été autrefois plus chaud qu'il n'est, et qu'il s'était refroidi par degrés, me faisait peu d'impression. Je n'ai jamais lu *le Feu central* de M. de Mairan, et, depuis qu'on ne croit plus au Tartare et au Phlégéton, il me semblait que le Feu central n'avait pas grand crédit. »

Bailly entrait dans la plaisanterie et répondait avec bonne grâce : « Permettez-moi de *vous observer* que le Tartare n'a rien de commun avec le Feu central. Le Tartare est l'image de la conscience des méchants : les vérités physiques ne se dévoilent qu'aux sages, aux âmes pures et tranquilles. Le vertueux Mairan, qui a aperçu le Feu central, était né pour les Champs-Élysées, où sa philosophie douce eût amusé les Ombres du récit de ses hypothèses ingénieuses. »

M. de Mairan, ainsi défini, ressemble parfaitement à ce que Bailly aurait voulu être, à ce qu'il aurait peut-être été dans le souvenir des hommes, si les événements de la politique n'étaient venus le tirer brusquement de sa maison de Chaillot où il vivait en sage, et de sa fenêtre du Louvre où était aussi son observatoire, pour le porter au fauteuil de notre première Assemblée publique, et l'installer bientôt en permanence au balcon populaire. Bailly, même en cette première et longue moitié de sa carrière, ne fut jamais homme du monde, à proprement parler; il jouissait de la société, mais sans se dissiper ni se répandre, et, sauf dans l'intimité peut-être, il y était réfléchi et assez silencieux. Ceux qui le rencontrèrent plus tard ne retrouvaient pas en lui l'auteur qu'ils s'étaient figuré, d'après ses premières Lettres d'un style si vif et même sémillant : « Bailly plus littérateur que savant, a dit le comte d'Allonville en ses Mémoires, était grand, sec, tout d'une pièce. Je l'ai connu chez le président de Ménières, et sa modestie, comme son embarras, étaient tels qu'on aurait eu peine à lire dans sa physionomie et sa conversation le nom de l'auteur des très-spirituelles *Lettres sur l'Atlantide*, adressées par lui à M. de Voltaire. » Mais en même temps on voit que dans les séances publiques des diverses Académies où il avait à parler, que ce fût à l'Académie des inscriptions ou dans celle des sciences, **et** même quand il s'agissait de la chronologie des Indiens, ses discours écrits et prononcés avec grâce se faisaient écouter avec plaisir. Il en était de lui comme de l'abbé Barthélemy et de Vicq d'Azyr : le savant aspirait à *plaire,* et il y réussissait. C'est la teinte de son moment.

Lundi, 7 août 1854.

SYLVAIN BAILLY

(fin)

Il ne faudrait pas trop presser les idées de Bailly sur son peuple primitif qui savait tant de choses. Il aime encore mieux le chercher que l'avoir trouvé; il a besoin, pour le mieux doter, que ce peuple perdu soit tout à fait reculé et comme enseveli dans les profondeurs historiques antérieures au déluge : « Les Gaulois ne sont pas assez inconnus, dit-il quelque part, pour qu'on puisse leur accorder un savoir illimité. » Il a l'air, par moments, de vouloir donner à ce peuple anonyme le nom à demi fabuleux d'Atlantes; puis, sur le point de se prononcer, il hésite, et il se décide plutôt à faire des Atlantes les conquérants qui auront détruit son peuple chéri. Arrivé à ce terme de la discussion, il s'exécute, et convient à peu près qu'il n'a voulu faire qu'un agréable et assez instructif roman : « Je me vois, Monsieur, dit-il agréablement à Voltaire qui est censé toujours vivant, je me vois réduit à l'embarras des auteurs de romans qui, après avoir conduit leur prince ou leur héros jusqu'au dernier volume, ne savent plus comment s'en défaire, et finissent par le faire assassiner. Vous voyez qu'après avoir placé mon peuple antérieur sur le second plateau (de l'Asie) et sous les remparts de Gog et de Magog, il faut bien que je m'en défasse, puisqu'il a cessé d'exister. C'est pour cela que j'amène les Atlantes qui, sous la conduite de Bacchus ou d'Osiris, forcent le passage par leur multitude, détruisent en un moment un grand empire et l'ouvrage des sciences. » C'est ainsi que Bailly, près de finir, soufflait en souriant sur sa création.

Satisfait d'avoir fait preuve de savoir et d'esprit dans ce tournoi tout littéraire, et d'avoir obtenu un grand succès auprès des mondains, Bailly paraît avoir tenu médiocrement, dans la suite, à son opinion scientifique; et lorsqu'il publia en 1787 le *Traité de l'Astronomie indienne et orientale,* comme supplément à sa précédente Histoire, il se trouva que son peuple primitif y figurait très-peu, et qu'il ne se distinguait plus guère des Indiens, des ancêtres et auteurs de ceux d'aujourd'hui.

Bailly n'appartenait pas au parti philosophique, en tant que celui-ci était organisé et poursuivait un plan d'attaque ou un but de conquête. A la mort de l'abbé de La Caille, il s'attacha à d'Alembert avec confiance, non comme à un chef, mais comme à un grand géomètre et à un protecteur naturel. D'Alembert le lança dans la carrière des Éloges, et lui montra en perspective la place de Secrétaire perpétuel de l'Académie des sciences qui devait être prochainement vacante, en lui promettant de l'y pousser; mais dès qu'il eut Condorcet sous la main, il se détacha de Bailly et le sacrifia sans scrupule : ce n'était pas l'homme qu'il fallait à l'œuvre habile, agressive et plus ou moins couverte, que d'Alembert avait en vue. Bailly n'était qu'un déiste optimiste et bienveillant, qui se plaisait volontiers à croire à l'excellence et à la divinité de l'intelligence humaine. D'Alembert même, dès qu'il fut en tort et en faute avec Bailly, ne tarda pas à reporter sur lui une partie de l'aversion et de l'animosité qu'il nourrissait contre Buffon. Interrogé par Voltaire en 1776 sur la valeur de l'opinion énoncée au tome I#{er} de l'*Histoire de l'Astronomie*, il répondait : « Le rêve de Bailly sur ce peuple ancien qui nous a tout appris, excepté son nom et son existence, me paraît un des plus creux qu'on ait jamais eus ; mais cela est bon à faire des phrases, comme d'autres idées creuses que nous connaissons et qui font dire qu'on est *sublime*. » D'Alembert aigre, exact et sec, détestait Buffon et n'épargnait point Bailly qu'il considérait alors comme un satellite du grand naturaliste pour les systèmes. On conçoit d'ailleurs ces dissidences naturelles et cette sorte d'antipathie instinctive entre une école scientifique tout analytique et précise, et une autre qui ne se refusait ni l'éclat ni les couleurs ; mais d'Alembert se laissait emporter à ses préventions personnelles lorsqu'il disait à propos des systèmes de Bailly et de Buffon qu'il associait dans sa pensée : « Supplément de génie que toutes ces pauvretés ; vains et ridicules efforts de quelques charlatans qui, ne pouvant ajouter à la masse des connaissances une seule idée lumineuse et vraie, croient l'enrichir de leurs idées creuses... » Dans la familiarité de la correspondance et lorsqu'il n'est point retenu par le public, d'Alembert s'abandonne souvent ainsi à des injustices presque injurieuses, dites d'un style assez commun.

Bailly était certes le moins charlatan des hommes, mais c'était le plus littéraire des savants. Il désirait vivement être de l'Académie française : membre de l'Académie des sciences depuis 1763, c'est-à-dire dès l'âge de vingt-sept ans, il ne dédaigna pas de concourir pour les prix d'Éloquence de l'autre Académie, et il se présenta jusqu'à trois fois comme candidat à un fauteuil sans se décourager du refus. D'Alembert passe pour lui avoir été aussi opposé dans ses candidatures que Buffon lui était hautement favorable. D'Alembert mort, Bailly fut nommé pour remplacer M. de Tressan (1783). Buffon se croyait des droits sur lui, et, à la première élection, il demanda à Bailly sa voix pour l'abbé Maury, depuis longtemps célèbre par ses Panégyriques. Mais Bailly avait sa prédilection; il tenait pour Sedaine, l'auteur d'opéras comiques, qui écrivait comme un maçon, mais qui composait comme un architecte. Il croyait juste de le préférer alors à l'abbé Maury. Il refusa donc Buffon, et celui-ci, étonné, lui dit : « Eh bien, Monsieur, nous ne nous verrons plus. » Chose singulière ! cette alliance qu'avaient scellée l'Histoire de l'Astronomie ancienne, l'adoption du Feu central, la communauté d'hypothèse d'un peuple primitif anté-diluvien et l'âge d'or des Atlantes, cette alliance solennelle contractée devant de si grands dieux et pour de si graves sujets, se rompit par le trop d'attache de Bailly pour Sedaine, et qu'on dise après cela qu'il n'était pas littérateur jusqu'au point de tenir envers et contre tous pour la littérature même légère !

Dans les années qui précédèrent la Révolution, la réputation de Bailly auprès des gens du monde s'entretint et s'accrut par ses Rapports très-bien faits et très-lus sur le Magnétisme animal (1784), sur l'Hôtel-Dieu (1786). Dans le Rapport sur le Magnétisme animal ou Mesmérisme, parlant au nom d'une Commission dont faisaient partie Franklin, Lavoisier, et de savants médecins de la Faculté de Paris, Bailly montra toute la sagesse et la mesure de son excellent esprit, et prouva que, dès qu'il s'agissait d'un grand intérêt actuel et pratique, les hypothèses ne prenaient plus sur son imagination. Il ne nie point certains faits singuliers; il ne se charge point de les expliquer; mais il repousse et réfute l'explication prématurée et intéressée que rien ne justifiait aux yeux de la saine physique. Dans son Rapport sur l'Hôtel-Dieu et sur la réforme à opérer dans les hôpitaux, il servait avec un soin et dans un détail touchants un besoin philanthropique qui était celui du temps et le sien. La reine n'avait pu lire sans être émue ce Rapport, où l'on voyait le tableau circonstancié des misères humaines au sein de la capitale, ces hideux inconvénients des lits *à deux, à quatre et à six malades*. Madame, épouse du comte de Provence, désira s'attacher l'éloquent et sensible auteur par le titre de Secrétaire de son Cabinet. Pensionné de la Cour, honoré par les Académies, consulté par les ministres sur les objets d'intérêt public, il ne manquait rien à Bailly de ce qui pouvait satisfaire l'ambition la plus légitime et la plus étendue d'un savant homme de bien, lorsque la Révolution de 89 éclata. Il avait depuis peu (novembre 1787) assuré son bonheur domestique en épousant une femme qui avait eu autrefois une grande beauté, qui en gardait quelque chose, veuve, ayant déjà passé les belles années de la jeunesse, mais qui avait été l'amie intime de sa mère : il la voyait telle encore qu'il l'avait vue au premier jour.

C'est ici que l'âge d'or va cesser, mais pas tout de suite cependant. Bailly ne paraît pas s'être préoccupé longtemps à l'avance de cette Révolution dont il devait accueillir et servir avec une fermeté simple les débuts et les principes, et où il remplit si longtemps avec droiture le rôle d'Ariste ou d'Aristide : « Le vendredi 29 décembre 1786, dit-il en ses mémoires, je dînai chez M. le maréchal de Beauvau : cc fut le premier instant où la nouvelle d'une Assemblée des notables me parvint. J'en fus frappé; je prévis un grand événement, un grand changement dans l'état des choses, et même dans la forme du gouvernement. Je ne prévis point la Révolution telle qu'elle a été, et je crois que nul homme n'a pu la prévoir... » Il était loin de soupçonner surtout qu'il y jouerait un grand rôle et de le désirer. Les États-Généraux étant convoqués, il raconte que, le 21 avril 1789, se rendant de sa maison de Chaillot au district des Feuillants pour y nommer des électeurs, il eut, par un jeune homme qu'il rencontra et dont il ne savait pas le nom, le premier avis qu'il y serait nommé l'un des électeurs, lui-même : « Je le remerciai de cette opinion et n'y comptai pas plus. Je raconte ces bagatelles, remarque-t-il, parce qu'elles servent à prouver que les circonstances m'ont porté où j'ai été élevé, et que je n'y ai contribué en rien. Nul homme à Paris ne peut dire que je lui aie demandé ou fait demander son suffrage, pas même que j'aie témoigné aucun désir des places où je suis parvenu. Je suis un exemple bien sûr qu'on peut parvenir à tout et aux premiers honneurs sans intrigue. Ceci doit être dit pour la consolation des honnêtes gens et pour l'encouragement de la jeunesse à suivre le droit chemin. » Honnête homme qui, au moment où il rédigeait ses Mémoires, le lendemain et à la veille des catastrophes funestes, croyait sa carrière publique close et couronnée, et qui proposait son exemple comme un encouragement à bien faire et comme un monument mémorable de la récompense publique!

Nommé le premier électeur de son district, il se transporta à l'Hôtel-de-Ville, puis à l'archevêché, où les électeurs de tous les districts devaient se réunir pour nommer les députés de Paris. Et ici commence pour Bailly un nouvel âge d'or qui sera court, mais que son honorable candeur prolongera le plus qu'elle pourra : c'est l'âge d'or de la Révolution de 89 avant les crimes, avant les excès, et tant que la concorde s'annonce comme possible. Dès les premières séances, Bailly, qui se croyait peu connu dans cette assemblée des électeurs du Tiers-État, y est nommé secrétaire. L'abbé de Montesquiou, étant venu faire part d'un arrêté au nom de l'Ordre du Clergé, prononce un discours et loue le secrétaire de l'Assemblée, c'est-à-dire Bailly, comme l'ami des pauvres et l'écrivain des hôpitaux : « J'ai promis, s'écrie Bailly, que mon âme serait ici toute nue, et en conséquence je dirai que cette justice qui me fut rendue inopinément au milieu de mes collègues, dans une si digne assemblée et par un autre Ordre que le mien, me causa une vive et sensible émotion. Mon témoignage sera sans doute suspect; mais l'abbé de Montesquiou me parut sous la figure d'un Ange descendu du ciel pour disposer les esprits à l'union, pour prêcher l'humanité sur la terre... » Quelques mois plus tard, et le lendemain du 14 juillet, quand les mêmes électeurs de Paris vont recevoir une députation de l'Assemblée nationale dont était Bailly, M. Duveyrier portant la parole pour les Électeurs se félicitait également en leur nom de recevoir les *Anges de paix* que l'Assemblée leur envoyait. C'était le langage du temps, et c'est parce qu'on croyait trop alors à ces anges répandus partout sur la terre qu'il y a eu tant de crimes possibles tout à côté. N'imaginons jamais que les hommes sont trop bons, de peur d'avoir ensuite à les trouver trop mauvais.

Au reste, il aurait fallu à Bailly un fonds d'humeur bien morose et un grain de misanthropie bien prononcée pour ne pas voir tout en beau en ces premiers mois où tout lui souriait, et où la publique estime lui apportait à chaque mouvement de l'opinion une surprise flatteuse et une récompense. Tout le monde lui disait déjà qu'il serait député; madame Bailly, avec la prévoyance que donne aux femmes leur tendresse, craignait de grands démêlés dans un avenir prochain, et désirait qu'il n'y fût point engagé : « Je ne croyais point aux dangers, dit Bailly, mais j'aimais assez mon repos et ma médiocrité. Je me croyais peu nécessaire aux États-Généraux ; sans facilité pour parler et timide à l'excès, il était facile de trouver dans un autre et le même zèle et la même droiture, et plus de talents. » Tout en ne se donnant aucun mouvement pour être nommé Bailly n'était point fâché qu'on lui fît violence. On avait parlé d'exclure de la nomination ceux qui tenaient des pensions du Gouvernement ; il se crut obligé de déclarer à l'Assemblée qu'il tenait, des grâces et des pensions du Gouvernement, la plus grande partie de sa fortune : « Je ne crois pas que l'on pense à moi pour la députation, disait-il, mais je dois cet éclaircissement, qui m'en éloigne à jamais ; je crois même devoir prévenir mes collègues que dans le cas où, malgré cette motion et les motifs d'exclusion qu'elle établit, on me ferait l'honneur de me nommer, je me ferais un devoir de refuser. » Le résultat de ce discours, dans la veine de générosité et d'entraînement où l'on était alors, fut de le faire nommer député de Paris, et le premier de tous. Il échappa même à un député de la noblesse de dire, en apprenant que Bailly allait être nommé : « Je le crois bien ! si la chose était possible, M. Bailly serait député des trois Ordres comme il est des trois Académies. »

Cette Assemblée des électeurs du Tiers, d'après le récit de Bailly, était comme une assemblée de famille. Une altercation assez vive cependant s'étant élevée à l'occasion de l'éligibilité de l'abbé Sieyès, qui était de l'Ordre du Clergé, et que les Communes voulaient élire, le président Camus, apostrophé personnellement, se retira avec mauvaise humeur ; la désunion allait s'introduire : la cause ou le prétexte venait d'une lacune du procès-verbal dont Bailly était l'auteur involontaire ; il s'empressa d'intervenir avec chaleur et pathétique, en prenant sur lui la faute : « Il n'y avait dans tout cela, dit-il, que vivacité mutuelle, l'esprit de tous était au fond excellent. On avait pour moi de l'affection et des bontés touchantes; ma douleur intéressa, et je réussis à ramener le calme. » Aussi, lorsque le lundi 25 mai, après un mois de séance et de secrétariat à l'Archevêché, Bailly se rendit dans la salle des États-Généraux à Versailles avec les autres députés de Paris, il sentit qu'il changeait de milieu et comme de climat : « J'entrai dans cette salle avec un sentiment de respect et de vénération pour cette nation que je voyais réunie et assemblée pour la première fois; j'éprouvai peut-être un sentiment de peine de m'y sentir étranger et inconnu. J'en quittais une où j'avais été toujours en vue et toujours caressé : j'étais là comme un fils de famille sortant de la maison paternelle où il était chéri, soigné, et qui entre dans le grand monde, où l'on ne prend pas garde à lui. Je lui dis avec candeur mes faiblesses, car celui à qui je les découvre a les siennes. » Cette candeur est agréable et dispose à la faveur, mais l'aveu subsiste.

Il me semble que le caractère de Bailly se dessine ici sous sa propre plume : hâtons-nous d'ajouter que cet homme si sensible, si touché, si peu au fait, ce semble, des mille circonstances compliquées et confuses de la société de son époque, et qui manque certainement de génie et de coup-d'œil politique, ne manquera nullement de fermeté et de force de résistance dès que le devoir et la conscience lui parleront. Il est et sera inébranlable sur certains principes d'égalité et de bon sens équitable, qui sont et resteront vrais à travers toutes les fluctuations successives, principes conquis une fois pour toutes et sur lesquels repose désormais l'ordre moderne; il ne se trompe pas en appréciant ces premiers et grands actes du Tiers-État auxquels il eut l'honneur de participer, de présider : « Voilà ce qu'elles ont fait seules, dit-il des Communes par opposition aux deux autres Ordres privilégiés et résistants; voilà ce qui fut la base de la Constitution française. *Tout est sorti de là.* » Tout cela est vrai encore. Honneur donc à l'honnête homme, au doyen vertueux de ces Communes, l'un de nos pères ! Il y a plus, Bailly, président d'assemblée, ou administrateur et maire, trouve selon les circonstances une force d'action inaccoutumée et dont il s'étonne lui-même : « Au reste, je suis toujours fort quand il y a une loi, » nous dit-il. Mais cela n'empêche pas (et cette contradiction même ajoute à son mérite) qu'il n'y ait en lui une vaine patriarcale ou pastorale bien prononcée, qui revient sans cesse au milieu de ses sentiments publics, et qui lui faisait dire un jour, avant sa gloire, parlant à un ami : « Au lieu de bruire avec avec fracas comme un torrent éphémère, je voudrais, si jamais je parviens à être connu, que ma réputation ressemblât au ruisseau paisible, toujours clair, toujours pur, ombragé de rameaux qu'il féconde : souvent utile, toujours riant, il est le charme et les délices des campagnes qu'il arrose... Ensuite il se perd... » Voilà le coin d'idylle chez Bailly.

Il ne lui était pas donné de se perdre à volonté ni de se faire oublier; il était à peine entré à l'Assemblée des États-Généraux, que, dans l'embarras de nommer un doyen ou président, on l'élut au moment où il y songeait le moins : « On n'imaginera pas facilement, dit-il, à quel point je fus affligé et atterré de cette nouvelle. Je balbutiai pour m'excuser quelques raisons que l'on n'écouta pas, et il s'en faut bien que j'aie opposé une résistance proportionnée à mes motifs de répugnance. Je me rappelais la manière dont M. Target avait présidé le Tiers-État de Paris (c'est-à-dire la réunion des électeurs); je me regardais comme incapable de m'en acquitter avec la même distinction. Je considérais que j'avais joui jusqu'alors d'une réputation littéraire qui m'avait coûté des années à acquérir, et que, placé dans un jour et dans un éclat que je n'avais point cherché; j'allais la perdre en un moment. Je ne dis rien de trop en assurant que ce choix honorable me causa une profonde douleur. » Cependant d'autres motifs de céder et de se laisser faire se présentaient à lui, et sous la forme du devoir : c'est elle que prend volontiers l'amour-propre auprès de ces âmes modérées et scrupuleuses. Il se dit que l'honneur de présider le Tiers-État du royaume était jadis un privilége des députés de Paris; que, s'il décline cette charge, il peut priver la ville qui l'a nommé d'un avantage auquel elle a des droits. Enfin, il se laisse conduire au fauteuil, et prend la présidence, sous le nom de doyen.

Cette présidence d'un mois fut mémorable, et coïncide avec les premières et grandes démarches du Tiers-État, qui conquirent et constituèrent véritablement la souveraineté nationale. Bailly, grave, circonspect, mesuré, mais droit et inflexible, se trouve naturellement à la hauteur de ses résolutions décisives. Il est curieux, en lisant ses Mémoires ou plutôt son Journal si véridique, de le voir marcher d'un courage égal et tranquille dans cette voie extraordinaire et hardie, et le cédant à peine de quelques pas en lenteur à Sieyès et à Mirabeau. Il y mêle dans son récit de ces effusions de sensibilité dont il n est jamais avare, et qui répandent sur ces scènes grandioses je ne sais quelle teinte encore amollie. L'office de président était rude comme il l'a été depuis; il y avait de longs quarts d'heure de trouble et de tumulte : l'Assemblée n'avait pas encore d'huissiers à ses ordres, et le président en était réduit à sa sonnette: « Dans un moment, raconte Bailly, où je n'étais pas entendu, désespéré de ne pouvoir ramener l'ordre et le silence, je m'échappai à dire: *« Messieurs, vous me tuerez! »* Ce mot opéra sur-le-champ un profond silence, et fut suivi de preuves universelles de bonté. Nous vivions alors dans l'union et dans les sentiments les plus fraternels. » Comme il est écrit qu'avec Bailly on ne sortira des âges d'or qu'à la dernière extrémité, on rencontre ici le moins prévu assurément de tous ces âges fortunés en temps de révolution, celui dans lequel il se donne comme le plus heureux des présidents d'assemblée. Lorsque, après bien des retards, des difficultés et des périls, la réunion des Ordres est opérée tant bien que mal le samedi 27 juin, Bailly en profite pour accorder à lui et à ses collègues quelques jours de congé et de fête ; il part aussitôt, il court pour se reposer quelques instants à sa maison de Chaillot, où il n'était pas allé depuis qu'il était président à l'Assemblée : « Je partis sur-le-champ pour Chaillot, et j'emportai cette joie (de la réunion des trois Ordres) que je voulus répandre tout le long de mon chemin. J'apprenais la nouvelle de la réunion à tous ceux à qui je pouvais parler, et je me rappelle qu'ayant arrêté à Sèvres, où je vis quelques-uns des soldats qui y étaient de poste et au nombre de ces troupes que l'Assemblée voulait repousser au loin, je leur criai la nouvelle de ma voiture : ces soldats étaient des Suisses, et j'aperçus qu'ils ne comprenaient rien à ce que je leur disais. » Joie naïve d'un président d'ailleurs digne et énergique! Arrivé à Chaillot, où il passait les étés depuis trente ans, Bailly s'y voit l'objet d'une ovation, ou plutôt d'une fête patriarcale et champêtre, « fête sans faste, dont la décente gaieté et les fleurs firent tous les frais, » et qu'on lui donne chez lui, dans les différentes pièces de sa maison et de son jardin : « Je ne dis rien de trop en disant que je fus embarrassé par cette foule presque entière, qui se pressait autour de moi avec les plus vives expressions de l'amour et de l'estime, une joie pure et douce, une paix qui annonçait l'innocence : cette fête était vraiment patriarcale ; elle m'a donné les plus délicieuses émotions, et m'a laissé le plus doux souvenir. »

Telle était l'âme de Bailly dès qu'elle retrouvait un moment de calme et de repos. Mais combien il est vrai qu'il connaissait peu les hommes et qu'il n'avait pas le talent de démêler, de saisir avec rapidité ceux qui cachaient des trames et des arrières pensées suspectes ! Le lendemain même de cette fête rurale, craignant d'après un avis reçu de Versailles d'avoir à soutenir une lutte au sujet de la présidence de l'Assemblée avec les présidents ou doyens particuliers des deux autres Ordres, et résolu de ne rien céder des droits du Tiers-État, c'est-à-dire de la nation qui, en définitive, les absorbait tous, il cherche quelqu'un à consulter pour se fortifier dans ses résolutions : et tous les députés étant dispersés, il ne voit rien de mieux que d'aller faire part de ses honnêtes pensées au duc d'Orléans, qui était alors au Roule : « J'avoue ici avec simplicité mon ignorance. Bien neuf à toute intrigue, bien peu instruit des manœuvres qui devaient incessamment éclater, je l'étais encore moins de la part qu'on lui en a attribuée : j'avais admiré, quand il passa avec la minorité de son Ordre, et sa popularité qui trouvait la nation dans les Communes, et son zèle pour la chose publique qui le portait à la réunion ; je voyais alors en lui le premier de la noblesse des États, et je le jugeai le plus propre à m'éclairer et à me dire jusqu'à quel point je pouvais soutenir les droits contre les prétentions. Je fus au Roule, je le trouvai avec M. de Sillery ; je leur exposai la conduite que je me proposais de tenir ; ils m'approuvèrent en tout, et *je revins content.* » Il y a, dans ces vastes drames qu'on appelle révolutions, des rôles séparés et soutenus jusqu'au bout pour tous les caractères.

Il arrive à Bailly, après sa présidence d'un mois à l'Assemblée nationale, ce qui lui était déjà arrivé lors de sa nomination de député dans l'assemblée des électeurs de Paris : un nouvel et soudain honneur vient le saisir derechef, l'affliger à la fois et le combler. Il ne s'y attendait pas, il s'y exposa néanmoins et ne fit rien pour l'éviter. Après le 14 juillet, il fut au nombre des députés qui se rendirent de Versailles à Paris. Madame Bailly, plus prudente, aurait autant aimé qu'il n'y allât point; seulement, elle ne crut pas l'en devoir dissuader : « J'étais curieux, nous dit Bailly, du spectacle de cette ville si tourmentée et si changée en deux jours ; peut-être aussi, il faut dire tout, qu'après une présidence qui avait été applaudie, je n'étais pas fâché de me montrer à mes concitoyens. Je ne rougis point d'un motif trop naturel pour être blâmé.... » Le voilà donc partant de Versailles pour Paris (15 juillet) avec les autres députés, en grande pompe, et jouissant de ce voyage qui ne fut pour eux qu'un triomphe. Arrivés aux Tuileries, puis à l'Hôtel-de-Ville, les larmes, les transports de la foule redoublèrent : On leur distribuait des cocardes nationales rouges, bleues et blanches ; on se pressait autour d'eux, on leur prenait les mains, on les embrassait. Chacun les nommait avec une voix attendrie ; et j'eus quelque part, dit Bailly, à ces témoignages de sensibilité et de reconnaissance publique. Ce triomphe était bien doux. » Il se noie un peu trop, selon son habitude, dans ces douceurs expansives qu'il a depuis si cruellement payées. Mais au moment où les députés se disposaient à sortir de la salle de l'Hôtel-de-Ville, une acclamation générale déclare La Fayette commandant de la milice parisienne, et, au même instant, une improvisation du même genre proclame M. Bailly prévôt des marchands, ou plutôt maire de Paris ; et le digne homme, toujours modeste, mais toujours cédant et s'abîmant en reconnaissance, ne sait qu'accepter avec sanglots : « Je ne sais pas si j'ai pleuré, dit-il, je ne sais pas ce que j'ai dit ; mais je me rappelle bien que je n'ai jamais été si étonné, si confondu, et si au-dessous de moi-même. La surprise ajoutant à ma timidité naturelle, et devant une grande assemblée, je me levai, balbutiai quelques mots qu'on n'entendit pas, que je n'entendis pas moi-même, mais que mon trouble, plus encore que ma bouche, rendit expressifs... » La députation se rend de là à Notre-Dame ; Bailly, dans son trouble, se voit séparé du gros du cortége ; un électeur, M. Pitra, et un vainqueur de la Bastille, de grande et belle taille, Hullin, le trouvent sur l'escalier de l'Hôtel-de-Ville, assez en peine de s'orienter et de se conduire dans ces flots de peuple ; ils lui offrent leurs bras : cet accompagnement le désigne de plus en plus à l'attention publique : les cris de *Vive Bailly ! Vive notre Maire !* redoublent ; Bailly ne peut s'empêcher de les enregistrer avec son émotion ordinaire ; mais, par une espèce de pressentiment trop justifié, il ajoute : « J'arrivai à Notre-Dame dans cette espèce de triomphe, le premier dont un citoyen né dans ce qu'on appelait jadis l'obscurité, ait été honoré. Mais M. Pitra, me tenant la main, M. Hullin me soutenant l'autre bras, marchant entre quatre fusiliers, je trouvai qu'au milieu de ce triomphe je ressemblais assez à un homme que l'on conduisait en prison. »

Les beaux jours de Bailly sont passés, il n'aura plus désormais que des instants ; il le reconnaît lui-même, du moment qu'il est nommé maire et premier magistrat de la capitale, « ce jour-là, *mon bonheur a fini.* » Son jugement sur les choses publiques en est affecté et va changer dès lors au point de vue : lui qui jusque là considérait la Révolution comme une sorte de grand chemin uni où l'on n'avait qu'à marcher droit en se tenant, il croira, à dater de ce moment, à je ne sais quel *moteur invisible* et qu'il ne désigne pas ; il lui attribuera toutes les fausses nouvelles, les craintes, les défiances, ce qui corrompera et dénaturera désormais la liberté : « Pour avoir tissu et suivi ce plan abominable, il faut, disait-il, et un esprit profond et beaucoup d'argent. Quelque jour on connaîtra, on dira le génie infernal et le bailleur de fonds. » Hélas ! Bailly ne va faire désormais la part au démon caché si grande et si perverse que parceque jusque-là il n'avait pas fait au cœur humain, aux passions humaines, la part assez compliquée, assez orageuse et assez largement contradictoire. Au sortir d'un Éden, il voyait tout d'un coup l'Enfer.

Il y a une lecture pénible et dont j'ai voulu me donner l'amertume, c'est celle des écrits et des phamphlets qui insultent et calomnient Bailly maire de Paris, magistrat intègre, et faisant tout ce qu'il peut, trop désarmé qu'il est, pour le bon ordre et pour le salut public. Je laisse de côté Marat, cet atroce et forcené calomniateur : mais Camille Desmoulins dans son journal (*Révolution de France et de Brabant*) ne fait autre chose que travailler à détruire Bailly en le raillant sur sa livrée, sur ses meubles, en l'accusant de faste révoltant, que dis-je ? de concussion et de vol horrible, parce qu'il avait de forts appointements qu'il dépensait et au delà. Il fait parler grossièrement de soi-disant citoyens auxquels il dicte leur langage : Comment, leur fait-il dire (1), nous pourrons enfoncer notre chapeau devant la femme du roi, et il foudra l'ôter devant le Cheval blanc ! Je ne pourrai parler du grand nez de Bailly et du faux toupet de la Fayette ! » C'est par ces effronteries cent fois répétées, et mêlées aux calomnies sérieuses, qu'en temps de trouble et de passions politiques on achemine les

---

(1) *Révolutions de France et de Brabant*, n° 53, 29 novembre 1790, et aussi le n° 6, 2 janvier 1790.

esprits aux ignobles vengeances, et qu'on prépare au besoin les échaufauds.

Uu petit écrit d'un genre bien différent m'est tombé entre les mains (2) et nous ramène au Bailly bon, juste, honnête, sensible et lettré, tel que nous le connaissons. C'est un recueil de vers tiré, dit-on, à douze exemlaires, intitulé *son Bouquet, et Vos Étrennes, Hommage offert à madame Bailly*, épouse du maire de Paris, par M. Debure et M. Mérard de Saint-Just; avec cette épigraphe : *Amicitia, Veritas*. Ces *Étrennes*, imprimées à la fin de 89, étaient pour janvier 1790. M. Debure, qui avait fait les frais d'impression de cet opuscule, était le libraire de Bailly, dont il avait imprimé les grands ouvrages; Mérard de Saint-Just, un des plus féconds amateurs de la poésie légère à la fin du xviiie siècle, avait droit de s'intituler l'ami intime de Bailly dans tous les temps. Ce petit livret amical et galant rentre tout à fait dans le goût des rondes ou des inscriptions pastorales faites pour embellir les divertissements de Chaillot. Le même Mérard de Saint-Just a tracé de Bailly, après sa mort, un *Eloge historique* qui ne brille point par la simplicité ni par une justesse de ton continue, mais qui est riche de détails, de souvenirs, et dans lequel tous les biographes ont largement puisé.

La mort de l'homme de bien sortirait de notre cadre et nous jetterait dans des tableaux lugubres qui demanderaient de l'étendue et d'énergiques pinceaux. Bailly, recherché et condamné pour l'acte de vigueur inutile et tardif par lequel il avait essayé de maintenir l'autorité de la loi et le respect de la Constitution le 17 juillet 1791, paya en un jour la rançon de toute sa

---

(2) Ou, pour parler plus exactement, j'en dois communication à l'obligeance de mon ami M. Charles Magnin.

popularité passée et de ses émotions attendrissantes. On a essayé, dans ces dernières années, d'affaiblir l'horreur des scènes de son supplice et d'en contester quelques circonstances secondaires. Je ne sais ce qu'on pouvait y gagner, car il n'est que trop vrai que Bailly, condamné à mort par le Tribunal révolutionnaire, et conduit le 12 novembre 1793 au Champ-de-Mars, lieu désigné pour son exécution, eut à y subir des outrages inaccoutumés, et devant lesquels la mort elle-même n'est plus qu'un bienfait. On ne cessa de l'insulter, on lui cracha au visage ; des furieux s'approchèrent pour le frapper malgré les bourreaux ; on lui jetait à la face des questions cyniques. Jugeant le Champ-de-Mars un lieu trop honorable pour s'arroser de son sang, on exigea que l'échafaud fût dressé près de la rivière sur un tas d'immondices. Il y a des gens qui ont le courage de prétendre, comme s'ils y avaient assisté, que le lieu choisi près de la rivière n'était pas tout à fait aussi immonde qu'on l'a dit. Pénétré d'une pluie froide, pendant une heure et demie qui s'écoula dans cet odieux changement de préparatifs, à un misérable qui lui disait : « Bailly, tu trembles, » il répondit : « *C'est de froid.* » Et il y a des gens qui lui disputent ce mot, dans le sens élevé où il est si naturel qu'il l'ait proféré. On dirait qu'ils ont intérêt vraiment à ce qu'il y ait un mot touchant et sublime de moins dans le monde (1). »

Mais ce n'est point cette dernière partie de la vie de Bailly qui nous appelle et que nous étudions : je me suis borné à donner quelque idée de son caractère, et à y faire saillir une veine littéraire et d'imagination jusqu'ici moins en vue qu'il ne convenait. Au milieu

---

(1) Lire sur cette mort de Bailly et sur ses magnanimes dispositions de la victime, les *Mémoires* du comte Beugnot.

des pages fort mélangées que lui a consacrées son ami Mérard de Saint-Just, il en est une qui me paraît rendre avec réalité et sans complaisance sa figure, sa physionomie finale, et les qualités qui s'y dévoilaient peu à peu aux yeux de l'amitié :

> « Grand et maigre, est-il dit, le visage long, des yeux petits et un peu couverts, la vue extrêmement basse, un nez d'une longueur presque démesurée, le teint assez brun, tout cet ensemble ne lui donnait pas une figure aimable : il l'avait sérieuse ; mais son air imposant, même un peu sévère, loin d'avoir rien d'austère ni de sombre, laissait paraître assez à découvert ce fonds de joie sage et durable qui est le fruit d'une raison épurée et d'une conscience tranquille. Cette disposition ne produit pas les emportements de la folle gaieté, mais une douceur égale qui cependant peut devenir gaieté pour quelques moments ; et de tout cet ensemble se forme, se compose un air de dignité qui n'appartient qu'à la vertu et que les dignités mêmes ne donnent pas. »

Tel fut Bailly ; savant ingénieux, écrivain élégant et pur, l'un des plus louables produits et des meilleurs sujets que l'ancien régime ait légués au nouveau ; qui n'eut rien en lui du mouvement d'initiative ni du levain révolutionnaire des Mirabeau, des Condorcet, des Chamfort, de ces novateurs plus ou moins aigris, irrités ou inspirés ; qui n'accepta dans sa droiture que ce qui lui parut juste, qui s'y tint, et qui, malgré des faiblesses de vue et des illusions de bon naturel, laisse à jamais l'idée d'un homme aussi éclairé que modéré et vertueux. Sa mort (c'est tout dire) fait autant d'honneur que de honte à l'espèce humaine.

Vendredi, 4 août 18 4.

M. DENNE-BARON

Il faut quelquefois que les poëtes meurent pour qu'on parle d'eux. M. Denne-Baron, qui est mort le 5 juin dernier, a réveillé, en disparaissant, chez les hommes de lettres ou poëtes ses confrères, des souvenirs qu'il serait injuste de ne point recueillir et fixer. Il était de cette race de rêveurs opiniâtres et doux qu'on appelle, selon les genres et les degrés, La Fontaine ou Panard, qui n'ont point souci d'eux-mêmes, et qui jettent leurs fleurs ou leurs fruits sans les compter. Né à Paris le 6 septembre 1780 d'un riche négociant ou commerçant de la capitale, il hérita à vingt ans d'une belle fortune qu'il ne s'inquiéta point de conserver, et que plus d'un fut actif à lui ravir. Il aimait à la folie les lettres, les Muses, comme on disait encore; il cultivait les divers arts, particulièrement la musique, savait le grec et en traduisait; il s'inspirait du poëme du Musée pour donner en 1806 *Héro et Léandre, poëme en quatre chants,* suivi de poésies diverses, de traductions ou imitations en vers de Virgile, d'Ovide, de Lucain, ou même du Cantique des Cantiques. M. Denne-Baron s'annonçait comme un facile et brillant amateur dans le groupe des traducteurs élégants, harmonieux, ou des jeunes élégiaques pleins de sentiment; il s'essayait avec succès entre Baour-Lormian et Millevoye. J'ai sous les yeux un charmant petit volume de lui, à la date de 1813, *Élégies de Properce, traduites en vers français, et autres Poésies inédites*, d'un typographie délicieuse, avec vignettes et gravures. On y sent à chaque pas la renaissance du goût antique ; les gravures y témoignent de l'art retrouvé de Pompéi et d'Herculanum. M. Denne-Baron était alors, parmi les jeunes poëtes, un élève des peintres en vogue, tels que Guérin, Girodet ; il l'était surtout de Prud'hon. C'est ici le côté original et vraiment remarquable qui est à signaler chez M. Denne-Baron, et qui le distingue encore aujourd'hui de plusieurs autres talents plus en vue et plus cités. Prud'hon est un peintre à part entre ceux qui ont reproduit l'antique mythologie ; il l'eût en partie inventée s'il ne l'avait pas trouvée autour de lui tout épanouie et florissante. Je n'ai pas à voir s'il n'abuse point quelquefois par trop de mollesse et de rondeur : mais il a au degré suprême la grâce suave et la *vénusté*. Denne-Baron a dans son talent quelque chose de cette grâce, et il est dommage qu'il ne l'ait pas su davantage, qu'on ne le lui ait pas plus dit ; car il était de ces chantres enfants qu'il aurait fallu guider par la main et diriger. La pièce saillante de Denne-Baron, et qui lui assure un rang dans toute Anthologie française, est inspirée du *Zéphyre* de Prud'hon et s'intitule *Flore et Zéphyre*. En voici quelques strophes qui donnent idée de cette touche heureuse :

> Il est un demi-dieu, charmant, léger, volage ;
> Il devance l'Aurore, et d'ombrage en ombrage
> Il fuit devant le char du jour ;
> Sur son dos éclatant où frémissent deux ailes,
> S'il portait un carquois et des flèches cruelles,
> Vos yeux le prendrait pour l'Amour.
>
> C'est lui qu'on voit le soir, quand les Heures voilées

> Entr'ouvent du couchant les portes étoilées,
>   Glisser dans l'air à petit bruit ;
> C'est lui qui donne encore une voix aux Naïades,
> Des soupirs à Syrinx, des concerts aux Dryades,
>   Et de doux parfums à la Nuit.
>
> Zéphyre est son doux nom ; sa légère origine,
> Pure comme l'éther, trompa l'œil de Lucine,
>   Et n'eut pour témoins que les airs :
> D'un souffle du Printemps, d'un soupir de l'Aurore,
> Dans son liquide azur le Ciel le vit éclore
>   Comme un alcyon sur les mers.
>
> Ce n'est point un enfant, mais il sort de l'enfance,
> Entre deux myrthes verts tantôt il se balance.
>   Tantôt il joue au bord des eaux,
> Ou glisse sur un lac, ou promène sur l'onde
> Les filets d'Arachné, la feuille vagabonde,
>   Et le nid léger des oiseaux.
>
> Souvent sur les hauteurs du Cynthe ou d'Érimanthe,
> Sous les abris voûtés d'une source écumante,
>   Il lutine Diane au bain...
>
> . . . .
>
> Parfois aux antres creux, palais bizarre et sombre
> De la sauvage Écho, du Sommeil et de l'Ombre,
>   Du Lion il fuit les ardeurs ;
> Parfois dans un vieux chêne, aux forêts de Cybèle,
> Dans le calme des nuits il berce Philomèle,
>   Son nid, ses chants et ses malheurs.

Je laisse la fable agréable, mais un peu moins parfaite de l'amour de Flore pour Zéphyre; le tout se termine par un vœu :

> Puisses-tu, beau Zéphyre, auprès de ton poëte,
> Pour seul prix de mes vers, au fond de ma retraite,
>   Caresser un jour mes vieux ans !
> Et si le sort le veut, puisse un jour ton haleine,
> Sur les bords fortunés de mon petit domaine,
>   Bercer mes épis jaunissants !

Lorsqu'un mouvement poétique véritable, dû à des

causes générales, lorsqu'un vrai printemps poétique nouveau se prépare dans une société, il s'annonce à l'avance par bien des signes ; il y a de jolis matins de février. Avant que le soleil se lève, il y a une aube et des gazouillements d'oiseaux. Combien de talents incomplets, mais qui avaient quelques parties distinguées, n'ont-ils pas pressenti et précédé le talent supérieur qui seul éclatera aux yeux de tous et qui les fera oublier ! Que d'essais, que d'intentions, que de premiers jets, mais courts et trop tôt évanouis ! Cela se vit vers 1811, lorsque Millevoye chantait et qu'on entendait le prélude encore éloigné, mais déjà sensible, de ce monde élégiaque nouveau, qui n'aura sa puissance de génie qu'avec Lamartine. Il y avait à côté de Millevoye d'autres Millevoyes plus faibles et morts également avant l'âge. L'un d'eux, traducteur des *Bucoliques* de Virgile, et qui a laissé de touchants *Adieux à la vie* (1811), Dorange, a été célébré par Denne-Baron dans une ode délicate au début et assez élevée dans la dernière partie. En voici le commencement :

> En vain mes yeux, levés vers la double colline,
>   Cherchent le pin harmonieux
> Qui, beau de vingt printemps, croît, fleurit et domine
>   Sur le vallon silencieux.
>
> Je prête en vain l'oreille à son léger murmure,
>   Son léger murmure a cessé ;
> De son front, dans les cieux, je cherche la verdure,
>   Son front des cieux est effacé.
>
> Il n'est plus : Au vallon, de sa tête muette
>   Dorment les débris jaunissants ;
> D'un reptile rongeur la dent lente et secrète
>   A dévoré ses pieds naissants.
>
> Ainsi, fils d'Apollon, de ta lyre divine
>   Je cherche les accords touchants

> Mais, humides encor du lait de Mnémosyne,
> Tes lèvres ont cessé leurs chants...

Denne-Baron lui-même qu'était-il, et quel rôle pourrait-on lui assigner en le nommant dans une histoire de la poésie française au dix-neuvième siècle? Il a été un précurseur : il a eu en lui quelque chose d'André Chénier, alors peu connu et presque inédit; il a eu quelque chose de Lamartine. Nous savons par cœur *le Lac*, cette divine plainte de ce qu'il y a de fugitif et de passager dans l'amour : Denne-Baron, dans une pièce lyrique qui semble avoir été composée avant *le Lac*, a rendu à sa manière un soupir né du même sentiment. L'ode est intitulée : *A Daphné sur la fuite de ses charmes*; c'est une consolation tirée de la ruine des empires et des changements insensibles des choses de la terre :

> Tout change, ô ma Daphné! Pourquoi donc par tes larmes
> D'un printemps qui n'est plus redemander les charmes?
>   L'été n'a-t-il point ses attraits?
> Jupiter, dédaignant le bouton près d'éclore,
> Laisse à ses demi-dieux la jeune et tendre Flore,
>   Et s'enivre aux pieds de Cérès.

Il est vrai que dans ce début le poëte semble moins occupé de la fuite et de la rapidité du sentiment que de la fragilité même de la beauté; il pense à des attraits positifs, à une forme, à un visage, à ce que la poésie du Midi, celle de Rome et de la Grèce a surtout considéré. Il dirait volontiers comme le Tasse dans ce sonnet à madame Lucrèce, duchesse d'Urbin : *Negli anni acerbi tuoi*, etc.

« En vos années d'âpre verdeur, vous ressembliez à la rose purpurine qui n'ouvre son sein ni aux tièdes rayons ni au Zéphyre, mais qui dans sa robe verte se cache vierge encore et toute honteuse;

« Ou plutôt vous paraissez (car aucune chose mortelle ne peut se comparer à vous) comme une céleste Aurore qui emperle les campagnes et dore les monts, brillante dans un ciel serein, et tout humide de rosée :

« Aujourd'hui la saison moins verte ne vous a rien ôté ; et, fussiez-vous même en négligé, la beauté de première jeunesse, tout ornée d'atours, ne saurait vous vaincre ou vous égaler.

« Ainsi plus charmante est la fleur après qu'elle a déployé ses pétales odorants, et le soleil au milieu du jour luit plus beau qu'au matin, et flamboie. »

Ou, comme un jeune poëte auprès de moi l'a traduit pour les derniers vers :

>L'âge mûr est venu, qui ne t'a rien ôté ;
>Même en ton négligé, la plus jeune beauté
>Sous ses plus beaux habits, te cède la couronne.
>
>Oh ! que la rose s'ouvre, étalant ses couleurs !
>Les boutons sont charmants, mais j'aime mieux les fleurs ;
>Le soleil à midi plus qu'au matin rayonne.

Denne-Baron n'a point poursuivi sa pièce dans ce sens. après les premières stances, il n'insiste plus sur cette seconde beauté préférable ou encore enviable de la maturité ; il accorde que le Temps triomphe, et qu'il renverse les grâces fragiles comme il change et détruit tout ce qui se succède incessamment sur cette scène toujours renouvelée de la nature ou de l'histoire. Parmi les stances consacrées à ce lieu-commun éternel, il en est une sur Ninive qu'on lui demandait quelquefois et qu'il aimait à réciter :

>Plus de flottes dans Tyr ! plus de chants dans Ninive !
>L'immobile Silence est assis sur leur rive ;
>   Plus de tumulte, plus de voix !
>Semblable au vent qui roule une feuille d'automne,
>On entend le Temps seul, d'une aile monotone,
>   Balayer la cendre des rois !

La fin de cette ode, qui semblait inspirée jusque-là par Properce ou par Lucrèce, a pourtant une perspective tout à coup entr'ouverte du côté du ciel

> De la terre, ô Daphné ! c'est le ciel qui console ;
> Aux lambris étoilés quand une âme s'envole,
>   Un Dieu la pèse de ses mains :
> Et, s'il la trouve pure, il ouvre devant elle
> Des jardins lumineux, des plaines d'asphodèle,
>   Que n'ont point foulés les humains !

Mais ici on sent le défaut de l'inspiration générale de Denne-Baron. Ce Ciel, qui participe de l'Olympe par ses jardins lumineux, et des Enfers antiques par ses champs d'asphodèle, n'est pas le vrai Ciel du spiritualiste ni du chrétien ; il ne contient aucune véritable espérance, aucun motif de consolation, et la pièce *A Daphné*, conçue avec assez de fierté, développée avec assez de talent, manque pourtant de décision ; elle demeure comme suspendue entre André Chénier et Lamartine. C'est cette décision, cette suite, cette fermeté dans la pensée et dans le talent qui se fait désirer chez Denne-Baron, et dont le défaut ne permet de voir en lui que les membres épars du poëte.

On noterait encore de ces strophes qu'on aime à retenir, dans l'ode adressée par Denne-Baron aux *Mânes d'Octavie Devéria*, sœur des célèbres peintres ; cette jeune femme, morte peu après le mariage, dans tout l'éclat de la beauté et entourée du charme des arts, a bien inspiré le poëte ami :

> Des chœurs de l'Hyménée à peine tu déposes,
> Ta chevelure encor sent l'haleine des roses
> Dont il te couronna comme un ciel du matin...

Properce occupa de bonne heure M. Denne-Baron, et il s'efforça de le rendre en vers français. C'était l'époque (1813) où ce genre de traductions en vers était fort en honneur. On aimait cette lutte courageuse et prolongée avec les maîtres sans se demander si, lorsqu'on est réellement poëte, il ne vaut pas mieux peut-être s'inspirer des Anciens que les traduire. Properce, d'ailleurs, était fait pour tenter un ardent jouteur : admirable poëte, un peu obscur, un peu serré, dont le texte a subi sans doute les outrages du temps, mais splendide par places, et qui, là ou il se découvre tout entier, laisse éclater la plus belle flamme. Le tort de Denne-Baron, qui se sentait appelé vers lui par une prédilection précoce, est de ne l'avoir qu'effleuré en vers (je ne parle pas de sa traduction en prose, qu'il n'a faite que bien plus tard); au lieu de prendre Properce corps à corps, de le suivre, de le serrer de près, de ne laisser passer aucune élégie sans en avoir raison, et, tantôt vainqueur, tantôt vaincu, de coucher toujours, pour ainsi dire, sur le champ de bataille; au lieu de cela, il choisit ce qui lui plaît, il court, il élude, il abrége, il n'engage pas la lutte puissante et décisive au terme de laquelle est le laurier. Si Denne-Baron s'était plus expressément consacré à cet auteur; si, vers 1820, par exemple, à cette date où André Chénier ressuscitait au jour, où M. Ingres marquait quelques-unes de ses toiles du style antique, il avait publié de Properce une traduction en vers vraiment complète, et menée à fin avec une étude passionnée, il aurait mérité de voir attacher son nom à un des noms qui ne peuvent périr, et d'être appelé invariablement le *traducteur de Properce*, tandis qu'il ne peut être appelé qu'un amateur de Properce.

J'ai touché les défauts. M. Denne-Baron, distrait aux caprices, au laisser-aller d'une imagination réelle, mais vagabonde, n'eut point cette patience ardente qui donne au talent le droit de marcher à la suite des génies. Dans sa philosophie désintéressée et qui promenait volontiers son regard sur l'immensité des choses, il croyait peu à la gloire, à ce miroir artificiel et magique qui concentre sur un point quelques rayons. Il préférait à la renommée même, le rêve, le silence et l'oubli, tous ces dieux cachés. Il ne faudrait point croire toutefois qu'il n'ait pas beaucoup écrit et beaucoup travaillé : c'est le cas de bien des distraits et des rêveurs dans ce siècle assujetti. Notre temps a cela de particulier qu'il impose à bien des hommes qu'on appelle je ne sais pourquoi paresseux, des surcroîts de tâche et de corvée qui eussent honoré des laborieux en d'autres siècles. Dans les dernières années, M. Denne-Baron a payé son tribut à la prose par des traductions estimées, et dont l'élégance annonce encore le poëte. Il a traduit pour le volume des *Lyriques grecs*, publiés par M. Lefèvre (1842) les Odes d'Anacréon, et pour le volume des *Romans grecs*, publié par le même éditeur, ce joli conte de *l'Ane*, attribué à Lucius de Patras; il a traduit Properce en prose dans la Collection des *Auteurs latins*, dirigée par M. Nisard. Le *Dictionnaire de la Conversation* lui doit des articles sans nombre sur les sujets les plus divers. Mais ce dont surtout la postérité sait gré et tient compte, c'est de ce que trouve le talent et de ce qui naît sans peine et comme une grâce; une strophe bien venue sur une fleur, sur un coquillage, sur un zéphyr, s'en va vivre durant des âges, et suffit à porter un nom. M. Denne-Baron a-t-il eu de ces bonheurs? On peut du moins le citer à la suite et dans le groupe de ceux qui ont su être classiques de nos jours sans convenu et avec originalité.

Lundi, 14 août 1854.

LE MARQUIS DE LA FARE

ou

UN PARESSEUX

La Fare ne se sépare guère de Chaulieu, et si on lit encore quelques-uns de ses vers légers, ce n'est guère qu'à la suite de ceux de son ami : il mérite pourtant une considération à part ; il a une physionomie très-marquée ; il laisse même à qui l'étudie une impression toute autre que celle que l'on reçoit de la rencontre de Chaulieu. Tandis que celui-ci, gai, riant, plein de verve et sous ses airs d'Anacréon, semble avoir rempli sa destinée naturelle, La Fare fait plutôt l'effet d'avoir manqué la sienne ; on voit dans son exemple de riches facultés qui se perdent, et des talents distingués qui s'altèrent et s'abîment faute d'emploi ; on est involontairement attristé. La Fare ne se gouverne pas comme Chaulieu, il s'abandonne, et le fond de la philosophie qui leur est commune se trahit ici à nu.

Et qui donc débuta plus agréablement que lui dans la vie ? Né en 1644 d'une noble famille du Vivarais, fils d'un père homme de mérite et qui avait laissé de bons souvenirs, il entra dans le monde à dix-huit ans (1662), l'année même où Louis XIV, affranchi de la tutelle de

Mazarin, préludait à sa royauté sérieuse : « Ma figure, dit-il, qui n'était pas déplaisante, quoique je ne fusse pas du premier ordre des gens bien faits, mes manières, mon humeur et mon esprit qui étaient doux, faisaient un tout qui plaisait à tout le monde, et peu de gens en y entrant ont été mieux reçus. » Madame de Montausier, cette personne de considération, lui témoignait de l'amitié en souvenir de son père, et l'appuyait de son crédit. Présenté au jeune roi, qui n'avait que six ans plus que lui, La Fare entrait dans le nouveau régime quand tout commençait et sous l'œil du maître ; il n'avait qu'à y tourner son esprit avec quelque suite pour se concilier la faveur : « J'oserais même dire que le roi eut plutôt de l'inclination que de l'éloignement pour moi ; mais j'ai reconnu dans la suite que cette impression était légère, bien que j'avoue sincèrement que j'ai contribué moi-même à l'effacer. » Doué d'un esprit fin et libre, d'un jugement élevé et pénétrant, il aima mieux être indépendant qu'attentif et flatteur, et ce n'est pas ce qu'on peut lui reprocher ; mais il devint évident par la suite qu'il prit souvent pour de l'indépendance ce qui n'était que le désir détourné de se retirer de la presse et de chercher ses aises.

Jeune, il eut pourtant ses ardeurs de se distinguer et sa saison de chevalerie ; il fut le premier, en 1664, à demander au roi la permission de faire partie, comme volontaire, du corps de six mille hommes qu'on envoyait au secours de l'Empereur, sous le commandement de M. de Coligny. Il assista au combat de Saint-Godard, fut blessé à Vienne comme second dans un duel, et revint à la Cour en avril 1665 en veine de succès et même de faveur : le roi, formant une compagnie de gendarmes pour le dauphin son fils, choisit La Fare parmi toute la jeunesse de sa Cour pour lui en donner le guidon.

La Fare servit dans la guerre de 1667, surtout dans celle qui recommença en 1672 ; il se distingua à Senef (1674) et mérita sur le terrain les éloges du prince de Condé. Vers la fin de l'année, ayant rejoint avec son corps M. de Turenne, il eut part aux bontés et à l'amitié de ce grand homme, qui se plaisait à le faire parler sur les choses de guerre et à lui donner jour dans ses desseins. Le récit de ces dernières et de ces plus belles campagnes de Turenne tient la meilleur place dans les Mémoires de La Fare, et y est traité avec plus de détail que le reste. Quand Turenne meurt, il trouve des accents dignes du sujet. « Ainsi finit au comble de sa gloire, dit-il, non-seulement le plus grand homme de guerre de ce siècle et de plusieurs autres, mais aussi le plus homme de bien et le meilleur citoyen ; et, pour moi, j'avouerai que, de tous les hommes que j'ai connus, c'est celui qui m'a paru approcher le plus de la perfection. »

Cependant La Fare, qui n'avait rien fait pour profiter de l'espèce d'inclination que le roi lui avait d'abord témoignée, s'était attiré l'aversion de Louvois, ministre tout-puissant. Était-ce parce que La Fare semblait contre-carrer le ministre en s'attachant à la marquise de Rochefort (1), dont Louvois était également amoureux ? Cette passion de La Fare était moins sérieuse qu'elle ne le paraissait : « Il y avait plus de coquetterie de ma part et de la sienne (de celle de la marquise) que de véritable attachement. Quoi qu'il en soit, ç'a été là l'écueil de ma fortune et ce qui m'attira la persécution de Louvois, qui me contraignit enfin de quitter le service. Mais qu'on est rarement jeune et sage tout à la fois ! » Louvois sentait en La Fare non-seulement un rival auprès d'une femme aimée, mais aussi et surtout

---

(1) La petite-fille de Mme de Sablé.

un esprit indépendant, *jugeur* et qui ne pliait pas. Aussi, lorsqu'en 1677 M. de Luxembourg demanda que La Fare fût fait brigadier, et comme celui-ci représentait à Louvois que de plus jeunes que lui au service étaient déjà maréchaux de camp, Louvois répondit : «Vous avez raison, mais cela ne vous servira de rien.» — « Cette réponse brutale et sincère du ministre alors tout-puissant, qui me haïssait depuis longtemps, nous dit La Fare, et à qui je n'avais jamais voulu faire ma cour, jointe au méchant état de mes affaires, à ma paresse et à l'amour que j'avais pour une femme qui le méritait, tout cela me fit prendre le parti de me défaire de ma charge de sous-lieutenant des gendarmes de Monseigneur le Dauphin, que j'avais presque toujours commandés depuis la création de ma compagnie, et, je puis dire, avec honneur. » Avec la permission du roi, il vendit donc cette charge au fils de Madame de Sévigné avant la fin de la campagne (mai 1677); la paix de Nimègue était près de se conclure : il n'eut pas la patience de l'attendre. Il avait trente-trois ans. Il était tendrement épris depuis quelque temps de l'aimable Madame de La Sablière, et croyait que cette passion qu'elle lui inspirait serait éternelle :

> Je sers une maîtresse illustre, aimable et sage ;
>   Amour, tu remplis mes souhaits :
> Pourquoi me laissais-tu, dans la fleur de mon âge,
> Ignorer ses vertus, ses grâces, ses attraits?...

Et il regrettait les jours plutôt perdus que passés loin d'elle. On sait quel fut le cours et la suite de cette passion. D'abord ils ne se quittaient pas, ils passaient douze heures ensemble; puis, après quelques mois, ce ne fut que sept ou huit heures ; puis il fut évident que l'amour du jeu se glissait comme une distraction à la traverse. On a toute cette chronique par Madame de

Sévigné : « Madame de Coulanges maintient que La Fare n'a jamais été amoureux : c'était tout simplement de la *paresse*, de la *paresse*, de la *paresse* ; et la Bassette (jeu de cartes) a fait voir qu'il ne cherchait chez madame de La Sablière que la bonne compagnie (8 novembre 1679). » Il la cherchait aussi dans le même temps chez Mademoiselle de Champmeslé, comme on le voit par une lettre de La Fontaine à cette célèbre comédienne : « Mais que font vos courtisans? lui écrivait-il dans l'été de 1678 ; car pour ceux du roi, je ne m'en mets pas autrement en peine. Charmez-vous l'ennui, le malheur au jeu, toutes les autres disgrâces de M. de La Fare? » — Moins de deux ans avaient donc suffi pour user et mettre à jour ce grand sentiment. Le monde en parla beaucoup ; on avait dans le principe loué et blâmé en tous sens, comme c'est l'usage : les uns prenaient parti pour La Fare d'avoir quitté le service pour un si beau motif, les autres lui contestaient ce mérite. Madame de Coulanges était sans doute de celles qui avaient le plus pris sa défense : aussi était-elle outrée plus tard au nom de tout son sexe quand elle vit qu'il n'y avait plus moyen de se faire illusion, et que le héros de roman n'était décidément qu'un joueur, un voluptueux et le plus spirituel des libertins : « La Fare m'a trompée, disait-elle plaisamment, je ne le salue plus. »

Cette trahison de cœur et la douleur qu'elle en ressentit conduisirent Madame de la Sablière, âme fière et délicate, à une religion de plus en plus touchée, qui se termina même, par des austérités véritables : elle mourut plusieurs années après aux Incurables. où elle avait fini par habiter. Quant à La Fare, sa carrière, dès cette heure, n'eut plus rien qui le contînt ; il ne fit plus que vivre au hasard et glisser sur la pente.

Il y a souvent en l'homme un défaut dominant et profond, un vice caché qui se dissimule, qui est honteux de paraître ce qu'il est, qui aime à se déguiser dans la jeunesse sous d'autres formes séduisantes, à se donner des airs de noble et belle passion attendez les années venir, le vice caché va s'ennuyer des déguisements et des détours, ou si vous l'aimez mieux, il va hériter de ces autres passions plus faibles et éphémères qui se jouaient devant lui; il va les dévorer et grossir en les absorbant en lui-même et les engloutissant : alors on le verra se démasquer tout à la fin.et se montrer crûment sans plus de honte, laid, difforme, et, pour tout dire, monstreux.

Telle sera à son dernier terme la paresse de La Fare : on hésiterait à en parler de la sorte, si l'on n'avait les preuves les plus fortes à l'appui. Il faut que son exemple donne toute la moralité qu'il renferme. En attendant, il eut des années de plaisir et d'une débauche assaisonnée et corrigée du moins par les jouissances de l'esprit. On n'a qu'à en voir les feuillets épars dans les Œuvres et la correspondance de Chaulieu; La Fare y est à toutes les pages. Il passait sa vie à Saint-Maur chez M. le Duc, à Anet ou au Temple chez les Vendôme, à l'hôtel de Bouillon chez la nièce de Mazarin. Il était (pour être quelque chose) capitaine des gardes de Monsieur, frère du roi; puis il fut au même titre auprès du duc d'Orléans, futur régent. On n'avait pas plus de douceur et de sel tout ensemble : « C'était, a dit de lui son tendre ami Chaulieu, un homme qui joignait à beaucoup d'esprit simple et naturel tout ce qui pouvait plaire dans la société; formé de sentiment et de volupté, rempli surtout de cette aimable mollesse et de cette facilité de mœurs qui faisait en lui une indulgence plénière sur tout ce que les hommes faisaient, et qui, de leur part (1), en eurent pour lui une sem-

(1) Je laisse la prose de l'abbé de Chaulieu dans toutes les grâces de son négligé et de son incorrection, si grâces il y a.

blable... Les siècles auront peine à former quelqu'un d'aussi aimables qualités et d'aussi grands agréments que M. de La Fare. » Ces qualités et ces agréments, nous en entrevoyons quelque chose, bien moins encore par les vers qu'a laissé échapper La Fare et qui sont faibles, privés aujourd'hui des circonstances de société qui les ont fait naître (1), que par ses mémoires fins, sérieux, piquants et qu'on regrette seulement de trouver trop courts et inachevés.

Le début des Mémoires de La Fare est une espèce de prologue à la Salluste par le tour, sinon par le fond du raisonnement. Tandis que le voluptueux Salluste cherche au commencement de ses Histoires à élever sa pensée et celle de ses lecteurs et à la fixer vers les choses impérissables, La Fare, moins ami de l'idéal et qui sépare moins ses écrits de ses propres habitudes, commence par une citation de Pantagruel. Il établit bien d'abord qu'il n'aspire point à améliorer la condition de l'homme ou la morale de la vie ; il estime que chacun

---

(1) Il y a bien du mélange dans ces *Poésies* de La Fare, mélange de bon et de mauvais, mélange de ce qui est de lui et de ce qui lui a été à tort attribué : on cite toujours comme de sa meilleur façon ces jolis vers sous le titre de *madrigal* :

> Présents de la seule nature,
> Enfantement de mon loisir,
> Vers aisés par qui je m'assure
> Moins de gloire que de plaisir,
> Coulez, enfants de ma Paresse :
> Mais, si d'abord on vous caresse,
> Refusez-vous à ce bonheur ;
> Dites qu'échappés de ma veine
> Par hasard, sans force et sans peine,
> Vous méritez peu cet honneur !

Or dans un exemplaire des *Poésies* de La Fare, annoté à la main par Douxmesnil, je trouve pour note en tête de ces vers : « C'est le commencement d'une ode de La Faye » Et en effet le prétendu madrigal est bien une strophe.

a en soi, c'est-à-dire dans son tempérament, les principes du bien et du mal qu'il fait, et que les conseils de la philosophie servent de peu : « Celui-là seul est capable d'en profiter, dit-il, dont les dispositions se trouvent heureusement conformes à ces préceptes; et l'homme qui a des dispositions contraires agit contre la raison avec plus de plaisir que l'autre n'en a de lui obéir. » Ce qu'il veut faire, c'est donc de présenter un tableau de la vie telle qu'elle est, telle qu'il l'a vue et observée : « Tous les livres ne sont que trop pleins d'idées; il est question de présenter des objets réels, où chacun puisse se reconnaître et reconnaître les autres. » Les premiers chapitres des Mémoires de La Fare, et qui semblent ne s'y rattacher qu'à peine, tant il prend les choses de loin et dans leurs principes, sont toute sa philosophie et sa théorie physique et morale. Il est évident qu'il ne croit pas à la liberté dans le sens philosophique du mot; il explique toute la diversité qu'on voit dans les pensées et par conséquent dans la vie des hommes, indépendamment des divers âges du monde et des états ou degrés de civilisation où ils naissent, par le *tempérament*, la *fortune* et *l'habitude;* et il en vient ainsi, d'une manière un peu couverte, à exposer ce que nous appellerions sa philosophie de l'histoire.

Selon lui, si les hommes pris en détail dans leur conduite et leur caractère diffèrent entre eux, les siècles pris dans leur ensemble ne diffèrent pas moins les uns des autres; la plupart des hommes qui y vivent, qui y sont plongés et qui en respirent l'air général, y contractent certaines habitudes, certaine trempe ou teinte à laquelle échappent seuls quelques philosophes, gens plus propres à la contemplation qu'à l'action et à critiquer le monde qu'à le corriger : « Il serait à souhaiter cependant que dans chaque siècle il y eût des observateurs désintéressés des manières de faire de leur temps, de leurs changements et de leurs causes; car on aurait par là une expérience de tous les siècles, dont les hommes d'un esprit supérieur pourraient profiter. » Appliquant cette idée aux dernières époques historiques, il montre que le seizième siècle, par exemple, fut un siècle de troubles et de divisions, d'abaissement de l'autorité royale et de rébellions à main armée, tellement que ces guerres et rivalités de princes et de grands seigneurs sous forme de religion étaient devenues le régime presque habituel : « Comme il y avait beaucoup de chemins différents pour la fortune, et des moyens de se faire valoir, l'esprit et la hardiesse personnelle furent d'un grand usage, et *il fut permis d'avoir le cœur haut et de le sentir*. Ce fut le siècle des grandes vertus et des grands vices, des grandes actions et des grands crimes. »

Avec Henri IV commença ou recommença le système monarchique. Ce roi qui avait vu de près les désordres et en avait tant souffert s'appliqua à y remédier, « et la première chose qu'il eut en vue fut l'abaissement des grands seigneurs. Mais comme on ne va point d'une extrémité à l'autre sans passer par un milieu, il commença seulement par ne leur donner plus de part au gouvernement ni à sa confiance, et choisit des gens qu'il crut fidèles et de peu d'élévation. »

Ce système se poursuivit après Henri IV et même à travers les incertitudes du régime intermédiaire, jusqu'à ce que Richelieu fût venu le prendre en main et le pousser à bout plus hardiment que personne : « Celui-ci (Richelieu), d'un esprit vaste et hautain, entreprit en même temps l'abaissement total des grands seigneurs, celui de la maison d'Autriche, et la destruction des religionnaires; et, s'il ne parvint pas à l'entière exécution de toutes ces entreprises, il leur donna de tels commencements, que depuis nous en avons vu l'accomplissement. Ce fut pour lors que tout le monde prit *l'esprit de servitude.* » La Fare rend pourtant cette justice au cardinal de Richelieu « qu'avec cette jalousie qu'il avait de l'autorité royale et de la sienne qu'il en croyait inséparable, il aima et récompensa la vertu partout où elle ne lui fut pas contraire, et employa volontiers les gens de mérite. »

Le dix-septième siècle tout entier eût été voué à cet établissement du pouvoir d'un seul et à cet abaissement de ce qui s'était trop élevé auparavant, s'il n'y avait eu sous la Régence d'Anne d'Autriche cette sorte d'interrègne turbulent et animé qu'on appelle la Fronde. Il se fit là tout d'un coup comme un réveil de la licence, des intrigues et de l'émancipation en tous sens qui s'était vue au seizième siècle; toutes les imaginations, toutes les ambitions étaient en campagne : « Il est aisé de comprendre, nous dit La Fare, comme quoi chacun alors par son industrie pouvait contribuer à sa fortune et à celle des autres : aussi les gens que j'ai connus, restés de ce temps-là, étaient la plupart d'une ambition qui se montrait à leur première vue, ardents à entrer dans les intrigues, artificieux dans leurs discours, et tout cela avec de l'esprit et du courage. » Mais ce réveil dura peu et conduisit même à l'excès de nivellement qui a suivi.

Mazarin y achemina d'abord, mais avec assez de douceur et par voie de transition ; il ressaisit et répara l'autorité royale, mais sans la faire trop rudement sentir : « Comme il avait eu besoin de tout le monde, il ménagea le mieux qu'il put et les uns et les autres. Il promit beaucoup et ne tint guère, gouverna le monde plus par l'espérance que par la crainte : on lui fit faire à lui-même beaucoup de choses en le menaçant. Enfin ce fut un homme qui, avec une autorité suprême, *compta un peu avec le genre humain.* Du reste, il eut des amis avec qui il vécut familièrement ; il introduisit les plaisirs et les jeux, et amollit par là les courages. »

Louis XIV, au milieu de cela, grandissait et allait prendre avec résolution et dignité le pouvoir que Mazarin lui avait refait peu à peu. Quand je dis qu'il le reprit avec dignité, ce n'est pas La Fare qui le dit, car ici il commence à devenir d'une extrême sévérité et injustice envers Louis XIV. La Fare a un malheur, il n'est pas assez de son siècle, lequel fut un grand siècle; il n'en aime ni l'esprit, ni le courant général, ni la direction : il n'en voit que les excès et les inconvénients. Louis XIV, même dans sa jeunesse et dans son train de galanterie, prétend-il établir un peu de décorum à la Cour, de la réserve dans les rapports extérieurs des hommes et des femmes, La Fare ne voit en lui qu'un roi d'une *humeur naturellement pédante et austère*, qui, en nuisant à l'ancienne galanterie, en viendra à ruiner la politesse et à introduire par contre-coup l'indécence. En politique, il le voit toujours gouverné en craignant de l'être, seulement l'étant par plusieurs au lieu de l'être par un seul ; s'entêtant où se désabusant de certains hommes sans beaucoup de sujet; et il lui conteste cette haute appréciation, cette justesse et ce coup-d'œil de roi qu'on accorde assez généralement aujourd'hui au noble monarque. C'est un malheur en tout cas pour un homme d'esprit et de talent de prendre ainsi à contre-sens l'époque dont il est contemporain, et le règne dont il serait un serviteur naturel et distingué; on le juge, on le critique ce règne qui nous déplaît, mais à la longue on s'y aigrit, ou, si l'on est doux, on s'y relâche et l'on se démoralise. C'est une rude gageure que de se dire : « Je passerai une grande partie de ma vie dans une époque sans en être, sans la servir comme elle veut être servie, et j'attendrai que l'heure propice et plus d'accord avec mon humeur soit revenue. » La Fare fit peut-être à certain moment cette gageure, mais il la perdit.

Embrassant donc le dix-septième siècle dans son ensemble et le résumant dans le caractère qui y domine, il y voit, contrairement à l'esprit du seizième siècle, un perpétuel travail et une tendance suivie depuis Henri IV et Richelieu jusqu'à Louis XIV à l'établissement du pouvoir monarchique : « On peut dire que l'esprit de tout ce siècle-ci, remarque-t-il, a été, du côté de la Cour et des ministres, un dessein continuel de relever l'autorité royale jusqu'à la rendre despotique ; et du côté des peuples, une patience et une soumission parfaite, si l'on en excepte quelque temps pendant la Régence. » Il sent bien que ce qui a porté l'autorité royale au point où il la voit élevée, ça été précisément l'abaissement qu'elle avait souffert au siècle précédent et le souvenir laissé par les guerres civiles : et s'il y a eu sous Louis XIV cette recrudescence d'effort et de zèle monarchique, ça été au ressentiment récent de la Fronde qu'on le doit. La Fare cite à ce sujet un mot de M. de La Rochefoucauld qui avait été l'un des principaux acteurs de cette dernière guerre civile, et qui lui disait : « Il est impossible qu'un homme qui en a tâté comme moi veuille jamais s'y remettre. » La Fare en conclut que l'histoire est un *va-et-vient*, un jeu de bascule perpétuel ; que l'abus qu'on fait d'un des éléments pousse à l'élément contraire, jusqu'à ce qu'on en abuse comme on avait fait du premier ; que « l'idée des peines et des maux venant à s'effacer peu à peu de la mémoire des hommes, et frappant peu l'esprit de ceux qui ne les ont point éprouvés, les mêmes passions et les mêmes occasions rengagent les hommes dans les mêmes inconvénients. » Il prédit donc, sous Louis XIV, qu'un jour viendra où, à la première occasion, l'excès de cette autorité amènera de nouveaux désordres, et il anticipe de loin par la vue sur le dix-huitième siècle. En attendant il se console de ne plus servir, de ne plus prendre sa part dans le drame public qui se continue, moyennant cette réflexion que « bien que depuis trente ans il se soit fait de grandes choses en ce royaume, il ne s'y est point fait de grands hommes ni pour la guerre, ni pour le ministère : non que les talents naturels aient manqué dans tout le monde, mais parce que la cour ne les a ni reconnus ni employés... » Pour moi, je l'avoue, ces beaux raisonnements et pronostics de décadence, même en partie justifiés depuis, me touchent peu; il me semble qu'il y avait quelque chose qui eût mieux valu : supporter quelques refus de plus de la part de Louvois, tenir bon sous les armes et sous le drapeau, et rester en mesure pour être de ceux qui honoreront la France dans ses mauvais jours avec Bouflers, ou qui la sauveront avec Villars. Cela ne valait-il pas mieux que de se gorger, comme nous le verrons, dans les orgies de la Butte Saint-Roch ou du Temple?

Les Mémoires de La Fare, dans les trop courts récits et les portraits qu'ils renferment, sont pleins d'esprit, de finesse, de bonne langue, et tous les jugements qu'il fait des hommes sont à considérer. Sur Vardes si mêlé aux intrigues de la Cour de Madame, et qui n'était plus de la première jeunesse, « mais plus aimable encore par son esprit, par ses manières insinuantes, et même par sa figure, que tous les jeunes gens; » — sur Lauzun, « le plus insolent petit homme qu'on eût vu depuis un siècle, » excellent comédien, non reconnu tout d'abord; — sur Bellefonds qui était creux et faux en tout, « faux sur le courage, sur l'honneur et sur la dévotion; » — sur La Feuillade « fou de beaucoup d'esprit, continuellement occupé à faire sa cour, et l'homme le plus pénétrant qui y fût, mais qui souvent passait le but; »— sur Marsillac, fils de La Rochefoucauld, c'est-à-dire de l'homme de son temps le plus délié et le plus poli, et qui lui même réussit dans la faveur, « étant homme de mérite, poli, et *sage de bonne heure*, caractère que le roi a toujours aimé; » — sur le chevalier de Rohan, au contraire, qui fut décapité pour crime de lèse-majesté, « l'homme de son temps le mieux fait, de la plus grande mine, et *qui avait les plus belles jambes* » (car *il ne faut pas mépriser les dons de la nature, pour petits qu'ils soient, quand on les a dans leur perfection*) (1); — sur tous ces originaux et bien d'autres le témoignage de La Fare est précieux, de même que son expression est parfaite. Ce que Saint-Simon dit en débordant, La Fare le dit d'un mot et en courant; mais on a la note la plus juste. On s'aperçoit pourtant, à mesure qu'on avance dans cette lecture, et quand on est sorti du service avec La Fare, que sa narration languit et devient vague, inexacte. Il est bien certain que si La Fare s'est retiré pour un passe-droit comme il arriva vingt-cinq ans plus tard à Saint-Simon, ce n'a pas été avec la même arrière-pensée que lui : il n'écrit ses Mémoires que par occasion et au hasard, non avec suite. Saint-Simon a son but, sa consolation toute prête; il sera l'historiographe caché et acharné du siècle; il en est l'observateur enflammé, vigilant et infatigable. La Fare n'a point cette passion, il n'a pas cette rage de peindre. Une fois retiré, il n'est pas assez curieux, il n'est pas assez informé; il ne fait pas son affaire de savoir tout. Il ne travaille pas assez pour arriver à écrire des Mémoires un peu longs et complets; la plume lui tombe des mains avant la fin, et c'est dommage; il

---

(1) Homère, avant La Fare, a fait dire à Pâris répondant à son frère Hector qui lui reprochait sa beauté : « Ne me reproche point les dons aimables de Vénus : les dons brillants des Dieux ne sont jamais à rejeter, car ils ne les accordent que parce qu'ils le veulent bien, et nul ne se les donnerait à volonté. » (*Iliade*, III, 64.)

était si cabable de bien juger et de donner sur les hommes qu'il a connus de ces traits qui restent et qui fixent en peu de mots la vérité du personnage!

Il nous a nommé lui-même sa passion favorite et l'a ouvertement célébrée dans des Stances à Chaulieu *sur la Paresse;* il attribue à cette enchanteresse plus de mérite qu'on ne peut lui en reconnaître quand on sait quelle fut son influence sur sa vie :

>Pour avoir secoué le joug de quelque vice,
>Qu'avec peu de raison l'homme s'enorgueillit !
>Il vit frugalement, mais c'est par avarice ;
>S'il fuit les voluptés, hélas ! c'est qu'il vieillit.
>
>Pour moi, par une longue et triste expérience,
>De cette illusion j'ai reconnu l'abus ;
>Je sais, sans me flatter d'une vaine apparence,
>Que c'est à mes défauts que je dois mes vertus
>
>Je chante tes bienfaits, favorable Paresse,
>Toi seule dans mon cœur as rétabli la paix...

De quelle paix s'agit-il? et n'est-ce pas le cas d'appliquer ici le mot de Vauvenargues : « La plus fausse de toutes les philosophies est celle qui, sous prétexte d'affranchir les hommes des embarras des passions, leur conseille l'oisiveté, l'abandon et l'oubli d'eux-mêmes. »

La Fare nous explique d'ailleurs qu'il ne s'agit point d'une paix sobre et recueillie comme l'entendraient certains philosophes; la sienne était remplie de gaieté, de gros jeu, de festins, de beautés d'Opéra, et ne ressemblait pas mal à une ode bachique continuelle. Revenant en idée sur cet amour délicat et tendre qui avait honoré son passé, sur ce souvenir qui aurait dû lui être sacré de madame de La Sablière, il ne craignait pas de le comparer et de le sacrifier aux images de cette vie sans retenue et sans scrupule qui l'envahissait désormais tout entier:

De Vénus-Uranie, en ma verte jeunesse,
 Avec respect j'encensai les autels,
Et je donnai l'exemple au reste des mortels
 De la plus parfaite tendresse.

Cette commune loi qui veut que notre cœur
 De son bonheur même s'ennuie,
Me fit tomber dans la langueur
 Qu'apporte une insipide vie.

Amour! viens, vole à mon secours,
M'écriai-je dans ma souffrance ;
Prends pitié de mes derniers jours...

Et il définissait cette dernière sorte d'amours qui lui étaient venus en aide, et qui étaient les moins célestes de tous, les plus libertins, si ce n'est les plus vulgaires :

Heureux si de mes ans je puis finir le cours
 Avec ces folâtres Amours !

N'usons point tant de périphrases; ne nous laissons point abuser par quelques jolis vers galants de La Fare à madame de Caylus, qui nous donneraient le change sur son train de vie, et osons montrer le mal final tel qu'il n'y a pas lieu de le déguiser. On lit, en effet, dans une lettre du chevalier de Bouillon à l'abbé de Chaulieu, qui était alors à Fontenay, en 1711 :

« Malgré votre peu d'attention pour moi, je ne puis m'empêcher, mon cher abbé, de vous assurer que vous n'avez point d'ami qui regrette si fort votre absence, et qui soit plus sensible à votre retour. Quand on a eu le plaisir de vivre avec vous, toutes les autres compagnies paraissent fort insipides ; je ne trouve presque partout où je vais que de languissantes conversations et de froides plaisanteries, bien éloignées de ce sel que répandait la Grèce, qui vous rend la terreur des sots. Je fus voir hier, à quatre heures après-midi, M. le marquis de La Fare, en son nom de guerre *M. de la Cochonière*, croyant que c'était une heure propre à rendre une visite sérieuse (1); mais je fus

---

(1) L'hôtel de La Fare était dans le quartier de la Butte Saint-Roch, comme nous l'apprend M. Édouard Fournier dans son travail spirituel et très-littéraire intitulé *Paris démoli* (1853).

bien étonné d'entendre dès la cour des ris immodérés et toutes les marques d'une bacchanale complète. Je poussai jusqu'à son cabinet, et je le trouvai en chemise, sans bonnet, entre son *Rémora* et une autre personne de quinze ans, son fils l'abbé versant des rasades à deux inconnus ; des verres cassés, plusieurs cervelas sur la table, et lui assez chaud de vin. Je voulus, comme son serviteur, lui en faire quelque remontrance ; je n'en tirai d'autre réponse que : Ou buvez avec nous, ou allez, etc... J'acceptai le premier parti et en sortis à six heures du soir quasi ivre-mort. Si vous l'aimez, vous reviendrez incessamment voir s'il n'y a pas moyen d'y mettre quelque ordre : entre vous et moi, je le crois totalement perdu. »

Voilà où l'avait mené en définitive cette paresse si commode et si agréablement chantée, à laquelle il n'avait plus opposé aucune défense ; voilà ce que le petit-neveu de Turenne trouvait à dire sur l'homme qui avait si bien servi sous son grand-oncle. La Fare avait alors près de soixante-huit ans. Chaulieu, sans s'émouvoir de cette lettre, y voyait avant tout un agréable tableau *à la Téniers*. Peu après, à la date de 1712 (22 ou 29 mai), Saint-Simon écrivait :

« Deux hommes d'une grosseur énorme, de beaucoup d'esprit, d'assez de lettres, d'honneur et de valeur, tous deux fort du grand monde et tous deux plus que fort libertins, moururent en ce même temps, et laissèrent quelque vide dans la bonne compagnie : Cominges fut l'un... La Fare fut l'autre démesuré en grosseur. Il était capitaine des gardes de M. le duc d'Orléans, après l'avoir été de Monsieur, et croyait avec raison avoir fait une grande fortune. Qu'aurait-il dit s'il avait vu celle de ses enfants : l'un avec la Toison-d'Or et le Saint-Esprit, l'autre très-indigne évêque-duc de Laon ?... La Fare était un homme que tout le monde aimait, excepté M. de Louvois, dont les manières lui avaient fait quitter le service. Aussi souhaitait-il plaisamment qu'il fût obligé de digérer pour lui. Il était grand gourmand, et, au sortir d'une grande maladie, il se creva de morue et en mourut d'indigestion. Il faisait d'assez jolis vers, mais jamais en vers ni en prose rien contre personne. Il dormait partout les dernières années de sa vie. Ce qui surprenait, c'est qu'il se réveillait net, et continuait le propos où il le trouvait, comme s'il n'eût pas dormi. »

On a là ce que peut devenir, dans l'homme de l'esprit le plus fin, la paresse, ce péché capital le plus insensible d'abord et le plus paisible, mais qui en couve sous soi plusieurs autres : paresse dormeuse, paresse joueuse, et bientôt paresse gloutonne, tout cela se tient. Et c'est ici qu'on a droit de s'élever contre cette philosophie et cette théorie que La Fare avait voulu ériger d'après lui-même, et qu'on peut lui dire : Divin ou humain, il me faut un ressort dans la vie, sans quoi tout se relâche! La non-croyance à l'immortalité sous une forme ou sous une autre est sujette à produire de ces chutes. Mieux vaudrait encore un démon au cœur que cette absence de tout ressort, de tout mobile élevé (1). Cicéron, Chateaubriand, Vauvenargues, venez-nous en aide avec vos nobles images de la gloire! Non, tout n'y est pas illusion et idole; c'est elle qui nourrit et incite, qui entretient les flammes généreuses; sans elle tout languit, s'abat et s'abaisse : « Après tout, dit Chateaubriand mettant le pied sur les ruines de l'antique Sparte, après tout, ne dédaignons pas trop la gloire; rien n'est plus beau qu'elle, si ce n'est la vertu. Le comble du bonheur serait de réunir l'une à l'autre dans cette vie; et c'était l'objet de l'unique prière que les Spartiates adressaient aux Dieux : *Ut pulchra bonis adderent!* » — « La gloire est la preuve de la vertu, » a dit Vauvenargues ; et dans un admirable Discours adressé à un jeune ami il expose toute une noble doctrine que je voudrais mettre en regard de cette lettre

---

(1) C'est à La Fare, sous le nom de *Quintius* qu'est adressé l'*Anti-Lucrèce* de son ami le cardinal de Polignac :

Magnum opus aggredior, Quinti, de Numine summo,
Dicturus. . . . .
. . . .
Tu vero, Quinti, præceps quem forte juventus
Incautum abripuit, legique inimica voluptas,
Aut acris vigor ingenii, plerumque recusans
Cum populo sentire, jugo subduxit, et ævi
Impulit æterni magnum tentare periclum,
Pone modum, quæso. Ne te auferat ebrius ardor, etc.

du chevalier de Bouillon à Chaulieu, et qui la réfute par une éloquence victorieuse : « Insensés que nous sommes, nous craignons toujours d'être dupes ou de l'activité, ou de la gloire, ou de la vertu ! mais qui fait plus de dupes véritables que l'oubli de ces mêmes choses ? qui fait des promesses plus trompeuses que l'oisiveté ? » Demandez plutôt à La Fare mourant si cette paresse à laquelle il se fiait ne l'a pas trompé ; lui qui se plaignait de l'esprit de servitude de son temps, et qui regrettait le seizième siècle parce qu'on y portait le cœur fier et haut, demandez-lui si c'est là qu'il en voulait venir? Et puisque j'en suis à rappeler ces souvenirs fortifiants et ces antidotes en regard d'un exemple de dégradation qui afflige, qu'il me soit permis de joindre ici la traduction de la fameuse Hymne d'Aristote à la Vertu, où circule encore et se resserre en un jet vigoureux toute la séve des temps antiques :

« Vertu qui coûtes tant de sueurs à la race mortelle, ô la plus belle proie de la vie, c'est pour toi, pour ta beauté, ô Vierge, qu'il est enviable en Grèce, même de mourir, et d'endurer des travaux violents d'un cœur indomptable ; tant et si bien tu sais jeter dans l'âme une semence immortelle, supérieure à l'or et aux joies de la famille, et au sommeil qui console la paupière ! C'est pour toi que le fils de Jupiter, Hercule, et les enfants de Léda ont supporté toutes leurs épreuves, proclamant par leurs actions ta puissance ; c'est par amour pour toi qu'Achille et Ajax sont descendus dans la demeure de Pluton. C'est pour ton aimable visage, enfin, que le nourrisson d'Atarnée (1) a mis en deuil, par sa mort, la clarté du soleil : aussi est-il digne pour ses hauts faits du chant des poëtes, et les Muses, filles de Mémoire, le rendront immortel et ne cesseront de le grandir, au nom même de l'hospitalité sainte et de l'inviolable amitié. »

Telles étaient les chansons de table que se permettait

(1) Il s'agit d'Hermias, un moment roi d'Atarnée en Mysie, disciple et ami d'Aristote, et qui, venu tard et resserré dans un cadre étroit, paraît avoir eu des vertus héroïques. Je sais qu'il y a eu de mauvaises langues jusque dans l'antiquité qui ont médit de cet enthousiasme du philosophe pour Hermias, mais je ne m'attache ici qu'au souffle et à l'âme de sa poésie.

le maître d'Alexandre. Et nous, retenons jusque dans les âges modernes quelque chose de ces mâles échos. Que chacun, de son mieux, fasse et enfonce son sillon dans la vie. Un sage a dit : « Veux-tu savoir où tu tomberas mort? regarde de quel côté tu penches vivant. » La morale prochaine et directe de cet article sur La Fare, c'est qu'il ne faut pas se faire exprès toute sa doctrine et la porter du côté où l'on penche ; il faut qu'elle nous soit un contre-poids en effet, non un poids de plus ajouté à celui de notre tempérament, de nos sens et de nos secrètes faiblesses, comme si nous avions peur de ne pas tomber assez tôt.

Lundi, 21 août 1854.

LÉOPOLD ROBERT

SA VIE, SES ŒUVRES ET SA CORRESPONDANCE

Par M. F. FEUILLET DE CONCHES (1).

« Il faut avouer que l'amour-propre, l'amour de la gloire, l'ambition, peuvent faire faire de belles choses aux hommes. » C'est ce qu'écrivait Léopold Robert à l'un de ses amis, et toute sa vie le prouve. En revenant aujourd'hui sur un sujet qui a été si bien traité déjà dans le *Moniteur* (15 juillet) par M. Théophile Gautier, je n'ajouterai rien à ce que notre spirituel collaborateur a dit du peintre; il l'a jugé en le peignant à son tour : « La moitié du génie est faite, comme on l'a dit, de patience, et le laurier de la gloire couronne le front de cet amant obstiné du Beau. » Cette conclusion est notre point de départ. Dans ces rapides articles que M. Théophile Gautier donne au *Moniteur*, sa plume brillante sait résumer et figurer avec une précision d'artiste bien des observations et des études que d'autres développeraient et étendraient en analyse. Après la médaille

(1) Nouvelle édition, chez Michel Lévy, rue Vivienne, 2 *bis*.

ou le camée, c'est donc une de ces analyses que j'essaye, à l'aide, il est vrai, des meilleurs secours ; car non-seulement l'intéressant ouvrage de M. Feuillet de Conches a rassemblé sur l'homme et le peintre tout ce qu'on peut désirer, mais, de plus, l'obligeance bien connue de M. Feuillet m'a permis de puiser dans les deux volumes manuscrits de la Correspondance même de Léopold Robert, où se trouvent rangées chronologiquement et dans toute leur étendue les lettres adressées par lui à M. Navez, à Schnetz; au consul de Suisse à Rome, M. Snell; à M. Marcotte d'Argenteuil ; à M. H. Boulay (de la Meurthe), au graveur Jési, etc. On a là toute sa vie morale et intérieure développée jour par jour dans un tableau sincère et involontaire.

Il y a eu des peintres excellents écrivains ; sans remonter plus haut, sir Josué Reynolds et M. Eugène Delacroix, ces brillants coloristes par le pinceau, sont d'ingénieux et d'habiles écrivains avec la plume ; mais ils savent ce qu'ils font. Léopold Robert, en ses épanchements naïfs et suivis avec ses amis, ne se doutait pas qu'il serait un jour pris pour un écrivain. Le recueil de ses Lettres, que d'abondants extraits de M. Feuillet de Conches font déjà connaître et dont la publication plus entière deviendra possible avec les années, formera un livre qui se placera tout naturellement à côté du recueil des Lettres du Poussin, celui de tous les peintres de qui Léopold Robert relevait le plus, et dont il écrivait à un ami :

« J'ai été enchanté de me rapprocher autant avec vous pour ce que vous me dites du Poussin. Ses ouvrages font toujours mon admiration par la pensée profonde et toujours élevée qu'il y a. Tout ce qu'il a fait prouve tant de fond, un sentiment si réfléchi que l'on ne peut voir ses tableaux sans s'arrêter longtemps à les considérer. On aime à se pénétrer des résultats d'une imagination si sûre. En somme, de tout ce qui a produit dans les arts, c'est lui et Michel-Ange qui me remuent le plus : le premier par le fond de philosophie si bien écrit ;

le second par une imagination si gigantesque, si grande, si originale. »

On sait que Léopold Robert, né le 13 mars 1794 à la Chaux-de-Fonds, sur le versant du Jura, dans le canton de Neuchâtel, appartenait à une famille qui pratiquait le métier de l'horlogerie, et qui avait les vertus simples, naturelles, domestiques, la frugalité, la probité antique et scrupuleuse. Bien des années après en être sorti et dans son dernier séjour à Venise, Léopold Robert à qui il était arrivé une fois par exception de revoir d'avance d'un ami le prix d'un tableau qui n'était pas commencé, en ressentait presque un remords :

« Rien ne me tourmente plus que l'idée de faire un travail dû ; elle est toujours là... Jamais je ne consentirais avec personne d'être payé avant d'avoir livré un tableau qui me serait demandé. Je regarde cela comme une dette d'argent : et dans notre famille nous avons tous été élevés avec des principes qui nous font envisager avec la plus grande frayeur de contracter des obligations que tant de circonstances peuvent empêcher de remplir. Nous entendions dire sans cesse qu'il valait mieux vivre de peu, et de très-peu même, que de risquer par une ambition trop grande de se donner des chagrins qui peuvent durer toujours. Il nous en est resté une si forte impression qu'entre nous-mêmes nous n'avons jamais eu un compte en litige, et nous n'en avons jamais. A votre égard, excellent ami, voyez quelle exception! Je ne me reconnais vraiment pas. »

Ce scrupule sur un point fait juger de toute l'économie de la vie et des mœurs.

Après avoir essayé d'entrer dans le commerce, Léopold Robert revint dans sa famille et s'y fit remarquer par un goût instinctif pour la gravure, genre dans lequel s'est illustré plus d'un de ses compatriotes de la Chaux-de-Fonds. Il fut alors envoyé à Paris vers 1810, pour s'y former sous la direction d'un compatriote, Girardet ; il fréquentait en même temps l'atelier de David et suivait ses leçons. Ce grand maître, et Gérard, qui apprécia de bonne heure Léopold Robert et qui le servit toujours, lui conseillèrent de ne pas abandonner la peinture, même en continuant de graver. Les événements de 1814 et de 1815, qui détachèrent la principauté de Neuchâtel de la France, ôtèrent à Léopold Robert, avec la qualité de Français, l'espoir d'être envoyé à Rome comme premier grand prix de gravure, distinction à laquelle il touchait presque avec certitude. Il se retourna alors vers la peinture, luttant contre les circonstances pénibles avec l'opiniâtreté de sa volonté jointe à de la timidité dans le caractère. Il était résolu pourtant à ne pas s'enterrer à la Chaux-de-Fonds, où il était retourné ; il sentait que sa destinée n'était pas là, lorsque la protection d'un compatriote, M. de Roullet-Mézerac, vint le chercher à l'improviste et lui offrir les moyens d'aller étudier à Rome, sauf à s'acquitter ensuite. Écoutons-le lui-même :

« M. de Roullet-Mézerac est de Neuchâtel et y habite. En 1817, il fit un voyage en Italie avec sa famille et trouva à Rome, parmi les pensionnaires de l'Académie de France, un jeune homme de nos montagnes qui, sous le prince Berthier, avait obtenu un prix de gravure en médailles (C'était Brandt, devenu depuis célèbre et établi à Berlin). M. de Roullet eut occasion de le voir et l'accueillit très-amicalement comme compatriote ; et dans quelques conversations qu'ils eurent ensemble, M. de Roullet désira savoir s'il y avait à Paris d'autres jeunes compatriotes étudiant les arts. Je fus nommé par ce jeune homme qui est mon parent, et il n'en fallut pas plus pour engager M. de Roullet à chercher à me procurer quelques avantages. Je dois dire cependant que je crois que sa femme, qui est Française et dame très-distinguée, fut pour beaucoup dans la détermination qu'il prit. »

Un cri de joie de Léopold Robert fut la réponse à ces ouvertures. — *Italiam ! Italiam !* s'écriait-il à sa manière comme les exilés et comme les conquérants : « Enfin, mon cher, écrivait-il le 30 avril 1818 à ce même Brandt qui lui avait préparé la voie, toutes mes inquiétudes se dissipent : je vais partir. Je sens en moi une partie de ta force. Ta manière élevée de voir se communique à moi, et, quoiqu'en ce moment il se trouve ici beaucoup d'ouvrage pour moi, je laisse tout pour ne suivre que tes conseils. »

Mais la joie de Léopold Robert, en quittant sa famille pour la patrie du soleil et des arts, fut mêlée de quelque amertume : il aimait profondément sa mère, ses frères, ses sœurs. En se séparant d'eux pour longtemps, en se disant qu'il rompait avec les habitudes domestiques régulières, qu'il avait reprises depuis son retour, il éprouvait une de ces douleurs tendres et pénétrantes que savent tous ceux qui ont vécu intimement de la vie de famille; douleur recouverte, que la plupart dissipent bientôt et évaporent, mais que, lui, il couva toujours et concentra, au point de la sentir plutôt augmenter avec les années. Dix ou onze ans après, écrivant de Rome (22 décembre 1829) à M. Marcotte, son digne et incomparable ami de tous les temps, il lui exprimait, d'une manière un peu voilée, mais avec insistance, les regrets de l'homme du Nord, de l'homme plus intérieur et spiritualiste qui se sent jusqu'à un certain point exilé dans ce pays de la lumière et des sensations heureuses. Il s'agissait d'une épidémie qui avait sévi cette année-là, et qui avait frappé particulièrement les gens de travail dans la campagne :

« Quoi qu'il en soit, écrit Léopold Robert, je crois que la classe la plus indigente ici n'est pas aussi à plaindre que dans le Nord, et ce qui paraît devoir en donner la certitude, c'est le peu de désir, je dirai presque l'absence de désir que ceux qui la composent ont pour en sortir. Un ciel pur et un soleil méridional leur donnent une gaieté et un attrait pour la vie, qui est peu concevable pour nous *qui apportons toujours dans les plus beaux lieux un principe de mort*. Je ne peux m'expliquer autrement cette différence qu'en me persuadant qu'ils ont le moral et le physique en rapport parfait, et que chez nous le moral l'emporte beaucoup : ce qui fait qu'en ayant plus d'envie de faire le bien que de moyens de le faire, qu'ayant des idées qui nous sortent trop de notre sphère individuelle, et que, souffrant de mille manières inconnues aux hommes qui aiment trop leur personne, nous ne pouvons nous défaire d'un fonds de tristesse et de mécontentement intérieur qui perce plus ou moins. »

Il remarquait que les sujets de conversation en Italie entre gens du Nord se ressentaient de cette disposition, dans laquelle les Italiens, au contraire, entraient assez peu :

« Les Italiens, disait-il, ne les conçoivent pas (ces sujets d'entretiens); ils sont bien éloignés d'y prendre part avec quelque plaisir. On ne peut pas cependant leur ôter une belle dose d'imagination et d'idées particulières. Il me semble pourtant qu'elles ont toujours quelque chose de matériel pour la plus grande partie, et que le résultat ordinaire, c'est l'annonce d'un *bonheur terrestre* véritable, même dans leurs afflictions. »

En extrayant et citant des passages de Léopold Robert, ce qui est mon principal objet, ai-je besoin de faire remarquer que sa plume a une sorte d'inexpérience et de gaucherie en s'exprimant? Elle tâtonne en quelque sorte, comme son pinceau peut-être avait fait d'abord ; mais il a toujours quelque chose à dire, et il finit par l'accuser, par le rendre. En continuant d'écrire, comme il le fit avec plus d'abondance dans les dernières années, il serait arrivé à dégager son expression : jusque dans ses incorrections et son incertitude, elle a son charme.

Les premiers temps du séjour de Léopold Robert en Italie et à Rome ne furent qu'une rapide ivresse ; puis vint le travail : il s'agissait de se diriger, de trouver et de suivre son genre de talent. Il y avait d'un côté les tableaux des anciens, les *maîtres,* comme on disait; de l'autre, la *nature* romaine et la vie elle-même dans son caractère grandiose et sa simplicité. Léopold Robert s'occupa beaucoup moins de regarder les maîtres que la nature : « Je cherche à suivre la nature en tout. David nous disait toujours que c'est le seul maître que l'on puisse suivre sans craindre de s'égarer. » Mais il se souvint de cet autre précepte de David : « qu'il ne faut pas voir la nature *bêtement*, et qu'il faut savoir trouver le beau. » *Noblesse et vérité*, c'est là toute la poétique de Léopold Robert, et qu'il ne songea à s'exprimer à lui-même que successivement et après l'œuvre : « La noblesse sans la vérité, pensait-il, n'est plus qu'une singerie qui ne peut plaire aux véritables connaisseurs. » La vérité sans noblesse est un autre écueil : « Si je copie juste ce que je vois, je sens que je ferai un tableau plat... Si on se contentait de faire vrai, on se contenterait aussi de copier servilement le modèle que l'on a sous les yeux; mais, aussitôt que l'on veut ajouter à cette qualité de l'élévation et de la noblesse, c'est une difficulté bien plus grande; on peut tomber dans la manière, qui est l'opposé de ce qu'on doit chercher. » Ainsi pensa-t-il de bonne heure; mais, au début, il songeait peu à ajouter à ses modèles. Il s'occupait avant tout de les bien trouver, de les bien choisir, afin de les copier ensuite en toute conscience. Il avait commencé par s'essayer à peindre des intérieurs d'église et de cloître. Granet, dont c'était le genre, lui dit un jour : « Laissez donc ces tableaux de murailles pour les gens qui ne savent pas faire la figure. » La figure humaine, cette figure d'un être que l'Écriture nous apprend avoir été fait à l'image de Dieu, avec sa grandeur, sa noblesse, sa force, sa grâce, et surtout sa gravité et sa tristesse, c'est en effet le triomphe de Léopold Robert : il s'y est consacré et consumé. Mais comment le rajeunir d'abord, cet éternel sujet, cet éternel visage d'Adam ? Une circonstance heureuse, souvent racontée, vint servir à souhait Léopold à son début, ainsi que son ami Schnetz, qu'il ne faut point séparer de lui dans leur tentative courageuse. La campagne romaine était infestée de brigands; une expédition contre eux fut décidée sous le commandement d'un ancien sous-officier français devenu chef des carabiniers romains; on alla droit au repaire, à Sonnino, petite ville dont la population fut décimée et transplantée. On amena à Rome plus de deux cents habitants, hommes, femmes, enfants, tous plus ou moins brigands et complices. Ce fut une razzia qui rétablit l'ordre dans le pays, et qui eut son contre-coup pittoresque inattendu. Schnetz et Léopold Robert y trouvèrent leur veine. Installés au milieu de cette population, qui n'était pas tout entière enfermée au château Saint-Ange, ils y virent avant tout d'admirables modèles qui leur offraient la nature un peu sauvage, avec un caractère unique de grandiose et de dignité, surtout dans les femmes. Le type romain lui-même s'en voyait rajeuni. Léopold Robert eut de tout temps la plus grande préoccupation de trouver de ces modèles qui avaient échappé par leurs traits autant que par leur costume au contact et aux approches de la civilisation. A Florence, il regrettait, au milieu des qualités exquises et courtoises des habitants, de ne retrouver « ni le pittoresque, ni le caractère qui se conserve tant et si prononcé de l'autre côté de l'Apennin. » Aux environs de Florence, les paysannes, « qui sont, à la vérité, très-propres et très-gracieuses, disait-il, » ne lui semblaient pas avoir le type du beau italien. Il voulait l'aller chercher, ce type, là où on le lui indiquait, du côté de Massa et de Sarzane. Plus tard, à Venise, il ne se contentait pas des bateliers et des pêcheurs de la cité, il allait également en chercher de plus primitifs et de mieux conservés à Chioggia et à Palestrina. Ayant visité à Venise le quartier des Juifs, il était frappé de leur caractère de tête et de leur expression :

« J'ai admiré, écrivait-il à un ami, des têtes superbes qui pourraient servir avec beaucoup de succès pour faire des physionomies d'un grand cachet ; je voyais des grands sacrificateurs, des prophètes, des Joseph, et, parmi les femmes, des Judith, des Rébecca, et même des Vierges. Je vous avouerai, cher ami, qu'en faisant ces observations, je ne pouvais m'empêcher de trouver l'immortel Raphaël bien au-dessous de la nature, et il me semble qu'avec son sentiment sublime, *il aurait frappé bien plus fort* s'il eût donné à tous ses sujets juifs tout le caractère que la nature offre. Il est vrai peut-être qu'il n'a pas eu l'occasion de voir dans son temps, comme nous dans le nôtre, des réunions entières de ce peuple singulier... Je n'oserais communiquer à quelqu'un d'autre qu'à vous ces remarques qui pourraient paraître présomptueuses; mais, comme je vous le disais tout à l'heure, je ne peux m'empêcher de trouver les œuvres du Créateur bien autrement sublimes que toutes les représentations que les créatures les plus heureusement douées en peuvent faire. »

Ce n'est pas ici le lieu d'examiner si Raphaël, même en les ayant vues ainsi réunies, eût cherché à exprimer les figures juives avec ce caractère marqué et absolu que leur voit et que leur veut Léopold Robert. Celui-ci fait là à Raphaël un reproche qui rappelle certaines critiques adressées de nos jours à Racine pour avoir, dans *Esther* et même dans *Athalie*, adouci un peu trop et diminué les types juifs : un ton général d'harmonie, un esprit d'humanité et de christianisme qui brille sur l'ensemble, leur a fait sacrifier peut-être, au poëte comme au peintre, certains traits crus et saillants. Raphaël a pour loi et pour règle secrète un caractère suprême d'unité et d'adorable fusion; il tient moins, en un mot, à *frapper fort* qu'à toucher divinement. Léopold Robert, ami avant tout de la réalité, quand il la rencontre grave et noble, et qui ne voyait volontiers les objets qu'un à un, ne s'applique qu'à les copier d'abord, sauf à les élever insensiblement lorsqu'il arrivera avec lenteur à une conception plus haute. Il n'est dans le principe qu'un excellent peintre de caractère et d'imitation; il creuse son unique objet ou lui donne tout son relief; en cela, il a du graveur encore.

Ne lui demandez pas la théorie à l'origine, ni les grandes considérations sur les arts, toute ces choses qu'on a surtout à Paris et par lesquelles trop souvent on commence; lui, comme ces pieux ouvriers d'autrefois, penchés sur leur toile tout le jour, il ne raisonne pas tant, ou du moins il ne raisonne que sur la toile présente et sur le sujet qui l'occupe dans le moment; il s'y absorbe tout entier. Le premier tableau proprement dit qui le fit sortir des têtes d'études et des sujets tout simples fut un tableau de *Corinne improvisant au cap Misène*, qui lui fut demandé par un amateur vers 1821, et qui devint ensuite *l'Improvisateur napolitain*. Il y avait là un sujet de composition à la Gérard. Mais Corinne, mais Oswald, où les trouver? Dans les salons sans doute, dans la société; Léopold Robert n'y allait pas. Il cherchait partout, il était en peine et perdait courage. Son imagination peu littéraire et nullement artificielle ne lui disait rien. Il n'avait encore rien rencontré qui ressemblât à Corinne, à cette date : « Je suis en travail, écrivait-il à son ami Navez, sur mon tableau de *Corinne*... Il pourra bien s'y trouver quelques bons détails, mais j'ai bien peur de m'être fourvoyé. J'ai choisi un effet trop difficile à rendre; et d'ailleurs je m'aperçois qu'une Corinne est trop élevée pour moi qui n'ai jamais fait que des brigands et des paysannes... C'est un sujet trop difficile. Cette figure de Corinne est ingrate à faire, car on ne sait quel caractère lui donner ni quel costume. » Je souris involontairement en citant ces paroles, car à très-peu de temps de là il arriva à Léopold Robert de rencontrer une Corinne véritable ou voulant l'être; il y avait alors chez nous toute une race et une postérité de Corinne comme il y en a eu pour René. Or, cette personne qui revient quelquefois dans ses lettres, disciple de Corinne à beaucoup d'égards, surtout par les prétentions à l'enthousiasme, et qui paraît avoir été peintre, si ce n'est poète, il ne put jamais, malgré son esprit et son mérite, parvenir à la goûter :

« Ma foi, mon cher, écrivait-il à un ami, malgré son amabilité (affectée bien souvent), je lui trouve si peu de naïveté, de vrai sentiment, de jugement raisonnable, qu'elle est bien loin d'aller sur ma piquée... Elle nous fait des compliments si exagérés souvent, qu'il est impossible de ne pas voir qu'ils ne sont que dans sa bouche ; et puis, enfin, on voit le caractère des gens dans leur peinture ; je trouve qu'elle n'a pas l'ombre de sentiment, pas d'expression, pas de vérité bien souvent dans la couleur ; pour le dessin, elle ne s'en doute pas : et elle veut mettre à tout cela une *touche-homme*... Ma foi, je la juge violemment, tu diras. Pourquoi lui faire plus de grâce qu'à un autre ? Les femmes manquent toujours leur vocation quand elles veulent sortir des soins du ménage, de l'aiguille et du fuseau. »

Dans ces dispositions si naturelles et si sincères, on conçoit l'embarras de Léopold Robert pour mettre un éclair au front de sa Corinne idéale ; de guerre lasse, il s'en était tenu à copier, en l'arrangeant pour ce rôle, une des belles *brigandes* de Sonnino, lorsqu'il se décida enfin, pour plus de sécurité, à effacer de sa toile la fausse Muse, et il y substitua selon son cœur un *Improvisateur* populaire, qu'il avait vu et bien vu de ses yeux (1822). C'est le premier tableau, à proprement parler, qu'on ait remarqué de lui en France.

Il était de ceux qui s'avertissent sans cesse eux-mêmes et qui s'enfoncent l'aiguillon. Dans son séjour de Rome, il commençait à se lasser de ne faire que de petits tableaux à une ou deux figures et de les répéter. La nécessité le lui commandait, et sa précaution, pour ne pas tomber en cela dans le métier et dans la fabrique, était de se servir continuellement de la nature. Dans un voyage que le roi de Prusse fit à Rome avec M. de Humbold en 1822, il y eut une espèce d'exposition en son honneur. Les tableaux de Robert attirèrent l'attention du roi. Ce fut pour lui que le peintre se hâta de terminer une tête, de grandeur naturelle, d'une jeune fille en costume de l'île de Procida : « Comme le costume était assez pittoresque et la figure jolie, elle a plu au roi, et il me l'a prise. » Malgré ces premiers succès et les éloges qu'il recevait, malgré ceux qu'il espérait surtout de la France, qui fut toujours sa vraie patrie, il écrivait à Navez : « Mais, mon cher, je suis quelquefois réellement à plaindre quand je me classe parmi les peintres, et je sens que je ne puis faire de grands progrès en traitant toujours les mêmes sujets et en ne faisant que de petites bamboches. Je suis à penser à un sujet qui me conviendrait pour faire un tableau un peu grand. » Ce premier tableau un peu grand, qui fut celui de *Corinne*, devenu plus tard *l'Improvisateur*, lui avait coûté bien de la peine ; ce devait être sa condition de faire et son élément : « D'ailleurs, disait-il, chacun a sa manière de jouir au monde : la mienne est de me donner beaucoup de peine, ce qui naturellement doit m'occuper beaucoup la tête, l'esprit et l'âme, avantage que j'ai toujours apprécié. »

Malgré l'impression de sérieux et d'élévation que font à bon droit les œuvres de Léopold Robert et la lecture de ses lettres citées par M. Feuillet de Conches, il ne faudrait pourtant pas se le représenter dès l'abord comme entièrement différent, par le ton, de ses camarades les élèves en peinture. Les premières de ses lettres, écrites de Rome à la date de 1820, et adressées à son ami Navez, qui venait de quitter la petite colonie romaine pour retourner en Belgique, ont un accent de camaraderie et un style qui sent terriblement l'atelier. Ce serait faire tort à la pensée et au vrai style de Léopold Robert que d'en citer certaines phrases textuelles : ce qu'il faut y voir plutôt, c'est le point où il commence à se distinguer et où il tend à sortir du ton et des habitudes d'alentour : « Je ne vois plus ces messieurs aussi souvent, écrivait-il le 25 septembre 1823 ; je vais rarement à l'Académie, mais tous les jours nous nous voyons avec Schnetz et Beauvoir ou chez lui ou chez moi. Je vis extrêmement retiré, j'ai la société de mon frère qui est un bon enfant, nous sommes heureux de notre vie tranquillle : tant il est vrai qu'il n'y a que la vertu qui donne ce calme, ce bien-être qui est trop peu connu ! » En novembre 1825, il félicite son ami Navez du mariage; c'est une idée qui reviendra souvent et qui tient une grande place dans la réflexion mélancolique et dans le regret moral de Léopold Robert : « Je te félicite d'avoir enfin pris le parti de te marier et d'avoir trouvé surtout une aimable moitié qui trouvera plus son plaisir d'être chez elle que de sortir. Plus je deviens vieux, plus je pense que c'est la meilleure chose pour un artiste qui aime véritablement son art. » — En octobre 1826, au moment d'une réunion avec sa mère, qu'il avait décidée à venir passer quelque temps à Rome, il écrivit au même ami M. Navez ces paroles tout empreintes d'affection amicale et d'esprit de famille :

« Il est vrai que tu as tout pour te trouver heureux d'être au monde : tu te trouves dans ta patrie, honoré et considéré pour ton talent brillant; estimé, aimé par toutes les personnes qui te connaissent ; regardé par la Fortune de *son œil* le plus favorable; heureux époux, heureux père. Il n'en faut pas davantage pour constituer le plus parfait bonheur dans ce monde. Je m'en réjouis avec toi du plus profond de mon cœur. Quoique je sois bien loin d'avoir tous ces avantages, il s'en faut beaucoup que je ne me félicite pas de mon sort, et je serais un ingrat envers la divine intelligence si j'osais lui adresser l'ombre d'une plainte, surtout maintenant que j'ai le bonheur de vivre en famille. Mais je vois approcher avec crainte le moment qui amènera des changements dans ma position. Ma mère pense quitter Rome au printemps prochain : l'isolement où nous nous trouverons, mon frère et moi, ne sera pas assez long, j'espère, pour nous faire faire des retours trop sérieux sur les moments heureux que nous passons actuellement. Le travail est la sauvegarde la meilleure dans ces circonstances. Quoi qu'il en soit, j'ai un caractère trop inquiet, un caractère mal fait, je puis dire, qui m'empêche d'avoir ce contentement que tant d'autres auraient à ma place. Je croyais le voir changer avec les années, devenir plus calme ; et malheureusement c'est le contraire. J'ai cent projets qui se contrarient les uns les autres, et qui me mettent dans cet état d'incertitude qui m'empêche souvent d'agir. »

Mais c'est surtout dans la Correspondance avec M. Marcotte que cette âme d'élite, scrupuleuse, toujours inquiète du mieux et diversement souffrante, se montrera, se développera tout entière; il semble qu'il y ait dans la familiarité de la camaraderie quelque chose qui lui aille moins qu'une certaine retenue extérieure compatible avec l'expression intime de la sensibilité. Lorsqu'il aura rompu avec M. Marcotte la première glace et qu'il se sera débarrassé du trop de cérémonie en lui écrivant, lorsqu'il se sera accoutumé à voir en lui ce qu'il était véritablement, bien moins un protecteur que le plus tendre et le plus délicat ami, il aura des choses charmantes à lui dire, et il s'y complaira plume en main, et même en oubliant pour des heures son pinceau. Léopold Robert est de ces artistes qui avancent et mûrissent avec les années. Malgré l'accident funeste qui brisa sa carrière et qui l'arrêta dans son développement, et quoique son dernier tableau (celui des *Pêcheurs*) ait pu paraître empreint de quelque affectation mélancolique, il est certain, à lire ses lettres nombreuses, que sa pensée s'élevait et aspirait chaque jour plus haut avec l'âge; il devenait plus hardi, ou du moins d'un horizon plus agrandi, en vieillissant; il avait commencé par copier la nature, il ne cessait de vouloir s'y conformer, et il visait en même temps à un idéal, impossible peut-être à concilier avec cette reproduction sévère et scrupuleuse, mais que, dans son ardeur opiniâtre, il concevait toutefois en accord avec l'exacte vérité. Il a là-dessus des pages d'une belle et sincère théorie, qui est à méditer. Le 30 mai 1832, écrivant de Venise à M. Marcotte, et l'assurant que son amitié et les tendres preuves continuelles qu'il en recevait étaient pour lui le plus puissant des motifs, il disait :

« Tous les avantages que les autres recherchent, je les comprends, mais ils ne sont pas capables d'agir sur moi, ils ne sont pas un stimulant assez fort; il me faut une autre chose que vous avez trouvée : c'est votre affection, cette amitié qui m'émeut et qui me fera continuer ma carrière avec la même persévérance et le même désir. J'ose dire que je me sens des moyens dont je n'ai pu donner que des échantillons jusqu'ici ; car, pour rendre ce que je sens, ce que je vois, il faut un travail difficile et pénible. *Je suis heureux de voir la nature aussi belle et noble. C'est pour moi une mine inépuisable. L'or y est, mais j'ai de la peine à le faire sortir.* » — « Ce qui est encore pour moi un stimulant pour mieux faire, disait-il ailleurs, c'est qu'il me semble avoir quelque chose de plus saillant à faire sortir. Ce qui me le fait croire est le sentiment dont je ne peux me défendre en voyant ce que j'ai fait : c'est toujours un sentiment désagréable. Je pense à la nature et je ne vois que des poupées. »

Et il expliquait, il cherchait à définir ce sentiment d'*au delà* que rien ne pouvait satisfaire :

« C'est le sentiment de la nature que je pense avoir plus que je ne l'ai exprimé jusqu'ici, et que je cherche à mettre sur ma toile ; mais, quand ce sentiment est profond et réfléchi, il ne peut se rendre comme celui qui ne donne que l'écorce. Voilà en quoi il y a une grande différence dans les talents, et j'ajouterai encore que l'on se fait une exécution suivant son sentiment. Les uns, qui ont la promptitude de l'observation, se font les moyens prompts de la rendre ; ceux au contraire qui, comme Ingres, vont chercher dans le cœur les expressions qui animent leurs figures, mettent plus de lenteur ; ils cherchent ce qu'ils sentent, mais qu'ils ne voient pas. »

Pensant souvent à M. Ingres, duquel on le rapprochait assez naturellement, qu'il admirait comme *le modèle des artistes*, comme *l'artiste de ce siècle le plus classique*, et à qui il ne se laissait comparer qu'avec résistance et réserve, il marquait cependant la différence essentielle qui les séparait : Ingres plein de science, d'étude de l'antiquité, cherchant l'idéal même par le souvenir historique, surtout par la poésie et par l'imagination, et dans la trace de Raphaël, de Phidias ou d'Homère; et lui, Léopold, n'y voulant arriver, si c'était possible, que par la nature. Et parlant d'un de ses derniers tableaux ou projets de tableaux (une Sainte Famille en Égypte), qu'Ingres, passant à Venise, avait vu et loué, il écrivait :

> « Il m'a fait des éloges de l'ébauche : mais, entre nous, je crois pouvoir vous dire que tout ce que je fais n'a pas à ses yeux le cachet qu'il désire et qu'il prêche. Il y trouve peut-être *trop de nature*, c'est-à-dire un effet qui rend trop naturellement les choses. Je ne lui en veux pas le moins du monde : il ne pourrait être autrement sans être hypocrite, ce qu'il n'est pas. Nous nous sommes quittés les meilleurs amis du monde. »

Il revenait souvent sur cet exemple d'Ingres, que j'aime moi-même à prendre comme étant l'un des termes de comparaison les plus sensibles, les plus propres à donner la mesure de Léopold Robert; car celui-ci, plein de déférence et sentant ses côtés inférieurs, ajoutait :

> « Je ne suis pas étonné du tout qu'une comparaison de nos talents l'ait blessé. Comment en serait-il autrement? Lui qui a une science si profonde, et moi qui ne me guide que d'après ce que la nature m'inspire ; lui qui a tant travaillé pour rechercher dans ce qui a été fait le caractère et le type de la peinture historique! tout est connu par lui, tout a été consulté : et moi, qui suis d'une ignorance si grande que je m'en étonne ! comment serais-je surpris que cette comparaison *infaisable* l'ait choqué? Je ne lui en veux nullement, je vous assure, et cela ne m'empêchera pas de l'aimer. »

J'ignore si en effet cette comparaison dont parle Léopold Robert a pu froisser un instant l'illustre artiste qui avait le sentiment de sa valeur, de sa force, et le secret de cette fécondité croissante que se réservait sa maturité sans vieillesse, fécondité qui a si peu perdu pour attendre et qui éclate aujourd'hui à tous les yeux. Il me pardonnera dans tous les cas, je l'espère, d'avoir laissé trace de ce léger et si passager froissement, en faveur de l'hommage qui lui est ici rendu par un noble artiste près de tomber au milieu de sa course, et qui, même au moment où il cueillait sa dernière palme, le saluait du fond de l'âme comme le premier maître de notre âge et comme un ami.

Il y a dans Léopold Robert et dans sa théorie de la peinture, à mesure qu'il avance, quelque chose de Vauvenargues et de cette élévation morale que celui-ci réclamait dans toute expression éloquente. Il veut introduire dans ses tableaux de la *pensée* et de ce qui donne à réfléchir; il n'est pas pour la peinture qui parle moins au cœur qu'aux yeux. Il croit que la morale dans la vie est bonne pour l'artiste. S'étant laissé aller un jour, comme il aimait à le faire dans les dernières années, à entretenir un ami de ses espérances religieuses et de sa confiance en une vie future, en l'immortalité, il se reprenait tout d'un coup, mais pour y appuyer davantage : « Je fais la réflexion que ce sujet que je traite si volontiers est bien délicat, et qu'il vaudrait mieux garder pour soi les observations qu'on peut faire et en montrer le résultat par ses œuvres. Mais, cher ami, ne soyez pas étonné, je vous prie, de ce que je vous dis; *il me semble que des idées élevées, tout en mettant dans l'âme de grands principes de bonheur, donnent aussi au talent quelque chose d'original* et le sortent de l'ornière que l'on suit trop généralement. » Il se félicitait d'avoir échappé à cette vie des grandes villes, qui dissipe, qui dessèche le cœur, qui inocule de continuelles irritations d'amour-propre, l'habitude ou la crainte de la raillerie, toutes choses contraires au véritable enthousiasme et au culte fidèle de l'art. Lui, il cherche l'approbation plus que la louange. Cette théorie d'intention morale qu'il a si à cœur laisse subsister chez lui tout le souci de détail pour l'exécution, pour le style. On a remarqué qu'à cet égard, il est de l'école de Despréaux en peinture; il efface, il corrige sans cesse, et n'est content que lorsqu'il a atteint, à force de retouches et de *repentirs*, l'expression longuement désirée :

> « L'exécution, disait-il, est de beaucoup pour un succès complet dans les arts. Le premier jet frappe et attire : mais ensuite une expression juste, une pose sévère et vraie, un dessin serré et gracieux en même temps, ne conservent pas seulement cette première attention, mais ces qualités produisent le goût des arts et font les amateurs constants. »

S'il y a un peu de vague dans la fin de la phrase, comme la première partie de la pensée est bien dite et bien rendue !

J'ai anticipé en tout ceci sur les derniers sujets de réflexion familiers et chers à Léopold Robert; car, passé trente ans, il aimait à moraliser de plus en plus : j'ai à revenir en arrière et à le suivre, en le citant surtout et en me servant de ses paroles. Ce n'est point sur sa fin et sur ce douloureux mystère de sa mort (insondable secret et qui nous échappe) que j'ai dessein aucunement de m'arrêter, c'est bien sur ses pensées et ses maximes de conduite et d'art, quand il était un artiste plein de courage, d'application, de mélancolie déjà et de souffrance sans doute, mais aussi de lutte et de résistance au mal, ayant de l'avenir et, en soi, un croissant désir du mieux, — avant le vertige et avant l'abîme.

Lundi, 28 août 1854.

LÉOPOLD ROBERT

SA VIE, SES ŒUVRES ET SA CORRESPONDANCE

Par M. F. FEUILLET DE CONCHES (1).

(Fin.)

Sans parler de *l'Improvisateur napolitain*, par lequel il préluda à ses compositions supérieures, Léopold Robert a fait trois tableaux importants : *le Retour de la Fête de la Madone de l'Arc* (1827); *l'Arrivée* ou *la Halte des Moissonneurs dans les Marais Pontins* (1831); *le Départ des Pêcheurs de l'Adriatique pour la pêche de long cours* (1835). Il en voulait faire un quatrième, et il avait conçu le tout comme représentant les quatre saisons dans les quatre contrées principales de l'Italie. C'était dans sa pensée tout un poëme. *Le Retour de la Fête de la Madone* était la scène figurative du printemps et se rapportait au pays de Naples, qui gardait de la gaieté et de l'enchantement de la Grèce. *Les Moissonneurs des Marais Pontins* exprimaient la dignité romaine jusque dans sa simplicité rurale et la puissance de l'été. L'automne de-

(1) Chez Michel Lévy, rue Vivienne, 2 *bis*.

vait être symbolisé dans une scène de *Vendanges*, qu'il voulait placer en Toscane; et l'hiver, qui allait se placer naturellement à Venise, devait en être, dans la pensée première, le brillant *Carnaval*. L'artiste a complétement réussi dans la première moitié de ce poëme pittoresque des quatre Saisons : « Je crois vous avoir dit, écrivait de Rome Léopold Robert à un ami (11 mars 1828), que j'avais l'intention de faire un tableau de même dimension que la Fête de Naples : les Marais Pontins m'ont donné le sujet. Il sera d'un caractère plus sévère, quoiqu'il ait quelque rapport au premier. Je trouve que la terre de Naples est tout à fait poétique, et ses habitants rappellent incontestablement les Grecs, leurs fêtes et leurs usages : l'État pontifical me paraît avoir un aspect différent; les Romains ont quelquechose de plus sérieux et qui est en rapport avec l'idée que, généralement, on se fait de leurs ancêtres. Je désirerais faire voir, s'il m'est possible, la différence que je trouve entre ces deux peuples, et pour cela il faut des sujets à peu près semblables. » Le tableau des *Moissonneurs* en particulier, qui excita l'admiration au Salon de 1831, reste sa page la plus belle au gré des connaisseurs. M. Feuillet de Conches le décrit en des termes qui rappelleront à tous l'impression reçue :

« On est au moment où le soleil à son déclin rase la terre et projette des ombres plus douces. Un char, traîné par des buffles, s'arrête à l'endroit que le maître a fixé pour dresser les tentes du campement. Le maître parle; on obéit à sa voix. L'un des conducteurs est descendu, il s'appuie sur le joug, commande le repos à son attelage, et jette sur la scène un regard intelligent et fier. Un autre, assis encore sur sa monture paisible, et la main armée de l'aiguillon comme d'un sceptre, porte au front la gravité native des descendants des maîtres du monde; il regarde deux hommes de la troupe qui dansent en s'accompagnant du *piffero*, la cornemuse du pays. Autour du char se groupent des hommes armés d'instruments de moissonneurs, et des femmes au tablier gonflé d'épis. Sur le char même, à côté du père de famille, un jeune homme se dispose à déployer les toiles, et une belle jeune femme, tenant sur son sein un enfant à la mamelle, s'élève dominant la scène comme une apparition majestueuse qui préside aux moissons. Des villageois des deux sexes peuplent le second plan du paysage, et à l'horizon se dessinent les sommets de l'antique presqu'île de Circé, *Monte Circello.* »

Ces tableaux de Léopold Robert résultaient d'études d'hommes et de femmes vus sur place, rendus avec sagacité et conscience dans leur physionomie, dans leur caractère intime et leur génie natif, et groupés ensuite par l'artiste dans une composition longuement méditée et savamment réfléchie : ce sont de grandes idylles de Théocrite en peinture, reconstruites avec l'effort heureux et le sentiment plus rassis qui préside à une scène des *Géorgiques.* Mais Léopold Robert, même quand il possède si bien son sujet, n'est pas un Grec pur, ni un Romain. Théocrite, qui a si bien peint l'abondance et la joie des récoltes dans sa pièce des *Thalysies,* a fait aussi *les Syracusaines,* une scène piquante et gaiement moqueuse; et Léopold Robert, au sortir des *Moissonneurs,* n'a pu réussir à faire son tableau du *Carnaval.* Celui qui devait être le plus animé et le plus contrasté de ses ouvrages est devenu insensiblement le plus triste et le plus funèbre. Il est intéressant de voir cette lutte des deux natures, et cette résistance de l'homme du Nord, déjà devenu si Italien, à le devenir davantage. Il y a une limite qu'il ne franchit point : la dignité, la grâce, la délicatesse même, la noblesse naturelle, Léopold Robert a atteint tout cela, et il en est maître; mais ce qui lui échappe, c'est la facilité et l'allégresse, cette aisance qui fait dire qu'on est chez soi. Dans son dernier séjour à Venise et dès son arrivée en 1832, il avait vu un Carnaval tel qu'il le désirait, un Carnaval favorisé par le beau temps, et plus animé encore que de coutume à cause d'une baisse des comestibles : « Mais pourtant il est bien difficile, et peut-être impossible, écrivait-il à Schnetz, de rendre une scène de masques avec vérité et noblesse. Le sort en est jeté; mon ébauche va être faite, et si je ne me décourage pas, mon tableau viendra à sa fin. » Dans les premiers temps de son essai, il est tout occupé de surmonter cette difficulté, selon lui non insoluble : « Je suis impatient de savoir ce que vous penserez de mon sujet, écrivait-il à M. Marcotte (1832); je dois vous dire qu'ayant l'intention de faire un pendant à mes deux autres, je ne pouvais guère représenter autre chose que le peuple, qui a toujours plus de *caractéristique* que la classe plus élevée. On me dira peut-être que j'ai eu tort de choisir le sujet d'un tableau important dans des scènes qui ne touchent pas l'âme et qui, à la plupart, paraissent ridicules. Mais la noblesse peut être sentie même dans un sujet trivial. Les Anciens, dans leurs Bacchanales, ne sont-ils pas admirables? et ne voit-on pas, en revanche, des sujets admirables par une pensée noble et élevée, qui sont rendus d'une manière triviale? » Il voulait donc relever le sujet par le style et y introduire d'une façon ou d'une autre une pensée. Pourtant il vit bientôt qu'il n'y réussirait pas à son gré : les masques alors, qui l'avaient séduit et tenté, le gênèrent; eux qui devaient être la partie principale dans son tableau, ne furent bientôt plus que l'accessoire; les pêcheurs prirent la première place, et, de remaniements en remaniements, il en vint à chasser tout à fait l'idée vénitienne et joyeuse, l'idée du Carnaval, pour ne laisser dominer que la pensée grave qui réfléchissait la sienne propre, la tristesse des adieux, la famille, le péril au loin sur les flots. L'histoire de ce dernier tableau, avec toutes ses vicissitudes et ses *bulletins* successifs, serait celle des trois dernières années de Léopold Robert et de la maladie morale même à laquelle il a succombé. Mais, avant que le mal ait pris le dessus et que la manie s'en mêle, quand l'art tient encore chez lui le gouvernail, il se rend très-bien compte de l'effet; c'est un effet triste et assombri, il le veut tel; c'est bien un jour d'hiver qu'il veut faire régner sur l'ensemble, et avec lequel il saura mettre en accord toutes les figures : « J'aime bien voir là (à Venise) le caractère d'un jour d'hiver; je ne veux pas faire de la neige, c'est trop froid; mais je voudrais donner l'idée d'un de ces jours qui ont une poésie si je puis dire, et qui laissent dans l'âme une mélancolie profonde. Si j'y réussis et que l'expression de mes figures soit en rapport, mon tableau aura quelque mérite. » Cependant, comme il pressent une partie des objections qu'on peut lui faire, il voudrait les réfuter et aller au-devant par un autre tableau, celui de l'automne et des *Vendanges;* il a hâte de se mettre à ce dernier, aussitôt après avoir terminé l'autre : « Ce à quoi je tiens beaucoup, disait-il, c'est à faire paraître mes deux tableaux en même temps, et je vous assure que pour ma réussite c'est nécessaire. Ils seront vus en même temps avec plus d'intérêt que si je les expose séparément; car le caractère de celui qui m'occupe paraîtrait triste et monotone, si on ne pouvait faire de comparaison avec un autre où j'aimerais à exprimer le bonheur. » Cette idée de bonheur, que Léopold Robert avait pensé d'abord à faire entrer dans le tableau de Venise, il la reportait maintenant dans son projet du tableau futur de Toscane : le bonheur reculait et fuyait devant lui.

Au reste, il a tracé un premier aperçu de ce tableau des *Vendanges* dans une page qui découvre bien sa manière à la fois philosophique et précise de composer :

« Je vous ai parlé de la Toscane pour y placer le sujet de mon troisième tableau, qui est *les Vendanges.* J'aimerais aller m'installer pour cela sur les lieux mêmes où je voudrais trouver mes inspirations. Il y a une petite ville extrêmement pittoresque (San-Gemintano) qui n'est pas éloignée de Volterra, et où la manière de recueillir le raisin est très-originale. C'est encore un pays tout neuf et qui conserve beaucoup du caractère étrusque, mêlé avec celui de la Renaissance qui plaît toujours tant. Ne pensez-vous pas qu'avec ces moyens on puisse faire une scène intéressante? Ce serait le repos à la fin d'une belle journée d'automne. Ce moment me fournirait des épisodes, et l'idée m'en paraît philosophique; car c'est dans l'automne de la vie qu'on peut espérer de jouir du repos. Voilà mon plan, qui est aussi arrêté qu'il est possible. Mais pour pouvoir laisser travailler mon imagination *avec sûreté*, j'aimerais connaître le pays où j'ai l'intention de placer cette scène. »

Son désir de terminer ses *quatre tableaux* est bien positif : c'est là qu'il semble fixer son vœu d'artiste et borner le plus fort de sa tâche. Qu'il les termine enfin à son honneur, et alors sa saison d'Italie, sa période de lutte, d'illusion, de jeunesse et de conquête sera close : l'homme du nord, l'homme de famille reparaîtra et se donnera une satisfaction trop différée; il s'en retournera volontiers vivre dans ses montagnes avec son frère et ses sœurs : il y découvrira une Suisse pittoresque peut-être; il s'y nourrira d'affections paisibles. Tels sont ses vœux du moins et ses rêves de sensibilité et de sagesse, les jours où la raison lui parle et où il semble plus enclin à l'écouter.

Artiste supérieur en quelques parties, incomplet par d'autres, mais si distingué par son principal cachet et qui mérite de vivre, quel est le rôle de Léopold Robert dans le travail moderne et dans le renouvellement de l'art? A quel rang et dans quels rangs convient-il de le placer? Ayant toujours habité en Italie et travaillé dans la retraite, loin des questions de salon et d'école, en dehors de ce qu'on appelait les classiques et les romantiques, il ne s'est jamais bien rendu compte de ce que voulaient chez nous ces derniers [1]. Pour lui, il

[1] Il s'en rendait encore si peu compte en juin 1829, qu'à cette date il écrivait à M. Marcotte : « Nous avons ici, à Rome, un jeune

est classique en un sens, mais il faut bien savoir en quel sens. Il appelle David et Girodet ses maîtres; bien d'autres aussi les proclamaient tels, et tout dépendait de l'application que faisaient de leurs préceptes les disciples. L'originalité de Léopold Robert consiste, on l'a vu, à étudier directement la nature, ce que bien des prétendus classiques ne faisaient pas; et d'aute part, son coin classique, dans cette étude directe et qui peut mener à exprimer le vrai tel quel, consiste à chercher obstinément le noble et le beau.

Ainsi, pour parler net, il ne ressemble pas à ceux qu'on appelait généralement classiques de 1820 à 1830, lorsqu'il écrit de Rome, à la date de juillet 1824 :

« Alaux vient de faire un tableau qui représente Mercure et Pandore dans les airs. Il y a du talent et beaucoup d'adresse, mais, du reste, il n'a pas fait grande sensation. C'est français comme le diable. C'est si blanc et si clair que de loin on ne verra rien... Le dessin est tout à fait de convention et sans naïveté, et pourra plaire cependant à ceux qui ne s'y connaissent pas. Schnetz avance à son tableau (Sainte Geneviève)... Tu serais étonné de la verve qu'il y a là-dedans. C'est d'une nature si forte, d'une énergie si étonnante, qu'il me semble qu'on ne peut rien mettre en ligne. Je le regarde comme bien supérieur à son *Condé*. Il a eu plus de liberté, et le pathétique du sujet fait plus d'effet. Il est facile de penser ce que les imitateurs de l'anti-

peintre qui est de la nouvelle école, et je suis bien aise d'avoir pris par ses ouvrages une idée du genre de talent qu'on peut leur accorder. Il n'a rien fait encore de bien remarquable : cependant ceux qui connaissent Paris disent qu'on peut les placer avec les Delacroix, les Champmartin, etc., etc. Il se nomme Boulanger; mais ce n'est pas celui qui est connu à Paris. Tout en trouvant cette peinture ridicule, absurde et prétentieuse, il y a, à mon sentiment, quelque chose à y prendre. Ils cherchent, d'après ce qui m'a paru, une harmonie de tons : je trouve, d'après ce que j'ai vu, que quelquefois ils la trouvent... » Ce peintre qui, je crois, n'était pas M. Louis Boulanger, ne pouvait donner à Léopold Robert qu'une très-médiocre et très-fausse idée de ce qui se tentait à Paris vers le même temps. Léopold Robert ne commença à s'en former un meilleur jugement que dans le voyage qu'il y fit pendant l'été de 1831.

quité lui reprocheront : il est si rare qu'ils comprennent ce sentiment vigoureux ! (1) »

Léopold Robert n'était certes pas pour le système que préconisaient la plupart des classiques en peinture comme en littérature, lesquels recommandaient toujours les maîtres, les grands maîtres, et semblaient les proposer pour uniques modèles, lorsqu'il écrivait de Venise, en novembre 1830 :

« Il y a dans ce moment à Venise plusieurs artistes étrangers qui y sont venus pour étudier l'école vénitienne. Je suis toujours étonné de la singulière direction que l'on adopte pour devenir peintre : il me semble qu'elle est absurde; car je ne peux pas me représenter un homme qui a quelque chose dans la tête, qui passe des années à copier. Son imagination se perd, je dirai, dans ce travail matériel, et il n'est plus capable de rien produire d'original. Il se traîne sur des modèles dont il ne peut approcher, au lieu de prendre la nature pour premier et grand type. Et ce qu'il y a de plus singulier, c'est qu'il ne veut pas voir cette nature, il la méprise même, et est en extase devant les ouvrages de ceux qui ont cherché à la représenter et s'en sont approchés le plus. Ne trouvez-vous pas qu'il y a inconséquence et un grand manque de raisonnement ? »

Il raconte la visite que lui fit un peintre, un professeur de l'Académie de Venise : « Nous avons naturellement beaucoup causé peinture, mais nous ne nous entendions pas parfaitement, et toujours par la même raison : il me parlait toujours des *grands maîtres*, et moi de la *nature*. » Assistant à une Exposition de tableaux à Venise (août 1833), il est frappé de la singu-

(1) Et encore, dans une lettre précédente adressée de Rome à Navez, à la date de septembre 1823 : « A... finit un tableau de grandeur naturelle qui est l'enlèvement de Pandore par Mercure ; je ne l'ai pas vu dernièrement, mais S... m'a dit qu'il serait loin de faire un tableau frappé au bon coin ; tu m'entends. Il y a des choses de ce mauvais goût de Vincent qu'on ne digérera pas facilement ici, et c'est comme tu l'observes : on commence à bien tourner en ridicule le genre français. Il fallait entendre les critiques qu'on faisait de la dernière Exposition des pensionnaires ! »

lière faiblesse des ouvrages et de l'absence de toute originalité. Il qualifie quelque part cette peinture des Italiens modernes d'un seul mot : « On dirait de la peinture d'*ennuyés.* » Ici il en cherche la cause : « J'y ai cependant fait une observation que je ne peux m'empêcher de vous communiquer, celle de n'y avoir trouvé aucun tableau un peu original : tous ne sont que de faibles réminiscences des ouvrages anciens et modernes, et rien de véritablement senti sur la nature. Je me demandais d'où pouvait venir une direction si peu sûre?... Je n'ai osé décider cette question autrement qu'en pensant que c'était peut-être un écueil de voir et de considérer beaucoup les ouvrages des autres, ce qui peut détruire un bon germe. Il y en a qui penseront qu'au contraire il peut être développé par ce moyen : voilà comment on ne s'entend guère. Pour lui, son avis n'est pas douteux, et ce n'est point à l'étude intermédiaire des maîtres qu'il s'adresse de préférence. En tout ceci, Léopold Robert ne se sépare point de ce que demandaient les novateurs intelligents. Il est encore de leur bord, lorsqu'il témoigne jusqu'à la fin le besoin de la nouveauté jusque dans le vrai. De Venise, le 30 mars 1832, il écrivait à Schnetz : « J'ai presque l'intention d'aller faire un petit voyage en Istrie et en Dalmatie cet été. *Il me prend des envies terribles de voir du neuf.* Il me semble que la peinture vieillit. Peut-être est-ce le défaut des peintres : ils aiment trop à être bien, à avoir une vie qui ressemble à celle des bons propriétaires... »
A Venise, il se laisse peu à peu gagner à la couleur : il voudrait donner au costume de ses pêcheurs et de ses femmes quelque chose qui rappellerait les étoffes vénitiennes des siècles précédents : « Les femmes en hiver ont des robes en laine avec d'immenses dessins de toutes les couleurs les plus vives. Ces dessins n'ont rien de la simplicité antique, mais, comme je le disais, ils

peuvent rappeler ceux qui ornaient les habillements de leurs ancêtres. Sous ce rapport je trouve qu'ils feraient bien, mais les classiques trouveront que je donne dans le romantique. Il me semble pourtant qu'il y a une sévérité dans cette bizarrerie : si je parviens à la trouver, je suis sûr de réunir les suffrages d'hommes différents qui s'accordent si peu entre eux. » On voit le côté par lequel Léopold Robert confine et tient à l'école des modernes rénovateurs.

A d'autres égards il s'en distingue, même lorsqu'il cherche du nouveau; il demande moins ses effets à la couleur, à la lumière; il dessine davantage. Il garde de la tradition de David sur la noblesse, sur la sévérité de la forme. On a remarqué que, jusque dans les figures des *Moissonneurs*, il y a de la cambrure, de la pose du Romulus ou du Léonidas, quelque chose de théâtral : lui-même il en convient; il aurait désiré que ce fût simplement mâle et viril. Ayant vu des Orientaux à Venise, l'envie le prend de les reproduire : « Je vais quelquefois au Café-Turc (aux Arcades-Saint-Marc); j'y ai vu ce soir deux Orientaux admirables. C'est autre chose que mes brigands de Sonnino, et je suis sûr qu'en restant dans le pays, on ferait les choses avec bien plus de caractère, bien plus larges, d'un plus beau style, plus original en tout, plus riche de couleurs. Je me rappelle très-bien l'Exposition (celle de 1831 à Paris), eh bien! je trouve qu'il n'y avait aucun tableau turc ou grec un peu vrai, sans en excepter ceux de Decamp qui sont des caricatures. « Toi (Il écrit à Schnetz) qui es venu ici, ne le trouves-tu pas? » Il est en cela sévère et injuste; il a son type de style qu'il porte un peu partout, et auquel il tend à ramener ses personnages sous leurs ostumes divers.

Il prétend toutefois n'y pas mettre précisément du sien : il veut arriver au beau, et il le veut non en l'inventant, mais en le retrouvant avec effort, en le déchiffrant pour ainsi dire, sous les altérations et les ombres qui le défigurent et le recouvrent dans la réalité :

> « Pour trouver le beau d'une chose, ne faut-il pas la voir, la retourner sous toutes ses faces? Quand on arrive comme moi dans un pays dont on veut rendre le *caractéristique*, avant de pouvoir le rendre, il faut faire un véritable travail long et pénible. Ensuite, quand il est question de faire une grande composition, pensez-vous que le premier modèle que je trouve soit convenable pour servir à rendre une figure, un sujet que je veux faire? Avec de grandes draperies, on peut ajuster très-bien toutes les poses, mais avec de malheureux haillons qui n'ont que l'aspect de la misère et qui n'inspirent que la pitié pour ceux qui les portent, trouvez-vous que, pour y donner un sentiment de noblesse et de goût, on puisse copier ce qu'on a sous les yeux? Oh! non, je vous assure; j'en ai fait trop souvent l'expérience, ce n'est que par l'*inspection* la plus grande, la *patience* la plus méritoire, et je dirai naturellement, le sentiment que l'on doit avoir en soi, qu'on peut arriver à faire quelque chose. »

Mais qu'est-ce que ce sentiment intérieur? Il y a un moment où, dans son désir de s'élever au beau et au sévère grandiose, il semble près de sortir de sa théorie et d'en adopter une autre, celle d'un idéal qu'on puise en soi-même et que l'artiste, pareil à Phidias, fait descendre comme d'un Olympe pour agrandir ou ennoblir la réalité. Cette théorie, qui est celle d'Ingres, et qui habituellement n'est pas celle de Léopold Robert, semble pourtant le frapper et le pénétrer en passant, lorsqu'il dit :

> « Je trouve une grande différence à faire les figures d'hommes et celles de femmes. La raison m'en paraît simple, et je veux chercher à vous l'expliquer; je ne sais si elle vous paraîtra juste. Ce qui frappe et touche dans la peinture est un caractère d'énergie, de force dans les hommes, et de sensibilité, de douceur dans les femmes. La nature offre bien plus facilement ces dernières qualités que les premières: au moins pour moi, elles me paraissent bien plus faciles à voir, et c'est une observation que j'ai faite depuis longtemps. Le moyen de trouver dans un homme avili ce qui est nécessaire pour plaire et attirer! c'est un travail, je vous assure, qui donne bien plus de peine que celui de chercher quelque chose de touchant et de sensible dans une

femme. C'est ce qui fait que généralement, même les plus habiles peintres ont mieux réussi en cela. Il n'y a que les ouvrages de Michel-Ange qui se distinguent d'une manière particulière ; mais *son génie était si supérieur qu'il a presque inventé la représentation d'une force, d'un caractère et d'une énergie* qu'il n'a pu trouver dans la nature qu'avec de grandes difficultés et une observation continuelle. C'est pour cela qu'à mon sentiment, il doit être placé tout à fait au premier rang. »

En ces moments, il s'en faut de bien peu que Léopold Robert ne sorte de sa théorie, qui consiste à copier obstinément la nature, et qu'il ne s'élève à l'idée pure et dominante qu'une imagination grandiose peut trouver dans sa conception même ou dans celle des génies créateurs, dans Homère, par exemple, ou dans les Prophètes.

J'ai indiqué les points par lesquels Léopold Robert tient des deux écoles. Ce qui est certain, c'est que les critiques purement classiques et qui se flattent de n'avoir pas varié depuis trente ans, ceux qui n'ont cessé de rester fidèles dans leurs recommandations à tous les procédés et à toutes les routines d'académie et d'atelier, ne sauraient le revendiquer exactement comme un des leurs : Il le faut ranger parmi les classiques d'un ordre à part, et parmi les André Chénier de la peinture.

Vers la fin, il semble avoir tenté quelque chose d'impossible ; il exigeait trop de lui-même, il voulait mettre à des tableaux de nature une expression tirée du plus profond de l'âme, et qu'il faut rencontrer plutôt que l'aller chercher si loin. Il le sentait bien, il avait un désir de se surpasser qui l'entraînait au delà des bornes : « Ce que vous ne savez pas encore, cher ami, écrivait-il à M. Marcotte en juillet 1832, c'est la passion que je me sens pour faire quelque chose. Je m'y livre entièrement et sans raison quelquefois, car *la peinture doit être faite plus simplement.* » On aurait pu lui appliquer ce qu'il disait d'un grand peintre contemporain qui n'en finissait pas, et ne parvenait jamais à se satisfaire. « Je ne désirerais pas pour mon bonheur d'avoir la main des grands *brosseurs*, mais je craindrais d'exiger trop de mon talent et de vouloir faire mieux qu'on ne peut faire. » Il était tout à fait dans ce cas, et s'y est usé. On pourra un jour tirer de ses lettres des pages intéressantes à propos d'Ingres toujours, et d'Horace Vernet. Il essaye d'y définir et d'y comparer la facilité et le génie : « J'appelle facilité ce talent à ajuster promptement un sujet; et, quand le goût y est joint, on fait très-vite de belles compositions. Je crois qu'il est plus facile de trouver chez les artistes des choses faites bien spirituellement et vite, que des idées profondes rendues avec science et sentiment. » On voit qu'il faisait la double part, et que, tout en donnant l'avantage au genre qui était le sien, il n'était pas exclusif. Dans son bon temps, et avant que la maladie eût altéré sa faculté et sa puissance d'exécution (ce qui me paraît avoir dû être dans le courant de 1833), il avait de grandes douceurs mêlées à un travail et à une peine inévitables. Après que la pensée d'un tableau était trouvée et la composition bien arrêtée (ce qui lui avait causé bien des insomnies et des veilles), il éprouvait un vrai plaisir au détail de l'exécution; et, à mesure que le tableau avançait, il avait des satisfactions d'artiste. Il disait de la gravure des *Moissonneurs*, par Mercuri : « D'après tout ce que j'avais entendu dire de la planche de Mercuri, je la supposais bien, mais j'y ai trouvé surtout ce qu'on ne trouve pas toujours dans les productions des arts : je veux parler du sentiment d'amour et de plaisir que l'on devrait toujours avoir pour l'exécution : c'est le véritable charme des arts. » Ce charme d'une exécution faite *avec sentiment et avec amour*, qui donc l'a goûté plus que lui? D'habitude il n'allait point dans le monde; ses bonnes journées, c'étaient celles où il avait pu tra-

vailler depuis le commencement du jour jusqu'à la nuit :
« Je suis si heureux quand je puis travailler autant! et
c'est toujours après ces bonnes·journées, pendant les
dernières heures, que je suis le mieux dispos.» Tous les
jours de travail ne se ressemblaient pas ; il y avait les
jours de succès, il y avait ceux de tâtonnement, de résistance et de lutte : « Les soirs, disait-il, quand je ne
suis pas content de ma journée, je n'ai d'autre idée
que de réussir mieux le lendemain et de penser aux
moyens d'y parvenir. Quand, au contraire, je suis content, je suis autant occupé, mais d'une autre manière. »
Ainsi se passa, tant qu'il fut maître de lui et que sa volonté tint les rênes, cette vie laborieuse et exemplaire.

Je n'ai point à entrer dans l'analyse de sa dernière
et fatale maladie. En lisant attentivement la suite des
lettres comme je viens de le faire, il y a place pour
toutes les suppositions, pour celle qui attribue son désespoir final à une grande passion vainement combattue, comme pour celle qui y voit avant tout, et nonobstant les divers prétextes, une maladie d'artiste arrivé au
terme, inquiet de sa propre renommée, jaloux de la
soutenir, tourmenté du besoin de l'approbation d'autrui, et se croyant désormais impuissant à produire.
Léopold Robert fut atteint, comme quelques natures
d'élite, de ce qu'on a appelé la maladie de *quarante ans*,
et il y succomba (20 mars 1835). Un de ses frères, dix
ans auparavant, jour pour jour, avait succombé à la
même tentation de suicide. Il se joignait donc en lui à
toutes les causes réelles, ou qu'il se figurait, une prédisposition héréditaire. On trouverait dans ses lettres
écrites durant les deux ou trois années qui précédèrent sa fin, des paroles qui sont comme des pronostics : « Hélas! s'écriait-il en février 1833 et voulant
consoler un ami, hélas! trop souvent notre raison n'est
pas assez forte pour combattre le mal qui nous arrive.

Que peut-elle si elle n'est accompagnée de ce sentiment intime de force, qui agit sans l'aide des raisonnements du devoir (lesquels bien souvent soulagent bien peu), mais qui vient *comme un souffle divin* et qui est notre espérance de repos et notre véritable consolation? » Cette consolation fut refusée à Léopold Robert, le jour où il en aurait eu le plus besoin, et il s'abandonna à la plus sinistre pensée. Voilons une si déplorable image.

Mais ce qui est touchant, c'est que, dans les années précédentes, un ami délicat et attentif, M. Marcotte, devinant et pressentant la nature du mal de Léopold Robert, avait songé à y opposer le seul remède qui aurait peut-être réussi à le combattre et à en conjurer les suites funestes; il lui conseillait le mariage. Léopold Robert, vers la fin, avait, en effet, besoin d'être *deux*. L'arrivée de son frère Aurèle à Venise lui avait été bien utile, et avait remis pour quelque temps « de l'huile à la lampe qui était près de s'éteindre. » Un soir, le dernier jour de l'année 1832, Léopold Robert était sorti avec son frère pour remettre des cartes chez le gouverneur et chez le comte de Cicognara : « Nous sommes entrés ensuite, raconte-t-il dans l'église Saint-Marc, où il y avait une cérémonie : nous avons reçu la bénédiction. Il y avait quelque chose de si imposant dans l'effet des lumières, dans les sons si sévères de l'orgue et les voix des chanteurs, que j'en ai été pénétré : j'aurais voulu y être arrivé plus tôt. J'éprouve un plaisir bien différent pour toutes les chose qui parlent à l'âme, à présent que mon frère est avec moi. Je me trouve toujours mieux après que quand je me trouvais seul. » C'est cette solitude morale qui se refit bientôt en lui malgré la présence de son frère, et qu'il aurait fallu à tout prix éviter. Léopold Robert avait des besoins de cœur de plus en plus timides et de plus en plus profonds

25.

avec l'âge : « Je ne peux m'expliquer, pensait-il, comment on peut trouver dans ce monde des êtres qui paraissent n'éprouver aucun besoin de nourrir le cœur. » Il craignait avec les années le refroidissement graduel de ce qui fait la vie morale : « En vieillissant, on devient d'un *froid de cœur!* il semble qu'on n'a plus rien à y mettre, et qu'il est fermé aux sentiments qui donnent tant de jouissances à la jeunesse. » Il résistait à l'égoïsme et à ce goût de jouissances positives qui prend certaines natures, même distinguées, dans la seconde partie de la vie : « Une vie matérielle qui peut convenir à beaucoup n'a jamais pu m'accommoder; et, à présent que pour nous elle pourrait remplacer celle des illusions, *il est impossible qu'elle me satisfasse assez pour me donner du plaisir d'être habitant de la terre.* » C'est ainsi qu'il parlait à ses amis Schnetz ou Navez; mais avec M. Marcotte il s'ouvrait encore davantage. La société italienne lui convenait peu ; au milieu d'un agrément extérieur, il n'y trouvait pas la satisfaction intime, ni ce sentiment de sévérité et de vertu que son éducation protestante lui rendait plus nécessaire que cela n'arrive habituellement chez les artistes. Il lui aurait fallu une compagne de « ce caractère doux, simple et aimant, que l'on trouve, disait-il, dans nos montagnes, et qui, lorsqu'il est joint à l'esprit naturel et même à une instruction solide, est plus fait pour plaire. » Mais en le regrettant, il se disait : *C'est trop tard.* Un coin de roman et de haute ambition de cœur s'était secrètement logé en lui, et, recouvert en silence, lui rendait fastidieux tout le reste. Il rassemblait donc toutes les objections quand il répondait à son ami qui le sollicitait tendrement sur ce point sensible, et il se contentait de rendre hommage à une condition morale qu'il appréciait si bien, et dont les douceurs, s'il avait pu s'y engager, dont les chagrins même eussent sans doute contribué à le sauver : « Combien je me rappelle, disait-il à M. Marcotte, ce que madame Walckenaer m'a dit souvent, que les soucis, les chagrins que l'on peut trouver dans l'état du mariage sont si vifs, qn'elle n'oserait conseiller à personne de prendre l'obligation si sérieuse d'élever une famille! Je me souviens que mon excellente mère avait la même idée : je la comprends parfaitement, tout en disant pourtant que tous ces chagrins donnent à la vertu un caractère si touchant et si désintéressé, qu'on ne peut disconvenir que le bien ne soit à côté du mal. »

Je crois en avoir dit assez sur le genre de moralité et de talent qui s'unissaient pour faire de Léopold Robert un artiste à part entre tous ceux de notre âge. Ceux qui voudraient plus de détails les trouveront avec plaisir dans l'ouvrage de M. Feuillet de Conches. Cet ouvrage qu'on réimprime de temps en temps est de nature à s'augmenter à chaque édition nouvelle. Un moment viendra où il sera possible, je le crois, à M. Feuillet de Conches de tirer de la précieuse correspondance qu'il possède assez d'extraits suivis pour qu'un second volume s'ajoute au premier. C'est à lui qu'il appartient de le faire, choisissant avec goût, coupant à propos, donnant à connaître tout l'artiste, tout l'homme, et ne s'arrêtant qu'en deçà de ce qui paraîtrait redite et satiété. Accroissons le plus possible le nombre de ces livres naturels, où des esprits et des cœurs vivants se montrent avec sincérité et apportent une expérience de plus dans le trésor de l'observation humaine (1).

(1) Quoique le résultat de mes dernières lectures et de mes réflexions sur la cause réelle qui a pû déterminer le suicide de Léopold Robert soit le doute et que je n'exclue aucune explication, je suis de ceux qui ne font pas la part la plus grande, dans son acte fatal, à un désespoir d'amour, et je ne puis m'empêcher de donner raison à

M. Schnetz lorsque, interrogé par M. Lenormand sur ce qu'il pensait de la mort de son ami, il lui répondait :

« ... J'ai lu le petit livre de Delécluze. Il contient des détails très-curieux ; mais je ne puis partager entièrement ses opinions sur le prétendu amour de Robert, et surtout sur l'influence qu'il aurait exercée sur son talent et sur ses ouvrages.

« Que notre pauvre ami ait été amoureux de la princesse Bonaparte, c'est possible ; mais, dans tous les cas, cet amour n'aurait occupé que les trois dernières années de sa vie, et dans ces trois années il n'a fait que *les Pêcheurs*.

« J'ai quitté Robert à Rome en juin 1830 : il finissait son tableau des *Moissonneurs*, et je puis assurer qu'à cette époque il n'était pas plus amoureux de la princesse... que moi. S'il avait un peu de tendresse dans le cœur, c'était plutôt pour une jeune et belle fille de Frascati. Je sais qu'il s'en défend dans une des lettres que je vous envoie ; mais cette défense est une petite dissimulation de sa timidité.

« Robert a cru trouver le bonheur dans la gloire et la réputation. Il n'a compris son erreur qu'après avoir atteint le but élevé qu'il s'était proposé. Malheureusement ses forces étaient épuisées : sa vie s'était usée dans les efforts que ce noble désir lui avait fait faire. Il n'a plus retrouvé assez d'énergie pour supporter cette écrasante déception.

« Qu'à cela il se soit mêlé un peu d'amour malheureux, je ne veux pas le contester. Cependant nous le voyons quitter Florence en mars 1832 sans ces marques de désespoir qui accompagnent ordinairement une séparation douloureuse. Nous le voyons même arriver à Venise assez tranquillement, du moins dans une assez grande liberté d'esprit, puisque immédiatement arrivé, il peut s'occuper activement des préparatifs de son tableau.

« Plus tard, il est vrai, il devient triste et dégoûté de la vie ; mais, au milieu de ses souffrances d'esprit et de corps, la chose qui l'occupe le plus, celle dont il parle sans cesse, c'est toujours sa chère peinture ; c'est toujours son tableau des *Pêcheurs*. D'ailleurs depuis trois ans il avait quitté Florence, et l'éloignement est toujours un puissant remède pour cette malheureuse passion.

« Robert dit souvent que la gloire n'est qu'une vaine fumée. Tous ceux qui y sont parvenus en ont dit autant. Si c'est vrai, c'est peut-être la plus grande preuve de notre misère humaine. Mais, comme tous ceux qui ont eu le bonheur ou le malheur de respirer cet encens dangereux, Robert sentait, tout en le méprisant et en reconnaissant son néant, qu'il ne pouvait plus s'en passer.

« C'est ce besoin qui le fait gratter, changer et refaire si souvent son dernier tableau : car depuis son dernier voyage à Paris et l'immense succès de ses *Moissonneurs*, il avait perdu la naïve bonhomie de

Rome. À Venise, les clameurs de louanges de Paris bourdonnaient encore à ses oreilles. Il avait peut-être pressenti leurs exigences, et, sentant ses forces épuisées, il a voulu se retirer de la lutte d'une manière violente.

« Voilà bien du bavardage, mon cher ami, pour vous dire que je ne crois pas, comme Delécluze, que l'amour soit le seul motif de la mort de notre ami. »

En un mot, dans cette manière de voir qui serait volontiers la mienne, la passion amoureuse de Léopold Robert serait moins un cause active de sa mort qu'une *forme* qu'aurait affectée et revêtue sa maladie morale.

P. S. J'allais même trop loin en parlant ainsi. Il est indispensable pour se faire une idée tout à fait juste du caractère et de la destinée de Léopold Robert, de lire un petit écrit intulé : *Léopold Robert de 1831 à 1835*, par Ch. Berthoud, Neuchâtel, 1869. Le suicide de Robert y est ramené à ses vraies causes : un de ses frères s'était tué en 1825. Lui-même avait accueilli et nourri de bonne heure cette malheureuse pensée d'une mort volontaire. Plus d'une circonstance accessoire put venir donner de la force chez lui à cette idée principale qui vers la fin était devenue une idée fixe. L'attachement pour la princesse Charlotte Bonaparte tint sans doute une grand place dans sa vie, mais ne peut être considéré comme la raison déterminante d'une mélancolie qui avait ses racines dans l'organisation même.

Lundi, 4 septembre 1854.

RAMOND

LE PEINTRE DES PYRÉNÉES

Pourquoi sommes-nous ainsi faits en France, que lorsqu'un homme distingué et de talent n'est pas entré à un certain jour dans le courant de la vogue et dans le train habituel de l'admiration publique, nous devenions si sujets à le négliger et à le perdre totalement de vue? et au contraire, ceux qui sont une fois connus, adoptés par l'opinion et par la renommée, nous les avons sans cesse à la bouche et nous les accablons de couronnes. Cette réflexion est la première qui s'offre quand il s'agit de l'écrivain dont je voudrais aujourd'hui donner une juste idée; Ramond, mort le 14 mai 1827, membre de l'Académie des Sciences, objet d'un Éloge historique de Cuvier, apprécié de tous les savants comme historien et géographe des montagnes, mais non assez estimé et prisé des littérateurs comme peintre et comme ayant heureusement marié les couleurs de Buffon et de Rousseau aux descriptions précises des De Luc et des Saussure. Ramond, c'est le Saussure des Pyrénées, aussi fidèle observateur, aussi rigoureux que l'illustre Genevois, moins simple dans l'exposé des grands spectacles, mais plus ému, plus coloré, animé d'une sensibilité plus poétique et doué d'une imagination qui, loin de l'égarer comme tant d'autres, ne fait que rendre le vrai avec plus de vie. C'est l'éloge que lui accorde Cuvier juge peu suspect en matière d'imagination.

Ramond, connu dans sa jeunesse sous le nom de Ramond de Carbonnières, naquit à Strasbourg le 4 janvier 1755. Son père, trésorier de l'extraordinaire des Guerres, était natif de Montpellier, et sa famille paternelle était toute du Midi, de Montpellier, de Castres ou d'Albi, assez ancienne et tenant à la noblesse. Madame Ramond, mère de celui qui nous occupe, était Allemande, d'une famille originaire du Palatinat. Le jeune Ramond participa intellectuellement de cette double origine; il montra de bonne heure la vivacité, la promptitude brillante d'impressions qui caractérise les races du Midi, et il y mêla de la sensibilité et quelque chose de l'enthousiasme du Nord. Son père l'éleva sous ses yeux et lui fit donner par des maîtres habiles une instruction forte. Les langues, les sciences, le droit public, la médecine, entrèrent pour beaucoup et presque à la fois dans cette éducation que favorisait la plus heuintelligence. L'université de Strasbourg était alors très-fréquentée par des jeunes gens de famille venus de l'Allemagne et du Nord. On peut lire dans les Mémoires de Goëthe le récit du séjour qu'il fit dans cette ville savante, et assister au mouvement littéraire tout germanique qui s'y agitait dans un cercle choisi d'étudiants. Ramond, qui avait quinze ans lorsque Goëthe, de six ans plus âgé que lui, étudiait à Strasbourg et y rencontrait Herder, côtoya ce groupe inspiré et en eut le vent. Il sera le premier qui tentera d'importer la littérature werthérienne en France, et ses premiers essais seront presque d'un disciple direct de Goëthe. Cependant, poussé avant tout par l'instinct de voyageur, et de voyageur de montagnes, il commença de bonne heure à parcourir l'Alsace et les Vosges, associant partout les souvenirs de l'histoire aux impressions de la nature. Le célèbre professeur Schoëpflin, par son ouvrage sur l'Alsace (*Alsatia illustrata*), avait remis en honneur les monuments de cette féodale contrée. Ramond y fit son apprentissage d'explorateur hardi et léger; dans ses promenades et ses excursions d'alentour, il exhalait ses rêves de première jeunesse, revoyait en idée les vieux temps évanouis, les comtes et les prélats guerroyants, les beautés recluses et plaintives, et il repeuplait à son gré de scènes touchantes ou terribles les ruines gothiques, les torrents et les rochers.

Des sentiments personnels se joignaient à ce qui n'était qu'imagination et rêve : il aimait. Les exaltations de cette première flamme, que des obstacles vinrent traverser, respirent dans ses premiers ouvrages, dans *les Dernières Aventures du Jeune d'Olban*, *Fragments des Amours Alsaciennes* (Yverdon, 1777), et dans un volume d'*Élégies* en deux parties, également imprimées à Yverdon en 1778. Lorsque Ramond fit imprimer ces petits volumes à l'étranger, il avait déjà commencé son tour de Suisse; mais la plupart des *Élégies* étaient composées bien auparavant, de 1773 à 1775, et quand il n'avait que dix-huit à vingt ans.

Les dernières Aventures du Jeune d'Olban sont une imitation et une sorte de contre-épreuve de *Werther* qui venait de paraître. Charles Nodier, qui fut en son temps un des enthousiastes et des adeptes du genre, a cru pouvoir donner de *d'Olban* une nouvelle édition, chez Techener, en 1829. C'est un drame en trois journées et en prose. Après chaque journée, il y a une pièce de vers plus ou moins ossianesque, en guise d'intermède lyrique. L'ouvrage, dans la première édition, était dédié simplement *à Monsieur Lenz*. Ce Lenz, dont il est question dans les Mémoires de Goëthe, était un Livonien de cette génération bizarre et vaguement passionnée, contemporaine de *Werther*, et qui en mit trop bien en pratique l'esprit et l'exaltation, jusqu'à vouloir finir par la démence et le suicide. Goëthe a très-bien raconté comment, ayant écrit *Werther*, il se trouva tout d'un coup soulagé et guéri; mais, en s'en débarrassant, il avait inoculé son mal aux autres; ce fut le tour de bien des lecteurs, par le monde, d'être atteints de la même fièvre. Lenz, qui avait vécu à Strasbourg et qui retourna mourir dans le Nord, avait été fort connu de Ramond, qui lui destinait une plus longue Dédicace. Nodier en a eu connaissance d'après l'exemplaire autographe et l'a donnée au long: elle a tout à fait le cachet du genre : « Malheureux Lenz! toi que ta famille et ta patrie ont rejetée, parce que ton âme valait mieux que les âmes qui t'environnaient; toi qui ne reçut de la gloire que le sceau d'infortune qu'elle imprime à ses favoris; toi que n'ont pu consoler ni l'admiration stérile de ta nation, ni l'impuissante amitié de ceux qui connaissent ton cœur; innocente victime! etc., etc.. » Pour *Préface*, on lit simplement dans l'édition première: « Voici les erreurs, les infortunes des cœurs sensibles ; lis, Ame froide, et condamne. » Mais, dans un exemplaire augmenté des notes de l'auteur, je trouve cet autre projet de Préface ou d'avertissement :

« En composant cet ouvrage, j'ai connu ou je n'ai pas connu les *unités*. Si je ne les ai pas connues, il y a apparence qu'elles ne sont pas dans la nature ; et, si je les ai connues, cela ne démontre pas qu'elles y sont : mais on en doit conclure que j'ai travaillé pour exciter de l'intérêt, et non pour observer des unités. La raison de cela est que l'on pardonne tout à l'intérêt, et rien aux règles. Les Anglais et les Allemands sont de mon sentiment, et cela ne prouve pas qu'il est mauvais : les Français sont d'un autre avis, et cela ne prouve point que le leur soit bon.

« Quoi qu'il en soit, je n'attente sur les droits d'aucun genre ni sur l'opinion de personne, puisque je ne classe pas mon ouvrage et que je déclare que je trouverai fort bon que ceux qui ont refusé aux pièces de Shakspeare le nom de *tragédies,* quoiqu'elles inspirent la *terreur* et la *pitié,* donnent à mon drame le nom de *farce,* quoiqu'il n'inspire pas le dégoût. »

Par malheur, l'intérêt dans *le Jeune d'Olban* ne répond pas à la théorie. Ce d'Olban, qui erre déguisé sous le nom de Sinval, coupable d'un meurtre dans un duel, amoureux d'une jeune fille et, sans le vouloir, aimé d'une autre, quand il voit qu'il a perdu à jamais celle qu'il aime et qu'il porte partout avec lui le trouble et le désespoir, recourt très-vite à ses pistolets et se tue sur les ruines d'un vieux château, à la pointe d'un rocher. Un rôle de vieux marin pourtant, le capitaine Birk, oncle d'une des jeunes filles, père adoptif de l'autre, et ami de Sinval, est très-bien tracé et fait un contraste qui a du naturel. C'était l'opinion de Dorat, car Dorat connut le drame de Ramond, et, qui plus est, il l'inséra tout entier dans son *Journal des Dames* (octobre 1777). Il l'accompagnait, en le publiant, d'une lettre explicative qui peut faire juger des hardiesses et des espiègleries littéraires du temps :

« Je vous envoie, madame, disait Dorat, l'extrait (il aurait pu dire la presque totalité) de cette singulière brochure, que le hasard a fait tomber entre mes mains, et qui, malgré la confusion des idées, l'oubli de tous les principes et de toutes les règles du théâtre, m'a paru mériter votre attention. C'est le chaos des pièces anglaises, mais il en part quelquefois les mêmes éclairs, les mêmes mouvements de sensibilité, qui valent bien l'alignement méthodique de toutes les périodes du jour. Que nous devenons froids, petits et raisonneurs...! De jour en jour, sans acquérir plus de nerf, nous perdons quelque chose de notre agrément. Il s'est introduit je ne sais quel purisme pédantesque, je ne sais quel esprit grammatical qui rétrécit l'âme, refroidit l'imagination, éteint les hardiesses, s'oppose à tout élan passionné, anéantit la poésie et défigure entièrement l'éloquence. Cette dernière surtout ressemble assez aux momies que l'on charge de clinquant : ôtez les bandelettes brillantes qui les entourent, il ne reste plus que le squelette. Si je le voulais, des exemples très-récents justifieraient ma comparaison ; mais je fâcherais les *momies*, et Dieu sait ce qui m'en arriverait ! »

Dorat, en convenant qu'il avait dû corriger beaucoup dans le drame nouveau, qu'il avait *francisé* autant qu'il l'avait pu l'expression parfois extraordinaire, soutenait pourtant que, dans ce siècle *où il n'y avait plus de genres*, la pièce accommodée à la scène pourrait plaire et faire tourner les têtes : « On les a vues tourner pour beaucoup moins, ajoutait-il. Les développements en seraient du plus vif intérêt ; le rôle du capitaine Birk, animé du jeu original de Préville, captiverait, échaufferait ; et je garantirais presque la réussite d'une pareille entreprise. Il faudrait seulement conserver les *unités*, pour ces gens difficiles et amoureux de la vieille Poétique, qui, sans les *unités*, seraient au désespoir de se laisser attendrir ou amuser. »

Dorat badinait sur tout cela et faisait sa petite guerre à La Harpe. Ramond était plus sérieux. Flatté de l'attention du célèbre petit-maître en poésie, que de loin on se figurait moins frivole qu'il ne l'était, il lui adressait de Paris où il était venu, à la date du 4 février 1778, la letre suivante, qui accompagnait l'envoi de ses *Élégies* :

« Le jeune auteur d'un drame auquel M. Dorat a accordé une place honorable dans son Journal du mois d'octobre dernier, également reconnaissant de ses éloges et de ses critiques, *s'empresse à lui adresser quelques pièces fugitives* qu'il soumet à sa censure. C'est une légère marque des sentiments d'estime dont il est pénétré.

« Ces Élégies portent quelquefois le caractère du pays où elles ont été composées. Dans quelques-unes, on doit reconnaître le ton sauvage qu'inspire la vue des Alpes et de l'Apennin ; longtemps réfugié au sein de leurs glaces éternelles, je ne sais si je suis de mise au milieu d'une grande ville, et c'est avec quelque méfiance que je viens y porter un ton et des mœurs étrangères. »

Un bon nombre des Élégies de Ramond parurent, en effet, dans ce même *Journal des Dames* (avril 1778), sous ce titre : *les Amours d'un jeune Alsacien*. Dorat leur avait rendu le même service qu'au drame et avait pris avec elles les mêmes libertés; il avait corrigé, arrangé le tout au goût de Paris et du beau sexe; et dès la première pièce ou dédicace en prose, là où on lisait dans l'original : « Sophie, c'est loin de vous, c'est dans un autre climat que tristement assis à l'ombre des mélèzes, je me rappelle tant de vœux rejetés, tant d'espérances déçues; » Dorat avait substitué les *platanes* aux *mélèzes*. « J'en suis fâché, observait Ramond; il a changé le paysage : il n'y a point de platanes dans ces glaces de l'Apennin. »

On aurait peu à dire de ces Élégies de Ramond, sinon que ce n'est pas vulgaire ni commun; mais il y a du vague, des intentions cherchées plutôt que trouvées, de grandes inexpériences de style et d'harmonie. Ici, pas plus que pour *le Jeune d'Olban*, l'heure de la transplantation n'était venue. Il faudra plus de vingt ans encore pour que le *Werther* de la France, celui qui s'approprie si bien à elle par sa beauté mélancolique, sa sobriété, même en rêvant, et son noble éclair au front, pour que *René* en un mot puisse naître; il faudra plus de temps encore pour que l'Élégie vraiment moderne, inaugurée par Lamartine, puisse fleurir et se propager. On est en 1777, un an avant les *Poésies érotiques* de Parny, dont c'est le moment et qui vont avoir leur vogue élégante et sensuelle. Il est piquant de lire, à la fin du volume d'*Élégies* de Ramond, l'*Approbation* délivrée par le magistrat suisse d'Yverdon, et qui est dans ces termes laconiques, à demi tudesques : « Permis d'imprimer les *Élégies ci-devant.* » Singulier passeport pour Paris! Les Élégies de Ramond à leur date étaient une plante exotique née sur la frontière, et en portant la marque un peu sauvage. On y découvrirait pourtant quelques notes avant-courrières d'un lointain printemps, par exemple :

> Je suis seul, mécontent, au sein de la nature ;
> Quand tout chante l'amour, à mes sens moins émus
> Tout est muet, et l'onde, et l'ombre, et la verdure
> Avec le monde, hélas! mon cœur ne s'entend plus.

C'est le thème de Lamartine dans *l'Isolement : Que me font ces vallons, ces palais, ces chaumières*, etc. Et encore, lorsque le jeune Alsacien s'écrie dans une pièce intitulée *le Soir* :

> Élève-toi, mon Ame, à la voûte azurée ;
>   Prends des cieux la route ignorée,
>   Suis dans les airs la vapeur colorée
>   Par les derniers rayons du jour !
>   Dégage-toi d'un sein rebelle,
>   Franchis ta barrière mortelle ;
> Vole, ô mon Ame, à la voûte éternelle,
> Holocauste échappé des flammes de l'amour !

quand le jeune Ramond chante ainsi, il semble préluder, quarante ans auparavant, à ces beaux vers qui ouvrent les *Méditations : Que ne puis-je porté sur le char de l'Aurore,* etc. Seulement ce n'étaient là que des aspirations d'une âme ardente et, par ce côté, plus germanique que française ; il manquait à cette muse novice et trop contrainte la première condition d'une poésie faite pour charmer, la grâce de ces heureux mortels qui sont nés avec un talisman dans leur berceau et avec la flûte d'ivoire sur les lèvres.

Ramond devait être avant tout un prosateur : il le devint dès les années suivantes dans son voyage de Suisse, en se souvenant de Rousseau et de Buffon, et en présence des grands spectacles naturels. Ce voyage est de 1777. Il le fit à pied avec un ami né dans le pays, et, aussi bien que son compagnon, il entendait l'allemand dans tous ses dialectes. Il vécut donc avec les bergers, avec les paysans ; et lorsque les *Esquisses de l'État naturel, civil et politique de la Suisse, présentées dans une suite de Lettres*, par William Coxe, parurent en anglais et obtinrent du succès, Ramond se trouva en mesure à l'instant de les traduire en les perfectionnant, en y ajoutant nombre de chapitres originaux qui les complétaient et en faisaient un ouvrage tout nouveau. Ce sont ces *Lettres de William Coxe*, traduites de l'anglais et augmentées par le traducteur (1781), qui attirèrent vivement l'attention des curieux et qui commencèrent la réputation du jeune Ramond. « Ce traducteur, disait La Harpe, est un homme qui paraît versé dans l'étude de l'histoire de l'antiquité. » — « Nous ne craignons point d'assurer, disait Grimm, que la traduction est fort supérieure à l'original ; ce que M. Ramond s'est permis d'ajouter aux descriptions du voyageur anglais forme plus d'un tiers de l'ouvrage, et n'en est sûrement pas la partie la moins intéressante. » Coxe avait voyagé en homme riche et qui s'arrête à mi-côte ; Ramond, svelte, allègre et dispos, en piéton et en homme dont ces sortes de fatigues font le bonheur. C'était le moment où de toutes parts on découvrait la Suisse intérieure et pittoresque. Jean-Jacques Rousseau n'avait fait, dans *la Nouvelle Héloïse*, que dessiner le Pays de Vaud et le Valais sans dépasser guère les collines ; maintenant on en était à décrire les hautes vallées, les glaciers, à gravir les pics les plus inaccessibles. Dix années pourtant devaient s'écouler encore avant que Saussure, après Balmat et Paccard, parvînt à atteindre la cime du Mont-Blanc (3 août 1787), mais de tous côtés le signal était donné, et il n'y avait plus de trêve dans cette conquête entreprise sur tous les points et ouverte désormais à la science comme aux pinceaux.

Ramond, âgé de vingt-deux ans, fut un des pionniers qui ont laissé trace (1). Il décrit dans un curieux détail les mœurs et le gouvernement des petits Cantons; il n'a rien gardé du vague et de la fougue qui dominaient dans ses précédents ouvrages; la partie positive et commerciale l'occupe; il ne néglige aucune des circonstances physiques des lieux qu'il parcourt; il y mêle des considérations morales qui le montrent affranchi des lieux communs de son siècle, ou plutôt devançant l'esprit du siècle prochain. En parlant de la célèbre abbaye de *Notre-Dame-des-Ermites* ou d'Einsielden, dans le canton de Schwitz, William Coxe, ministre et chapelain anglican, s'était permis bien des ironies sur les pèlerins et leur dévotion qu'il appelait superstitieuse : ici Ramond prend à son tour la liberté d'abréger, dans sa traduction, ces sarcasmes trop faciles, et il exprime pour son compte un tout autre sentiment :

« Je l'avoue, dit-il, l'aspect de ce monastère m'a ému ; sa situation au milieu d'une vallée sauvage a quelque chose de frappant ; son architecture est belle, et son plan est exécuté sur de grandes proportions ; rien de plus majestueux que les degrés qui s'élèvent à la plate-forme de l'édifice et qui la préparent de loin par une montée insensible... Il est impossible d'entrer dans cette chapelle dont le pavé est jonché de pécheurs prosternés, méditant dans un respectueux silence et pénétrés du bonheur d'être enfin parvenus à ce terme de leurs désirs, à ce but de leur voyage, sans éprouver un sentiment de respect et de terreur. En ne considérant même ce pèlerinage que dans le sens philosophique, n'a-t-on pas quelques ré-

(1) Coxe et lui furent les premiers guides des voyageurs en Suisse en ces années : « Ceux-ci parcouraient à l'envi, nous dit Ramond, les routes que nous avions frayées, mais n'en frayaient guère d'autres ; et les lieux ignorés dont j'avais révélé le secret devenaient peu à peu une promenade publique où les Anglais rencontraient des Anglais, les Français des Français, et personne les Suisses. »

flexions satisfaisantes à faire dans un lieu où la faible et souffrante humanité vient chercher des secours contre les maux de l'âme, un lieu que les consciences effrayées regardent comme un port assuré contre les orages qui les tourmentent, où l'infortuné dévoré de scrupules trouve contre des remords, peut-être imaginaires et factices, des remèdes sûrs, et par cela même précieux?... Plaignons les faiblesses de l'humanité, et *respectons les moindres de ses espérances*; n'en arrachons aucune à l'âme crédule et timide : elle mérite plus que toute autre l'indulgence du philosophe et les tendres soins des âmes fortes. »

Certes, ce sentiment exprimé par un jeune homme de vingt-deux ans, cette leçon donnée aux esprits forts (appelés ici par politesse des âmes fortes), en présence de la philosophie du siècle, à deux pas de Voltaire et pendant la vogue de l'abbé Raynal, annonce, encore mieux que *le Jeune d'Olban* et que les *Élégies,* combien Ramond appartient d'avance à un mouvement réparateur et à une inspiration digne des régions sereines où se passeront les plus belles heures de sa vie (1). C'est

(1) Je retrouve dans ses *Voyages au Mont-Perdu*, publiés en 1801, un sentiment tout pareil, à l'occasion d'une chapelle de la Vierge qui se rencontre dans la partie la plus désolée de la vallée de Héas et qui y a créé un peu de civilisation et de vie. La tradition veut que la Vierge Marie ait autrefois apparu dans ce lieu où on lui a dédié un oratoire : « Quelques chaumières, dit Ramond, et quelques cultures pressées autour du saint édifice, loin de peupler ce désert, n'en font que mieux ressortir la solitude et la nudité. A la vue des imposantes barrières qui le séparent du reste du monde, l'âme la plus froide éprouve un frémissement secret. Quoi ! c'est là, c'est au pied de ces rochers formidables, que la piété a ménagé des consolations à la misère et des encouragements au travail ! Ce sol ingrat, c'est elle qui le féconde, en aidant de l'obole du pauvre de plus pauvres qui le cultivent ! Lieux désolés et sublimes ! sans votre chapelle, vous seriez peut-être sans habitants et sans spectateurs. Ces cabanes, ces moissons, ces prés sont un miracle au-dessus des forces d'une grossière industrie : chez un peuple simple et crédule, il fallait chercher ailleurs les puissances capables de le produire. *Que l'humanité soit* conduite à la conquête de la terre par la colonne de nuages ou par la colonne de feu, elle marche : bénissons la Cause directrice qui assortit les moyens à l'état de nos sociétés, et que notre courte sagesse

ainsi encore qu'à l'occasion des Crétins du Valais dont les hommes notables du pays semblent rougir, les regardant comme une tache pour leur nation, et dont ils n'aiment guère à parler avec les étrangers, mais que le peuple et les enfants même respectent et considèrent au contraire comme une bénédiction, « comme des innocents marqués par le Ciel pour n'avoir nulle part aux crimes de la terre et pour arriver sans obstacle au séjour des récompenses, » il dira sans hésiter : « Laquelle de ces deux opinions est la plus respectable ? N'est-ce pas celle qui garantit à une portion malheureuse de l'humanité les soins les plus prévenants, la condescendance la plus attentive, en un mot, ce tendre intérêt si supérieur à la simple compassion ? Ces pensées nous ouvrent un jour sur ce qu'il est, en général, si important de connaître lorsqu'on veut juger d'un écrivain, sur la religion philosophique et morale de Ramond.

Son récit de voyage dans les parties supérieures du Hasly offre des passages admirables, et plus simples peut-être d'expression qu'il n'en trouvera plus tard lorsque son talent, d'ailleurs, aura acquis sa plus entière originalité. A Lucerne, le général de Pfyffer, à qui l'on doit un magnifique *Relief* de la Suisse, l'avait honoré de ses conseils, et, connaissant sa manière de voyager, ne l'avait pas jugé indigne d'affronter les hautes Alpes : il lui traça un itinéraire que le jeune homme prit plaisir à suivre et dont le pays de Hasly était la première station. Dans son trajet de l'abbaye d'Engelberg au Dittlisberg, Ramond rencontre bien

---

s'incline devant la Sagesse profonde qui dirige au même but ce que nous appelons l'erreur et ce que nous appelons la vérité ! » Ainsi parlait le naturaliste philosophe un an avant que parût le *Génie du Christianisme*.

des difficultés, des dangers, mais aussi de ces jouissances sans nom qu'il décrit de la sorte :

« Du haut de notre rocher, nous avions une de ces vues dont on ne jouit que dans les Alpes les plus élevées : devant nous fuyait une longue et profonde vallée, couverte dans toutes ses parties d'une neige dont la blancheur était sans tache ; çà et là perçaient quelques roches de granit, qui semblaient autant d'îles jetées sur la face d'un océan ; les sommets épouvantables qui bordaient cette vallée, couverts comme elle de neiges et de glaciers, réfléchissaient les rayons du soleil sous toutes les nuances qui sont entre le blanc et l'azur ; ces sommets descendaient par degrés en s'éloignant de nous, et formaient un longue suite d'échelons dont les derniers étaient de la couleur du ciel, dans lequel ils se perdaient. Rien de plus majestueux que le ciel vu de ces hauteurs : pendant la nuit, les étoiles sont des étincelles brillantes dont la lumière plus pure n'éprouve pas ce tremblement qui les distingue ordinairement des planètes ; la lune, notre sœur et notre compagne dans les tourbillons célestes, paraît plus près de nous, quoique son diamètre soit extrêmement diminué ; elle repose les yeux qui s'égarent dans l'immensité : on voit que c'est un globe qui voyage dans le voisinage de notre planète. Le soleil aussi offre un spectacle nouveau : petit et presque dépourvu de rayons, il brille cependant d'un éclat incroyable, et sa lumière est d'une blancheur éblouissante ; on est étonné de voir son disque nettement tranché, et contrastant avec l'obscurité profonde d'un ciel dont le bleu foncé semble fuir loin derrière cet astre et donne une idée imposante de l'immensité dans laquelle nous errons. On peut dire que pendant l'été il n'y a point de nuit pour ces sommets ; du fond de la plaine, on les voit teints de pourpre longtemps après le coucher du soleil, quand les vallées sont déjà ensevelies dans les ténèbres ; et longtemps avant l'aurore, ils en annoncent le retour, par une belle couleur rose admirablement nuancée sur les glaces d'argent et d'azur qui couronnent leurs cimes. »

Par un de ces accidents de chaleur qui ont lieu quelquefois jusqu'au milieu des glaces et des neiges les plus élevées, tout d'un coup les voyageurs sont surpris d'arriver à un endroit entièrement découvert de neiges :

« Rien de plus délicieux dans la nature que le gazon que nous foulions ; à peine abandonné par les neiges, il était déjà émaillé d'une innombrable quantité de fleurs dont les couleurs étaient d'une vivacité que les fleurs de la plaine n'atteignent jamais, et qui répandaient l'odeur la plus suave. Tout, jusqu'à *l'oreille d'ours*, qui est ici indigène, en est imprégné, et les aromates, tels que le serpolet et le thym, sont si riches en essence, qu'à chaque pas nous faisions jaillir dans l'atmosphère des parfums délicieux. »

C'est ce sentiment, si souvent exprimé depuis, des hautes cimes et de l'allégresse intime, de la sérénité de pensée qu'on y rencontre, c'est cette sublimité naturelle et éthérée que Ramond excelle à rendre dans ces pages comme il y en avait si peu à cette date dans notre langue. Elles sont si peu connues aujourd'hui du grand nombre des lecteurs et elles sont tellement dignes de l'être, elles sont si belles de vérité et si irréprochables de forme, que j'éprouve un extrême embarras de choix dans le désir que j'aurais de les faire lire par amples extraits et de les faire goûter de tous :

« Arrivé dans cette forêt, dit-il quelque part, et prêt à descendre, j'éprouvais une sorte de tristesse que, depuis ce temps-là, j'ai toujours retrouvée, quand du haut des Alpes je suis descendu dans les plaines. A leur sommet on respire si librement, la circulation est si facile, tous les organes transmettent si vivement à l'âme les impressions des sens, que tout est plaisir, que le travail le plus opiniâtre devient facile, et qu'on supporte les incommodités du corps avec courage et même avec gaieté. J'ai souvent éprouvé que sur les montagnes on est plus entreprenant, plus fort, moins timide et que l'âme se met à l'unisson des grands objets qui l'entourent. Je me rappelle que j'avais sur ces hauteurs des idées et des sentiments que j'aurais peut-être exprimés alors, mais que maintenant je serais non-seulement dans l'impossibilité d'exprimer, mais incapable de me retracer avec quelque force. Jamais je ne suis descendu de ces sommets sans éprouver qu'un poids retombait sur moi, que mes organes s'obstruaient, que mes forces diminuaient et que mes idées s'obscurcissaient ; j'étais dans la situation où se trouverait un homme qui serait rendu à la faiblesse de ses sens inhumains après l'instant où ses yeux, dessillés par un Être supérieur, auraient joui du spectacle des merveilles cachées qui nous environnent. »

Revenant ailleurs sur cette idée d'une transformation qu'éprouvent à de certaines hauteurs les organes du corps et les facultés de l'esprit, il fait appel à tous ceux qui en ont, un jour ou l'autre, ressenti les effets dans l'ascension vers les hauts lieux : « Quelque merveilleux que soit ce que j'avance, je ne manquerai point de garants, et je ne trouverai d'incrédules que dans le nombre de ceux qui ne se sont jamais élevés au-dessus de la plaine. Quant à ceux qui ont atteint quelquesunes des hauteurs du globe, je les appelle en témoignage : en est-il un seul qui, à leurs sommets, ne se soit trouvé régénéré et n'ait senti avec surprise qu'il avait laissé au pied des monts sa faiblesse, ses infirmités, ses soins, ses inquiétudes; en un mot, la partie débile de son être et la portion ulcérée de son cœur? » C'est après avoir lu ces belles pages des *Notes sur la Suisse* que Buffon, accueillant l'auteur, lui disait magnifiquement : « Monsieur, vous écrivez comme Rousseau. » Et en effet, ces parties du premier Voyage de Ramond rappellent notablement les formes et le ton du maître; et, parmi les écrivains célèbres que nous avons vus depuis, La Mennais, George Sand, ces grands élèves de Rousseau, n'ont rien écrit de mieux, de plus plein, de plus nombreux et de plus correct dans leurs descriptions de nature.

Il ne faudrait pas croire cependant que toutes les Notes du voyage de Ramond soient de ce ton, qui deviendrait fatigant à force de sublimité; il proportionne son langage à ses sujets; il a ses anecdotes piquantes; et, quand il traite une question historique ou physique, il y est tout entier. Il voulut aussi connaître les hommes distingués ou illustres que possédait la Suisse à ce moment. A Berne, il s'entretint des montagnes avec le grand Haller, « le Pline de la Suisse, » alors tout près de sa fin. A Zurich, il vit Gessner, et il l'eût volontiers opposé en exemple, dit-il, aux *petits Pindares* de toutes les nations en le leur montrant dans sa simplicité, sa candeur, et avec ces vertus douces qui accompagnent si bien un aimable génie. De tous les hommes qu'il souhaitait de connaître, ce fut pourtant Lavater seul qui surpassa son attente : « Il n'existe point d'homme peut-être, dit-il, dont l'imagination soit aussi brûlante et la sensibilité aussi profonde; il entraîne, il subjugue; son langage est d'une naïveté populaire, et cependant d'une éloquence à laquelle il est impossible de résister. Ses manières sont négligées, mais une sorte de grâce, qui réside moins dans l'arrangement des formes que dans leur simplicité et dans l'*à-propos* du geste, les rend tout à fait séduisantes. Sa figure n'est pas régulière, mais elle semble cacher quelque chose de plus grand et de plus beau; on voit son âme à travers le voile. Son regard est d'une vivacité et d'une franchise qui inspirent à la fois la crainte et la confiance... On a beau critiquer son système et son ouvrage, les doutes cessent quand on l'entend, et l'on ne peut être son ami sans devenir son disciple. » On sent à cette vive peinture que Ramond, malgré sa précoce expérience, n'a pas épuisé encore cette puissance d'enthousiasme, cette ardeur de confiance et d'initiation qui peut entraîner même les plus éclairées des jeunes âmes : ici, il est presque fasciné par Lavater, il le sera tout à l'heure et pour quelque temps par un moins digne, par Cagliostro, un Lavater bien moins innocent.

Ramond, à Ferney, rendit visite à Voltaire, qui, dès qu'il entra, lui cria de son fauteuil : « Vous voyez, monsieur, un vieillard qui a quatre-vingt-trois ans et quatre-vingt-trois maladies. » Ramond ayant remarqué sur les rayons de la bibliothèque les in-folios des Pères, avec de petits papiers qui en notaient les passages : « Ah ! voici les Pères de l'Église, dit-il, et je vois que vous les avez lus? — « Oui, monsieur, répondit Voltaire, oui, je les ai lus et ils me le payeront ! »

Il eut presque autant de plaisir à voir à Zurich le vieux Bodmer, « le Nestor de la Suisse et le patriarche de la littérature allemande, qui avait conservé le feu, la gaieté de la jeunesse, et qui jouissait à la fois de sa gloire et de ses vertus. » Bodmer ressemblait physiquement à Voltaire : « Cette ressemblance, dit Ramond, me parut frappante, et j'appris qu'elle semblait telle à tous ceux qui avaient vu l'un et l'autre. Il a les mêmes traits, la même physionomie, les mêmes gestes; seulement, la couleur de ses yeux est différente, et l'ensemble de ses traits est un peu plus délicat. Je lui parlai de cette étonnante conformité, il me fit cette modeste et remarquable réponse : « Il ne manquerait rien à ma gloire si je ressemblais en tout à M. de Voltaire; mais peut-être serait-il plus heureux s'il me ressemblait davantage. » — Bodmer fit présent à Ramond du recueil de ses *Tragédies historiques et politiques*, dont la lecture lui prouva que le genre dans lequel le président Hénault avait échoué n'en était pas moins, dit-il, un genre excellent. Aussi le vit-on bientôt s'y exercer lui-même par un drame intitulé *la Guerre d'Alsace* (1780), et en tête duquel il invoquait comme autorités et comme *précédents* les Tragédies historiques de Shakspeare, les Tragédies politiques de Bodmer, et surtout le *Goetz de Berlichingen* de Goëthe. Ramond, à cet âge, portait son activité, son besoin de nouveauté et de découverte dans tous les sens. Il aurait voulu, cette fois encore, concilier dans une œuvre littéraire le génie de ses deux patries, l'Allemagne et la France. Il ne sera tout à fait lui-même et complétement original que lorsqu'il se sera voué sans réserve à celle-ci, et qu'il deviendra le paysagiste en même temps que le physicien des Pyrénées.

Lundi, 11 septembre 1854.

RAMOND

LE PEINTRE DES PYRÉNÉES

(SUITE)

La Guerre d'Alsace pendant le grand schisme d'Occident, terminée par la mort du vaillant comte Hugues, surnommé le soldat de Saint Pierre, drame historique en prose, sans nom d'auteur, imprimé à Bâle en 1780, et qui paraît n'avoir eu aucun écho en France, fut la dernière tentative de Ramond dans l'ordre de la littérature proprement dite et de l'imagination. Malgré ces mots du titre, *grand schisme d'Occident,* qui donnent d'abord l'idée d'une autre date bien postérieure, la scène se rapportait à la fin du onzième siècle et à l'époque des démêlés du pape Grégoire VII avec l'Empereur. L'auteur avait voulu peindre les guerres et discordes des comtes et des prélats d'Alsace, *ranimer les cadavres de l'histoire,* mettre en actions les légendes ou chroniques qui se rattachaient aux débris des vieux châteaux : ils passeront devant les yeux du lecteur dans leur costume antique, disait-il de ses personnages, ils agiront suivant les mœurs de leur siècle; en un mot, -je copierai fidèlement la nature, même lorsque je suppléerai par la fiction aux faits que le temps a ensevelis dans les ténèbres de l'oubli. » On a là toute une matière de drame, la suite et le mouvement des scènes ; les principaux caractères même sont assez bien esquissés, et il y a un personnage d'Ottilie qui a de la grâce et de l'idéal. Ce qu'on peut dire enfin, c'est que l'auteur a très-bien deviné et conçu le genre dont le *Wallenstein* de Schiller (1779) devait offrir le plus magnifique développement, mais qui n'a jamais été en France qu'un genre accessoire et comme latéral à la scène.

Ramond était arrivé à l'âge de vingt-cinq ans : ici sa carrière va subir une déviation singulière et qui aurait pu être fatale à tout autre. Déjà renommé à Paris pour sa traduction des *Lettres de Coxe*, accueilli par le meilleur monde, devenu le guide de toute cette belle société qui se prenait d'amour pour la nature de Suisse et pour les glaciers, il attira nécessairement l'attention du cardinal prince de Rohan, évêque de Strasbourg, qui fut flatté de trouver dans un jeune Alsacien de si grands talents, et qui se fit un honneur de l'attacher à sa personne. Le cardinal de Rohan, beau, brillant, de la plus noble libéralité et de la plus gracieuse prévenance, spirituel même si on ne s'arrêtait qu'à l'air et au dehors, était un très-grand seigneur des plus sujets à être séduit. S'il était en disgrâce à Versailles, il trônait en Alsace ; on peut même dire qu'il régnait, car il était réellement souverain dans la portion germanique de son diocèse qui était au delà du Rhin. Il s'était fait à Saverne une des plus charmantes résidences du monde ; il y tenait une Cour véritable, et il voulut que Ramond en fût. Celui-ci, conseiller privé de la régence de Saverne, chef du conseil et secrétaire du cardinal (on lui donne alternativement tous ces titres), appliquait en effet ses connaissances précises à l'administration de ce petit État, en même temps qu'il charmait par son esprit l'intérieur du palais. M. de Carbonnières (c'était le nom aussi sous lequel on le connaissait alors) fut encore admis peu après, par la même protection, dans le corps des gendarmes dits du prince de Soubise. Il tenait par tous les liens à la maison de Rohan.

La faveur des grands oblige à bien des complaisances. Le célèbre charlatan qui se faisait appeler le comte de Cagliostro était arrivé à Strasbourg en septembre 1780, précédé d'une réputation extraordinaire pour les sciences occultes et pour les cures miraculeuses; toute la haute société, la noblesse d'Alsace, donna le signal en sa faveur, et le cardinal de Rohan, avant de l'avoir vu, était déjà séduit. Il y a des natures, distinguées d'ailleurs, qui sont singulièrement prédestinées à la crédulité; il ne s'agit pour elles que de savoir de qui elles seront dupes, et par malheur elle ne font pas le choix. On a pu lire dans les Mémoires de la baronne d'Oberkirch quelle était l'attitude du cardinal en présence du charlatan habile qui le fascinait. Cagliostro, à cette époque, n'avait guère que trente-deux ans : sa physionomie expressive et brillante colorait l'impudence sous des airs inspirés et sous les effusions de la philanthropie à la mode; il semblait aller fouiller dans le cœur les secrets de chacun, et promettre en retour toutes les félicités et les merveilles. Il régnait à Saverne et possédait l'âme du cardinal, lorsqu'il fut obligé de s'éloigner de Strasbourg, où son séjour excitait de l'ombrage, et de voyager quelque temps. Il alla successivement à Naples, à Bordeaux, en Suisse, à Lyon ; on ne suit pas bien exactement sa trace, mais ce qui paraît certain, c'est que le cardinal, privé de sa présence et ne pouvant se passer de ses communications, envoya à un moment **auprès** de lui son jeune secrétaire, c'est-à-dire Ramond, tant pour pourvoir à son entretien que pour continuer en chiffres la correspondance : c'est l'abbé Georgel, bien informé qui atteste le fait. On sait d'ailleurs que Ramond retourna en Suisse dans les années 1783-1784, et pour y rejoindre sans doute Cagliostro; il l'accompagna ensuite à Lyon, et ce fut lui qui, par ordre du cardinal, l'installa à Paris, dans la rue Saint-Claude au Marais, en février 1785, prenant à cet effet tous les arrangements et passant tous les marchés nécessaires.

On ne peut s'empêcher de regretter ici que Ramond n'ait pas écrit ses Mémoires; qu'il n'ait pas, un jour ou l'autre, raconté, et s'il le fallait, confessé toute la vérité sur cet épisode intéressant et mystérieux de sa vie. Toute part faite à la déférence, à l'obéissance qu'il devait aux ordres du cardinal, on se demande quelle était en ceci cette autre part, fort peu aisée à déterminer, mais assez active, ce semble, qui lui était personnelle et propre. Lorsque l'on sait à quel esprit sain, ferme, vigoureux, on a affaire en Ramond, lorsqu'on a pu apprécier ses qualités sûres comme savant, comme observateur, lorsqu'on voit Laplace avoir assez de confiance en lui pour adopter et enregistrer dans la *Mécanique céleste* la réforme numérique dont était susceptible le coefficient d'une de ses formules, on se demande quelle sorte d'intérêt et de zèle celui qu'on a connu en ces dernières années le moins mystique des hommes pouvait apporter dans cette intimité de chaque jour avec Cagliostro. Était-ce curiosité pure? désir de découvrir quelque chose des ressorts et des secrets que lui cachait le grand mystificateur? Était-il disciple et adepte à quelque degré, ou n'était-il qu'un observateur encore, déguisé en disciple, et n'avait-il qu'une arrière-pensée, celle de saisir le dernier mot de la cabale et la clef du jeu? Un jour Cagliostro lui envoya demander comme à son préparateur (car il en faisait quelquefoi l'office) je ne sais quelle poudre nécessaire pour une opération : Ramond se contenta de prendre une prise de tabac et la mélangea de cendre, de manière à donner au tout l'apparence de la poudre demandée, et la poudre ensuite opéra comme si elle avait été la vraie. Cagliostro ici était le mystifié. Il est difficile pourtant d'admettre que Ramond n'ait pas été lui-même fasciné dans les premiers temps, qu'il n'ait pas payé tribut par une courte fièvre de jeunesse à la maladie épidémique du siècle et du lieu. Mais de bons esprits comme le sien ne subissent la contagion commune qu'un moment, et, une fois guéris, ils sont désormais à toute épreuve (1).

Une grave complication, qui amena une catastrophe, vint altérer et envenimer ces relations, d'ailleurs assez

---

(1) Sur ces relations de Ramond avec Cagliostro, on peut lire les *Mémoires* de l'abbé Georgel (édition de 1820, tome II, pages 50, 52, 74, 119, 158, 165, 176). M. Droz, au tome Ier (page 423) de son *Histoire du Règne de Louis XVI*, a dit de Cagliostro : « Certainement il était fort adroit dans ses jongleries, car un homme de sens et d'honneur, le naturaliste Ramond, qui avait été secrétaire du cardinal de Rohan, ne fut jamais complètement désabusé; et, vers la fin de sa vie, quand on plaisantait devant lui sur Cagliostro, il détournait la conversation. » Je ne sais si M. Droz n'interprète pas un peu trop à son gré la répugnance de Ramond à répondre à tout venant sur Cagliostro. M. Cuvier, dans sa *Notice historique*, après s'être posé les diverses questions restées douteuses, sur les mobiles de plus d'un genre qui pouvaient alors animer Ramond, ajoute : « Ce qui est certain, ce que M. Ramond avouait, c'est qu'il prit rang au nombre des plus intimes du grand magicien, et qu'il devint dépositaire d'une partie de ses recettes, et témoin de plusieurs de ses miracles. Il ne cachait pas même à ses amis qu'il avait vu ou qu'il croyait avoir vu des choses fort extraordinaires, mais lorsqu'on le pressait à ce sujet, il rompait la conversation et refusait de s'expliquer. Tout ce que l'on peut donc conjecturer, aujourd'hui que la charlatanerie de Cagliostro n'est plus un problème pour personne, c'est que, tout pénétrant que fût l'esprit de M. Ramond, le thaumaturge était encore parvenu à lui cacher une partie des ressorts qu'il faisait jouer. Mais, encore une fois, il aurait fallu entendre Ramond s'expliquer à cœur ouvert sur toute cette affaire et sur les faits tels qu'il les appréciait en définitive, pour être en mesure de prononcer.

innocentes et anodines, de Cagliostro avec le cardinal de Rohan. Une femme intrigante et criminelle, madame de La Motte, se mit, vers le même temps, à exercer sur le cardinal son ascendant funeste et vraiment fabuleux, qui conduisit ce malheureux prince à acheter des joailliers de la reine le fameux Collier, en croyant n'obéir qu'à un ordre de sa souveraine. Ramond, secrétaire du prince et son confident, ne put manquer d'être initié à la connaissance de cette longue et tortueuse négociation. Mais quand le procès éclata, lorsque madame de La Motte fit ses Mémoires et Factums, lorsque Cagliostro co-accusé lui opposa les siens, une chose est pour nous remarquable : c'est combien chacun évita d'inculper ce jeune secrétaire et de le compromettre. M. de Carbonnières, chef du conseil du cardinal, est nommé, cité à l'occasion ; Cagliostro joint à son nom un éloge ; madame de La Motte n'y applique aucune injure et ne soulève contre lui aucune accusation. Il est évident que, dans cette affaire délicate, on aime mieux que ce jeune homme sensé, clairvoyant et, pour tout dire, plus considéré que ce qui l'entoure, n'ait pas à s'expliquer hautement en justice et devant le public, comme il l'eût fait s'il avait été obligé de se défendre.

Ramond rendit, d'ailleurs, au cardinal le plus grand des services pour sa justification. Une bonne partie du Collier avait été dispersée et vendue à Londres ; il importait de se procurer auprès des bijoutiers anglais les preuves légales de cette vente faite par le mari de madame de La Motte et pour son compte. L'abbé Georgel, grand vicaire du cardinal, fit choix de Ramond pour cette négociation délicate (1785). Celui-ci suivit les diamants à la piste, s'assura des acheteurs, obtint leur déposition légale devant les magistrats de Londres, et revint en France muni des pièces qui prouvaient du moins que le cardinal n'avait été que le plus crédule et le plus volé des honnêtes gens.

Lorsque le procès fut terminé et le cardinal absous, mais exilé à la Chaise-Dieu en Auvergne, Ramond l'y suivit, le servit encore quelque temps, puis se sépara de lui, avec trop d'éclat, disent les uns, avec tous les égards voulus, assurent les autres; et certainement après avoir accompli au moins les devoirs essentiels que lui imposait une protection devenue vers la fin si compromettante et si ruineuse. La science désormais le rappelait; il avait à réparer envers ses chères montagnes et envers la nature des absences trop longues, à renouer d'austères et attrayants travaux trop longtemps interrompus.

Il est à noter cependant que peu après ou durant même le procès du Collier, Jefferson, le ministre américain en France, ayant à faire un voyage, apprécia assez les talents et la capacité de Ramond pour le charger de suivre en son absence les affaires de son gouvernement; il fut même question alors pour Ramond de partir pour l'Amérique et d'y obtenir je ne sais quel poste auprès de Washington. Quoi qu'il en soit, la marque de confiance a de quoi frapper : être employé ainsi par Jefferson, c'était la meilleure preuve qu'on n'avait été qu'effleuré et non atteint par Cagliostro (1).

En 1786, Ramond parcourut une portion des montagnes de l'Auvergne et du Velay. Ce fut dans l'été de

(1) Je ne vois pas que Ramond soit nommé dans les *Mémoires* et la *Correspondance* de Jefferson, ce qui n'est pas étonnant, Ramond n'étant point alors un personnage en vue. Jefferson fit deux voyages en ces années, l'un de sept semaines en Angleterre (mars-avril 1786), l'autre, plus long, dans le midi de la France et dans le nord de l'Italie (mars-juin 1787). Il se peut que Ramond ait été chargé de suivre les affaires américaines pendant l'une ou l'autre de ces absences; j'inclinerais à croire que ce fut dans la première et lors du brusque départ de Jefferson pour Londres.

1787 qu'il aborda, pour la première fois, les Pyrénées. Ce curieux voyage est le sujet d'un volume publié en 1789, *sous le privilége*, comme on disait, de l'Académie des sciences, et sous le titre d'*Observations faites dans les Pyrénées*, pour servir de suite à celles que l'auteur avait déjà faites sur les Alpes dix années auparavant. Nous retrouvons ici le peintre, et dans des tableaux tout neufs que nul avant lui n'avait traités. Plus d'un savant, sans doute, avait déjà considéré les Pyrénées à des points de vue tout spéciaux, mais aucun avec ce sentiment de la nature uni à une science positive aussi étendue et aussi solidement diverse.

Voulant embrasser les Pyrénées dans leur ordonnance et dans leur ensemble, en bien comprendre le système de formation et les lois, Ramond croit devoir les attaquer d'abord par leur centre, du côté de Bagnères de Bigorre et de la vallée de Campan; il pense que s'il monte avant tout au sommet du Pic du Midi, il pourra de là, comme du haut d'un observatoire, débrouiller le chaos des montagnes centrales, se fixer sur celles qu'il lui importe de visiter, et se tracer un plan de campagne et d'invasion qui le mettra à même d'asseoir ensuite des comparaisons étendues avec la partie correspondante des Alpes. Les premiers paysages qu'il retrace, et qui sont les plus cités dans les Cours de littérature, sont ceux de la vallée de Campan et des rives de l'Adour : « Je ne peindrai point cette belle vallée qui le voit naître (l'Adour), cette vallée si connue, si célébrée, si digne de l'être; ces maisons si jolies et si propres, chacune entourée de sa prairie, accompagnée de son jardin, ombragée de sa touffe d'arbres; les méandres de l'Adour, plus vifs qu'impétueux, impatient de ses rives, mais en respectant la verdure; les molles inflexions du sol, ondé comme des vagues qui se balancent sous un vent doux et léger; la gaieté des troupeaux et la richesse du berger; ces bourgs opulents formés, comme fortuitement, là où les habitations répandues dans la vallée ont redoublé de proximité... » Il finit cette description riante par des présages menaçants qui font contraste, et qui furent trop réalisés l'année suivante (1788) par l'affreux débordement qui dévasta ces beaux lieux. Mais ces premiers paysages faits à dessein et composés avec art, qui sont relevés d'images et de souvenirs mythologiques ou classiques (*Arcadie, épée de Damoclès, autels d'Esculape*, etc.), me plaisent moins que ceux qui seront retracés chemin faisant et avec des traits plus naturels, sans que l'auteur ait l'air de se mettre exprès à son chevalet. Il y a toujours de la composition dans les paysages de Ramond; le plus souvent il n'y a que la couleur vraie donnée par le sujet. Ainsi, en montant le Pic du Midi, le voyageur arrivé à une certaine élévation se trouve avoir atteint à un beau réservoir d'eau appelé *le lac d'Oncet*, et où la nature commence à prendre un grand caractère; il en fait voir en peu de mots l'encadrement, et en quoi ce nouveau genre de beauté consiste : « C'est un beau désert que ce lieu : les montagnes s'enchaînent bien, les rochers sont d'une grande forme; les contours sont fiers, les sommets hérissés, les précipices profonds; et quiconque n'a pas la force de chercher dans le centre des montagnes une nature plus sublime et des solitudes plus étranges prendra ici, à peu de frais, une idée suffisante des aspects que présentent les monts du premier ordre. » Pour lui, laissant là en arrière ses compagnons et son guide, et retrouvant son sentiment allègre des hautes Alpes, il se met à gravir seul et en droite ligne vers la cime : « Je l'atteignis en peu de temps, et, du bord d'un précipice effroyable, je vis un monde à mes pieds. » C'est ici qu'il entre dans une description parfaite et de ce que la vue embrasse du côté des plaines, et des rangées de monts qui s'étagent en amphithéâtre au midi, et des collines et pâturages plus rapprochés qui s'élèvent du fond du précipice vers la pente escarpée du Pic et forment un repos entre sa cime et sa base :

« Là, dit-il, j'apercevais la hutte du berger dans la douce verdure de sa prairie ; le serpentement des eaux me traçait le contour des éminences ; la rapidité de leur cours m'était rendue sensible par le scintillement de leurs flots. Quelques points surtout fixaient mon attention : je croyais distinguer le troupeau et reconnaître le berger, qui peut-être regardait planer sur sa tête l'aigle que je voyais, bien au-dessous de moi, décrire de vastes cercles dans les airs.

« Le lieu même où je me trouvais n'eut que mon dernier regard. J'avais déjà épuisé le peu de force que se trouve l'homme qui veut contempler la nature dans son immensité, lorsque je considérai mon étroite station ; lorsque je vis que sur cet âpre rocher tout n'est pas débris, et que les feuillets hérissés du dur schiste qui le composent protégent de la verdure et des fleurs contre la froidure et les ouragans de cette haute région. Le *carnillet moussier*, riante parure des rochers élevés, et deux ou trois pieds d'une *gentiane* qui se plaît dans les lieux que la neige couvre longtemps et qu'elle abreuve sans cesse, fleurissaient exilés sur cette cime déserte. Quelques insectes bourdonnaient à l'entour ; un papillon même, parvenu à cette hauteur par les pentes méridionales, voltigea un moment d'une fleur à l'autre ; mais bientôt, emporté vers le précipice, il confia sa frêle existence à l'immense Océan de l'air. »

Et il insiste sur ce que ce n'est point là le spectacle et la décoration des montagnes centrales, de ces hauteurs désolées et de ces déserts, « où l'œil ne rencontre plus rien qui le rassure ; où l'oreille ne saisit pas un son qui appartienne à la vie ; où la pensée ne trouve plus un objet de méditation qui ne l'accable ; où l'imagination s'épouvante à l'approche des idées d'immensité et d'éternité qui s'emparent d'elle ; où les souvenirs de la terre habitée expirent ; où un sombre sentiment fait craindre qu'elle-même ne soit rien... Ici l'on n'est pas hors du monde ; on le domine, on l'observe : la demeure des hommes est encore sous les yeux, leurs agitations sont encore dans la mémoire; et le cœur fatigué, s'épanouissant à peine, frémit encore des restes de l'ébranlement. » Tel est le premier des beaux et grands paysages de Ramond, par lesquels il exprime dans ses différences avec les Alpes la nature pyrénéenne. Il y mêlera des personnages, des figures selon la rencontre, le berger basque, plus tard le contrebandier aragonais :

> « En ce moment (au moment de la descente), deux jeunes montagnards nous abordèrent ; beaux et bien faits, ils marchaient pieds nus avec cette grâce et cette légèreté qui distinguent éminemment les habitants des Pyrénées. Leur bonnet était orné avec goût des fleurs de la montagne, et leur air aventurier avait quelques chose de singulièrement intéressant. Ils montaient au Pic, et nous demandèrent si l'on voyait la plaine bien dégagée de vapeurs, car la curiosité seule les y conduisait, et ils venaient des montagnes du Béarn... Les Alpes ne m'ont point offert d'exemple d'une pareille curiosité : elle suppose cette inquiétude de l'esprit, ces besoins de l'imagination, cet amour des choses étonnantes, lointaines, fameuses, dont le bonheur paisible de l'habitant des Alpes ne fut jamais troublé, et dont le bonheur plus romanesque de l'habitant des Pyrénées se compose. »

On commence à voir de quelle manière ce paysage se diversifie d'avec les précédents, et comment ces continuelles courses de montagnes ne se ressemblent point toutefois et admettent les accidents, les variétés les plus sensibles.

Le coup-d'œil qu'il a jeté du haut du Pic du Midi sur les divers étages et les groupes des montagnes centrales, jusque-là mal démêlées dans leurs proportions respectives, a indiqué à Ramond les sommets inexplorés où il doit tendre, et c'est droit au Marboré d'abord qu'il va se diriger. Il s'y rend par la vallée de Gavarnie, dont il monte les bassins successifs et de plus en plus resserrés. L'aspect riant s'efface et y disparaît à mesure qu'on s'élève; le caractère sauvage et triste s'y prononce avec sévérité. A un certain endroit un pont d'une seule arche se présente, jeté sur le Gave, à quatre-vingt-dix pieds environ au-dessus du torrent : « Ce pont lui-même, antique et dégradé, revêtu de lierre qui pend de sa voûte en rustiques festons, a pris en quelque sorte l'uniforme de la nature, et a cessé d'être dans ce sauvage tableau un objet étranger. » *L'uniforme de la nature* est un de ces traits maniérés ou affectés qui se rencontrent quelquefois chez Ramond, mais qui ne sauraient compromettre le juste effet des ensembles. Ramond n'a rien de cette mollesse et de cette fadeur de teinte que nous avons souvent remarquée chez quelques écrivains de l'époque finissante de Louis XVI; il a plutôt quelque chose de l'apprêt et de la roideur qui s'attacheront aux nobles tentatives de l'art régénéré, et auxquels Chateaubriand à sa manière n'échappe pas plus que David. Mais veut-on sous le pinceau du voyageur un paysage tout simple, animé de figures, avec un sentiment à la fois actuel et biblique, avec un reflet moral de l'homme au milieu de la plus réelle nature? Je n'ai qu'à découper une de ces pages, qui s'intitulerait bien *la Famille pastorale en marche*, et il en est comme cela une centaine dans les deux ouvrages de description et de science qui recommandent avec originalité son nom (*Observations sur les Pyrénées*, 1789; et *Voyages au Mont-Perdu*, 1801). On ferait avec ces deux ouvrages de Ramond, et en laissant de côté les considérations purement scientifiques, une suite de *Morceaux choisis* dans le genre de ceux de Buffon, et qui mériteraient d'avoir place dans toutes les jeunes bibliothèques. Le voyageur a *continué* de gravir les étages de la vallée de Gavarnie en s'élevant du côté du Marboré vers l'Espagne :

« Tout le long de l'étroit passage que je viens, dit-il, de décrire, nous avions rencontré des bergers des monts voisins de l'Espagne, qui en descendaient pour changer de pâturages. Chacun chassait devant soi son bétail. Un jeune berger marchait à la tête de chaque troupeau, appelant de la voix et de la cloche les brebis qui le suivaient avec incertitude, et les chèvres aventurières qui s'écartaient sans cesse. Les vaches marchaient après les brebis, non, comme dans les Alpes, la tête haute et l'œil menaçant, mais l'air inquiet et effarouchées de tous les objets nouveaux. Après les vaches venaient les juments, leurs poulains étourdis, les jeunes mulets, plus malins mais plus prudents; et enfin le patriarche et sa femme, à cheval ; les jeunes enfants en croupe, le nourrisson dans les bras de sa mère, couvert d'un pli de son grand voile d'écarlate; la fille occupée à filer sur sa monture; le petit garçon, à pied, coiffé du chaudron; l'adolescent armé en chasseur ; et celui des fils que la confiance de la famille avait plus particulièrement préposé au soin du bétail, distingué par le sac à sel, orné d'une grande croix rouge. Naïve image de l'homme qui accomplit le premier pacte que sa race ait fait avec la terre ! vivante image du pasteur de toutes les montagnes du monde, de quels siècles ne serait-elle pas contemporaine? à quels climats est-elle totalement étrangère ? quels âges de la vie pastorale et quels lieux aimés des troupeaux ne me rappellerait-elle pas? Ainsi marchait, il y a plus de trois mille ans, le berger que nous peignit Moïse; tel était le régime des troupeaux du *désert*... Tel je l'ai trouvé dans les Alpes, et le retrouve dans les Pyrénées ; tel je le retrouverai partout. Tableau doux et champêtre dont la simple nature a fait les frais, il doit réunir comme elle la vénérable empreinte de l'antiquité aux charmes d'une immortelle jeunesse, et se renouveler au retour de chaque année comme la feuille des arbres et comme l'herbe des prés... Cette rencontre était un heureux hasard pour la troupe dont je faisais partie, et de pareils objets lui présentaient un bien nouveau spectacle ; mais nul ne leur pouvait trouver comme moi ce charme dû à la comparaison et au souvenir, et depuis longtemps ami des troupeaux, seul je les abordais en ami, jouissant de leur curiosité, de leurs craintes et de leur farouche étonnement. »

Pourquoi ces pages et tant d'autres, qui honorent la littérature scientifique et pittoresque de la France, ne sont-elles pas plus connues? L'ouvrage de Ramond où elles se trouvent, ces *Observations sur les Pyrénées* parurent en 1789, c'est-à-dire au moment de la Révolution, et n'eurent pas le temps d'avoir leur succès; venues quelques années plus tôt, elles auraient sans doute obtenu la vogue, elles auraient peut-être même déterminé un courant de l'opinion et entraîné des flots d'élégants visiteurs par delà Campan et Bagnères, du côté des hautes vallées des Pyrénées, comme cela s'était vu dans les vallées de la Suisse et des Alpes. Le *Voyage en Syrie et en Égypte* de Volney, qui avait paru en 1787, avait eu le temps de réussir et d'être apprécié, de classer son auteur parmi les écrivains : Ramond, qui est un Volney bien autrement éloquent et ému, qui n'est pas seulement un dessinateur, qui est un coloriste et parfois un Claude Lorrain ou un Carle Du Jardin des montagnes (il y a de quoi justifier ces rapprochements), ne fut apprécié que de quelques-uns. Depuis lors, la critique littéraire qui, aux mains des maîtres, ne s'est guère appliquée qu'à des époques plus éloignées, n'a pas daigné regarder ou du moins signaler ce qu'elle n'ignorait pas, ce que pourtant, je crois, elle ne prisait point assez et à sa valeur. On hésite toujours à se mettre en avant quand l'opinion de la foule ne nous a pas frayé le chemin : il faut même, pour cela, une espèce particulière de courage, ce que j'appelle le courage du jugement. Mais, en fait de critique, osons procéder comme Ramond; il n'a pas hésité plus d'une fois à faire ses propres sentiers; il a, le premier, monté à plus d'une cime. Il ne s'agit pour nous aujourd'hui que de le suivre dans un livre, et il me semble que ce n'est pas si pénible ni bien fatigant.

En s'occupant de la science et en renonçant à la littérature proprement dite, Ramond sentait bien qu'il circonscrivait le cercle de ses lecteurs. M. Daru très-jeune, lui ayant écrit en 1788 pour le consulter sur l'opportunité de publier à cette date un poëme épique dont la Guerre d'Amérique serait le sujet, et ayant paru attribuer la préséance dans la famille des Muses à celle qui présidait aux sciences, Ramond, en répondant, lui rappelait que c'est la poésie au contraire à laquelle il appartient de donner à tout la vie et l'immortalité ; et convenant d'ailleurs que les circonstances étaient peu propices à l'épopée, il ajoutait : « Mais c'est la destinée ordinaire des grands ouvrages de ce genre de n'être jamais des ouvrages de circonstance ; et si, par cette raison, leur succès est plus lent et plus difficile, leur gloire est plus pure et moins mortelle. Depuis Homère jusqu'à Milton, jusqu'au Tasse, jusqu'à Voltaire, je ne crois pas que le génie de l'épopée ait enfanté un poëme qui ait paru dans un temps où l'on n'eût autre chose à faire que de le lire ; et beaucoup de difficultés doivent se réunir contre cette œuvre de l'esprit qui acquiert à son auteur la plus grande gloire dont l'homme soit susceptible. En effet, celle du savant, celle du conquérant même, est peu de chose auprès ; la mémoire de l'un et de l'autre expire dans le gouffre des siècles que le poëte franchit : sans Homère, il n'y aurait plus de Troie, et de tout son siècle il ne reste rien que lui-même. »

Mais en même temps et en attendant que cette épopée encore à naître fût venue, Ramond, vers 1807, savait fort bien déterminer le caractère littéraire d'un siècle qui était le sien et qui a aussi sa force et son originalité : « On le dépréciera tant qu'on voudra ce siècle, disait-il, mais il faut le suivre ; et, après tout, il a bien aussi ses titres de gloire : il présentera moins souvent peut-être l'application des bonnes études à des ouvrages de pure imagination, mais on verra plus souvent des travaux importants, enrichis du mérite littéraire... Nos plus savants hommes marchent au rang de nos meilleurs écrivains, et si le caractère de ce siècle tant calomnié est d'avoir consacré plus particulièrement aux sciences d'observation la force et l'agrément que l'expression de la pensée reçoit d'un bon style, on conviendra sans peine qu'une alliance aussi heureuse de

27.

l'agréable et de l'utile nous assure une place assez distinguée dans les fastes de la bonne littérature. » Il ne disait pas assez en parlant ainsi; il ne disait pas que dans ses propres écrits comme dans ceux d'un bien petit nombre de savants exacts, il était entré quelque chose de la beauté de l'art et de la magie du talent, et qu'il y aurait à citer des disciples de premier ordre dans la postérité de Buffon : lui-même, fût-il le seul, en serait la preuve.

Ce sujet uquel il m'a convié est trop neuf, il a trop besoin de démonstration et de preuve aux yeux du lecteur pour que je l'étrangle ainsi et que je ne lui accorde pas, dans un dernier article, tout le degré de développement qui lui est dû.

Lundi, 18 septembre 1854.

RAMOND

LE PEINTRE DES PYRÉNÉES

(FIN)

J'emploie souvent ici le mot de *paysage;* ce n'est point par manière de dire ni par extension. Ramond, en même temps qu'il observait la nature en géologue, en physicien et en botaniste, s'appliquait expressément à rendre l'aspect et la physionomie des lieux, la teinte diverse des rochers, la couleur des eaux et jusqu'à l'individualité des mots. Il eût désiré que la peinture proprement dite s'emparât de ces nouveaux domaines pour s'y rajeunir et s'y renouveler. Vers 1800, un peintre appelé Duperrêux fit un tableau de la Grotte de Gèdre, et ce paysage, que je ne connais pas, excita alors une assez vive opposition chez les juges de profession et les critiques. Ramond, dans ses *Voyages au Mont-Perdu,* publiés en 1801, prenait hautement parti pour Duperreux. Après avoir parlé lui-même de la grotte qu'on rencontre sur le cours du Gave de Héas, et qui faisait le sujet du récent tableau :

« Voilà, disait-il, cette grotte célèbre que les voyageurs ont décrite, que les poëtes ont chantée, qui appartenait surtout aux peintres, et qu'eux seuls avaient dédaignée. Honneur aux pinceaux qui ont enfin entrepris de la venger! Duperreux, le premier, n'a pas désespéré des Pyrénées; le premier, il a osé croire que, pour n'être pas dans l'Apennin, ces belles formes n'en étaient pas moins dans la belle nature; il n'a pas craint de nous retracer tels qu'ils sont des objets qui perdraient peut-être une partie de leur charme en perdant leur singularité; et, renonçant à la vaine prétention de corriger le beau et d'embellir le vrai, il a laissé au modèle le soin de défendre le portrait. On l'a critiqué : malheur à qui ne verrait la nature que de l'œil de ses critiques! Que celui qui abordera la grotte de Gèdre y dépose sans scrupule le joug de leur autorité classique! qu'il permette à ces rochers d'être de granit, à ces eaux d'être du saphir liquide! qu'il s'assoie au bord de ce bassin qu'on prendrait pour le bain de Diane! qu'il rêve, au murmure de cette élégante cascade qu'une Naïade semble verser de son urne, qu'il y respire le frais à midi, quand les rayons du soleil filtrés par le feuillage, etc. »

Diane et la *Naïade* seront peut-être jugées de trop, et Ramond, en les faisant intervenir, mêlait, à son tour, de ses réminiscences classiques à une nature toute vierge et qui ne rappelle qu'elle-même : ou peut-être voulait-il parler aux critiques du temps leur propre langage pour les mieux réfuter. On voit que là encore, et en art comme en littérature, il pratiquait sa doctrine. Il a prétendu l'un des premiers parmi nous, et il prétendit jusqu'à la fin, que les hommes de génie dans les divers genres ne sauraient avoir pour mission de tarir ou d'immobiliser les sources où l'esprit humain doit puiser après eux, et qu'on est plus près de les imiter dignement en s'adressant comme eux à la grande source directe et inépuisable de la nature et de la vie, qu'en se modelant froidement sur les formes où ils ont coulé une fois leurs chefs-d'œuvre. Il voulait qu'on osât voir et sentir, qu'on se permît toutes les grandes et naturelles impressions, et qu'on ne résistât point à les exprimer. Voyageant en Suisse dans le canton de Zurich, il avait remarqué que, dans la plupart des maisons, une piété domestique patriarcale tenait à conserver les images des pères, les portraits de ceux que la famille avait perdus et qui étaient représentés sur leur lit de mort, les yeux fermés, tels qu'ils étaient lorsqu'on les avait vus pour la dernière fois après le dernier soupir : « Ces tristes images, ajoutait-il, qui paraîtraient si hideuses à un Français qui ménage son cœur *comme un enfant gâté*, et qui fuit avec soin tout ce qui pourrait l'émouvoir fortement, sont ici un objet consolant pour des hommes qui savent aimer et ne craignent rien de l'amour, pas même ses peines. » De même dans l'ordre purement physique et en présence de la nature des montagnes, il va jusqu'au bout, il ne recule pas devant les sites bouleversés et désolés : mais il est surtout heureux si là où l'on s'y attendrait le moins, et en sortant des horreurs convulsives qui marquent les déchirements du globe, il retrouve tout d'un coup dans le spectacle de l'ensemble, et sous l'effet du soleil, de l'ombre et de la lumière, cette harmonie suprême qui fait le beau grandiose et le sublime.

C'est ainsi qu'en se dirigeant vers le Marboré, après avoir traversé d'affreuses solitudes, et en arrivant à Gavarnie, d'où se découvre presque en entier le grand cirque du fond, au mur demi-circulaire, avec ses rochers à figure de tours, avec ses neiges aux flancs et ses cascades, il dira de cette belle masse, qui est la partie la plus connue du Marboré :

« Son volume et sa hauteur la feraient croire très-voisine de Gavarnie ; mais sa couleur, qui tient de l'azur des hautes régions de l'atmosphère et de l'or de la lumière répandue sur les objets distants, avertit qu'on aura plus d'un vallon à parcourir avant de l'atteindre. Tableau magnifique encadré par les montagnes plus voisines, il contraste avec elles autant pour la teinte que pour la forme, et semble être un fond de décoration, coloré par un pinceau plus brillant, plus léger, plus magique. Quiconque ne connaît point les monts du premier ordre, ne saurait se former une idée de cette couleur dorée et transparente, qui teint les plus hautes sommités de la terre. Souvent c'est par elle seule que l'œil est averti de leur hauteur respectable ; car, trompé dans l'estimation des élévations et des distances, il confondrait ces monts avec tout ce qui, par sa forme et sa situation, copie la grandeur, si cette espèce de lueur céleste n'annonçait que leur cime habite la région de la sérénité. »

Dix ans plus tard, dans un autre voyage entrepris au Mont-Perdu, voisin du Marboré, abordant par une autre vallée ces hautes enceintes, il en admirera la forme, qui, jointe à la lumière, se traduira sous sa plume comme sous un pinceau :

« Cependant nous entrions dans la vallée d'Estaubé, et nous contemplions en silence ses tranquilles solitudes. C'est à la fois le calme des hautes régions et des terrains secondaires. Des montagnes qui paraîtraient déjà considérables, quand même on n'aurait pas d'égard à l'élévation de leur base, étonnent encore par une simplicité de formes qu'elles n'affectent communément que sur la lisière des grandes chaînes, et au voisinage des lieux où elles dégénèrent en humbles collines. Les masses largement modelées offrent ces contours coulants, mais fiers, qu'aucun accident bizarre ne fait sortir des limites du beau. Tout s'élève ou s'abaisse suivant de justes proportions ; rien ne trouble l'harmonie d'un dessin dont la sévérité modère la hardiesse ; et une couleur transparente et pure, un gris clair légèrement animé de rose, sympathisant également avec la lumière et l'ombre dont il adoucit le contraste, accompagne dans l'azur du ciel des cimes qui en ont revêtu d'avance les teintes éthérées. »

Il excelle à rendre cette couleur presque indescriptible des hauts lieux, ces rayons d'*un soleil sans nuages, mais sans ardeur;* ces caractères des glaciers que l'œil exercé distingue de loin et que l'amant des hauteurs désire, cette *teinte bleuâtre*, cette *coupure nette*, ces *fentes à vive arête* qui le réjouissent, et de près, lorsqu'on y marche, lorsque le bâton et les crampons n'y mordent qu'à peine, « la couleur *de ce bleu de ciel qui est l'ombre des glaciers*. » Ramond n'excelle pas moins à donner l'impression des diverses heures du jour, celle du soir et du couchant, — soit qu'il en jouisse à la descente, dans une vallée déjà riante, non loin de Bagnères de Luchon, près d'une antique chapelle :

« Je m'arrêtai un moment devant cette chapelle, frappé de

la magnificence du paysage qui l'entoure : le soleil voisin de son coucher y répandait ce charme qui naît de l'approche du soir. C'est alors que l'immense nature adopte cette unité de couleurs et cette régulière disposition d'ombres qui simplifient les formes, les lient en grandes masses, et leur donnent cet ensemble, cette harmonie, cette gravité qui reposent à la fois l'œil et l'âme... »

— soit que le crépuscule l'atteigne bien plus haut, redescendant à peine de sa seconde visite au Mont-Perdu, et qu'assis à l'extrémité d'une rampe il contemple la nuit s'élevant des profondeurs et montant lentement vers les sommets encore rougis des derniers rayons du soleil :

« Partout le crépuscule, dit-il, a quelque chose de touchant et de grave : dans les hautes montagnes, il a quelque chose de solennel. Au soir d'une journée si pénible, il était doux de voir la nature rentrer dans l'ombre qui nous invitait au repos, et d'en jouir un moment sur les restes de ces structures guerrières que la paix livre à la destruction. »

On comprend la beauté du dernier trait quand on vient d'assister avec lui au morne spectacle de cette enceinte altière, assez voisine de la Brèche de Roland, et quand on sait aussi ce qu'il pense scientifiquement de ces hauts monts ruineux, dont il a dit : « *Périr est leur unique affaire.* »

Mais je ne cite que des traits, car l'ensemble des tableaux dépasserait toutes les bornes que je me puis permettre. Dans les premières *Observations*, publiées en 1789, je signalerai deux grands endroits. Dans un de ses voyages, Ramond est monté au pic d'Espingo, au cœur des plus âpres Pyrénées ; menacés, poursuivis dès le matin par un ouragan, lui et son guide en sont assaillis à midi sur une crête élevée et ne trouvent à se tapir qu'à l'abri d'un gros bloc de granit suspendu sur un lac qui est entièrement gelé. Pendant cet orage, tout donne idée d'un hiver dans une contrée polaire, et ici Ramond choisit en effet ce moment pour faire son rêve. Ce rêve qu'il décrit en détail et dont il nous donne toute la sensation et l'image, ce serait de passer tout un hiver seul cantonné sur ce haut mont, d'y avoir, sous un rocher capable de résister aux avalanches, une hutte assez solide et assez bien approvisionnée pour y vivre, et, là, spectateur curieux, observateur attentif, d'assister à des phénomènes qui n'ont jamais eu de témoin, de soumettre à des calculs, d'assujettir à des mesures le combat des éléments, la vitesse des vents, la puissance des neiges déplacées, les convulsions de l'air et de la terre : « Non, s'écrie-t-il en se voyant à la place de l'observateur favorisé, non, ses jours ne seraient point livrés à l'ennui. Que d'événements se succéderaient, jusqu'à présent inconnus, inobservés, inouïs ! Que de sensations et que d'idées nouvelles ! Quel spectacle, une fois que les tempêtes de l'automne se seraient emparées de ces lieux comme de leur domaine; que l'izard léger et la triste corneille, seuls habitants de leurs déserts, en auraient fui les hauteurs; qu'une neige fine et volage, entraînée de pentes en pentes, et volant de rochers en rochers, aurait englouti sous ses flots capricieux leur stérile étendue... » Et avec un enthousiasme mêlé de joie il suit le tableau dans sa succession, jusqu'au retour du prochain printemps et jusqu'à la fonte des neiges. Dans l'intervalle, entre les tourbillons de décembre et le réveil encore plus orageux de mai, pendant la complète victoire de l'hiver, il y aurait un intervalle de mort, de stagnation, de calme silencieux, de méditation immense. On sent tout ce qu'a d'original ce double sentiment, exprimé ici, du peintre et du savant, de l'observateur et de l'amant de la nature. L'*Oberman* de Sénancour dans ses voyages aux Alpes sera capable de former un tel vœu, mais il ne le formera que comme rêveur et pour avoir une sensation neuve, extatique, trop stérile : ici Ramond, tout en rêvant et en jouissant des âpres saveurs d'un tel spectacle, entend bien avoir le baromètre en main, peser, mesurer, calculer, faire son office enfin de disciple de Galilée et d'Empédocle, et c'est ce mélange, cette combinaison en lui du physicien et du savant avec le disciple de Jean-Jacques qui a de quoi se faire admirer, et dont le sentiment est si grandement rendu.

Un autre très-bel endroit de ces premières *Observations* est le moment qu'il choisit pour exposer son système général des montagnes, et en particulier des Pyrénées. Ce moment est celui où monté seul sur la *Maladetta* ou Montagne maudite dans les Pyrénées espagnoles, et contemplant les groupes et les chaînes d'alentour, il croit voir tout d'un coup les contradictions disparaître, les accidents et les irrégularités se subordonner, les écarts même rentrer dans la loi, et tout un système primitif jaillir du sein d'un chaos apparent. Saussure avait eu une illumination de ce genre à l'un des sommets des Alpes : le savant, à ces heures, est comme sur le Sinaï de la science; mais il peut avoir ses éblouissements. Ramond a varié plus d'une fois cette vue générale et supérieure à laquelle il tend par nature et élévation d'esprit; il l'a renouvelée et complétée une dernière fois au sommet du Pimené, dans les *Voyages* imprimés en 1801. Ces sortes de tableaux théoriques du géologue et de l'historien praticien des montagnes sont comme du Buffon mis en scène et en situation : ce que l'on imaginait et concevait à Montbard sur les Époques de la Nature, les autres le vérifient ou trouvent à le modifier sur place. Ramond en appelait volontiers de Buffon jugeant des glaciers à Montbard, à Buffon s'il avait lui-même vu les montagnes; mais là où il s'écartait de ses idées, il le définissait encore avec respect « ce grand homme par qui, tous tant que nous sommes, nous raisonnons bien ou mal d'histoire naturelle et de géologie. »

Les *Observations faites dans les Pyrénées*, en paraissant en 1789, portaient bien d'ailleurs l'empreinte de cette date; c'est un livre jeune, en ce sens que l'auteur y déborde encore et exprime volontiers, chemin faisant, ses opinions sur tout sujet civil ou politique, philosophique ou philanthropique. Il est évident par mainte page qu'il croyait pleinement alors à la facilité de gouverner les hommes, ou plutôt de les laisser se gouverner tout seuls. Il y saluait, en terminant, une nouvelle aurore, celle que les États généraux allaient ouvrir pour la France. Ramond n'avait pas épuisé sa veine d'enthousiasme.

Je parlerai peu de sa vie politique et de sa carrière législative, bien qu'elle ait été honorable et même, à certaines heures, assez brillante. Ramond entra avec vivacité et franchise dans le mouvement de 89. Il appartenait au district de Saint-Philippe-du-Roule, et il y parla souvent; il était membre actif de la *Société de* 1789 lors de sa fondation. On ne saisit pas bien l'instant précis où il s'arrêta dans sa confiance en la Révolution, car il ne faisait point partie de l'Assemblée constituante: lorsqu'il entra dans la seconde législature et qu'il devint membre de l'Assemblée législative, il était déjà dans la résistance, dans la ligne constitutionnelle, voulant y rester et s'y tenir. J'aime à me figurer l'esprit général qui dirigea sa conduite par celui qui anima également André Chénier. Au reste, Ramond eut un rôle essentiel et marquant dans cette Assemblée législative; il fut, avec Jaucourt, Mathieu Dumas, Lebrun, Beugnot, Girardin, Lemontey, du nombre de ceux qui essayaient de faire durer la Constitution et de maintenir la monarchie qu'elle avait trop désarmée. Il lutta en première ligne contre les Girondins et les partis plus avancés. Si l'Assemblée législative n'avait pas été une législature terne et sans caractère, dominée de toutes parts et commandée par les clubs, vouée d'avance à l'impuissance et à la défaite, et ne devant paraître de loin que comme écrasée entre la Constituante et la Convention, si elle avait immortalisé quelqu'un des talents qui remplirent son cadre, le nom de Ramond serait plus connu historiquement. Il y fut constamment sur la brèche et véritablement l'orateur principal de son parti, qui était celui des lois. Causeur excellent et plein de traits dans un salon, écrivain élégant et, on l'a vu, éloquent, il n'était pourtant pas essentiellement orateur, ni surtout improvisateur : « C'est une des nombreuses infirmités de ma nature, disait-il, de ne pouvoir dominer qu'à force de temps ces vérités que de meilleurs esprits dominent à force de supériorité. Cette sorte de lenteur qui tient au besoin d'approfondir, jointe à de la vivacité d'humeur et d'impression, lui fit faire quelques fautes de tribune. On a remarqué qu'il en voulut toute sa vie aux Girondins qu'il avait eus pour adversaires directs; je le crois bien : il leur en voulait pour leurs torts réels, pour leur esprit de sédition et d'anarchie, pour leurs manœuvres imprudentes et fatales, et aussi pour ses propres fautes dont ils avaient tiré parti et qu'ils avaient tournées plus d'une fois à leur avantage. Ainsi, lors du brusque renvoi de M. de Narbonne, ministre de la guerre, Ramond, organe du parti constitutionnel, se chargea, dans la séance du 10 mars 1792, d'exprimer le mécontentement de ses amis, et il alla jusqu'à proposer de déclarer que le ministère, tel qu'il restait composé, n'avait plus *la confiance de la nation*. Mais une semblable parole ne pouvait être proférée impunément devant les Girondins et les partis subversifs. Ils s'en emparèrent à l'instant, ils s'en autorisèrent, et de ce qui n'était qu'un vœu général et une déclaration complexe, ils en firent une arme révolutionnaire, une dénonciation expresse contre le ministre Delessart, utile et dévoué à Louis XVI. Ramond, sans le vouloir, avait prêté à la tactique de Brissot. Mais puisque je dis la faute, je devrais dire aussi ses services, ses efforts courageux et de chaque jour : Mathieu Dumas en a consigné le souvenir dans ses honnêtes Mémoires. Je trouve Ramond dénoncé dans le Journal de Camille Desmoulins pour sa liaison avec La Fayette, qui était alors l'épée de la monarchie constitutionnelle (1). Rœderer, dans sa *Chronique des Cinquante Jours*, reproche à Ramond d'avoir été au 20 juin, et sans le vouloir assurément, d'un avis moins utile à la monarchie que ne l'eût été celui de Vergniaux qu'il s'attacha en tout à contredire. Ce sont là des questions de détail aussi insolubles pour nous aujourd'hui que peu importantes. Un double résultat assez évident nous suffit : les intentions, les talents, les lumières que Ramond et quelques-uns de ses amis apportaient à l'Assemblée législative ne sont pas moins certains que ne l'est également leur impuissance.

A la date où il entra dans le tourbillon des assemblées, il y avait longtemps déjà qu'il était *trop tard* pour

---

(1) Au tome VI, page 51, des *Révolutions de France et de Brabant*, Camille Desmoulins disait, entre autres aménités : « Le confident de M. La Fayette, M. Ramond, dont le talent semble destiné à être prostitué à des charlatans, élevait le divin *Motier* encore plus haut qu'il n'avait fait le divin Cagliostro, dans son journal intitulé *l'Ami des Patriotes*, etc., etc. » Ramond ne passe point pour avoir été le rédacteur de *l'Ami des Patriotes*, journal modéré d'ailleurs, rédigé alors par Regnault de Saint-Jean-d'Angely. Il fut même blâmé dans ce journal pour sa proposition inopportune lors du renvoi de M. de Narbonne. Cependant j'y trouve en effet, à la date du 28 avril 1792 (tome V, n° XXX), un article *sur les Calomniateurs de M. de La Fayette*, signé L. R. (c'est-à-dire Louis Ramond), et un autre au n° XXV (25 mars 1792), signé des mêmes initiales, et où les sophismes de Condorcet dans sa *Chronique*, au sujet des crimes d'Avignon, sont réfutés avec force et netteté.

tout individu prétendant à modérer ce que les événements seuls et les partis en masse décidaient et précipitaient. L'opinion définitive qu'il se forma de la Révolution française répond bien à cet aspect sous lequel elle s'offrit à lui. De même que nous avons vu quelques-uns de ceux qui l'avaient observée avant l'explosion, et quand elle ne faisait que de naître, se flatter de saisir et d'assigner l'instant précis où il eût été possible de la régler, ou mieux de l'anticiper et de la prévenir, de même lui, qui l'avait connue de près en plein cours, il la considérait et la jugeait comme il eût fait un grand soulèvement physique et une révolution de régime dans les montagnes. Il n'avait que dédain pour ceux qui rapportaient l'origine d'une si grande secousse à tel objet particulier de leur dépit ou de leur aversion : « L'heure des révolutions sonne, messieurs, disait-il (et c'est dans un discours qu'il eut à prononcer comme préfet à l'ouverture du lycée de Clermont sous l'Empire), — l'heure des révolutions sonne quand la succession des temps a changé la valeur des forces qui concourent au maintien de l'ordre social, quand les modifications que ces forces ont subies sont de telle nature qu'elles portent atteinte à l'équilibre des pouvoirs; quand les changements, imperceptiblement survenus dans les mœurs des peuples et la direction des esprits, sont arrivés à tel point qu'il y a contradiction inconciliable et manifeste entre le but et les moyens de la société, entre les institutions et les habitudes, entre la loi et l'opinion, entre les intérêts de chacun et les intérêts de tous; quand enfin tous les éléments sont parvenus à un tel état de discorde qu'il n'y a plus qu'un conflit général qui, en les soumettant à une nouvelle épreuve, puisse assigner à chaque force sa mesure, à chaque puissance sa place, à chaque prétention ses bornes... » Cette manière élevée de considérer les choses contemporaines comme si elles étaient déjà de l'histoire, dispense de bien des regrets dans le passé et de bien des récriminations en arrière. « Ainsi échouent, disait-il encore en y revenant après bien des années, et non toutefois sans quelque amertume, ainsi échouent les plus nobles entreprises, conçues par une minorité éclairée et généreuse qui a oublié de regarder sur ses derrières, a compté les hommes au lieu de les peser, et ne sait pas qu'en dernière analyse les nations ne seront jamais gouvernées que comme elles sont faites. » Ramond, après la chute du trône au 10 août, retourna dans ses chères montagnes des Pyrénées; il y était à la fin de 1792, et, à peine arrivé, il courait droit au Marboré qui avait été le grand attrait de son précédent voyage. La saison était trop avancée pour lui permettre de l'aborder de front; il se contenta de le côtoyer et de le contempler des plus rudes sentiers. Et que lui importait, pourvu qu'il le vît du moins et qu'il en approchât? Lui qui a si bien senti l'individualité et comme le génie de chaque montagne, n'a-t-il pas dit : « Une fois que le Marboré s'est saisi du spectateur, on n'est plus où l'on est, et il n'y a plus que lui dans tout ce qui mène à lui. » En 1793, arrêté trois fois au milieu de ses paisibles herborisations, recueilli ici, insulté là, il n'avait qu'un pas à faire pour franchir la frontière, il ne songea point à émigrer : il n'aurait voulu compromettre ni son vieux père ni aucun des siens; et puis il était de ceux (selon sa belle expression) qui *respectaient jusque dans son délire la mère qui les frappait*. Arrêté et livré enfin, détenu à Tarbes durant plus d'une année, mais oublié heureusement des triumvirs de Paris, il fut rendu à la liberté en novembre 1794, et il reprit à l'instant le cours de ses travaux, de ses explorations à la fois positives et passionnées.

Le mouvement réparateur et scientifique de l'an III ne se fit sentir à lui que par des influences salutaires.

Nommé associé de l'Institut en 1796 et professeur d'histoire naturelle à l'École centrale de Tarbes, il eut quelques années favorables durant lesquelles il fut tout à la science et aux contrées de sa prédilection. Jeune encore, ou dans la force de la vie, ayant des élèves et des auxiliaires distingués, retrouvant partout des amis, il se livra avec enthousiasme à l'étude complète de ces nobles et gracieuses beautés pyrénéennes, et de tout ce qu'elles recèlent de trésors pour le géologue, le minéralogiste, le botaniste. Les *Voyages au Mont-Perdu* et dans la région adjacente, publiés en 1801, nous rendent une partie seulement de ces résultats et de ces impressions : Ramond avait depuis augmenté cet ouvrage; il avait voulu consigner dans un dernier récit tout ce que des lieux, tant de fois visités par lui, lui avaient inspiré d'intérêt et d'affection. Qu'on songe qu'il était monté jusqu'à trente-cinq fois en quinze ans au Pic du Midi! Ce manuscrit, avec beaucoup d'autres papiers, contenant le fruit de quinze années de travaux assidus, fut pillé et détruit en 1814 par les Cosaques : « C'est venir de bien loin, remarquait-il avec une douce plainte, pour faire du mal à un homme qui n'en veut à personne, »

Les *Voyages au Mont-Perdu* me semblent le plus classique des deux ouvrages de Ramond. Après tout ce que j'ai dit comme exemple et preuve de sa manière, je n'indiquerai que les tableaux grandioses. Le Mont-Perdu, assez voisin du Marboré, participant de cette structure, et que Ramond estimait la montagne la plus haute des Pyrénées, est ici le but principal qu'il se propose. Personne n'y était monté jusqu'alors; il en approcha deux fois, il y toucha, et avait toujours été arrêté à une petite distance de la cime. Son ascension entière sur le principal sommet n'eut lieu qu'en 1802, et le Mémoire qu'il lut à ce sujet à l'Institut devrait être ajouté au volume de *Voyages* de 1801, si on réimprimait ce dernier (1). La première fois que Ramond tenta d'aborder ce mont renfermé et véritablement perdu derrière tant d'autres montagnes, en l'attaquant par une pente de neiges et de glaces dont l'inclinaison avait fini par être de 60 degrés, et dans laquelle on taillait en zigzag la place de chaque pas, cette première fois lorsqu'on déboucha au haut de la brèche, et qu'après un dernier effort d'une angoisse inexprimable, le mont tout d'un coup se révéla (*Deus! ecce Deus!*) ce ne fut qu'une sorte d'apparition gigantesque et formidable : le soleil ne brillait pas, une brume dérobait le sommet principal, et l'autre cime moindre, qu'on nomme le *Cylindre*, cette figure de tour tronquée, plus sombre que le nuage, plus menaçante que le Mont-Perdu lui-même, en usurpait l'apparence et devenait l'objet le plus extraordinaire du tableau. C'était vers cet énorme rocher que les regards étaient sans cesse ramenés; c'était lui que les guides s'obstinaient à nommer le Mont-Perdu. Les voyageurs, forcés par l'heure de s'éloigner, n'emportèrent de cette première vision qu'une idée accablante et bizarre.

Mais à un second voyage, un mois après, en septembre, tout s'éclaircit, tout se coordonna. Combien l'on fut amplement payé de sa fatigue et de ses périls? On croyait avoir vu le Mont-Perdu, on ne le connaissait pas; on n'avait nulle idée de l'éclat incomparable qu'il recevait d'un beau jour :

(1) Nous espérons bien que ce n'est pas ici un vœu stérile que nous exprimons. Le fils de M. Ramond a donné en 1849 un tome Ier des *OEuvres complètes* de son père, classées et publiées par ses soins. Ce premier volume, tout scientifique, contient les divers Mémoires sur la *Formule barométrique* et les *Nivellements* : il attend et il appelle les volumes suivants, d'un intérêt plus général pour les divers ordres de lecteurs, et dont le digne fils de M. Ramond est fait pour apprécier, autant et mieux que personne, les mérites et les beautés.

« Aujourd'hui, rien de voilé, dit Ramond, rien que le soleil n'éclairât de sa lumière la plus vive ; le lac complétement dégelé réfléchissait un ciel tout d'azur ; les glaciers étincelaient, et la cime du Mont-Perdu, toute resplendissante de célestes clartés, semblait ne plus appartenir à la terre... Tout était d'accord, l'air, le ciel, la terre et les eaux : tout semblait se recueillir en présence du soleil et recevait son regard dans un immobile respect.

« En comparant l'imposante symétrie du cirque au désordre hideux qu'il offrait lorsqu'une brume épaisse se traînait autour de ses degrés, nous reconnaissions à peine les lieux que nous avions parcourus. Ce n'était plus la lourde masse du *Cylindre* qui fixait exclusivement les regards : la transparence de l'air rectifiait les apparences qu'avait brouillées l'interposition de la nue ; la cime principale était rentrée dans ses droits ; elle ramenait à l'unité toutes les parties de cet immense chaos. Jamais rien de pareil ne s'était offert à mes yeux. J'ai vu les hautes Alpes, je les ai vues dans ma première jeunesse, à cet âge où l'on voit tout plus beau et plus grand que nature ; mais ce que je n'y ai pas vu, c'est la livrée des sommets les plus élevés revêtue par une montagne secondaire. Ces formes simples et graves, ces coupes nettes et hardies, ces rochers si entiers et si sains dont les larges assises s'alignent en murailles, se courbent en amphithéâtres, se façonnent en gradins, s'élancent en tours où la main des Géants semble avoir appliqué l'aplomb et le cordeau : voilà ce que personne n'a rencontré au séjour des glaces éternelles ; voilà ce qu'on chercherait en vain dans les montagnes primitives, dont les flancs déchirés s'allongent en pointes aiguës, et dont la base se cache sous des monceaux de débris. Quiconque s'est rassasié de leurs horreurs, trouvera encore ici des aspects étranges et nouveaux. Du Mont-Blanc même, il faut venir au Mont-Perdu : quand on a vu la première des montagnes granitiques, il reste à voir la première des montagnes calcaires. »

Et ce n'est que le centre et le pivot de la description ; il faut en suivre le détail et les circonstances chez l'auteur, sans oublier cette belle page sur l'absence totale de vie, sur la fuite ou l'anéantissement de tous êtres vivants dans ces mortelles solitudes dès cette époque de la saison : deux papillons seuls, non pas même des papillons de montagnes (ils sont trop avisés pour cela), mais de ceux des plaines, le *Souci* et le *petit Nacré*, aventuriers égarés on ne sait comment, avaient précédé les voyageurs jusqu'en ce vaste tombeau, « et l'un d'eux voletait encore autour de son compagnon naufragé dans le lac. »

En 1800, Ramond rentra dans la vie politique : nommé au Corps législatif pour y représenter le département des Hautes-Pyrénées, il y prit la place qui était due à son caractère et à ses talents, et fut vice-président de cette assemblée. Les séances de l'Institut le partageaient également ; il les animait de ses vifs récits et de sa parole pittoresque ; il fut nommé membre résident (Section d'histoire naturelle et de minéralogie) en 1802. En 1806, l'Empereur le fit préfet du Puy-de-Dôme, et il y avait certes une intention dans le choix d'un département si géologique et si conforme à la vocation scientifique de Ramond. Dans ce pays d'Auvergne, du pied de cette montagne illustrée par les expériences de Pascal, Ramond nota les variations du Baromètre, multiplia les observations et les mesures en tous sens, et perfectionna cette branche de la physique avec une patience et un besoin d'exactitude rigoureuse qui s'alliait en lui à l'imagination la plus brillante. Créé baron de l'Empire en 1810, il se démit de ses fontions de préfet en 1813. La perte de ses manuscrits en 1814 dut produire en lui une peine sensible et un secret découragement. Le département du Puy-de-Dôme le nomma un de ses représentants à la Chambre de 1815. La notice de Cuvier fait suffisamment connaître les services de Ramond au Conseil d'État dans les premières années de la Restauration. Elle nous le montre aussi au naturel dans sa conversation et dans sa personne : « On aurait dit que l'âge accroissait encore le feu de ses discours et de ses regards ; et jusqu'à ses derniers moments, ses proportions légères, son tempérament sec, la vivacité de ses mouvements, ont rappelé le peintre des montagnes. » En ce qui était des hommes, des personnages en scène, il les jugeait bien et les marquait en les jugeant; sa conversation était gaie, piquante; il avait de ces mots qui restent, du caustique, le trait prompt et continuel (1).

Ramond mourut le 14 mai 1827, à l'âge de soixante-douze ans. Pour nous qui ne l'avons pas connu, quelques lettres de lui publiées depuis sa mort et adressées à un Languedocien de ses admirateurs, M. Roger-Lacassagne, nous le montrent surtout avec grâce et douceur dans la familiarité. Aux questions que lui adressait son correspondant sur l'objet commun de leurs études, sur ses chères Pyrénées, il répond modestement et avec bonhomie (octobre 1823) : « Pardonnez, de grâce, à la paresse d'un homme qui se repose de plus d'un demi-siècle de fatigue, lit encore, mais n'écrit guère, rêve souvent et ne pense plus. » Il revient plus d'une fois

(1) On assure même que ce caractère remarquable de sa conversation ne nuisit point à sa nomination de préfet en 1806; que le chef de l'État l'aima mieux en Auvergne bon administrateur et attaché par ses fonctions que témoin plus proche et libre causeur à Paris. Faisant allusion à certains termes assez impératifs de la lettre de nomination et qui laissaient peu la liberté du refus, Ramond aurait dit en riant : « Je suis préfet par lettre de cachet. » Cuvier n'a pas dédaigné d'égayer sa Notice de ces traits malins et de quelques autres qu'il faudrait avoir été contemporain pour accueillir et présenter dans leur juste mesure, sans rien exagérer ni forcer en les rapportant. — Cuvier et Ramond n'étaient pas au mieux ensemble ; ils avaient été en compétition pour la place de Secrétaire perpétuel de l'Académie des sciences. La Notice de Cuvier, dans le temps où elle fut prononcée, mécontenta la famille, et M. Dacier, beau-père de Ramond et Secrétaire perpétuel de l'Académie des inscriptions et belles-lettres, ayant à prononcer, cinq semaines après, l'Éloge historique de Lanjuinais (25 juillet 1828), en prit occasion de faire au début quelques réflexions générales à l'adresse de Cuvier ; il trouvait qu'il y avait de l'inconvénient, et même de l'inconvenance, à entremêler dans une Notice académique ce qui appartenait à l'homme politique et ce qui se rapportait au savant. Nous sommes moins susceptibles aujourd'hui, et Cuvier, dans le portrait assez complet qu'il a donné de l'homme, ne nous paraît avoir excédé en rien les limites permises. Ramond, ce qui est certain, n'y perd pas.

sur la perte cruelle de ses manuscrits et sur le regret de n'avoir pu compléter tous ses tableaux. Son amour pour les Pyrénées ne le rend pourtant pas injuste ni ingrat envers les Alpes qu'il avait visitées d'abord, et il maintient à bien des égards la supériorité de celles-ci : il ne veut surtout point que, dans un enthousiasme que lui-même partage, on sacrifie les unes aux autres. Nous donnant le dernier mot de sa fatigue et de sa sensibilité lassée, il dit dans une de ses lettres, du 28 décembre 1826, c'est-à-dire moins de cinq mois avant sa mort :

« Maintenant je suis vieux ; je me repose, élève mon fils, et cultive mon jardin au fond de ma petite campagne, où je vis très-retiré depuis que je suis délivré des affaires, qui pendant seize ans m'ont détourné, malgré moi, de mes études chéries, et que me voilà rendu au repos dont ma vieillesse a besoin. Je ne suis occupé qu'à me défaire de ce que j'ai de trop ; je diminue ma bibliothèque et mes petites collections, ne garde que le nécessaire pour moi et mon fils, et lui garde surtout mon herbier, parce qu'il est l'histoire d'un demi-siècle de ma vie. Je vis maintenant avec mon herbier et les souvenirs qui l'accompagnent : hors de là, tout m'est devenu superflu. »

Son herbier, c'était bien, en effet, les Mémoires les plus vifs et les plus parlants au cœur pour celui qui avait dit aux belles heures de sa jeunesse : « l'odeur d'une violette rend à l'âme les jouissances de plusieurs printemps. »

APPENDICE

J'ajoute à ce volume, ainsi que je l'ai fait au précédent, un Rapport de moi qui a été publié dans le cours des *Causeries,* et qui même a paru comme en lieu et place d'un de ces articles hebdomadaires, le lundi 12 juin 1854.

On lit dans *le Moniteur* de cette date :

« La Commission des primes à décerner aux ouvrages dramatiques, nommée cette année conjointement par M. le ministre d'État et de la Maison de l'Empereur et par M. le ministre de l'intérieur, était composée de MM. Mérimée, Nisard, Scribe, Le Fèvre-Deumier, Camille Doucet, Perrot, Sainte-Beuve, et M. Lassabathie, secrétaire. Elle avait pour président M. Baroche, président du Conseil d'État.

« La Commission a nommé M. Sainte-Beuve pour son rapporteur. Voici le rapport adressé à M. le président de la Commission :

« Paris, ce 6 juin 1854.

« Monsieur le Président,

« La Commission chargée par LL. EE. M. le ministre d'État et de la Maison de l'Empereur et M. le Ministre de l'Intérieur de désigner les ouvrages dramatiques, dont les auteurs lui paraîtraient dignes des primes instituées par l'Arrêté ministériel du 12 octobre 1851, vient vous prier de vouloir bien transmettre à MM. les Ministres qui l'ont conjointement nommée le résultat des travaux auxquels elle s'est livrée et que vous avez si bien dirigés vous-même.

« C'est la seconde fois qu'une Commission, chargée d'un tel examen, s'assemble, et déjà l'expérience a porté fruit.

« Le but dans lequel la fondation a été instituée s'est mieux défini aux yeux des concurrents : ce but est un accord entre la saine morale et la littérature dramatique. L'année dernière, quarante ouvrages avaient été envoyés pour concourir au prix ; cette année, quatorze seulement ont paru à leurs auteurs être de nature à satisfaire aux conditions du concours et à prétendre aux primes proposées ; quatorze seulement ont été envoyés et admis.

« Et en effet il ne suffit pas pour qu'un ouvrage prétende à un renom et à une récompense de moralité dans le talent, qu'après avoir présenté des scènes plus ou moins vives et hasardées, empruntées à un monde équivoque, l'auteur se ravisant ajoute après coup je ne sais quelle intention et quel correctif, comme on met une affabulation au bout d'une fable, ou plutôt comme on mettrait un quatrain moral à la fin d'un conte. Cette moralité qui vient tard et seulement pour la forme, ne fait illusion à personne ; le public n'y donne jamais, et ce serait de la part des auteurs attribuer par trop de simplicité aux juges d'un concours que de les croire capables de se prendre à cette morale du lendemain.

« Quelques auteurs pourtant peuvent se tromper avec une sorte de sincérité et croire qu'il n'y a nul inconvénient à présenter hardiment les scènes d'un monde mélangé et corrompu, en ayant pour guide et pour conducteur quelque sentiment pur, quelque passion plus élevée, représentée dans un des personnages, et en visant à une conclusion satisfaisante pour les cœurs honnêtes ou pour les convenances sociales. Ici la question est délicate et touche à l'essence même du drame et de la comédie. Celle-ci sans doute se flatte de corriger en riant les mœurs, et pour cela elle ne craint jamais d'étaler les ridicules ; elle se prend même quelquefois aux vices, et elle les produit vivement au grand jour pour leur faire honte. Pourtant la limite entre les ridicules et les vices proprement dits ne saurait se franchir indifféremment, et dans ces vices mêmes tous ne sont pas de telle sorte qu'ils puissent être impunément exposés. L'antique législateur ne craignait pas de montrer au noble enfant de Sparte l'Ilote ivre afin de le dégoûter à jamais de l'ivresse ; mais il est des images plus flatteuses et qui peuvent surprendre avant même que le temps de la réflexion et de la leçon soit venu. En médecine, il est une doctrine qui prétend guérir les semblables par les semblables ; en morale, surtout au théâtre, pareille doctrine est des plus périlleuses ; chercher le retour au bien par les images prolongées et souvent attrayantes du mal, c'est aimer à rester en chemin.

« Le mieux donc et le plus sûr pour tout auteur qui se préoccupe du noble but qu'a en vue l'institution présente, c'est que la pensée morale préexiste dès l'origine de l'ouvrage, qu'elle en domine la conception, qu'elle le pénètre ensuite dans le détail par une intention pleine et droite, qu'on la sente circuler et ressortir à travers les égarements mêmes, les luttes de passions et les aventures qui sont du ressort de la scène. Les hardiesses seront permises à ce prix ; car il ne faut point confondre ces hardiesses légitimes, inhérentes à tout franc et véritable talent, avec ces peintures complaisantes et insidieuses d'une imagination qui caresse le vice en ayant l'air, tout à la fin, de l'abandonner.

« Ces considérations, qui résument d'une manière générale quelques-unes des observations particulières faites au sein de la Commission, ne paraîtront point déplacées ici : elles pourront servir à éclairer la route de l'avenir ; elles prouveront du moins que la Commission n'a point pris le change et n'a fait cette année que s'affermir de plus en plus dans le sens et l'esprit de l'institution qu'elle était appelée à servir et à interpréter.

« Le premier article de l'Arrêté ministériel propose une prime de cinq mille francs « à l'auteur d'un ouvrage dramatique en cinq ou quatre actes, en vers ou en prose, représenté avec succès pendant le cours de l'année sur le Théâtre-Français, et qui sera jugé avoir le mieux satisfait à toutes les conditions désirables d'un but moral et d'une exécution brillante. »

« Le second article du même Arrêté propose une prime de trois mille francs « à l'auteur d'un ouvrage en moins de quatre actes, en vers ou en prose, également représenté avec succès pendant le cours de l'année sur le Théâtre-Français, et qui, dans des proportions différentes, serait jugé avoir rempli au plus haut degré les mêmes conditions. »

« Cette année, il n'y a lieu de donner ni l'une ni l'autre de ces récompenses, aucun des auteurs qui ont fait jouer des pièces sur le Théâtre-Français durant l'année 1853 n'ayant envoyé d'ouvrage au concours.

« Ce résultat négatif qui se produit pour la seconde fois, bien qu'à la première plusieurs des auteurs de pièces représentées sur la scène française eussent songé à concourir, n'a rien de si défavorable ni de si désespérant qu'on le pourrait croire, mais il exige pourtant quelque explication.

« La Commission de l'année dernière pas plus que celle de cette année ne se l'était dissimulé : la grande difficulté littéraire que rencontre l'institution présente, c'est que le but moral qu'elle réclame avant tout puisse tomber d'accord, dans les ouvrages dramatiques d'un ordre élevé, avec toutes les autres conditions de grâce, d'élégance, d'émotion, de divertissement et de distinction légère que le monde proprement dit a droit de son côté d'exiger ; c'est que le but moral, si on l'y introduit, ne s'y affiche pas d'une manière contraire à la vérité des choses ni au goût, et qu'un genre prétendu honnête mais faux, comme en d'autres temps, n'aille pas en sortir. Le poëte dramatique, s'il est vraiment tel qu'il s'en est vu aux glorieuses époques et qu'on a le droit d'en espérer toujours, ce poëte, dans la liberté et le premier feu de ses conceptions, ne songe point à faire directement un ouvrage moral; il pense à faire un ouvrage vrai puisé dans la nature, dans la vie ou dans l'histoire, et qui sache en exprimer avec puissance les grandeurs, les malheurs, les crimes, les catastrophes et les passions. A quoi pensait Corneille quand il créait Rodogune? à quoi pensait Racine dans ses tendresses de Monime? à quoi visait Shakspeare en peignant Macbeth ou Roméo? et songeaient-ils à autre chose qu'à donner vie entière par l'imagination à des êtres ambitieux ou chéris? Mais à cette hauteur, la nature vraie, mâle ou tendre, fortement ou ingénument passionnée, la nature humaine encore vertueusement malade, si je puis dire, produit le plus souvent, grâce au génie et à un art tout plein d'elle, une impression morale qui ennoblit, qui élève, et qui surtout jamais ne corrompt. Ah! si un jour, dans ces concours annuels, les juges rencontraient quelque jeune ouvrage digne de ces époques fortunées, nous ne croyons pas les engager à l'avance en disant qu'ils n'auraient qu'un regret, celui d'estimer leur prix trop inférieur, leur couronne trop incomplète ; ils la mettraient au pied du chef-d'œuvre.

A défaut de si grandes choses, désirons du moins des ouvrages touchants et émouvants à bonne fin, divertissants et spirituels avec goût, puisés dans le cercle de la famille et de la société telles que, grâce à Dieu et à l'immortel génie de la France, elles existent encore ; des ouvrages sentant, pour tout dire, une habitude de bonnes mœurs et de bonne compagnie. La Commission n'a pas eu à examiner si les auteurs qui ont eu des ouvrages représentés en 1853 sur la scène française ne se sont pas jugés plus sévèrement qu'elle ne l'eût fait elle-même ; mais il nous semble entrevoir, si on osait porter son regard au-delà de 1853 et sans anticiper sur les jugements futurs, que le Théâtre-Français, si riche de tout temps en charmantes et vives productions, ne se dérobera pas toujours si obstinément aux autres conditions indiquées.

« Le second Théâtre-Français se présentait en première ligne à l'examen de la Commission ; il s'y présentait par un ouvrage déjà connu de tous et d'un but moral avoué. C'était moins encore l'auteur de la comédie *l'Honneur et l'Argent*, qui envoyait sa pièce au concours, que la voix publique et l'acclamation d'un grand succès qui semblaient la désigner dès l'abord au choix de la Commission. L'ouvrage de M. Ponsard a été examiné avec l'attention particulière qu'il méritait en lui-même, et que la réputation déjà établie de l'auteur appelle désormais sur toutes ses œuvres. Le résumé de ce qui s'est dit à ce sujet dans plusieurs séances formerait assurément la critique littéraire la plus complète de la pièce, et l'auteur n'aurait pas à s'en plaindre puisque son ouvrage en est sorti triomphant.

« Je ne puis que toucher ici à quelques points qui se rapportent plus spécialement aux conditions du concours. Il a été remarqué que l'auteur, en se proposant et en professant hautement un but moral des plus honorables, jette quelquefois bien durement le défi à la société ; qu'il la maltraite en masse et de parti pris plus qu'il ne conviendrait dans une vue plus impartiale et plus étendue ; qu'il n'est pas très-juste de croire, par exemple, qu'un jeune homme tel qu'il nous a montré le sien, Georges, le personnage principal de la pièce, riche, aimé, considéré à bon droit, puis ruiné un matin à vingt-cinq ans par un si beau motif, doive perdre en un instant du même coup tous ses amis, moins un seul ; il a été dit que l'honneur et la jeunesse rencontrent plus de faveur et excitent plus d'intérêt, même dans le monde d'aujourd'hui. Ces créanciers du père, introduits à plus d'une reprise auprès du fils comme personnages ridicules et presque odieux, ne méritent en rien, a-t-on observé encore, cette teinte repoussante, par cela seul qu'ils sont des créanciers. En un mot, il a été relevé quelque exagération dans les caractères et des tons trop tranchés. Mais il a été remarqué d'autre part que cette sorte d'exagération avait toujours été concédée aux moralistes, aux satiriques, aux auteurs de comédies ; que c'est un peu la condition de la scène ; que si la vérité peut manquer sur quelques points du tableau, cette vérité se fait sentir en d'autres endroits d'une manière vive, énergique et neuve : par exemple, lorsque le personnage principal au quatrième acte se voit presque amené, à force d'humiliations d'avanies et d'outrages, à se repentir de ce qu'il a fait de bien, et à apostropher le monde entier dans une sorte de délire : moment dramatique et lyrique tout ensemble, d'une vigueur poignante. Il a été reconnu qu'ici la nature humaine réelle se retrouve prise sur le fait, et que ce qui tenait de lien-commun dans la donnée principale est heureusement racheté et rajeuni. On a fort loué et fait ressortir ce personnage de Rodolphe, l'ami âgé de trente ans, plus mûr, plus sage, point trop misanthrope, unissant l'expérience, quelque ironie et beaucoup de cœur. C'est l'Ariste de la pièce, un Ariste jeune, animé, chaleureux, et qui représente le bon génie, la morale vivante du drame. C'est assez en dire pour montrer dans quel sens et par quelles raisons la Commission, considérant le drame, comme il convient, dans son ensemble et par l'effet général qu'il produit, heureuse d'être en cela d'accord avec le public, propose de décerner à M. Ponsard la prime que l'article quatrième de l'Arrêté « réserve à l'auteur d'un ouvrage en cinq ou quatre actes, en vers ou en prose, représenté à Paris, pendant le cours de l'année, sur tout autre théâtre que le Théâtre-Français, et qui serait de nature à servir à l'enseignement des classes laborieuses par la propagation d'idées saines et le spectacle de bons exemples. » A prendre la définition dans son sens principal, l'effet du drame y répond.

« Ici un léger embarras s'est rencontré. Il résulte en effet des termes de l'Arrêté ministériel du 12 octobre 1851 que le second Théâtre-Français est assimilé dans ce concours aux autres théâtres, soit des boulevards, soit des départements, et que les productions de cette seconde scène française ont à concourir avec des pièces qui sont souvent d'un tout autre genre. On risque donc, en récompensant les unes, de priver les autres d'un encouragement qui pourtant leur serait dû à des titres assez différents, et surtout à ce titre d'enseignement plus direct des classes laborieuses. Ainsi dans le cas actuel, la prime de cinq mille francs étant accordée à M. Ponsard, il ne resterait plus à décerner qu'une prime de trois mille francs destinée « à l'auteur de l'ouvrage en *moins de quatre actes*, en vers ou en prose, représenté avec succès pendant le cours de l'année, à Paris ou dans les départements, sur quelque théâtre que ce soit, autre que le Théâtre-Français, » et qui satisferait d'ailleurs aux conditions morales du concours. Or, cette année, il s'est trouvé que l'ouvrage de ce genre qui, après celui de M. Ponsard, a fixé au plus haut degré l'attention et l'intérêt de la Commission, et le seul à ses yeux qui ait le mérite voulu, est un drame *en cinq actes*, *l'Honneur de la Maison*, représenté à la Porte-Saint-Martin, et dont les auteurs sont MM. Battu et Desvignes.

« MM. les Ministres, consultés par vous à ce sujet, monsieur le Président, ont bien voulu autoriser la Commission à suivre l'esprit plutôt que la lettre de l'Arrêté, et à proposer cette fois d'attribuer cette seconde prime de trois mille francs à un ouvrage qui a plus de quatre actes, qui par conséquent est plus considérable qu'on ne le demande, et qui remplit d'ailleurs si bien les vues de l'institution.

« Et, en effet, *l'Honneur de la Maison* est une pièce qui, une fois la donnée admise, donnée qui est antérieure au moment de l'action, nous présente une suite, un enchaînement de scènes vraies, touchantes, pathétiques ou terribles, tout un drame domestique où les seuls coupables sont punis. Le séducteur, et qui l'a été bien antérieurement à l'action, n'est pas seulement puni d'une manière sensible, douloureuse et finalement tragique ; mais, ainsi qu'on l'a remarqué, il joue dans tout le cours de la pièce, pour un homme brave et fier comme il est, un très-sot rôle, ce qui, en France, n'est pas le moindre des châtiments. Le ton du dialogue est généralement bon, sans recherche et sans vulgarité ; c'est, en somme, un monde d'honnêtes gens à qui l'on a affaire. La lecture de ce drame a fait naître chez quelques-uns des membres de la Commission, et des plus compétents en matière de drame, l'honorable regret que la pièce n'ait point été écrite et conçue pour un autre théâtre d'un ordre plus élevé. Nous ne croyons pas faire tort au théâtre si populaire où elle a été donnée, ni encore moins faire peine à MM. les auteurs, en consignant ici l'expression, toute flatteuse pour eux, de ce regret.

« La Commission a dû s'arrêter là dans les propositions de cette année : elle eût trouvé, sans doute, parmi les productions qui lui étaient présentées, à distinguer d'autres pièces encore pour des qualités d'esprit, de talent littéraire ou de mouvement dramatique, mais elle n'eût pu les faire rentrer, sans complaisance et sans un véritable contresens, dans l'esprit de l'institution dont elle était l'organe. L'institution des primes est bonne, utile, et peut devenir féconde en résultats à l'avenir, mais à la seule condition qu'on ne se départira jamais, en l'appliquant, de la pensée essentielle qui l'a inspirée.

« Il ne me reste, monsieur le Président, en vous remerciant, au nom de la Commission, du concours supérieur et des lumières que vous nous avez prêtés, qu'à vous prier de vouloir bien transmettre à MM. les Ministres qui nous ont honorés de leur confiance, ce résumé de notre travail.

« Agréez, je vous prie, l'expression de mes humbles respects, etc. »

FIN DU TOME DIXIÈME.

TABLE DES MATIÈRES

Œuvres de François Arago.		1
Fénelon, sa Correspondance spirituelle et politique	I.	19
	II	36
Buffon, ses Œuvres annotées par M. Flourens.		55
Chateaubriand, Anniversaire du Génie du Christianisme.		74
Senac de Meilhan.	I	91
	II	109
Le Président Jeannin.	I.	131
	II.	147
	III.	162
Bossuet, Lettres de M. Poujoulat, Portrait par M. de Lamartine.	I.	180
	II.	198
Maucroix, l'ami de La Fontaine; ses Œuvres diverses publiées par M. Louis Paris.		217
Saint-Martin, le Philosophe inconnu.	I.	235
	II.	257
Vicq d'Azyr.	I.	279
	II.	296
Agrippa d'Aubigné.	I.	311
	II.	330
Sylvain Bailly.	I.	343
	II.	361
M. Denne-Baron.		380
Le Marquis de la Fare, ou un Paresseux.		389
Léopold Robert, sa Vie, ses Œuvres et sa Correspondance, par M. Feuillet de Conches.	I.	409
	II.	427
Ramond, le peintre des Pyrénées.	I.	446
	II.	463
	III.	479
Appendice.		497

FIN DE LA TABLE.

Paris. — Imp. E. Capiomont et V. Renault, 6, rue des Poitevins.

www.ingramcontent.com/pod-product-compliance
Lightning Source LLC
Chambersburg PA
CBHW050555230426
43670CB00009B/1128